KB123380

아라가야의 역사와 공간

아라가야의 역사와 공간

초판 1쇄 발행 2018년 12월 31일

지은이 남재우, 윤호필, 김양훈, 최경규, 이정근, 강동석,
이은석, 웨이정, 시게미 야스시
펴낸이 윤관백
펴낸곳 도서출판 선인

등록 제5-77호(1998.11.4)
주소 서울시 마포구 마포대로 4다길 4 곶마루빌딩 1층
전화 02)718-6252 / 6257
팩스 02)718-6253
E-mail sunin72@chol.com

정가 39,000원

ISBN 979-11-6068-245-8 94900
979-11-6068-244-1(세트)

창원대학교 경남학연구센터 아라가야학술총서 1

아라가야의 역사와 공간

남재우, 윤호필, 김양훈, 최경규, 이정근,
강동석, 이은석, 웨이정, 시게미 야스시

아라가야학술총서를 발간하며

아라가야학술총서 1권을 간행합니다. 함안군과 창원대학교 경남학연구센터는 지난 12월 초에 '아라가야의 역사와 공간'이라는 주제로 국제학술심포지엄을 개최했습니다. 그 결과들을 정리하고 보충하는 글도 포함하여, 심포지엄 주제에 걸맞은 도서를 발간하게 되었습니다.

함안지역에서 가야문화유산에 대한 발굴조사가 본격적으로 시작 된지 30여 년이 되었습니다. 일제시기에도 조사가 있었지만, 그것은 '임나일본부'의 증거를 찾기 위한 발굴이라는 이름으로 진행된 도굴이었을 뿐입니다. 1990년 국립가야문화재연구소가 창원에 개소하면서 가야시기 함안지역 조사를 시작한 것이 아라가야연구에 커다란 도움이 되었습니다.

그간 말이산고분군을 비롯한 다양한 유적과 유물이 조사되었습니다. 마갑총에서 조사된 마갑은 전 국민의 관심을 끌기도 했습니다. 최근에는 아라가야 왕궁지로 추정되어왔던 곳에서 아라가야 왕성으로 보이는 토성이 확인되었습니다. 또한 안곡산성이 아라가야 시기의 산성으로 확인되기도 했습니다. 이것은 고대국가의 모습에 근접할 수 있는 근거이며, 아라가야의 정치적 발전과 대외관계를 이해할 수 있는 자료임에 틀림없습니다.

이러한 유적조사로 인해 그동안 열 차례의 학술심포지엄이 개최될 수 있었습니다. 이 결과 아라가야의 역사에 근접할 수 있게 되었습니다. 이제 이러한 연구 성과를 시민들과 전문가들이 쉽게 접근할 수 있도록 아라가야학술총서로 발간하게 된 것입니다.

앞으로도 해마다 학술심포지엄을 개최하고, 그 결과를 학술총서로 발간할 예정입니다.

금번의 학술총서는 그 첫째 권으로서 '아라가야의 역사와 공간'입니다. 함안지역에 존재했던 아라가야의 공간적 범위에 실재했던 공간에 접근하여 공간 구성, 활용과 변화 과정을 추적해 보려는 의도입니다. 그래서 아라가야 이전 단계인 청동기시대의 공간과 활용, 아라가야의 전기인 안야국 단계, 아라가야 토기의 생산과 교역을 위한 공간 등에 대한 내용을 담았습니다. 그리고 인근 국가인 신라의 도성, 중국과 일본 도성에 대한 연구 성과를 포함함으로써 아라가야 왕성과의 비교도 가능하게 했습니다. 또한 아라가야의 공간 변화도 추적해 보았습니다.

아라가야학술총서 발간을 계기로 아라가야사의 실체에 한걸음 더 다가설 수 있을 것으로 기대합니다. 함안군민들뿐만 아니라 가야사에 대한 관심을 가지고 있는 시민들, 그리고 전문연구자들에게도 아라가야에 쉽게 접근할 수 있는 계기가 될 것이라 생각합니다.

아라가야총서를 출간하게 된 것은 학술심포지엄에 참여해 주시고, 아라가야사에 대한 깊은 애정을 보여주시는 함안군민들 덕분입니다. 감사의 마음 이루다 말할 수 없습니다. 또한 학술심포지엄 발표뿐만 아니라 글을 다듬어 보내주신 연구자 선생님들, 심포지엄 진행에 도움주신 함안군 관계자들에게도 고마움을 전합니다. 의미 있게 보기 좋은 책으로 만들어주신 도서출판 선인의 식구들에게도 고마움을 전합니다.

2018년 12월

함안군수 조근제

함안군의회 의장 박용순

창원대학교 경남학연구센터장 남재우

목 차

아라가야의 역사와 공간

남재우 | 창원대학교 사학과

Ⅰ. 서론

가야사연구가 '任那日本府說' 비판을 위한 대외관계사 중심에서 벗어나 가야를 주체로 한 연구가 시작된 것은 1980년대 이후부터이다. 그 결과 가야사 전문연구자에 의해서 '四國時代論'이 주장되기도[1] 하였다. 주장의 옳고 그름을 떠나서 가야사 연구가 축적된 결과를 반영하고 있음에 틀림없다.

가야사 연구의 진전은 1970년대 이후 낙동강유역 개발과정에서 이루어진 고고자료의 확보가 중요한 계기가 되었다. 낙동강 인근에 자리 잡고 있는 고령, 창녕, 함안, 김해 등지에서 조사된 고고자료는 엄청나다. 문헌자료도 가야사연구에 기여한 바가 크다. 물론 가야는 고구려를 비롯한 삼국처럼 스스로를 주체로 서술한 역사서를 가지지는 못했다. 하지만, 한국고대사의 기본사서인 『삼국사기』와 『삼국유사』, 중국역사서인 『三國志』 등, 일본역사서인 『日本書紀』 등은 가야사를 이해하는 데 없어서는 안 될 중요한 사료이다. 특히 기록의 신뢰성이 의문시되었던 『일본서기』가 재해석되면서 가야사연구에

1) 金泰植, 『未完의 文明 7百年 加耶史』 1 · 2 · 3, 푸른역사, 2002.

커다란 도움이 되었다. 6세기대를 서술하고 있는 繼體紀와 欽明紀가 적극 활용되었다. 또한 「廣開土王碑文」 등의 金石文, 土器에 새겨전 銘文도 가야사를 연구하는데 기여한 바가 없지 않다.

이러한 결과 가야의 발전과정이 연대순으로 정리될 수 있었다. 이제 가야사는 '신화 속의 역사', 한국고대사회의 주변부가 아니라 삼국과 공존했던 역사로 자리매김될 수 있었다. 그리고 김해의 駕洛國, 고령의 大加耶를 중심으로 한 연맹체설에서 벗어나[2] 阿羅加耶,[3] 古自國 등의 가야 各國에 대한 연구가 진행되어 가야사의 폭도 확대되었다.

이러한 과정에서 아라가야사 연구도 이루어졌다. 1990년대 이후 아라가야사연구가 활성화된 것은 1990년 가야문화재연구의 개소, 1995년 지방자치제의 실시 등이 주요한 계기가 되었다.

이 글에서는 현재까지의 아라가야의 역사와 공간에 대한 연구결과를 정리하고 향후의 연구방향도 검토해 보겠다.

Ⅱ. 아라가야의 정치적 발전

1. 아라가야의 형성

아라가야는 크게 두 시기로 나눌 수 있다. 전기는 삼한 즉 변한시기의 安邪國이며, 후기는 安羅國이다. 안야국의 형성시기를 알려주는 기록은 없다. 다만 안야국은 구야국와 함께 변한제국 중에서는 유력한 정치집단이었으므로 구야국의 형성시기를 통해서 살필 수 있다. 구야국의 형성시기는 『삼국유사』 「가락국기」에 따르면 가락국 개국이 42년이라 한 것을 참조할 수 있다. 고고자료로 볼 때는 구야국의 형성시기를 목관묘의 출현을 근거로 삼기도 한다. 함안지역에서도 목관묘가 5세기대 조성된 말이산고분군 아래에서 조사되고 있다. 창원 다호리 유적에서도 목관묘가 조사되었다. 다호리 1호분은 기원전 1세기 후반으로 추정되고 있다. 안야국의 목관묘에서 출토되는 유물은 다호리 1호분에

2) 南在祐, 「加耶史에서의 '聯盟'의 意味」, 『昌原史學』 2, 昌原大學校 史學會, 1995.

3) 南在祐, 『安羅國史』, 혜안, 2003.

비해 늦은 시기였을 가능성이 높다. 따라서 안야국의 형성시기는 기원후 1세기대로 볼 수 있다.[4)]

변한시기의 안야국은 구야국과 함께 유력한 정치집단이었다.

> 진왕(辰王)의 도읍은 목지국(目支國)이다. 신지(臣智)들은 간혹 가우호(加優呼)하는데 신운견지보(臣雲遣支報)·안야축지(安邪踧支)·분신리아불례(濆臣離兒不例)·구야진지렴(狗邪秦支廉) 등의 칭호이다.(『삼국지』 권30 위서30 오환선비동이전 제30 한조)

안야국축지가 가우호의 대상에 포함된 것은 안야국의 정치적 성장을 보여준다. 규모는 『삼국지』의 기록에 의거해 본다면 4~5천가 정도였을 것으로 추정된다. 변한제국의 국가별 구조는 대개 국읍과 읍락으로 구성되는데, 아라가야의 국읍은 청동기시대의 유적과 변한시기인 1~3세기의 목관묘 유적, 5세기대 이후의 대형고분군이 밀집되어 나타나는 가야읍 일대였을 가능성이 높다.

2. 아라가야의 정치적 발전

아라가야 역사에 있어서 변화의 계기가 되었던 두 사건이 있었다. 포상팔국전쟁과 광개토왕남정이다. 이 두 사건은 가야사 전체의 변화과정에서도 중요한 사건임에 틀림없다.

포상팔국전쟁은 아라가야를 전기와 후기로 나누는 계기가 되었다.[5)]

> 6年(201) 봄 2月에 가야국이 화친을 청하였다.… 14年(209) 가을 7月에 포상팔국이 모의하여 가라를 침입하므로 가라왕자가 와서 구원을 청하니 王이 태자 우로와 이벌찬 이음으로 하여금 육부병을 이끌고 가서 구원케 하였다. 팔국의 장군을 쳐서 죽이고 사로잡혀갔던 6천인을 빼앗아가지고 돌아왔다. 17년(212) 봄 3월에 가야가 왕자를 보내어 인질로 삼았다.(『삼국사기』 신라본기 나해니사금)

---

4) 남재우, 「安邪國의 形成」, 『釜山史學』 39, 2000, 17~33쪽.

5) 남재우, 「安邪國에서 安羅로의 변천」, 『사림』 58, 2016.

물계자는 나해니사금 때의 사람으로서 집안은 한미하였으나 사람됨이 쾌활하여 어릴 때부터 큰 뜻을 품었었다. 당시 팔포상국이 동모하여 아라국(阿羅國)을 침입하므로 아라가 사신을 보내 구원을 청하니 니사금이 왕손 날음을 시켜 가까운 군대와 육부군을 거느리고 가서 구원케 하니 드디어 팔국병이 패하였다.… 그 뒤 3년에 골포 · 칠포 · 고사포의 삼국인이 갈화성에 와서 침공하므로 왕이 군사를 거느리고 나가 구원하니 삼국의 군대가 대패하였다.(『삼국사기』 열전 물계자전)

제10대 나해왕 즉위 17년(212) 임신에 보라국 · 고자국[지금의 고성] · 사물국[지금의 사주] 등의 팔국이 힘을 合하여 변경을 침략하므로 왕이 태자 날음과 장군 일벌 등에게 명하여 군사를 거느리고 이를 막게 하니 팔국이 모두 항복하였다.… 20년 을미에 골포국[지금의 合浦] 등 삼국왕이 각기 군사를 이끌고 갈화[굴불인듯하니 지금의 울주]을 공격하니 왕이 친히 군사를 이끌고 이를 막으니 삼국이 모두 패하였다.(『삼국유사』 피은 물계자전)

변한의 안야국에서 가야후기의 안라국으로 전환되는 것은 대략 3세기 말에서 4세기 초로 볼 수 있다. 포상팔국전쟁이 그 계기가 되었다. 골포, 고사포, 사물국 등의 포상팔국이 내륙으로의 진출을 위하여 안야국과 전쟁을 벌였다.[6] 하지만 이 전쟁에서 안야국이 승리함으로써 안라국으로 발전할 수 있었다. 아라가야는 이 전쟁을 계기로 인근 지역인 진동, 의령, 칠원, 창원 등지로 진출했다. 아라가야는 해안으로 진출할 수 있게 되었고, 대외관계에서도 유리한 위치를 확보하게 되었다.

400년 광개토왕 남정도 아라가야가 성장할 수 중요한 계기였다. 광개토왕의 남정과정을 기록하고 있는 「광개토왕비문」에 아라가야의 국명인 '안라(安羅)'가 세 차례에 걸쳐 나타나고 있다.

안라인수병(安羅人戍兵)이 신□성, 염성을 공략하니 왜구가 크게 무너지고 성안의 십중의 구가 왜에 따르는 것을 거부하니, 안라인수병이 …을 잡아서 … 나머지 왜가 역시 안라인수병에 따랐다.

대부분의 연구자들은 400년 광개토왕남정의 성격을 '고구려－신라'의 연합군과 '백제－가야－왜' 연합 간의 전쟁이었다고 규정해 왔다. 이러한 입장은 가야제국이 김해 가

[6] 남재우, 「浦上八國戰爭과 그 性格」, 『伽倻文化』 10, 伽倻文化研究院, 1997, 202~212쪽.

락국을 중심으로 한 연맹체였다는 인식의 결과이다. 하지만 전쟁 이후의 상황을 보면 이와 같은 대립구도를 이해할 수 없다. 광개토왕남정 과정에서 김해의 가락국은 쇠퇴했을 가능성이 높다. 고구려군대가 '임나가라 종발성'에 이르렀고, 임나가라는 '김해'로 볼 수 있기 때문이다.

아라가야의 경우 광개토왕남정 이후인 5세기대에는 성장이 지속되었다는 것이다. 말이산고분군이 5세기대 이후에 축조되었음을 통해 알 수 있다. 이것은 아라가야가 전쟁에 참여하지 않았거나, 오히려 가락국이나 왜와 연합한 것이 아니라 고구려와 신라의 연합군에 동조했을 가능성을 보여준다.[7] 아라가야 즉 안라국이 광개토왕비문에 '안라인수병'이라는 기록으로 세 차례 보이는 것으로 보아 전쟁에 참여한 것은 확실하므로 안라국[아라가야]는 고구려－신라의 연합군에 동조했을 가능성이 높다.

가야 내륙의 정치집단들은 광개토남정 이후 성장의 모습이 고분을 통해서 나타나고 있다. 아라가야는 고구려 편이었기 때문에, 김해지역과 달리 세력을 유지할 수 있었고, 오히려 재도약의 계기를 마련할 수 있었다. 가락국이 전쟁에 패함으로써 경남 서남부지역에 대한 영향력을 상실한 틈을 타서 아라가야가 그 역할을 대신하게 되었다. 5세기 초엽부터 대형목곽묘가 나타나고, 분묘 속에서 다량의 철제무구류가 출토되고 있는 것은 아라가야가 강력한 세력으로 성장하고 있음을 보여준다. 또한 6세기 초의 아라가야가 가야제국 중에서도 중심적인 외교활동을 벌이는 모습도 이러한 사실의 반영하고 있다.

3. 아라가야의 국가적 성격

가야의 발전단계를 삼국의 발전정도와 비교해서 미숙한 사회로 이해하여 왔다. 한국의 고대사회가 소국에서 연맹을 거쳐 중앙집권화된 고대국가로 발달해 갔다는 전제하에서, 소국과 연맹은 고대국가보다 미숙하고 열등한 사회로 규정했고, 가야는 연맹단계에 머물렀다는 것이다. 삼국의 발전과정을 기준으로 가야를 인식하는 것은 한국고대국가 발전의 다양성을 인정하지 않은 것이다. 가야 스스로 소사회를 지양했고, 강대국 사이의 정치적 완충지대, 중립지대로서 교역의 활성화를 이끌어갔으며, 소사회에 기초하

---

7) 南在祐, 「廣開土王碑文에서의 '安羅人戍兵'과 安羅國」, 『成大史林』 12 · 13合輯, 成大史學會, 1997.

여 중국, 한반도에서 일본열도에 이르는 고대 동아시아 세계를 교역으로 묶어낸 열린 공간[8]이었을 가능성도 열어두어야 한다.

가야 각국의 발전과정을 통해 고대국가 발전 모델의 다양성을 받아들여야 한다. 가야 제국 내부에서도 발전과정은 달랐다. 최근 고령의 대가야[가라국]과 함안의 아라가야[안라국]을 고대국가 단계로 이해하기도 한다.

가라국이 고대국가단계에 이르렀다는 근거는 중국식 王號의 사용, 대가야의 왕이 479년 南齊로부터 '輔國將軍 本國王'을 제수받았다는 것, 신라와 마찬가지로 영역의 개념을 내포하는 '羅'를 국호에 칭하고 있다는 것, 한기층뿐만 아니라 관료집단이 분화되어 일정한 정치적 서열화가 이루어지고 있었다는 것 등이 그 증거이다.[9]

안라국도 가라국과 다르지 않다. 왕호를 사용했으며, 왕 아래의 지배층 분화 등이 그 증거이다.

> 조정에서 백제의 저미문귀장군, 사라(斯羅)의 문득지, 안라의 신이해 · 분파위좌, 반파(伴跛)의 기전해 · 죽문지 등을 나란히 세우고 은칙을 받들어 선포하고 기문 · 대사를 백제국에 주었다.(『일본서기』 권17 계체기 7년(513) 11월조)

> 이달에 근강모야신(近江毛野臣)을 안라에 보내 조칙으로 남가라와 탁기탄을 다시 건립하도록 신라에 권했다. 백제는 장군군윤귀, 마나갑배마로 등을 보내 안라에 가서 조칙을 듣도록 하였다. 신라는 번국의 관가를 깨트린 것을 두려워하여 대인을 보내지 않고 부지나마례, 해나마례 등을 보내 안라에 가서 조칙을 듣도록 하였다. 이에 안라는 새로이 고당(高堂)을 짓고 칙사를 인도하여 올라가는데 국주는 뒤따라 고당에 올라갔고 국내의 대인으로서 미리 고당에 오른 사람은 하나둘이었으며 백제장군 등은 고당 아래에 있었다.(『일본서기』 권17 계체기 23년(529) 3월조)

> 여름 4월에 안라차한기 이탄해 · 대불손 · 구취유리, 가라상수위 고전해, 졸마한기, 산반해한기아, 다라하한기 이타, 사이기한기아, 자타한기 등과 임나일본부 길비신이 백제에 가서 모두 조서를 전해 들었다.(『일본서기』 권19 흠명기 2년(541) 4월조)

---

8) 윤선태, 「한국 고대사학과 신출토 문자자료에 대한 비판적 성찰」, 『역사학보』 219, 2013, 9쪽.
9) 남재우, 「加耶聯盟과 大加耶」, 『大加耶의 成長과 發展』, 한국고대사학회, 2004, 71~80쪽.

백제가 사신을 보내어 일본부와 임나집사를 불러 말하기를 "왜왕을 알현했던 나솔 득문, 허세나솔 기마, 물부나솔 기비 등이 일본으로부터 돌아왔다. 지금 일본부신 및 임나국집사가 마땅이 와서 조칙을 듣고 함께 임나에 대하여 의논하자"하니, 일본 길비신, 안라하한기 대불손·구취유리, 가라상수위 고전해, 졸마군, 사이기군, 산반해군아, 다라이수위 흘건지, 자타한기, 구차한기가 거듭하여 百濟에 갔다. 이에 백제왕 성명이 대략 조서를 보이며 말하였다. (중략) 이에 길비신과 한기 등은 "대왕이 말한 세 가지 계책은 저희 마음에 듭니다만, 이제 돌아가서 삼가 일본대신과 안라왕, 가라왕에게 여쭙고 함께 사신을 보내 천황에게 같이 상주하고자 합니다"라고 말하였다.(『일본서기』 권19 흠명기 5년(544) 11월조)

5월 무진삭 을해에 백제·가라·안라는 중부 덕솔 목협금돈과 하내부 아사비다 등을 보내 아뢰기를, "고려와 신라가 연합하여 신국과 임나를 멸하려고 합니다. 그런 까닭으로 구원병을 청하여 먼저 불의에 공격하려 합니다. 군대의 많고 적음은 왜왕의 조칙에 따르겠습니다." 이에 조서를 내려 말하기를 "지금 백제왕·안라왕·가라왕이 일본부신 등과 더불어 사신을 보내 말한 진상은 잘 들었다. 또한 마땅히 임나와 마음을 합하여 힘을 하나로 하라"고 하였다.(『일본서기』 권19 흠명기 13년(552))

무릇 임나는 안라로써 형을 삼고 오직 그 뜻에 따랐다.(『일본서기』 권19 흠명기 5년(544) 3월조)

아라가야에도 王號가 사용되었고, 왕 아래의 지배층이 분화되고 있었다. 대인(大人), 차한기(次旱岐), 하한기(下旱岐) 등이다. 왕호의 사용은 6세기대 이전부터 사용되었을 가능성이 높다.[10] 대가야가 남제에 사신을 보내는 479년에 대가야가 왕호를 사용하고 있었던 것으로 보아 대가야의 왕호 사용을 5세기 중엽경으로 볼 수 있다면,[11] 아라가야도 대가야와 거의 같은 시기로 보아도 문제될 것은 없다. 말이산고분군이 5세기 전반부터 조성되고 있는 것을 통해 추정할 수 있다.

아라가야의 왕권 강화는 왕권 아래의 지배층 분화를 통해서 알 수 있다. 次旱岐, 下旱岐가 그것이다. 대불손과 구취유리가 차한기·하한기로 나타나는 것으로 보아 이들은 같은 신분으로 볼 수 있다. '차'와 '하'가 '상'의 상대적인 개념이라면 차(하)한기 위에

10) 남재우, 앞의책, 2003, 173쪽.

11) 노중국, 「大加耶의 政治·社會構造」, 『加耶史研究』, 慶尙北道, 1995, 157쪽.

(상)한기가 존재했을 것으로 추정된다. 하한기가 왕에게 자문을 구하는 것으로 보아 왕은 차한기, 하한기에 비해 상대적으로 우월한 지위에 있었음을 알 수 있다. 따라서 한기는 상급귀족층으로서 상한기, 차(하)한기로 분화되었다고 보는 것이 옳다. 즉 아라가야는 5세기대 이후 급성장 과정에서 아라가야의 수장이 왕의 칭호를 사용하고, 그 외 최고지배층은 계층분화되었던 것이다. 한기층들은 王 아래서 외교문제 등의 중대사에 참여하였다. 고구려의 제가회의나 신라의 화백회의와 같은 귀족회의체에서 중요정책결정에 참여했던 구성원이었을 것으로 추정된다. '제한기회의체(諸旱岐會議體)'라 부를 수 있을 것이다.

왕 아래에 '대인'이란 존재도 있었다. 즉 5세기대 이후 아라가야의 권역이 확대되면서, 의령, 창원 진동, 칠원 등의 일부지역이 아라가야의 권역에 포함되었는데[12] 이러한 과정에서 아라가야의 지배체제에 편입된 재지수장층들을 대인이라 했고, '제한기회의체'의 구성원이 되었을 것으로 추정된다.

고대국가로의 발전이 유력 정치집단(삼한의 '國')이 전쟁 또는 교역을 통하여 주변부 정치집단을 복속시키는 과정이었으므로, 아라가야도 이러한 발전을 거듭하면서 정치적 발전을 거듭했다. 왕이 등장했으며, 왕이 초월적인 능력을 가지지는 못했지만 새롭게 복속된 수장층들이 관료화되고 이들이 국가의 중대사에 참여했던 것이다.

아라가야의 대외적 역할 또한 아라가야의 정치적 성장을 보여주는 증거이다. 아라가야가 6세기대에 처음으로 외교무대에 등장하면서 왜가 백제의 기문지역 진출을 추인하는 자리에 아라가야가가 참여하고 있다. 이것은 백제의 기문지역 진출에 아라가야의 동의가 필요한 상황임을 보여주고 있다. 아라가야에서 개최된 국제회의였던 고당회의는 아라가야의 정치적 위상을 널리 천명하는 계기가 되었다. 541년과 544년 사비회의는 아라가야가 백제 · 신라로부터 가야의 독립성을 유지하기 위한 외교적 활동과정을 주도하고 있음을 보여주고 있다. "임나제국이 안라를 兄으로 삼았다"는 것으로 방증된다. 아라가야는 6세기대의 대왜교섭에 백제 · 신라 · 대가야와 더불어 참여하고 있고, 백제 성왕 주도의 사비회의에서 대가야를 능가하는 외교적 역할을 보여주었다

가야사회를 삼국을 기준으로 하여 미숙하게 보는 것은 문제이다. 소국과 연맹을 고대국가보다 미숙하고 열등한 사회로 규정하는 것은 다양성이 결여된 역사인식이다. 가야

12) 남재우, 앞의 책, 2003, 177~202쪽.

의 발전과정을 삼국과의 비교를 통하여 이해할 필요도 있지만, 동일한 시기라 하더라도 국가발전 모델이 다를 수 있다. 가야의 경우 신라와 백제처럼 통합의 필요성이 없었을 가능성도 있다. 아라가야, 대가야 등의 발전과정은 한국고대사에 있어서 정치집단들의 다양한 사회발전 모습을 보여주는 좋은 예이다.

Ⅲ. 아라가야의 공간

가야역사에서 가야의 공간적 범위를 설정하는 것은 쉬운 작업이 아니다. 가야의 경우, 고구려를 비롯한 삼국과 달리 하나의 국가로 통합되지 못했다. 따라서 지방통치체제를 완비한 중앙집권체제도 아니었기 때문이다. 다만, 가야의 공간적 범위를 설정해 보려고 할 때 활용되는 몇 가지 활용요소가 있다.

첫째, 가야는 백제와 신라의 사이에 위치해 있으므로, 두 나라의 공간을 통해 가야의 공간을 설정할 수 있다. 둘째, 가야에 포함된다고 추정되는 國名과 그 비정되는 지역을 통하여 가야 공간의 그 공간의 대강을 유추해 볼 수 있다. 셋째, 유적과 유물을 통하여, 즉 墓制나 토기양식의 분포권을 중심으로 공간을 추정하기도 한다.[13]

하지만, 백제와 신라의 영역이 시기나 기록에 따라 차이가 있고, 유물이나 유적의 형식과 양식을 의미하는 문화권과 정치적 영역을 동일시할 수 없다는 지적이[14] 있으므로 가야의 공간적 범위를 설정하는 것은 쉬운 일이 아니다. 최근의 연구성과에 의하면 가야의 공간적 범위를 신라시대의 군현편제와 가야의 동·서쪽 범위를 통하여 설정하기도 하고[15] 고고자료를 통하여 가야 권역을 설정하기도 한다. 즉, 지형, 묘제, 토기양식, 위신재, 고분군의 위계와 공간적 배치가 활용되고 있다.[16]

이러한 상황에서 가야에 속하는, 하나의 정치집단인 아라가야의 공간을 설정하는 것

13) 남재우, 「기록으로 본 가야문화의 성격」, 『口訣硏究』 34, 2015, 8쪽.

14) 이성주,「新羅·伽耶社會 分立과 成長에 대한 考古學的 檢討」, 『韓國上古史學報』 13, 한국상고사학회, 1993, 296~297쪽.

15) 김태식, 「가야의 공간적 범위재론」, 『가야사복원을 위한 국제학술대회－가야사의 공간적 범위』, 2018.

16) 박천수, 「고고학으로 본 가야의 권역과 대가야 영역국가의 역사적 의의」, 『가야사복원을 위한 국제학술대회－가야사의 공간적 범위』, 2018.

은 더욱 어렵다. 아라가야가 존재했던 지역이 지금의 함안군에 해당하는 것은 의심의 여지가 없지만,[17] 지금의 행정범위와 일치하는 것이 아니고, 아라가야의 경우도 시기에 따라 공간은 변화되었을 것이다. 아라가야의 역사적 흐름에 대한 개괄적 이해를 위하여 아라가야 최대전성기인 5세기대 이후의 공간에 대해서 살펴보도록 하겠다.

공간 설정을 위해서는 문헌자료와 고고자료를 이용할 수 있다.

먼저 5세기대 아라가야의 전형적인 토기인 화염문투창토기의 분포를 통하여 아라가야의 공간을 설정해 볼 수 있다. 화염형투창토기가 함안지역뿐만 아니라 함안지역 인근에도 조사되고 있다. 창원, 칠원, 의령, 진양군 동부 등지이다. 이들 지역 외에도 소량 출토되고 있다.[18] 이들 지역들은 교역과 교류로 이해할 수 있을 것이다.

화염문투창토기가 분포하고 있는 지역은 다음과 같다. 말이산고분군에서 90여 점이 출토되었다.[19] 함안군 칠원 오곡리 목곽묘 11점,[20] 창원 마산합포구 현동 목곽묘 11점,[21] 昌原市 道溪洞유적[22]의 2호토광묘(3점)와 13호석곽묘(2점), 宜寧 禮屯里유적[23]의 57호 細長方形竪穴式石槨墓(1점), 창원 鎭北大坪里古墳群(2점),[24] 宜寧 柳谷里古墳群(1점),[25] 宜寧 鳳頭里古墳群(1점),[26] 晉陽 鴨寺里(1점)[27] 등이다. 현재 조사가 진행 중인 창원 마산합포구 현동유적에서도 화염문투창고배가 출토되었다.[28]

분포지역으로 볼 때 5세기대 아라가야는 동쪽으로는 함안군 郡北面지역이 경계가 된다. 북쪽으로는 南江의 건너편에 해당하는 의령의 동남부지역인 柳谷里, 禮屯里, 鳳頭

---

17) "康州 咸安郡 法興王以大兵滅阿尸良國〈一云阿那加耶〉 以其地爲郡"(『三國史記』 권제34 잡지 제3 지리1 강주조)

18) 金海禮安里130號(1점), 釜山福泉洞53號(1점)·70號(1점), 慶州月城路가-5號(1), 日本지역에서는 天理市布留遺蹟(2), 大阪府久寶寺遺蹟(1점) 등지에서 출토되고 있다.

19) 조수현, 「고분자료로 본 아라가야」, 경주대학교 박사학위논문, 2017, 249~250쪽.

20) 조수현, 위의 논문, 250쪽, 표28) 참조.

21) 조수현, 위의 논문, 251쪽 표29) 참조

22) 昌原大學 博物館, 『昌原 道溪洞古墳群 I』, 1987.

23) 慶尙大學校 博物館, 『宜寧 禮屯里墳墓群』, 1994.

24) 慶南大學校 博物館, 『博物館展示品圖錄』, 1993, 9쪽.

25) 宜寧文化院, 『宜寧의 先史伽耶遺蹟』, 1994, 181쪽.

26) 宜寧文化院, 위의 책, 90쪽.

27) 竹谷俊夫, 「布留遺跡豊井地區出土の初期須惠器をめぐつて」, 『天理大學學報』 157, 1988, 195~227쪽.

28) 삼한문화재연구원, 『거제-마산3 국도건설공사구간 내 유적발굴조사 학술자문회의 자료집(1차)』, 2018, 21쪽.

里지역까지이며, 郡北面 서쪽 南江 아래쪽에 있는 晉陽 鴨寺里지역도 포함되었을 가능성이 높다. 동쪽으로는 칠원 오곡리에서 다량의 화염문투창토기가 출토되었으므로 칠원지역까지 아라가야의 공간범위에 포함시키는 것은 당연하다. 창원지역에서 화염문투창고배가 출토되고 있지만 6세기 초반까지 탁순국이 존재하고 있는 지역이므로 아라가야의 공간으로 볼 수 없다.

따라서 화염문투창토기 분포로 본 아라가야의 공간적 범위는 남쪽으로 진동만과 현동지역, 북쪽으로 의령의 일부지역, 서쪽으로 진주의 일부지역, 동쪽으로 칠원지역까지이다.

산성을 통해서 아라가야의 공간을 추정할 수도 있다.

함안지역은 북쪽과 서쪽이 洛東江과 南江에 의해 昌寧, 宜寧과 구분되고, 남쪽과 동쪽은 艅航山(744m), 匡廬山(720m), 爵隊山(648m)으로 둘러 싸여 분지형을 이루고 있다. 이러한 분지를 둘러싼 산위에 山城들이 입지해 있다.

아라가야 시기 것으로 추정되는 산성은 다음 표와 같다.

〈표 1〉 함안지역 고대성곽과 축조시기[29]

축조주체	성곽명	축조시기	축조목적	비고
아라가야	봉산산성, 동지산성, 문암산성Ⅰ, 포덕산성, 여항산성Ⅰ·Ⅱ, 방어산성, 고종산성, 안곡산성, 칠원산성, 검단산성, 남양동산성, 성지봉산성	5세기~6세기 중반	왕성 방어, 낙동강, 남해, 교통로 통제	
신라	성산산성	신라복속이후	치소	
	성점산성, 문암산성Ⅱ, 무릉산성		신라서진과 관련됨	

산성은 대부분 함안의 동쪽에 위치해 있다. 칠원산성, 고종산성, 성지봉산성, 검단산성 등이다. 이들 산성들은 대부분 아라가야의 중심지인 가야읍 지역을 방어하기 위한 시설이다. 즉 내서읍－칠원－가야읍내로 진입하는 적을 방어하기 위하여 포덕산성－칠원산성·안곡산성, 북면－칠원방면에는 검단산성－칠원산성·안곡산성, 그리고 낙동강

29) 함안군·창원대학교경남학연구센터, 『함안군 성곽문화재 기초현황조사 보고서』, 2017.
30) 함안군·창원대학교경남학연구센터, 위의 책.

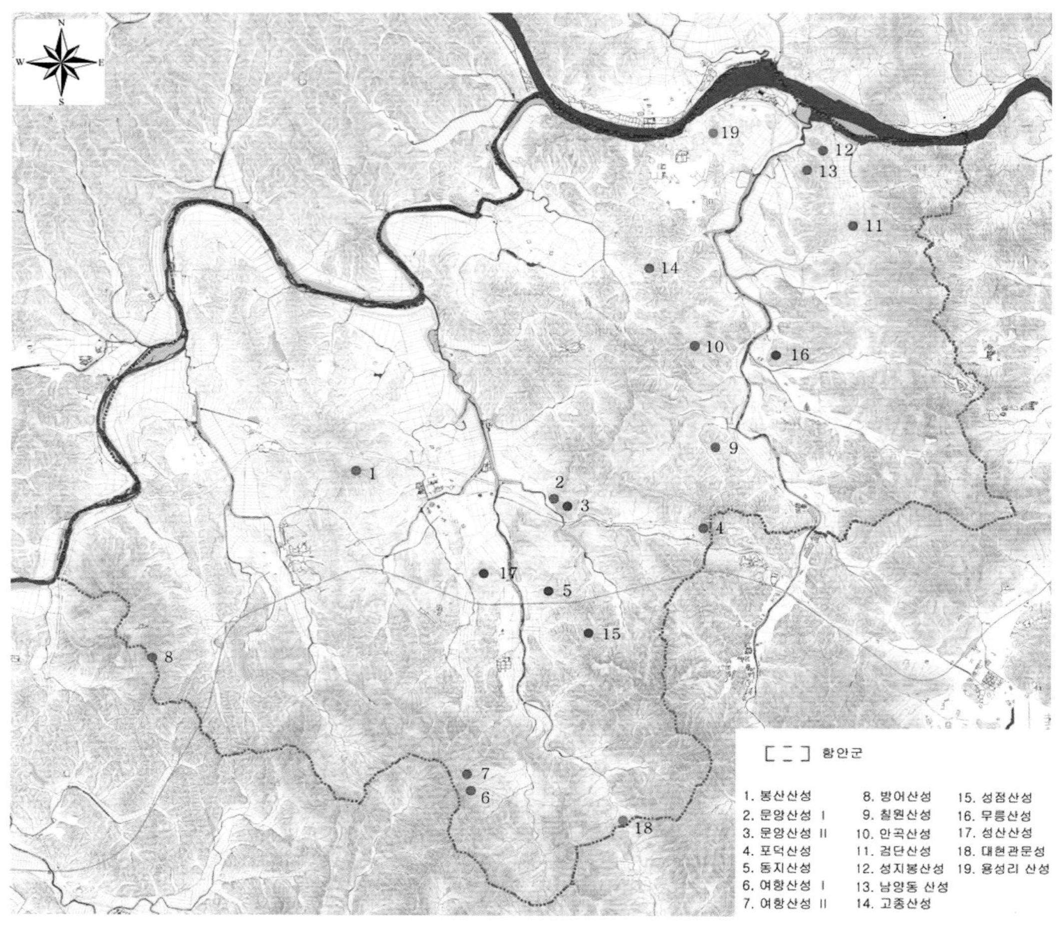

〈지도〉 함안지역 산성분포도[30)]

의 지류인 광려천에서 칠원을 거쳐 가야읍으로 진입하는 적을 방어하기 위하여 성지봉산성－검단산성－칠원산성·안곡산성이 축성되었다. 또한 남강 및 낙동강－대산면 방면에는 고종산성이 위치한다. 문암산성 I 과 동지산성은 창원지역에서 가야읍내로 진입하는 마지막 관문이며, 칠원산성과 안곡산성은 함안의 동쪽 지역인 창원시 북면, 창원시 내서읍, 낙동강에서 광려천을 따라 진입하는 결절점에 위치한다.[31)] 아라가야의 동쪽 경계는 칠원지역의 동쪽 끝에 해당하며, 낙동강과 광려천의 동쪽에 위하는 검단산성과

31) 안성현, 「경남지역 가야시기 관방시설」, 『경남의 성곽과 봉수』, 창원대 경남학연구센터 경남학학술총서9, 선인, 2017, 114~116쪽.

성지봉산성이다.[32]

남쪽의 경우 창원시 마산합포구 현동지역에서 조사되는 당마산성과 인곡산성이 아라가야의 공간설정과 관련지어 볼 수 있다. 이 두 산성은 함안지역에서 확인되는 가야산성과 유사한 형태이며, 축조수법도 동일하다. 당마산성은 마산합포구 시가지에서 현동으로 통하는 밤밭고개, 인곡산성은 진동만으로 통하는 교통로를 조망하기 유리한 지점에 위치하므로 현동만이 아라가야의 남쪽경계였을 것으로 추정되기도 한다.[33]

안곡산성의 경우 최근 발굴결과 5세기대 후반 이후의 아라가야 산성일 가능성이 확인되었다. 남강과 낙동강이 합류하는 지점의 남쪽 가까이에 위치하며 아라가야의 북동쪽 경계에 해당한다. 즉 남강과 낙동강 건너편 상황을 파악할 수 있는 군사적 요충지이다. 또한 창원 내서에서 칠원으로 흘러 낙동강으로 합류하는 광려천을 조망할 수 있는 중요 교통로에 입지하고 있다.[34]

따라서 성곽으로 본 아라가야의 경계는 산성과 큰 강이다. 이를 통해 아라가야의 공간을 추정해 보면, 남쪽으로 현동지역에 위치한 당마산성 · 인곡산성, 동쪽으로 검단산성, 성지봉산성이 그 경계였을 것이다.

기록을 통해 아라가야의 공간을 설정할 수도 있다. 6세기대의 기록인『일본서기』계체기 · 흠명기에는 6세기대 백제와 신라의 가야지역 진출과정을 보여주고 있으므로, 기록에 등장하는 지명고찰을 통하여 아라가야의 공간을 추정해 볼 수 있다.

> 咸安郡은 法興王이 大兵으로써 阿尸良國[阿那加耶라고도 한다]을 없애고 그 지역을 군으로 만들었으며 景德王이 咸安郡으로 개칭한 것인데 지금도 그대로 부른다. 속한 현이 둘인데 玄武縣은 본래의 召彡縣을 경덕왕이 개칭한 것인데 지금의 召彡部曲이며, 宜寧縣은 원래의 獐含縣을 경덕왕이 개칭한 것인데 지금도 그대로 부른다.(『三國史記』雜志 第3 地理1)

> 毛野臣이 성을 굳게 지키고 움직이지 않으므로 자연히 잡을 수가 없었다. 그래서 두나라는 편한 곳을 도모하여 초승에서 그믐까지 머무르면서 성을 쌓고 돌아갔는데 그것을 이름하

32) 안성현, 「함안지역의 가야산성」, 『아라가야의 산성』, 창원대 경남학연구센터 경남학학술총서10, 2018, 49쪽

33) 안성현, 위의 논문, 2018, 49~50쪽 주) 68.

34) 심종훈 · 김정호, 「함안지역 가야산성 조사신례」, 『아라가야 산성, 보존과 활용』, 창원대 경남학연구센터 학술심포지엄자료집, 2017.

여 久禮牟羅城이라고 한다. 돌아갈 때 길에 닿는 騰利枳牟羅·布那牟羅·牟雌枳牟羅·阿夫羅·久知波多枳 등 5城을 함락시켰다.(『日本書紀』 繼體紀 24年(530) 9月條)

太歲 辛亥 3월 군대가 나아가 安羅에 이르러 乞乇城을 영위하였다.(『日本書紀』 繼體紀 25年(531) 12月條 細註)

津守連을 보내 백제에 이르기를 임나의 下韓에 있는 백제의 郡令城主를 日本府에 부속시키라 하였다.(중략) 이날 聖明王이 조칙을 듣고 三佐平內頭 및 여러 신하들에게 조칙이 이와 같으니 어떻게 할 것인가 물으니, 삼좌평등이 대답하기를 下韓에 있는 우리 군령성주는 내보낼 수 없습니다라고 하였다(『日本書紀』 欽明紀 4년(543) 11월조)

신라가 봄에 㖨淳을 빼앗고 우리의 久禮山戍를 쫒고 드디어 점령하였다. 안라에 가까운 곳은 안라가 경작하고 久禮山에 가까운 곳은 신라가 경작하게 되어 각자 그곳을 경작하면서 서로 침탈하지 않았다.(『日本書紀』 欽明紀 5年(544) 3月條)

新羅와 安羅 양국의 접경에 大江水가 있어 요해의 땅이라고 한다. 나는 이곳을 차지하여 6성을 수선하려고 한다. 천황에게 삼천병사를 청하여 城마다 5백 명씩을 두고 아울러 우리 병사로 충당하고 경작하지 못하게 핍박하면 久禮山의 5城은 자연히 병기를 버리고 항복할 것이고 卓淳國도 다시 일어나게 될 것이다. 청하는 병사는 내가 의복과 식량을 줄 것이다. 천황에게 주상하려는 책략의 첫째이다. 또 南韓에 軍令·城主를 설치하는 것은 어찌 천황에 위배하여 조공로를 차단하는 것이 될 것인가. 오직 바라는 바는 多難함을 구제하여 强敵을 타파하려는 것이다. 그 흉당이 누구엔가 연합할 것을 도모하지 않을 것인가. 北敵은 강대하고 우리는 약하다. 만일 남한에 군령·성주를 두어 수리하고 방호하지 않으면 강적을 막을 수 없다. 역시 신라도 견제할 수 없을 것이다. 이(郡令城主)를 두어 신라를 공격하고 任那를 보존하려는 것이다.(『日本書紀』 欽明紀 5年 11月條)

백제·신라가 쌓았다는 久禮牟羅城의 위치에 따라서 신라의 가야 진출 지역을 설정해 볼 수 있다.[35] 신라와 아라가야의 경계가 되었던 大江水는 洛東江이었다. 따라서 아라가야와 新羅의 경계지대인 久禮山은 낙동강 北岸지역인 남지, 영산 등으로 볼 수 있다.

---

35) 안홍좌, 「산성으로 본 6세기 아라가야와 신라」, 『아라가야의 산성』, 창원대 경남학연구센터 경남학학술총서10, 2018, 153쪽.

백제가 수선하려던 6성도 구례산과 가까운 지역이었을 것이다. 왜냐하면 아라가야[安羅國] 등이 聖王이 주도했던 회의에 참석했던 이유는 아라가야에 위협이 되었던 신라에 대한 대비가 선결과제였으므로 북쪽방면으로 진출하는 신라를 견제하기 위해서는 아라가야와 경계를 이루는 久禮山지역에 대한 대비가 중요한 요소였을 것이기 때문이다.[36] 앞에서 살핀 바처럼 칠원지역에 위치한 산성도 낙동강 북안에 대비했던 시설이었다.

백제의 아라가야진출과 관련된 乞乇城, 郡令·城主를 설치한 下韓[南韓]지역 이해를 통해서 아라가야의 범위를 유추해 볼 수 있다. 乞乇城은 백제가 대사지역으로 진출한 것이 529년이므로 불과 2년 사이에 함안지역까지 진출했을 가능성은 적다. 540년까지도 아라가야는 백제에 대해 독자성을 유지하고 있었고, 백제도 강적인 고구려에 대비해야 했기 때문에 아라가야와의 관계는 군사적 진출보다 외교관계를 통해 이해관계를 조정했을 가능성이 높다.[37] 따라서 乞乇城은 함안의 서쪽지역이었을 가능성이 높다. 하동에서 함안지역에 사이로 볼 수 있다. 남강변의 진주지역도 그 대상지역의 중의 하나일 것이다.[38]

郡令城主의 설치는 532년 신라의 가락국 병합에 대한 백제의 대신라정책으로 볼 수 있다.[39] 백제의 가야지역 진출은 529년의 帶沙지역 진출 이후부터 본격적으로 진행되고 있으므로 군령성주의 설치지역은 河東에서 아라가야 사이로 추정해 보는 것이 타당하다. 따라서 531년의 乞乇城 공략사실도 이러한 백제의 가야지역진출을 의미하는 것이고 郡令城主가 설치된 지역은 乞乇城을 포함하였을 가능성이 높다.[40]

이러한 문헌자료의 검토를 통해서 아라가야의 공간적 범위를 대략 설정해 볼 수 있다. 북쪽으로는 화염문투창투기의 분포로 보아 남강변의 의령지역과 아라가야와 신라의 경계로 표현되고 있는 낙동강[大江水]을 둘러싼 지역이며, 동쪽으로는 신라에 대한

---

36) 낙동강 北岸의 지명 중에 상신촌(창녕군 장마면 신구리)이 있는데 이를 근거로 532년경에 신라의 異斯夫가 해당지역을 공략할 당시 그의 관등(上臣)과 관련된 전승을 보여주는 것이며, 구래촌(창녕군 계성면 계성리)은 久禮牟羅와 음운상으로 통하므로 久禮山이 이 지역일대에 있었을 것으로 추정되기도 한다(李永植, 「六世紀 安羅國史研究」, 『國史館論叢』 62, 1995, 128쪽). 타당성이 인정될 수 있다면 백제가 수선하려던 6城은 이 지역의 남쪽인 낙동강을 경계로 아라가야와의 대치하고 있는 南旨를 중심으로 하는 인근 지역일 가능성이 높다.

37) 李永植, 「百濟의 加耶進出過程」, 『韓國古代史論叢』 7, 1995, 226~233쪽.

38) 남재우, 앞의 책, 200쪽.

39) 李永植, 앞의 책, 1993, 318쪽.

40) 남재우, 앞의 책, 201쪽.

방어시설인 성지봉산성, 서쪽으로는 백제의 진출지역으로 보여지는 乞乇城, 郡令城主설치지역으로 보여지는 晉州지역이다.

아라가야의 공간적 범위는 위의 사료『삼국사기』지리지에 보이는 바와 같이 아라가야가 멸망한 이후에 이 지역을 郡으로 개편하면서 玄武縣과 宜寧縣을 속하게 하였으므로 현무현은 지금의 郡北이므로 군북지역을 포함하고 宜寧의 일부지역을 포함하는 일대가 아라가야의 공간으로 설정해 볼 수 있다. 하지만 이러한 범위가 6세기대 멸망기까지 그대로 유지되었다고 보기는 어려우며, 백제와 신라의 가야지역진출 과정에 따라 아라가야의 공간은 변화를 거듭했을 것이다.

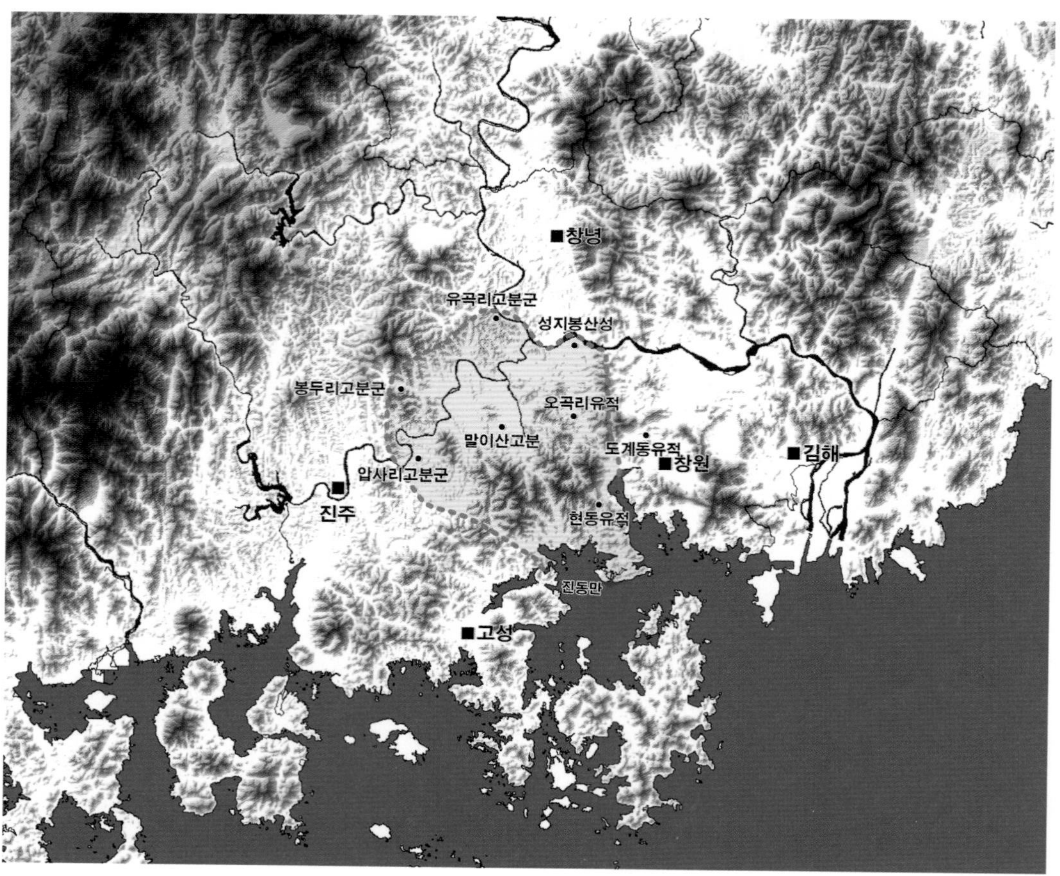

〈그림 1〉 5세기대 이후 아라가야의 공간

Ⅳ. 결론－가야사 속의 아라가야의 위치와 향후 연구의 방향

아라가야에 대한 연구가 활성화되었던 것은 여러 가지 이유 때문이다. 첫째, 1990년대부터 말이산고분을 비롯한 가야 유적발굴로 인하여 아라가야 사회를 이해할 수 있는 고고자료를 축적할 수 있었다. 이것은 1990년 가야문화재연구소[전 창원문화재연구소] 개소에 힘입은바 크다.

둘째,『일본서기』에 대한 인식의 전환도 아라가야사연구에 커다란 진전을 가져왔다. 종래 신뢰하지 않았던 6세기대의 기록인 계체기와 흠명기 기사를 비판적으로 활용하게 됨으로써, 안라국[아라가야]의 실체와 정치적 발전을 이해할 수 있는 다양한 근거를 확보할 수 있게 된 것이다.

셋째, 가야사연구의 진전도 중요한 계기였다. 즉 가야사연구가 '가야연맹체설'에서 벗어나 가야 각국의 개별적 발전과정에 대한 연구로 확대되었기 때문이다. 이에 아라가야에 대한 연구도 활성화될 수 있었다. 아니, 오히려 아라가야의 실체가 밝혀지면서 '가야연맹체설'이 한계를 보일 수밖에 없었던 측면이 있다.

넷째, 1995년 지방자치제 실시도 이유 중의 하나이다. 지방의 역사적 정체성을 확립하는 과정에서 지방사 연구가 확대되었는데, 아라가야사 연구도 마찬가지였다. 특히 가야사의 경우 현재의 시·군을 하나의 공간으로 하는 가야 소속의 국가가 자리 잡고 있었던 것이다. "통합되지 못하고 분립된 상태로 始終되었던 가야사에서는 여러 지역 각각이 독립성을 보유한 중심부로 인식"[41]되었던 것이다. 고성의 소가야, 창녕의 비화가야, 김해의 가락국 등이다. 이들 자치단체에서는 거의 해마다 가야관련 학술심포지엄이 개최되고 있다.

이러한 이유로 이제 아라가야는 가야를 대표하는 선진적인 정치집단으로서의 위상을 지니게 되었다. 연맹체설의 관점에서 아라가야를 가야제국에서의 '2인자'로 불렀던 것은 적합하지 않다. 아라가야에 대한 기록은 가야전기와 후기에만 집중되어있는 가락국, 대가야와 달리, 가야 전시기에 걸쳐 기록 속에 남아있다. 따라서 아라가야를 통해 가야사회의 변화와 발전을 이해할 수 있다. 가야에 소속된 여러 개의 정치집단이 있었는데, 그

41) 주보돈,「가야사연구의 새로운 진전을 위한 제언」,『한국고대사연구』85, 2017, 11쪽.

중에는 선진적인 정치집단이 있었다. 아라가야, 가락국, 대가야가 그것이다. 연맹체설에 근거한 맹주국은 없었다. 아라가야는 가야지역을 백제와 신라로부터 독자성을 유지하기 위해 주도적 역할을 했던 고대국가였던 것이다.

또한 아라가야 연구는 고구려를 비롯한 3국 중심의 한국고대사회에 대한 이해 속에서 가야를 후진적 국가로 규정했던 '가야연맹체'설을 극복할 수 있는 계기가 되었다. 아라가야사연구가 가야각국사에 대한 연구로 이끌게 되었고, 가야사의 폭과 깊이를 확대할 수 있게 된 것이다. 아라가야에 대한 연구의 축적은 이제 겨우 30년 정도이다. 가야와 아라가야에 대한 실체를 이해하기 위해서는 갈 길이 멀다. 이제까지의 가야사연구가 지닌 한계를 극복하고 새로운 방향 설정도 필요한 시점이다. 향후의 아라가야사 연구는 지금까지의 가야사연구, 아라가야사연구의 한계를 극복해야 한다.

첫째, 가야의 정치적 발전과정을 삼국의 고대국가의 발전과정과 비교할 필요도 있지만, 삼국의 발전과정과 동일하게 이루어져야만 한다는 인식도 극복되어야 한다. 한국의 고대국가 형성과 발전의 다양성을 가야 각국으로부터 찾아질 수 있다는 인식전환이 필요하다.

둘째, 가야사회의 형성과 발전을 이주와 교류라는 관점에만 매몰되지 말고, 사회내부의 내재적 발전요소를 찾는 것도 필요하다. 삼국과 마찬가지로 가야 사회 내부 속에서 발전동력을 찾아야 한다.

셋째, 또 다른 임나일본부설인 백제의 가야지배, 신라의 가야복속 등의 시각으로부터 벗어나야 한다. '백제군사령부'설은 또 다른 가야지배사이다. 신라에 의한 가야지역 복속을 앞당겨 보려는 시각도 마찬가지다.

넷째, 문헌자료에 대한 끊임없는 재해석이 필요하다. 가야사연구의 진전을 가로 막는 근원적 난관이 사료의 빈곤함 때문이지만, 사료없이 가야사의 깊이와 폭을 확대할 수는 없다. 사회 발전에 따른 연구시각과 방법의 변화에 부응하는 사료에 대한 재해석이 지속되어야 한다.

다섯째, 연구방향의 다양성도 확보되어야 한다. 가야가 삼국과 동일한 방향으로 발전하지 못했던 원인을 찾는 것이 필요하다. 인접지역에 존재했음에도 불구하고, 백제와 신라의 발전방향이 달랐던 근본적 원인에 대한 고찰이 필요하다.

향후 아라가야사 연구도 이러한 시각 위에서 아라가야의 실체에 접근해야 한다. 한정된 문헌자료를 극복하기 위해서는 고고자료의 활용이 필요하다. 특히 최근에는 '전아라가야왕궁지'를 발굴한 결과 왕성으로 보이는 토성이 확인되었다. 이러한 자료를 바탕으로 문헌자료와의 비교를 통해 아라가야의 실상을 복원해야 한다. 당시의 인간들이 살면서 창조했던 공간을 확인해야 한다. 무덤, 산성, 토기생산유적, 건물지 등을 통해 아라가야의 실체에 다가서는 노력이 필요하다.

【참고문헌】

1. 논저

金泰植,『未完의 文明 7百年 加耶史』1 · 2 · 3, 푸른역사, 2002.

김태식,「가야의 공간적 범위재론」,『가야사복원을 위한 국제학술대회－가야사의 공간적 범위』, 2018.

南在祐,「加耶史에서의 '聯盟'의 意味」,『昌原史學』2, 昌原大學校 史學會, 1995.

南在祐,「廣開土王碑文에서의 '安羅人戍兵'과 安羅國」,『成大史林』12 · 13合輯, 成大史學會, 1997.

남재우,「浦上八國戰爭과 그 性格」,『伽倻文化』10, 伽倻文化硏究院, 1997.

남재우,「安邪國의 形成」,『釜山史學』39, 2000.

南在祐,『安羅國史』, 혜안, 2003.

남재우,「加耶聯盟과 大加耶」,『大加耶의 成長과 發展』, 한국고대사학회, 2004.

남재우,「기록으로 본 가야문화의 성격」,『口訣硏究』34, 2015.

남재우,「安邪國에서 安羅로의 변천」,『사림』58, 2016.

노중국,「大加耶의 政治 · 社會構造」,『加耶史硏究』, 慶尙北道, 1995.

박천수,「고고학으로 본 가야의 권역과 대가야 영역국가의 역사적 의의」,『가야사복원을 위한 국제학술대회－가야사의 공간적 범위』, 2018.

심종훈 · 김정호,「함안지역 가야산성 조사신례」,『아라가야 산성, 보존과 활용』, 창원대 경남학연구센터 학술심포지엄자료집, 2017.

안성현,「경남지역 가야시기 관방시설」,『경남의 성곽과 봉수』, 창원대 경남학연구센터 경남학학술총서9, 선인, 2017.

안성현,「함안지역의 가야산성」,『아라가야의 산성』, 창원대 경남학연구센터 경남학학술총서10, 선인, 2018.

안홍좌,「산성으로 본 6세기 아라가야와 신라」,『아라가야의 산성』, 창원대 경남학연구센터 경남학학술총서10, 선인, 2018.

윤선태,「한국 고대사학과 신출토 문자자료에 대한 비판적 성찰」,『역사학보』219, 2013.

이성주,「新羅 · 伽耶社會 分立과 成長에 대한 考古學的 檢討」,『韓國上古史學報』13, 한국상고사학회, 1993.

李永植,「百濟의 加耶進出過程」,『韓國古代史論叢』7, 1995.

李永植,「六世紀 安羅國史硏究」,『國史館論叢』62, 1995.

조수현, 「고분자료로 본 아라가야가」, 경주대학교 박사학위논문, 2017.
주보돈, 「가야사연구의 새로운 진전을 위한 제언」, 『한국고대사연구』 85, 2017.
竹谷俊夫, 「布留遺跡豊井地區出土の初期須惠器をめぐつて」, 『天理大學學報』 157, 1988.

2. 발굴보고서
慶南大學校博物館, 『博物館展示品圖錄』, 1993.
慶尙大學校博物館, 『宜寧 禮屯里墳墓群』, 1994.
삼한문화재연구원, 『거제－마산3 국도건설공사구간 내 유적발굴조사 학술자문회의 자료집(1차)』, 2018.
宜寧文化院, 『宜寧의 先史伽耶遺蹟』, 1994.
昌原大學博物館, 『昌原 道溪洞古墳群 I 』, 1987.
함안군 · 창원대학교경남학연구센터, 『함안군 성곽문화재 기초현황조사 보고서』, 2017.

함안지역 청동기시대의 공간과 활용

윤호필 | 상주박물관

Ⅰ. 머리말

청동기시대는 정착생활이 본격화되면서 '공간'에 대한 인식에도 많은 변화가 있었을 것으로 생각된다. 그것은 수렵 · 채집민에서 농경민으로 전환되면서 '생활방식'과 '생활공간'이 급속도로 변화했기 때문이다. 공간에 대한 인식은 기본적으로 생활환경을 바탕으로 생활 속 공간을 이해하면서 점차 주변 공간으로 확대되어 간다고 볼 수 있다. 즉, 최소단위의 인간활동 공간인 '주거공간'에 대한 인식을 바탕으로 주거공간의 집합체인 '취락공간'을 이해하게 되고, 농경기술의 발달과 취락의 발전으로 '생산공간(경작지)', '사후공간(무덤군)', '의례공간(제단)', '회의 · 축제공간(광장)' 등이 인식되면서 보다 넓은 의미의 취락공간(대규모취락, 중심취락)이 만들어지게 된다. 또한 더 나아가 멀리 떨어져 있는 다른 취락과의 교류를 통해 네트워크망을 형성하여 지리적 개념의 '지역공간'을 인식하게 되었다. 이는 단순히 공간인식의 확대뿐만 아니라 지리적 개념을 통해 공간을 인식하는 것으로 공간에 대한 무한확장이 가능해지고 지역공간을 어떻게 재정립하고 활용할 것인가에 대한 인식들이 생겨나게 되었다.

함안은 경남의 중남부에 위치한 지역으로 내륙에 속하지만 남해 바다와 비교적 가까운 거리에 위치한다. 지형적으로는 북쪽경계에 큰 하천인 남강과 낙동강이 위치하며, 나머지 경계지역은 모두 산지로 둘러싸여 있다. 내부에는 넓은 충적지(습지)와 낮은 구릉, 중·소하천들이 발달해 있다. 이러한 지리환경은 공간적 측면으로 볼 때 다른 지역에 비해 경계가 명확한 것으로 하나의 '지역단위 공간'으로서 좋은 조건을 갖추고 있다. 따라서 함안지역을 '지역공간'의 개념에서 청동기시대의 문화상을 살펴봄으로써 청동기시대인들이 지역공간을 어떻게 인식하고 그것을 생활에 맞게 재정립하여 활용하였는지를 파악할 수 있을 것으로 보인다. 또한 더 나아가 주변지역과의 교류양상을 검토하여 다른 지역공간에 대한 인식도 간략하게 살펴보고자 한다. 이에 먼저 공간과 밀접한 관련성이 있는 함안의 지리환경을 검토하여 공간인식에 대한 지리적 배경을 살펴보고, 이를 바탕으로 청동기시대의 문화상인 취락, 경작지, 무덤 등의 분포와 특징을 파악하여 함안지역 청동기시대의 공간과 활용에 대해 살펴보고자 한다.

Ⅱ. 함안지역의 지리환경과 고환경

1. 지리환경

함안군은 경상남도의 남부내륙지역에 위치하며, 행정구역상으로 동쪽은 창원시 의창구·마산회원구, 남쪽은 마산합포구와 진주 이반성면, 서쪽은 진주시 사봉면·지수면, 의령군 의령읍·용덕면, 북쪽은 의령군 정곡면·지정면, 창녕군 남지읍·도천면·길곡면에 각각 접해있다. 함안군의 행정구역은 1읍 9면, 247개 리로 구성되어 있으며, 면적은 416.8㎢이다.

함안의 경계는 하천과 산지 같은 지리적양상이 기준이 된다.[1)] 하천은 북쪽경계에 해당되며, 남강과 낙동강이 위치한다. 남강은 북쪽의 서쪽부분 경계로서 동에서 서로 흐르며, 곡류가 심한 편이다. 또한 함안군 대산면 장암리 부근에서 북쪽에서 남쪽으로 내

1) 지역단위의 경계는 대부분 산지와 하천이 기준이 되지만 함안지역은 그 양상이 다른 지역에 비해 뚜렷이 나타나는 것이 특징이다. 즉, 산지와 하천이 내부공간과 외부공간의 구분을 분명히 하고, 내부공간 내에서도 소지역단위를 구분하는 중요한 요소로 작용한다.

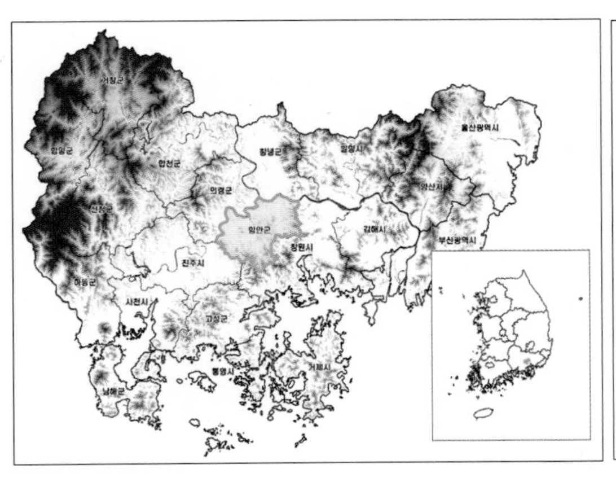

〈도면 1〉 함안의 위치

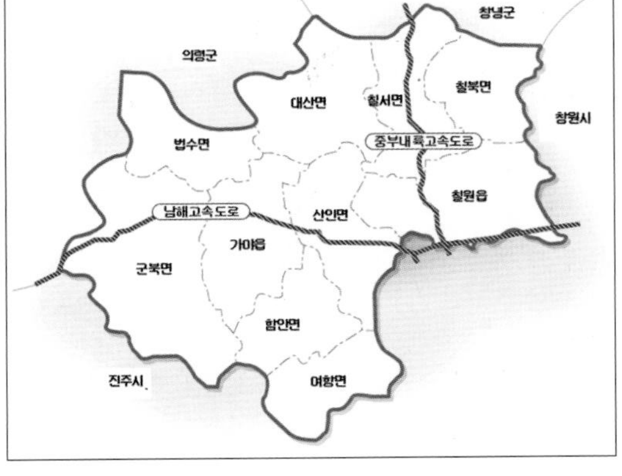

〈도면 2〉 함안의 행정구역

려오는 낙동강과 합수한다. 낙동강은 북쪽의 동쪽부분 경계로서 남강과 합수되면서 방향이 동쪽으로 바뀌어 흐르며, 완만히 곡류한다. 이들 하천은 경남지역에서는 가장 큰 하천들이며, 특히 남강은 하류역에 해당되어 범람이 심한 편이다.

산지는 나머지 지역인 동쪽·남쪽·서쪽 지역에 분포하며, 전체적으로 함안군을 'U'자형으로 둘러싸고 있는 형태이다. 하지만 세부적인 구릉능선의 방향은 대체적으로 함안의 중심부를 향해 모여드는 형태인데, 중심부나 북쪽의 하천에 가까워질수록 구릉의 규모가 작아지면서 높이도 낮아진다. 또한 산지는 규모가 큰 산이 중심이 되는 것이 아니라 비슷한 규모의 산들이 열을 지어 위치하며, 소규모 가지구릉이 발달한 것이 특징이다. 중심산지에서 이어지는 이러한 가지구릉들은 사면의 경사가 비교적 가파르고 능선부가 좁은 형태가 많다. 또한 가지구릉의 발달은 상대적으로 곡부지역도 발달하여 규모가 크지는 않지만 많은 곡부평지와 소규모 하천을 형성하였다. 전체적 보면 함안군의 지형형태는 분지지형이다.

산지들을 세부적으로 살펴보면, 동쪽 경계는 함백산(280m), 무릉산(558m), 천주산(639m) 등이 위치하며, 남쪽 경계는 보등산(395m), 화개산(454m), 용수봉(565m), 광려산(720m), 봉화산(676m), 서북산(739m), 여항산(770m) 등이 위치하고, 서쪽 경계는 오봉산(524.7m), 괘방산(457m), 방어산(530m) 등이 분포한다. 전체적으로 이들 산들은 대부분 해발 400~700m의 높이 산들로서 규모가 비슷하고 서로 연결되어 소규모 산맥을 형성하고 있다. 따라서 북쪽은 큰 하천이 위치하고 동·남·서쪽은 서로 연결된 산지가 분포

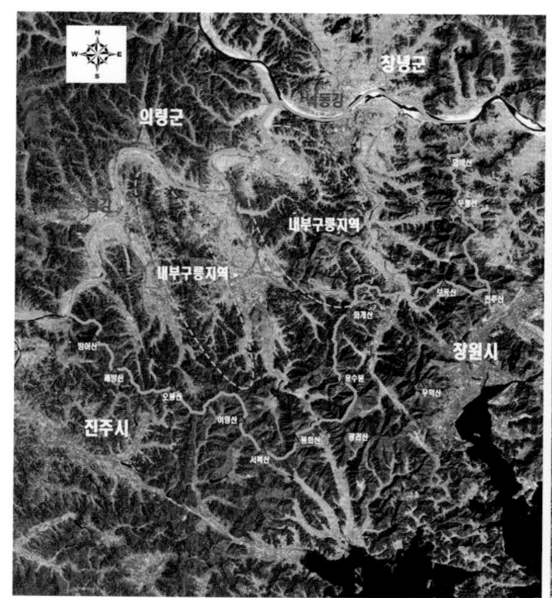

〈도면 3〉 함안군의 경계 및 내부 구릉지역

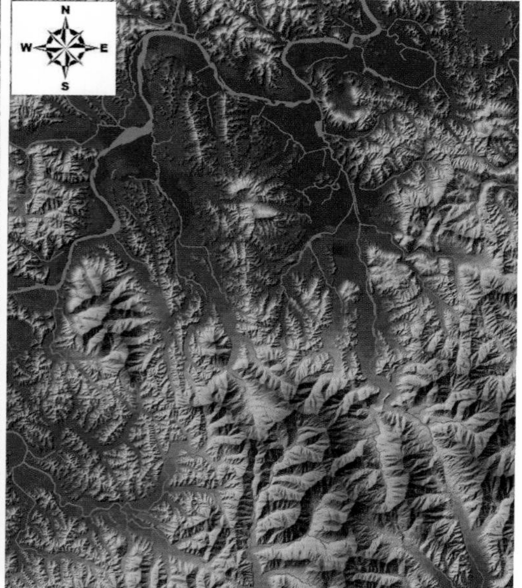

〈도면 4〉 함안지역 지형모식도

하고 있기 때문에 다른 지역에 비해 지형적으로 내부와 외부의 경계가 뚜렷하다. 이는 지형적으로 보면 독립된 공간으로서 '지역공간'의 성격이 매우 강한 것을 알 수 있다. 외곽의 산지들 이외에 내부에도 공간을 구분하는 북서－남동방향의 2개의 구릉지역이 확인된다. 이들 구릉지역은 외곽의 산지보다는 규모가 작고, 높이도 해발 100~200m 정도의 낮은 구릉들이 서로 연결된 형태이다.

수계는 크게 북쪽 경계인 남강과 낙동강 그리고 함안군 내부를 흐르는 하천으로 구분된다. 전자는 동에서 서로 흐르며, 후자는 대부분 남강과 낙동강으로 흘러가기 때문에 남에서 북으로 흘러간다. 이는 함안군의 지형이 전체적으로 남고북저이기 때문이다. 내부에 흐르는 대표적인 하천은 서쪽부터 석교천, 함안천, 광려천이 있으며, 이들 하천들은 앞서 살펴본 남북으로 뻗은 2개의 구릉지역 사이에 위치한다. 하천의 방향은 모두 남에서 북으로 흐르며, 석교천과 함안천은 남강으로 유입되며, 광려천은 낙동강으로 유입된다. 이들 3개의 주요 하천들로는 주변의 가지구릉 사이에 형성된 소하천들이 유입된다.[2] 소하천은 낮은 구릉사이 곡부에서 형성되기 때문에 규모가 작지만, 함안지역 전

---

2) 함안군내의 하천은 국가하천 3개소, 지방하천 29개소, 소하천 242개소가 분포하는데, 다른 지역에 비

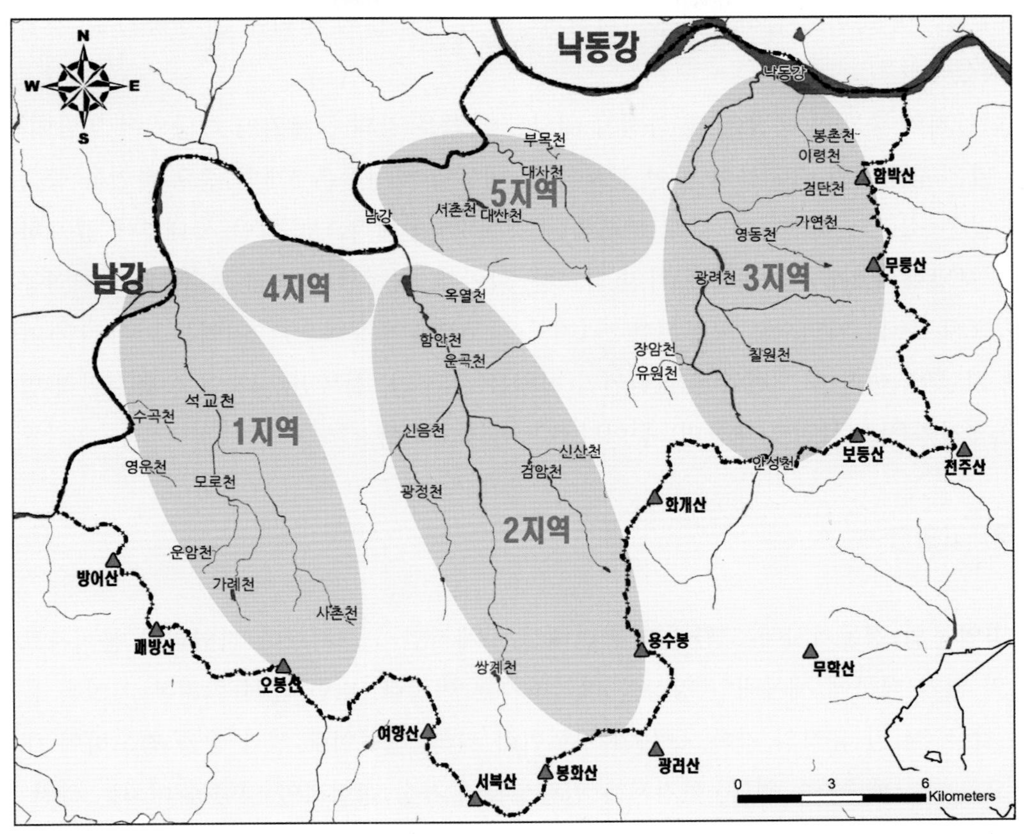

〈도면 5〉 함안의 수계와 지역 공간 구분

체로 보면 3개의 주요 하천과 거미줄처럼 서로 연결되어 있어 인간활동에 중요한 역할을 한다.3) 이러한 사례는 대전지역 청동기시대 주거지의 입지 특성 연구에 일부 확인된 바 있다. 연구결과 생업을 위하여 주거지 밀집지역에서 하천까지의 거리는 소급하천에서 평균 278m, 중급하천에서 평균 918m 정도로 중급하천보다 소급하천이 더 가까운 것을 알 수 있다. 또한 하천과 가까운 거리가 주거지 입지선정에 중요했던 것을 알 수 있다. 즉, 주거지 입지 선택시 주거지 밀집유적이 주거지 비밀집유적에 비해 용수하천거

해 소하천의 수가 월등히 많은 것을 알 수 있다.

3) 취락의 입지는 강의 본류보다는 대부분 2차 지류나 3차 지류에 주로 분포하는데, 이는 하천의 범람 위협으로부터 상대적으로 안전할 뿐 만 아니라 본류보다 물의 이용이 상대적으로 용이하기 때문이다.

리가 짧으며 특히 중급하천의 용수하천거리가 주거지 입지 선택에 큰 영향을 준 것으로 밝혀졌다.[4)]

함안지역 수계의 특징은 큰 하천이 위치한 북쪽은 강의 하류역에 해당되어 범람이 잦아 넓은 충적지와 습지들이 많이 분포하며, 내부의 하천들은 3개의 주요 하천을 중심으로 많은 소규모 하천들이 넓게 분포하는 것이다. 전체적으로 함안군 내부에 분포하는 남－북방향의 2개 산계와 3개 하천(석교천, 함안천, 광려천)을 기준으로 볼 때 지역공간은 크게 5개의 지역으로 구분된다.[5)] 1지역은 군북권역(군북면), 2지역은 가야권역(가야읍, 함안면, 여항면), 3권역은 칠원권역(칠원읍, 칠서면, 칠북면), 4지역은 법수권역(법수면), 5지역은 대산권역(대산면) 등이다.(〈도면 5〉 참조)

2. 고환경

함안군의 청동기시대 고환경과 관련해서 구체적인 고고자료나 자연과학 분석자료는 거의 없기 때문에 세부적인 양상을 파악하기는 어렵다. 다만 앞서 살펴본 지형적 특징과 발굴조사된 유적의 기록, 근세의 지형변화 기록, 관련연구 성과 등을 참고하여 대략적으로 추론해 볼 수 있다. 여기서는 인간생활에 가장 직접적인 영향을 미치는 하천 범람을 중심으로 살펴보고자 한다.[6)]

현재 함안지역의 지리적 환경은 산지를 제외하면 대부분이 넓은 평지로 형성되어 있으며, 여기에는 논농사를 기본으로 경작활동이 활발히 진행되고 있다. 하지만 이러한 지형경관은 제방의 축조를 통해 만들어진 것으로 하천의 범람을 어떻게 관리하는가가 가장 중요한 쟁점이었다. 제방과 관련된 가장 오래된 자료는 삼국시대에 축조된 제방의 흔적이다.[7)] 위치는 가야읍 가야리의 평지에 입지하며, 주된 기능은 외부에서 곡간으로 들어오는 물을 막는 것이다. 이러한 흔적으로 볼 때 함안지역은 최소 삼국시대부터는

---

4) 박지훈외, 「지리 · 지형학적 관점에서 본 대전지역 청동기시대 주거지 입지 특성」, 『한국지리학회지』 1권, 한국지리학회, 2012, 61~63쪽.

5) 김재현, 「함안의 자연지리와 산성의 입지」, 『아라가야의 산성』, 선인, 2018, 66쪽.

6) 청동기시대의 환경은 현재의 환경과 비슷한 단계로 들어서지만 세부적으로 보면 현재와는 다른 환경적 요인이 많다. 따라서 기후, 산계, 수계, 식생 등 다양하게 살펴봐야 하지만, 관련 자료가 부족하여 고환경을 파악하기가 어렵다. 따라서 변화가 가장 심한 하천환경에 대해서만 검토한다.

7) 우리문화재연구원, 『함안 가야리 제방유적』, 2010.

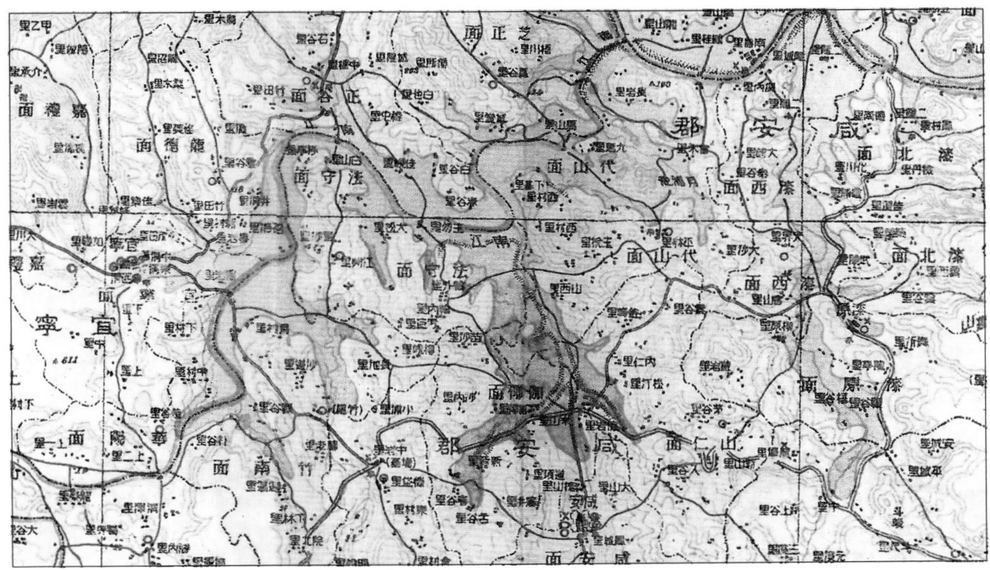

〈도면 6〉 1925년 함안지역 홍수범람 구역도

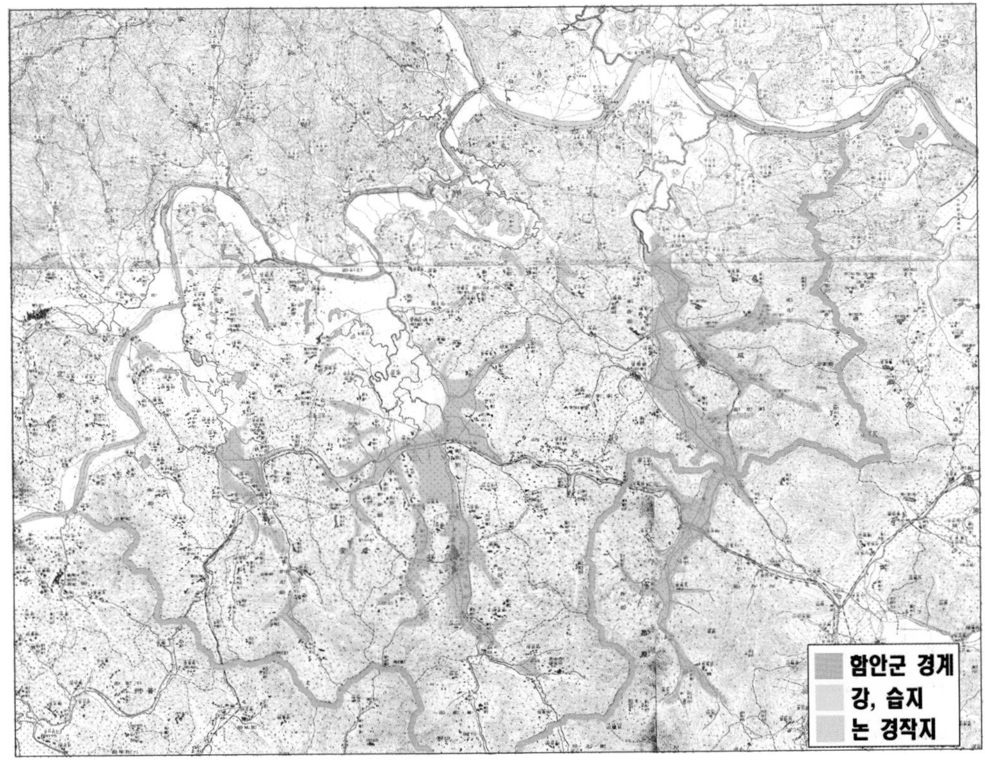

〈도면 7〉 일제강점기(1926년) 함안지역 습지 및 논경작지 분포도(김재현 2018에서 수정)

하천을 관리하고자 하는 노력들이 이루어졌음을 알 수 있다. 거꾸로 말하면 이전시기까지는 하천범람에 대하여 무방비상태였음을 알 수 있다. 물론 제방을 축조한다고 해서 범람에 의한 피해가 전혀 없는 것은 아니지만 일정지역은 상대적으로 범람의 위협이 적었을 것으로 생각된다. 이는 농경지를 보다 많이 확보하고 지속적인 경작활동이 보장되는 것으로 식량생산의 증대와 관련하여 제방의 축조는 매우 중요하였던 것으로 이해된다. 이후 조선시대까지로 남강과 낙동강 주변의 범람은 관리하지 못했던 것으로 보이며, 일제 강점기에 들어서 본격적인 제방축조로 인해 현재와 비슷한 농경지들이 만들어졌다.

〈도면 6〉과 〈도면 7〉은 일제강점기 때 만들어진 지형도로 〈도면 6〉은 홍수의 범람지역을 표시한 지형도이며,[8)] 〈도면 7〉은 지형도에 표시된 기호를 바탕으로 습지와 경작

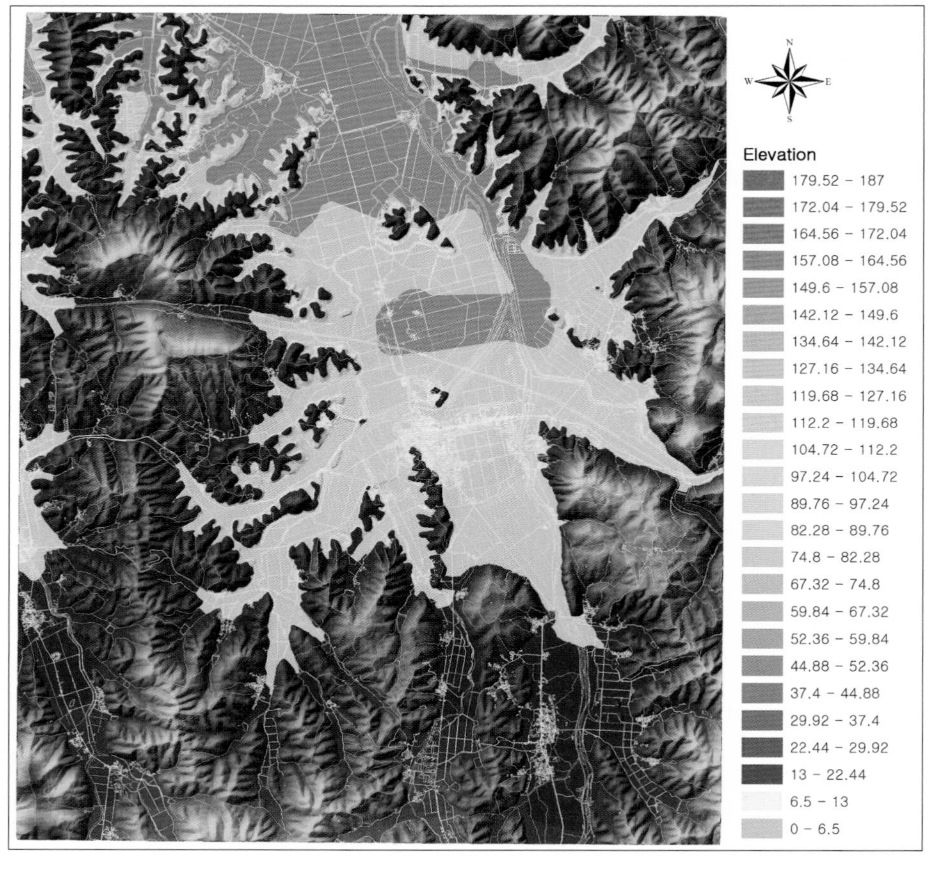

〈도면 8〉 함안지역 범람모식도 (국립문화재연구소 2013에서 전재)

지를 표시한 것이다. 〈도면 8〉은 〈도면 6〉의 하천범람 범위를 기준으로 해발고도를 계산하여 해발 13m까지 홍수범람이 일어났음을 파악하여 이를 모식도로 표현한 것이다.9) 모식도에서 파란색과 연한 파란색으로 표시된 부분이 모두 범람지역에 해당된다. 〈도면 6〉과 〈도면 7〉을 함께 검토하면, 남강 및 낙동강에 인접한 지역은 대부분이 범람지역에 포함되며, 일부는 함안의 중심부까지도 범람이 이루어졌음을 알 수 있다. 특히, 〈도면 7〉에 농경지로 표기된 지역과 겹쳐보면, 범람지역과 농경지가 대부분 불일치하는 것을 알 수 있다. 이는 제방이 완전히 정비되지 못한 상황에서 남강과 낙동강이 지속적으로 범람하였기 때문에 항시적인 농경지는 조성되지 못한 것으로 보인다. 즉, 본류주변의 평지는 충적지는 발달하였지만 많은 부분이 습지화 되어 있었던 것으로 생각된다.

이는 남강유역의 습지발달을 연구한 연구 성과를 통해서도 확인된 바 있다.10) 〈도면 9〉는 1964년에 조사된 함안지역 습지분포 모식도이다. 습지는 본류인 남강과 낙동강 주변과 2차·3차 지류에 집중적으로 분포한다. 특징적인 것은 습지가 본류에 인접한 지역보다는 오히려 조금 떨어진 지역이나 2차·3차 지류에 더 많이 분포하고 면적도 더 넓은 것을 알 수 있다. 또한 하천별로는 석교천에 가장 많이 분포하고 다음이 대산천이며, 중심부에 위치한 함안천은 오히려 습지가 상대적으로 적게 분포한다. 이러한

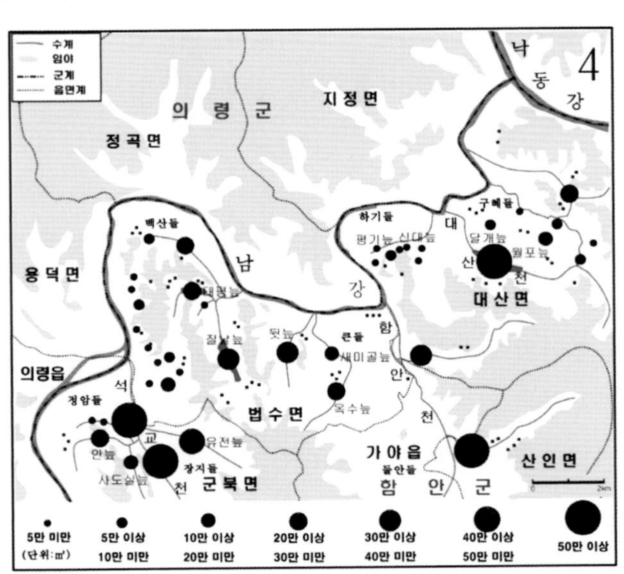

〈도면 9〉 1964년 함안지역 습지분포와 면적
(송병욱 2006에서 전재)

현상은 후빙기의 해수면 상승으로 낙동강이 범람하면서 넓은 충적지를 형성하는데, 이와 연동하여 낙동강의 지류인 남강도 범람하여 넓은 충적지를 만들게 된다. 남강이 충

8) 朝鮮總督府, 大正十五年(1926), 『大正十四年 朝鮮ノ洪水』.
9) 국립가야문화재연구소, 『2013 가야고분 입지·환경 연구용역』, 2013, 144쪽.
10) 송병욱, 「남강 유역의 습지 개달과 개발」, 경상대학교 교육대학원 석사학위논문, 2006, 8~11쪽.

적지를 형성하는 과정은 그 일대에서는 가장 큰 하천으로 상대적으로 많은 양의 토사를 운반하여 양안에 퇴적시켜 자연제방을 만들기 때문에 다소 고도가 높은 지형이 만들어지게 되지만, 남강으로 유입되는 지류들은 상대적으로 운반물질의 양이 적기 때문에 그 하곡의 충적지는 위로 빨리 성장하지 못하여 상대적으로 낮아지게 되어 호소나 저습지로 변하게 된다. 함안지역에서 남강으로 유입되는 지류인 석교천, 함안천, 대산천 등의 지류곡들은 이러한 과정 속에서 형성된 배후습지와 배후습지성 호소가 우리나라에서 가장 널리 분포한다.[11]

따라서 함안지역의 고하천환경은 본류인 낙동강과 남강의 범람으로 넓은 충적지가 형성되었으며, 넓게 분포하는 가지구릉으로 인해 많은 소규모 하천이 생겨나고 발달하였지만 운반물질이 작아 본류로 유입되는 과정에서 배후습지나 배후습지성 호소, 저습지 등이 많이 만들어지게 되었다. 이러한 고하천환경은 함안지역의 특징적인 모습으로서 인간활동에 있어서 매우 중요한 요인으로 작용하한 것으로 생각된다.

Ⅲ. 함안지역의 청동기시대 공간

함안지역 청동기시대 유적은 앞서 살펴본 지리환경 및 고환경의 특징에 따라 유적이 분포하는 것으로 파악된다. 공간적으로 보면 크게 남강과 낙동강을 중심으로 한 범람원지역과 함안의 외곽을 둘러싼 산지에 가까운 곡부평야지역으로 구분할 수 있다. 범람원지역은 남강과 낙동강의 주변지역으로 넓은 충적지가 형성되어 있으며, 함안의 주요 하천인 석교천, 함안천, 광려천이 합수되는 지역으로 배후습지나 배후습지성 호소, 저습지 등이 많이 분포되어 있다. 이러한 환경은 기본적으로 본류의 범람이 잦은 지역으로 다른 지역에 비해 상대적으로 범람에 대한 위협이 높은 편이며, 대부분의 지역이 습지환경이기 때문에 취락의 형성에는 좋지 않은 환경이다. 따라서 이들 범람원지역에서 확인되는 유적들은 하천변의 충적지나 평지보다는 상대적으로 고도가 높은 구릉사면부에 주로 입지하며 인접한 주변지역에 비해 유적의 분포 수는 적은 편이다. 입지한 유구의

11) 위의 논문, 15~16쪽.

특징은 무덤유적보다도 취락유적의 수가 상대적으로 많이 분포한다. 이는 구릉부의 영역이 상대적으로 좁고, 평지는 습지환경으로서 무덤조성에 불리하기 때문으로 생각된다. 또한 취락이 일정부분 확인되는 것은 충적지와 습지환경의 일부를 생활공간에 포함시켜 활동했기 때문으로 보인다. 즉, 하천범람의 위협으로 지속적인 경작활동은 어렵지만 단기간의 경작활동은 가능하기 때문에 이를 적극적으로 활용했을 가능성이 있다. 그것은 하천범람은 넓은 지역에 비옥한 토양을 형성하기 때문에 경작지로서는 가장 좋은 입지이다. 따라서 범람의 위협이 최소화되는 시점에서 경작활동도 가능했을 것으로 생각된다. 또한 배후습지, 호소, 저습지 등의 습지환경은 어로활동이나 논 경작활동에 유리한 곳으로 식량생산의 주요한 거점으로 활용되었을 것으로 보인다. 그것은 습지는 하천보다 상대적으로 어로행위에 유리한 지역이며, 습지 주변지역은 손쉽게 논 경작지로 활용될 수 있기 때문이다.[12]

곡부평야지역은 본류에서 약 6~7km 정도 떨어진 지역부터 함안의 경계부까지로 유적들이 집중적으로 조성되는 지역이다. 〈도면 10〉과 〈도면 11〉을 보면 범람원지역에는 소수의 유적들이 듬성듬성 분포하지만 본류에서 떨어진 곡부평야지역은 유적들이 집중적으로 모여 있는 것을 알 수 있다. 이는 범람의 위협으로부터 안전한 지역에 유적들이 분포하는 것으로 이해된다. 그것은 이들 지역에서 확인되는 유적들의 입지가 대부분 평지에 위치하며, 특히 소하천을 따라 열상으로 분포하는 유적들이 많아 본류의 범람위협은 상대적으로 적었던 것으로 생각된다. 이 지역에 분포하는 소하천들은 주변에 분포하는 가지구릉 사이의 곡부에서부터 형성되어 북쪽의 큰 하천으로 흐르는 3개의 주요하천으로 유입된다. 주변산지가 높지 않아 하천의 규모는 작지만 많은 하천들이 분포하기 때문에 물을 주변에서 손쉽게 공급받을 수 있으며, 사용하기도 본류보다 상대적으로 편하다. 따라서 작은 규모이지만 하천퇴적지형으로 형성된 비옥한 충적지와 풍부하고 손쉬운 물의 공급, 하천범람의 위협감소 등으로 농경지로서도 매우 좋은 지형조건을 갖춘 것으로 활발한 농경활동이 있었을 것으로 생각된다. 다만 현재 발굴조사가 이루어진 경작유적이 극히 드물어 존재 가능성은 충분하지만 정확한 실체를 파악하기는 어려운 실

---

12) 식량생산의 관점에서 습지환경을 보면 '벼'경작에 유리한 환경으로 실제 민족지사례에서도 범람원지역의 습지지역에서 벼를 재배하는 곳이 많다. 〈도면 11〉의 '벼 재배환경 모식도'를 보면 벼는 어느 환경에서나 재배가 가능하며, 특히 물이 많은 지역에 유리하다.

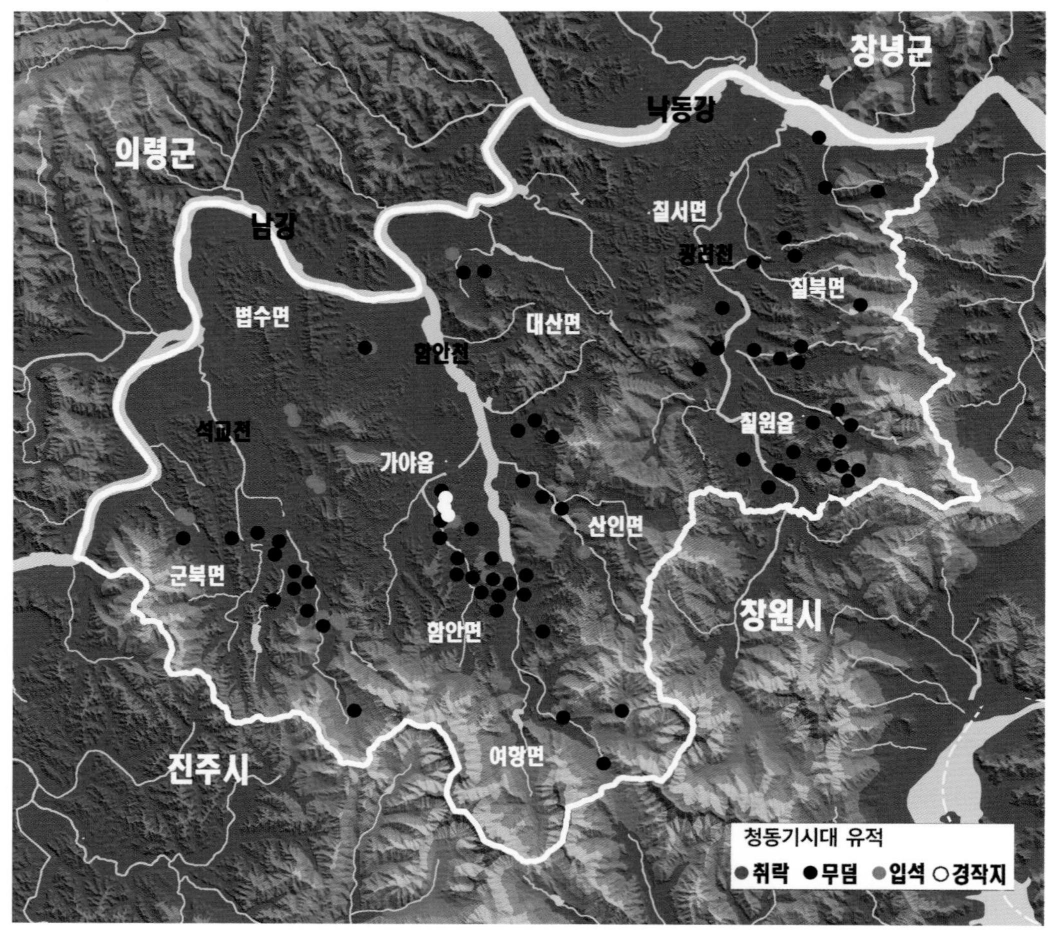

〈도면 10〉 함안지역 청동기시대 유적 분포

정이다. 하지만 이 지역에서 청동기시대 논경작지가 확인된 것 자체만으로 중요한 의미를 가지며, 특히 논경작지의 입지가 곡부지역으로 곡부지형이 많은 함안지역의 지형을 고려할 때 더욱 중요한 의미를 가진다.

함안지역 내 지역별 유적분포는 〈도면 11〉, 〈표 1〉, 〈표 2〉를 통해 알 수 있다.[13] 전체적으로 유적은 곡부평야지역인 1지역·2지역·3지역에 집중적으로 분포하고 범람원지역인 4지역과 5지역은 유구의 분포가 상대적으로 적다. 지역별로는 서쪽지역은 석교천을 중심으로 군북지역에 집중 분포하며, 중앙부는 함안천을 중심으로 가야읍과 함안

13) 유적분포에서 취락은 지표조사에서 유물산포지로 확인된 유적을 포함시킨 수이다.

면에 걸쳐 집중 분포한다. 동쪽지역은 광려천을 중심으로 칠원읍 주변으로 다른 지역에 비해 상대적으로 넓게 분포한다.

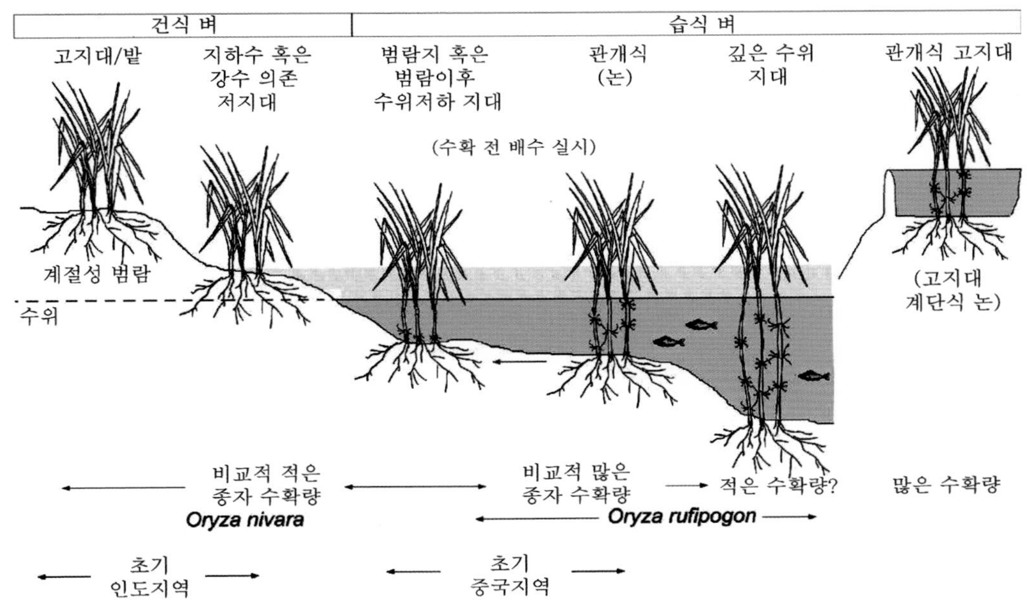

〈도면 11〉 벼 재배환경 모식도

〈표 1〉 함안지역의 소지역별 유적분포 수

소지역	취락	무덤	경작지	입석	비고
1지역	11개소	12개소	·	10기	범람원지역+곡부평야지역
2지역	17개소	24개소	3개소	7기	범람원지역+곡부평야지역
3지역	14개소	27개소	·	·	범람원지역+곡부평야지역
4지역	2개소	1개소(추정)	·	1기	범람원지역
5지역	9개소	2개소	·	1기	범람원지역

〈표 2〉 함안지역의 지석묘 수(이동희 2018에서 수정)

지역별	읍면별	유적명	고인돌수			주변 하천명
			현존	매몰파괴	계	
1지역	군북면	동촌리	26	1	27	석교천
		덕대리	5	1	6	
		명관리	7	·	7	모로천

		중암리	·	1	1	석교천
2지역	가야읍	광정리	5	·	5	함안천
		도항리구락실	5	·	5	광정천
		도항리도동	10	·	10	
		도항리삼기	1	2	3	
	함안면	봉성동	2	2	4	함안천
		북촌리	1	·	1	
		괴산리	1	6	7	
	산인면	송정리	7	1	8	송정천
		내인리	2	3	5	
	여항면	외암리	1	12	13	함안천
		주서리	8	·	8	쌍계천
3지역	칠서면	회산리	1	3	4	광려천
		구포리	1	·	1	검단천
	칠북면	이령리	1	8	9	봉촌천
	칠원면	오곡리여시골	5	·	5	광려천
		오곡리가메실	2	·	2	
		예곡리야촌	10	2	12	
		용정리	10	·	10	
		운서리	1	·	1	운서천
		세만이	3	7	10	칠원천
4지역	법수면	윤외리(추정)	1	·	1	·
5지역	대산면	서촌리	3	·	3	함안천
계		26군	119	49기	168기	

취락유적과 무덤유적의 입지는 모두 평지와 구릉부에서 확인되지만 대체적으로 보면, 무덤(지석묘)들은 하천을 따라 평지에 주로 입지하며, 취락은 구릉의 사면부에 주로 입지한다. 하지만 무덤유적에 비해 취락유적은 상대적으로 조사가 많이 이루어지지 않았으며, 확인된 것들도 지표조사를 통해 단편적으로 알려진 것들이 많아 단정적으로 말하기는 힘들다. 다만 전체적인 유구별 입지 경향은 무덤은 평지입지를 선호하고 취락은 구릉입지를 선호하는 것으로 파악된다. 또한 주거지와 무덤이 함께 확인되는 유적들도 있지만, 평지의 분포하는 무덤들은 무덤공간이 따로 마련되었을 가능성이 높은 것으로 보인다.

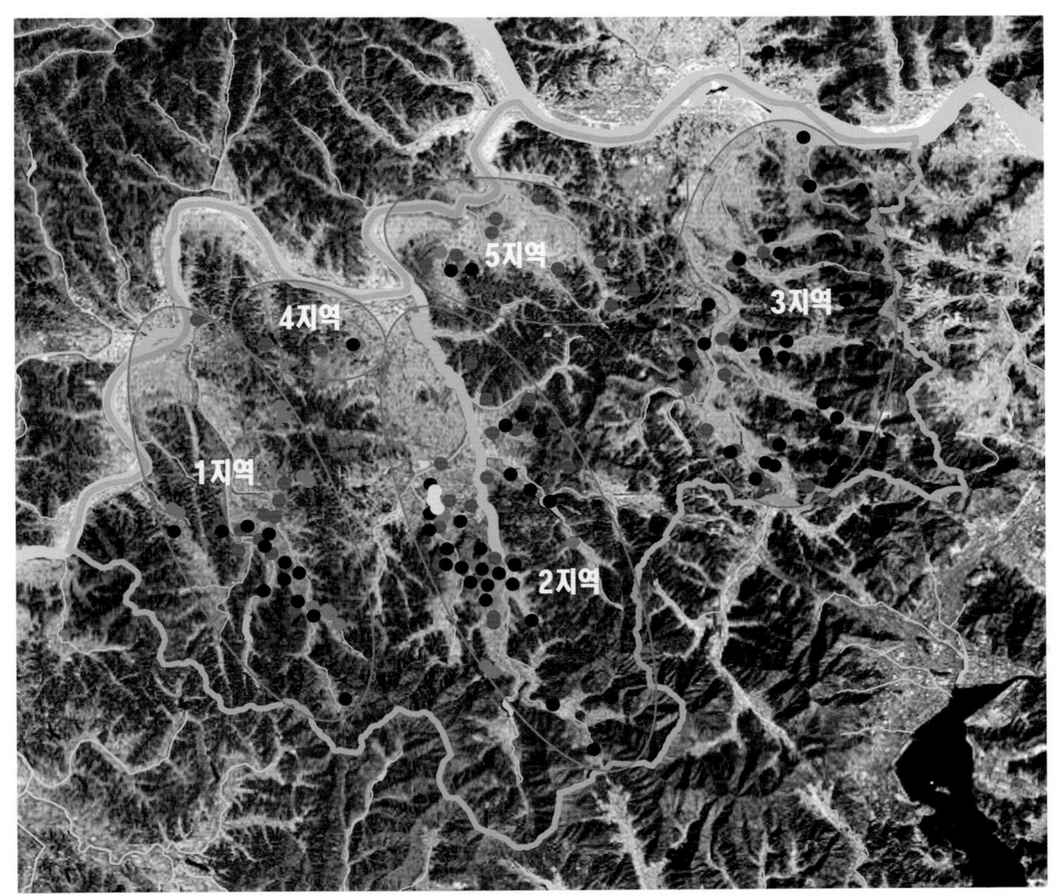

〈도면 12〉 함안지역 내 소지역별 유적분포

Ⅳ. 함안지역의 청동기시대 공간 확대

1. 함안지역의 공간적 특징과 교통로

함안지역의 공간적 특징은 분지형 지형으로서 북쪽의 하천과 나머지를 둘러싼 산지로 인해 경계가 뚜렷하다. 이는 지형적으로 보면 폐쇄적 지형으로 외부와의 단절성이 강한 지형이다. 내부적으로는 북쪽지역의 대부분이 범람원에 속해 있어 범람의 위험이 항시 존재하여, 이로 인해 취락의 형성도 어려운 지역이다. 따라서 함안지역에서 인간의 활동이 가장 활발한 지역은 남쪽지역에 위치한 곡부평야지역이다. 이 지역은 배산임수의 입지조건으로서 범람의 위험이 적고, 물이 풍부하여 인간활동에는 가장 적합한 지역으로 생각된다. 하지만 함안의 외곽지역으로 갈수록 산세가 높고 험해 외부와의 소통이 어렵다. 따라서 지리적 환경만으로 볼 때 함안지역은 사방이 모두 막힌 고립되고 폐쇄된 지역이며, 외부와의 소통도 어려운 지역이다. 이러한 지리환경적 조건들은 반대로 생각하면, 외부의 위협을 지리환경을 통해 자연적으로 감소시킬 수 있으며, 내부적으로도 좁은 지역이지만 평지와 물이 풍부하여 농경지 조성에 유리하고 습지를 통해 어로활동도 활발히 할 수 있어 다른 지역보다 식량생산이 용이하고, 증대를 가져올 수 있다. 그럼 당신의 함안지역 청동기시대인들은 어떻게 자신들의 공간을 인식하고 그것을 생존과 생활 속에 재정립해서 활용하였는지를 살펴보고자 한다.

〈도면 13〉은 함안지역뿐만 아니라 주변지역에 분포하는 유적도 함께 나타낸 것이다. 여기서 보면 함안의 남쪽지역과 맞닿아 있는 창원시 합포구지역(진동지역)에만 유적들이 집중적으로 확인되며, 나머지 지역은 일부의 유적만 확인될 뿐 집중적인 분포는 보이지 않는다. 또한 진동지역에 집중 분포하는 유적들도 그 지역 내에서 서쪽지역, 중앙부, 동쪽지역의 3부분으로 구분된다. 또한 외형적인 분포양상도 양자사이는 산지가 위치하고 있고 중간에 분포하는 유적이 없으며, 양자 간의 거리도 약 10km 정도 떨어져 있다. 따라서 지리적으로 보면 서로 관련성이 없는 유적관계로 이해할 수 있다. 하지만 함안지역과 진동지역의 지리적 특징들을 검토하여, 공간적 측면에서 살펴보면 이러한 분포양상에 대한 설명이 가능할 것으로 생각된다.

먼저 양 지역 간의 소통관계를 파악하기 위해 물리적 연결고리인 교통로를 분석해 보았다. 교통로 분석은 GIS를 이용하여 사람이 걸어서 이동하기에 가장 좋은 등급인 1등급부터 3등급까지를 파악하였다. 등급의 기준은 이동 간에 나타나는 경사도가 평탄면에 가까운 것을 1등급으로 설정하였다. 〈도면 14〉는 분석된 교통로를 나탄 것이다. 여기서 붉은색이 1등급 교통로이며, 밝은 노란색이 2등급 교통로, 어두운 노란색이 3등급 교통로이다. 전체적인 교통로는 주로 하천과 곡부 지역을 중심으로 형성되어 있으며, 함안지역을 중심으로 시작점과 끝지점을 보면, 대체적으로 북쪽은 남강과 낙동강, 남쪽은 진동만과 마산만 방향이다. 이는 자연지세와 밀접한 관련성이 있어 나타난 양상이겠지만, 교통로의 선호도나 방향 등을 보다 구체적으로 검토할 수 있는 자료이다. 즉, 함안

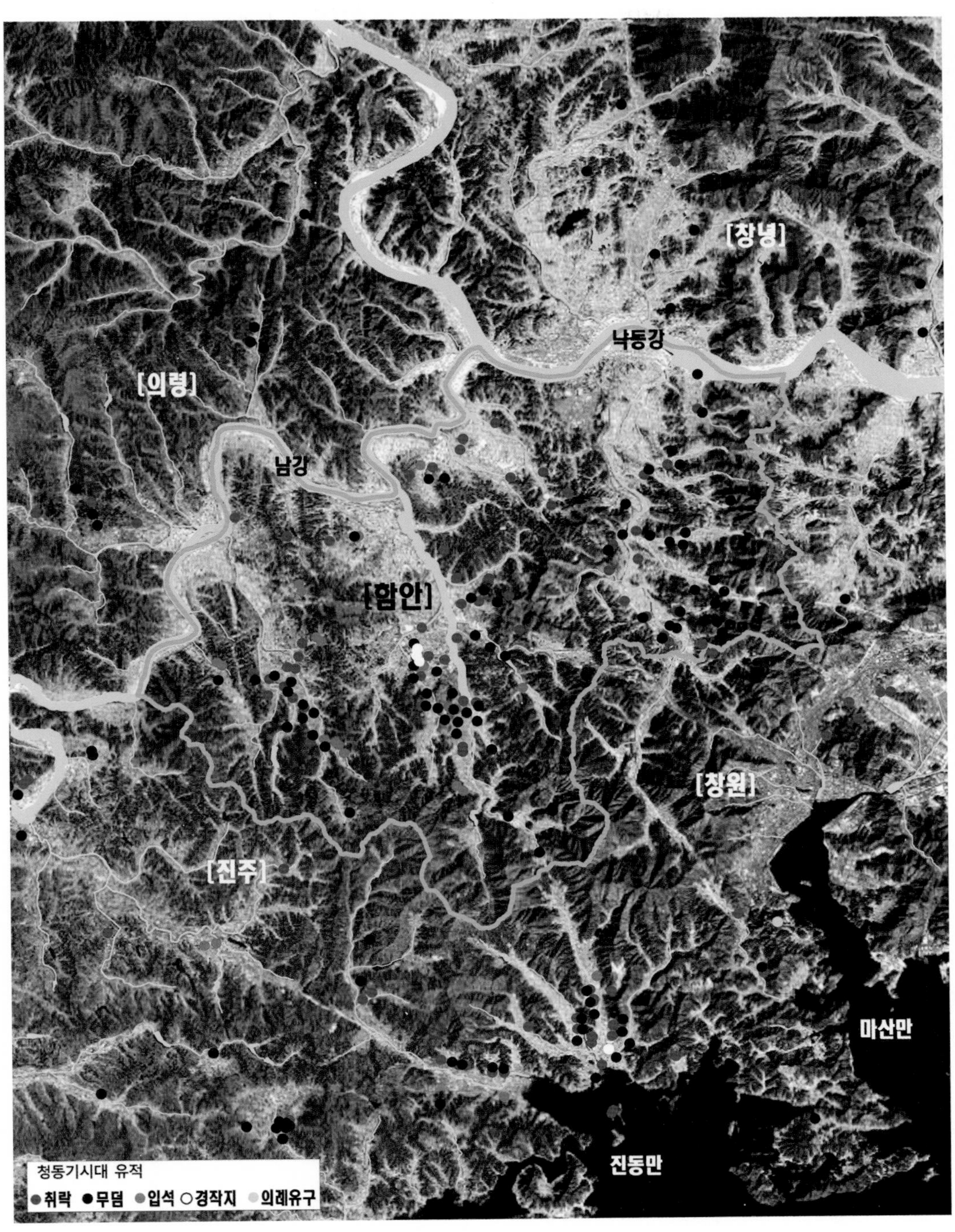

〈도면 13〉 함안지역 및 주변지역 청동기시대 유적 분포

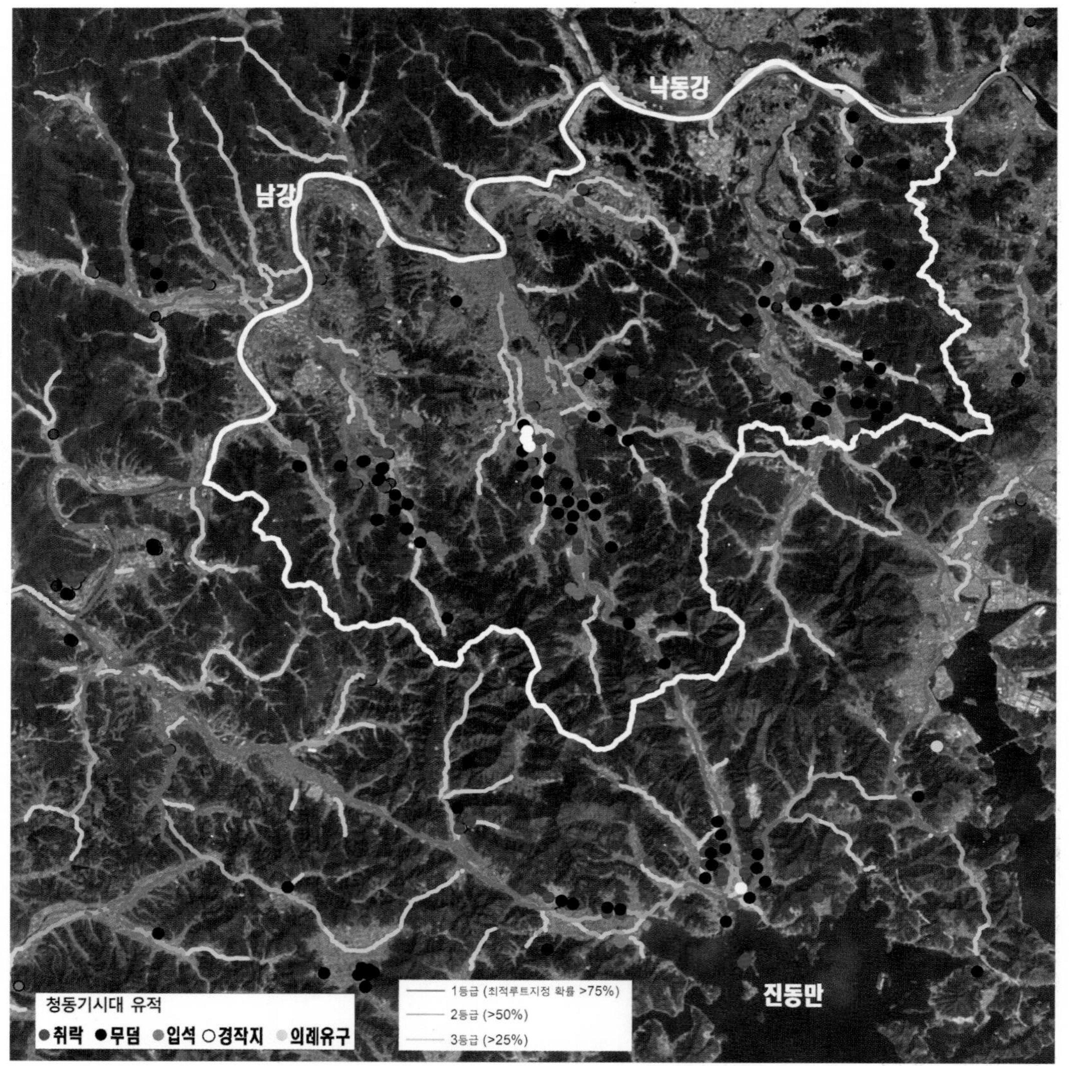

〈도면 14〉 함안지역 및 주변지역의 교통로 분석

지역이 분지형으로서 폐쇄성이 강한 지세를 가지고 있어 내부 교통로망이나 외부와 연결되는 교통로망이 함안지역의 공간을 재정립하는데 중요하기 때문이다.

먼저 함안지역의 내부 교토로망을 보면 범람원 지역은 평탄한 지형이 많아 교통로가 발달되었을 것으로 생각되나 실질적으로 보면 주요 교통로 일부만 사용되었을 가능성이 있다. 그것은 평지라고 해서 모든 평탄면이 교통로가 되는 것이 아니며, 농경지나 저지대, 습지 같이 교통로에서 제외되는 부분과 같은 지형대에서도 세부적인 지형조건의 차이나 취락의 부재 등으로 선호되는 교통로 지점이 있기 때문이다. 곡부평야지역은 취락이나 무덤이 밀집된 지역으로서 사람의 왕래가 상대적으로 많은 곳이며, 인접한 취락 간의 이동이나 주변 농경지로의 이동 등 세부적인 교통망이 상대적으로 많을 것으로 보인다. 이는 주변의 구릉지와 연결되는 곡부지역이나 소하천 등이 세부 교통망으로 이용된 것으로 보인다. 이러한 양상을 간접적으로 확인할 수 있는 예로 하천을 따라 분포하는 지석묘군이나 곡부의 입구에 위치한 입석을 통해 알 수 있다. 지석묘는 기본적으로 시신을 안치하는 무덤의 기능이 주가 되지만 조성되는 위치에 따라서는 마을의 경계, 통행로의 표지석 등으로도 사용된다.[14] 함안지역에서 확인되는 많은 수의 지석묘들은 대부분이 하천을 따라 위치하며, 일정한 거리를 두고 조성되어있다. 이는 마을의 경계나 위치를 나타내는 것과 동시에 교통로의 표지석 역할을 한다고 생각된다. 또 하나의 예로서 '입석'이 있다. 입석은 역시 마을의 경계나 교통로의 표지석 기능을 하는 것으로 함안지역에 많이 분포되어 있다. 대부분이 입석 2개가 쌍을 이루면 서로 일정거리를 두고 마주보고 배치된다. 특히 배치되는 위치가 대부분이 곡부가 시작되는 지점의 양쪽에 배치되는 것이 특징이다. 즉, 곡부가 취락이나 농경지의 중요 장소임을 말해주는 것이다. 따라서 하천과 곡부는 인간의 생활터전의 중요한 부분으로서 항시적인 교통로의 수단으로 사용된 것으로 보인다.

세부적으로 내부 교통로를 검토하여 특징을 살펴보면 다음과 같다. 각 단위지역 간에는 특별한 교통로가 형성되지 않았지만 단위지역별로는 주요 하천과 소하천을 중심으로 교통로가 형성된 것으로 보인다. 이는 함안지역의 지형적 특성이 반영된 것으로 소지역 단위 내에서는 조밀한 교통망이 형성되어 있음을 알 수 있다. 또한 취락간의 거리를 살펴보면, 평균값이 2.142km이며, 대부분은 3km 내외로 떨어져 있다. 분묘간의 거리는 평균값이 1.713km이며, 대다수가 2.5km 내외로 떨어져 있다. 이렇게 취락보다 무덤 간의 거리가 짧은 것은 상대적으로 숫자가 많은 것도 있겠지만 취락에서 벗어나 독립적인 유구로서 조성되는 경우가 많아졌기 때문으로 생각된다.

취락과 유적을 통합해서 유적 간의 거리를 검토해 보면, 평균값이 1.202km 정도로 파악

---

14) 윤호필, 「청동기시대 지석묘의 축조배경과 상징성」, 『한국청동기학보』 21호, 한국청동기학회, 2017, 97쪽.

되며, 대부분이 2.5km 거리 안에 위치하는데, 특히 1km 내에 집중적으로 분포하는 것을 알 수 있다. 이러한 유적 간의 분포양상은 일정한 공간 내에 유적들이 집중적으로 분포하는 것으로 개별취락뿐만 아니라 주변에 위치한 다수의 취락을 공간적으로 인식할 수 있는 것이다. 따라서 취락군 전체를 하나의 지역단위로 인식할 뿐만 아니리 공간적으로도 하나의 단위로 인식되었을 가능성이 높다. 따라서 함안지역의 청동기시대인들은 지형적 특징으로 인해 주요 하천인 석교천, 함안천, 광려천을 중심으로 각각 하나의 소지역 취락군으로 인식하였을 것으로 보인다.

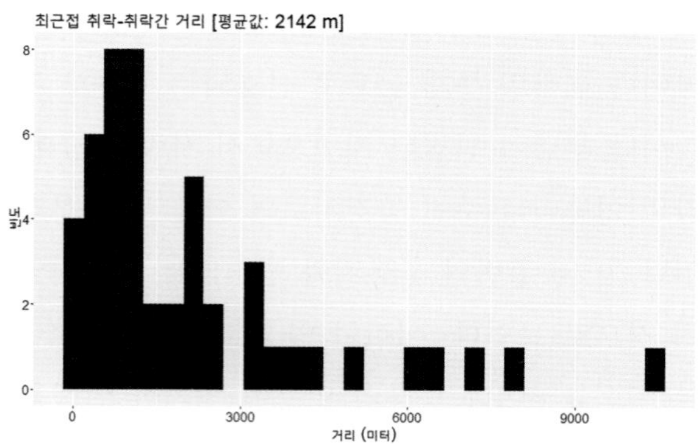

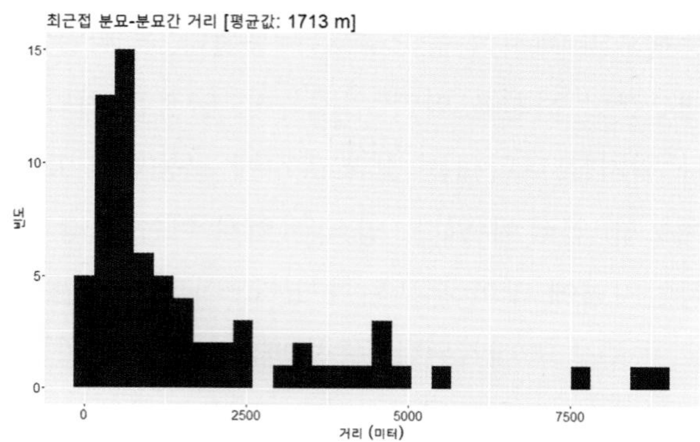

〈도면 15〉 상: 취락간 거리, 하: 무덤간 거리

함안지역의 외부 교통망은 함안을 둘러싼 자연지세로 인해 일정한 지점만이 이용된 것으로 생각된다. 〈도면 14〉에서 보면 내부에서 외부로 나가거나 들어올 수 있는 교통로는 곡부와 고갯길을 이용하거나 큰 하천을 이용하는 방법 밖에는 없다. 따라서 다른 지역에 비해 매우 제한적인 교통로망이 형성된 것을 알 수 있다. 분석결과를 보면, 함안 내부에서 외부로 나가는 1등급 교통로는 1곳이며, 1등급과 2등급 교통로가 연결된 곳이 1곳, 2등급과 3등급이 연결된 곳이 1곳으로 외부와 연결된 주요 교통로는 제한적인 것을 알 수 있

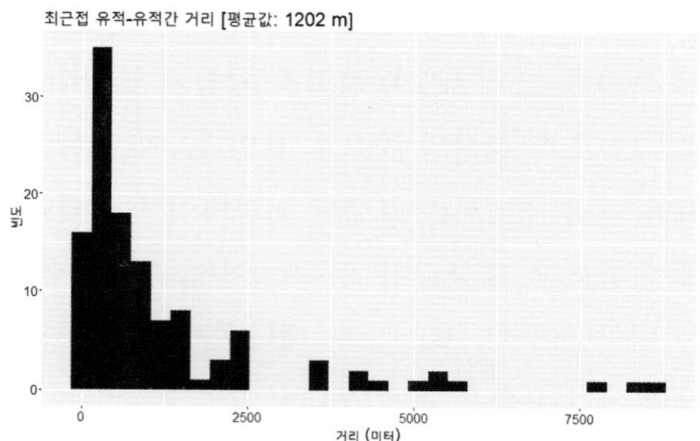

〈도면 16〉 유적간(취락+무덤)의 거리

다. 외부 교통망도 내부 교통망과 같이 동－서 교통만은 미약하고 남－북 교통망이 발달하였다. 이 중 가장 핵심을 이루는 지역은 '가야읍－함안면 지역(2지역)'으로 북쪽의 남강과 남쪽의 진동만으로 가장 빠르게 이동할 수 있는 교통로이다. 이 교통로는 현재까지도 가장 빠른 교통로로 이용되고 있다. 전체적으로 보면 '가야읍－함안면 지역(2지역)'은 지리적으로 진동만과 남강의 중심부에 위치하며, 외부지역과 함안지역을 연결시키는 중심지역이자 외부지역간도 연결시키는 중계자의 역할도 한다. 즉, 해양의 진동만과 내륙의 남강을 연결시켜 주는 것이다. 이러한 역할은 단순히 취락간의 교류를 넘어서 문화의 수용자이자 전달자로서의 기능을 하는 것이다. 이는 함안지역 청동기시대인들의 공간적 사고의 폭이 해양과 내륙으로 넓어지는 것으로 교통로의 발달은 함안의 청동기시대 사회를 발전시키는 원동력이 되었다. 즉, 폐쇄적인 함안의 공간적 범위를 교통로를 통한 교류 및 네트워크를 형성하여 주변지역까지 확대하는 것으로 지형적 폐쇄성을 극복하고 개방적 공간으로 재정립하는 것이다. 이는 함안의 불리한 환경을 지리적 이점을 통해 극복하면서 공간적 범위를 확대시켜 나가는 것이다. 여기에는 진동만 연안에 위치한 대규모 유적들과의 교류가 중요하였다. 진동지역 유적은 대규모의 묘역지석묘군이 확인된 마산 진동리유적이나 비파형동검이 확인된 진동리 석관묘, 대규모 논유적과 환호가 확인된 망곡리유적 등 대규모 취락들과 무덤군들이 진동만 일대와 배후 곡부지역을 따라 집중 분포하고 있다. 또한 이들 유적의 규모, 유구의 구조, 출토유물 등을 볼 때 경남중부해안지역의 거점지역임을 알 수 있다.[15] 특히, 해안과 접해있으면서 해안을 따라 형성된 청동기시대 문화가 거점지역인 진동리유적들을 통해 발전되고, 이를 다시 함안지역과의 교류를 통해 경남내륙지역으로 전파하는 것은 문화의 이동경로로서 중요한 의미를 가진다.

[15] 진동리 지역에서 확인되는 지석묘의 구조(묘역시설, 다단토광, 다중개석) 등은 남해안 일대에 주로 많이 확인되는 것으로 지역적 특징이 있으며, 함안식 적색마연토기나 횡침선문토기 등은 지역적 특색을 갖는 유물로서 상호 교류관계를 알려준다.

V. 맺음말

이상 함안지역 청동기시대의 공간과 활용에 대해서 간략하게 검토해 보았으며, 이를 정리하면 다음과 같다. 함안지역은 남해안과 접해있지는 않지만 가까운 거리에 위치하며, 북쪽으로는 경남의 내륙을 가로지르는 남강과 낙동강에 접해 있어 지리적으로는 좋은 위치에 있다. 하지만 북쪽의 큰 하천은 범람이 잦고, 나머지 지역은 산지로 둘러싸여 있으며, 내부에도 구릉지대들이 있어 개별적인 소지역별 공간구조가 발달하였다. 또한 전체적으로 보면 분지로서 폐쇄적인 공간구조를 가진다. 이러한 지리적 여건 속에서 청동기시대인들은 나름의 방식으로 불리한 지리적 환경을 극복하면서 지역공간을 생활에 맞게 인식하였다. 그것은 범람원지역은 일부 농경지나 어로활동의 공간으로 이용하며, 상대적으로 안정된 곡간평야지역에 취락과 무덤군을 집중적으로 조성하고 취락간의 영역을 구축하였던 것으로 보인다. 여기에는 작은 구릉사이의 곡부와 소하천이 생활공간의 배경이 되었다. 함안지역 내부의 공간은 지형적 제약으로 인해 동-서의 소통보다는 남북으로의 소통이 더 활발했던 것으로 보이며, 이로 인해 소지역단위로 취락이 발전한 것으로 생각된다.

함안지역과 외부의 교류는 교통로를 통해 분석하였는데, 지형적 제약으로 인해 제한적인 교통로만 사용된 것으로 보인다. 교통로는 곡부지역과 고갯길을 이용하거나 큰 하천을 이용하는 방법이 사용되었으며, 가장 핵심적인 교통로는 '남강-가야읍-함안면지역(2지역)-진동리'로 연결되는 루트이다. 이 루트는 해양과 내륙이 연결되는 것으로 함안지역은 이 루트의 중심부에 위치한다. 이러한 중계자로서의 이점은 함안의 불리한 환경들을 극복할 수 있는 원동력이 되었으며, 함안의 지역공간을 재정립하여 폐쇄적인 함안의 공간적 범위를 극복하고 주변지역까지 확대하여 개방적 공간으로 변화시켰다. 또한 교통로의 중심지이자 문화의 중계자로서 주변의 선진문화와 문물을 가장 빨리 흡수하고 서로 견제하고 연결시켜 함안지역의 청동기시대 문화를 발전시켰다.

【참고문헌】

국립창원문화재연구소,『함안 도항리고분군Ⅰ』, 1997.

국립가야문화재연구소,『2013 가야고분 입지·환경 연구용역』, 2013.

경남발전연구원 역사문화센터,『함안 군북 동촌리지석묘 발굴조사 보고서』, 2004.

경남발전연구원 역사문화센터,『마산 진동 토지정리구획지구내 문화유적 발굴조사약보고서』, 2005.

경남발전연구원 역사문화센터,『함안 명덕고등학교·합천 해인사부도 및 석장비주변 유적시굴조사보고서』, 2005.

경남발전연구원 역사문화센터,『함안 봉성동유적』, 2005.

경남발전연구원 역사문화센터,『함안 도시자연공원부지내 유적』, 2006.

경남발전연구원 역사문화센터,『마산 진동유적Ⅰ』, 2008.

경남발전연구원 역사문화센터,『마산 진북 망곡리유적Ⅰ』, 2009.

고민정,「무문토기시대 횡침선문 적색마연토기 고찰-형식과 연대, 분포」,『함안 봉성동유적』, 경남발전연구원 역사문화센터, 2006.

동아세아문화재연구원,『함안 봉성리 청동기시대 무덤군』, 2014.

기호문화재연구원,『함안 봉성리 청동기시대 무덤군』, 2015.

김재현,「함안의 자연지리와 산성의 입지」,『아라가야의 산성』, 선인, 2018.

김춘영,「지석묘 분포를 통해 본 고대의 교통로-함안지역을 중심으로」,『함안 봉성동유적』, 경남발전연구원 역사문화센터, 2006.

박지훈외,「지리·지형학적 관점에서 본 대전지역 청동기시대 주거지 입지 특성」,『한국지리학회지』1권, 한국지리학회, 2012.

배진성,「함안식적색마연호의 분석」,『한국민족문화』32, 민족문화연구소, 2008.

송병욱,「남강 유역의 습지 개달과 개발」, 경상대학교 교육대학원 석사학위논문, 2006.

송연진,「한반도 청동기시대 마연토기 연구」, 경상대학교대학원 박사학위논문, 2016.

아라가야향토사연구회,『함안고인돌』, 1997.

우리문화재연구원,『마산 망곡리유적』, 2010.

우리문화재연구원,『함안 가야리 제방유적』, 2010.

우리문화재연구원,『함안 가야리 제방유적Ⅱ』, 2013.

윤호필,「청동기시대 다중개석 무덤에 관한 연구-의미와 분포권을 중심으로」,『함안 봉성동유적』, 경남발전연구원 역사문화센터, 2005.

윤호필, 「청동기시대 지석묘의 축조배경과 상징성」, 『한국청동기학보』 21호, 한국청동기학회, 2017.
이동희, 「고고학을 통해 본 안라국의 형성과정과 영역변화」, 『지역과 역사』 제42호, 부경역사연구소, 2018.
창원대학교박물관, 『함안 오곡리유적』, 1997.
창원대학교박물관, 『함안 가마실유적』, 2000.

안야국의 성장과 국읍

김양훈 | 김해시사편찬위원회

Ⅰ. 머리말

한국고대사의 삼한시대 연구는 관련 문헌자료가 부족함에도 불구하고 다양한 주제로 논의된 것은 주지의 사실이다.[1] 당대의 기록인 『삼국지』 위서동이전[2]의 사실을 어떻게 이해하느냐에 따라 정치, 사회, 문화상 등이 다양하게 연구되고 있다. 그중, 당시 단위 정치체인 國에 대해서 자주 논의되었고, 주로 國의 형성시기, 형성배경, 성격 등을 밝히려고 하였다.[3]

1) 한국고대사학회, 『한국고대사 연구의 새 동향』, 서경문화사, 2007.

2) 진수(233~297)가 편찬한 『三國志』 위서동이전 한조는 고조선 준왕의 남천(기원전 195년)~조위 정시 연간(240~248년)까지의 사실을 기록되어 있다. 하지만 『三國志』 진류왕기 경원 2년(261) 기사에 "樂浪外夷韓濊貊』 기록도 있어 『삼국지』의 삼한 기록의 하한은 261년으로 두고 있다(박대재, 「삼한의 국읍을 통해 본 구야국」, 『김해 봉황동유적과 고대 동아시아』, 제24회 가야사학술회의 발표자료집, 2018a).

3) 이현혜, 『三韓社會形成過程研究』, 일조각, 1984; 노중국, 「한국 고대의 읍락의 구조와 성격－국가형성과정과 관련하여」, 『대구사학』 38, 1989; 백승충, 「加耶의 地域聯盟史 研究」, 부산대 박사학위논문, 1994; 신경철, 「三韓時代의 東萊」, 『東萊區誌』, 부산 동래구, 1995; 권오영, 「삼한의 國에 대한 연구」, 서울대 박사학위논문, 1996; 이성주, 『新羅 · 加耶社會의 起源과 成長』, 학연문화사, 1998; 문창로, 『삼한시대의 읍락과 사회』, 신서원, 2000; 이희준, 「삼한 소국 형성 과정에 대한 고고학적 접근의 틀」, 『한국고고학보』 43, 한국고고학회, 2000; 노중국 외, 『진 · 변한사연구』, 계명대학교 한국학연구원,

하지만, 이들의 연구 성과는 『三國志』 위서동이전을 포괄적이고 전체적인 관점에서 이해하여 여러 國을 일률적이거나 포괄적인 시각으로 이해한 것은 부정하기 어렵다. 또한 개개 國의 변화상이나 성격 등을 분석하기 위한 자료가 부족하여 고대사회의 다양한 변화상을 도출하지 못한 한계도 있다.

본고에서 논의할 안야국은 안라국(아라가야)의 前史 또는 前期로 이해하여 안라국의 형성과정에서 논의한 것이 대부분이지만, 전체적으로 안야국의 형성과 성장을 다룬 경우는 소수에 불과하다.[4] 위와 같은 연구부진은 관련 자료가 부족하고, '함안'이라는 공간에서만 다루었기 때문에 안야국의 정치체 변화상과 성격을 다양하게 논의하기 어려웠던 것으로 생각된다.

필자는 상기의 한계를 인지하고 안야국의 성장과 국읍 변화상을 살펴보고자 한다. 기존의 연구 성과를 인용하거나 재검토하고, 문헌과 고고자료를 균형적으로 살펴 추론하고자 한다. 한편, 관련 자료가 부족하기 때문에 김해, 창원 등 주변지역 자료와의 비교를 통해 논지를 전개할 것이다. 본고는 함안의 자연환경과 정치체의 형성배경을 살펴 안야국 형성기의 '도항리국읍'의 출현과정을 알아보고, 다음으로 안야국 성장과 대외관계를 통해 '소국'에서 '대국'으로의 변화상을 살펴보고자 한다.

Ⅱ. 안야국의 형성기반

자연환경은 인간의 인문·사회적 환경에 많은 영향을 미친다. 그중, 지형은 인간의 거주, 생산, 방어, 교통 등 인간과 관련된 다양한 환경을 좌우한다. 이에 따라 한반도의

2002; 백승옥, 『加耶各國史研究』, 혜안, 2003; 이재현, 「변·진한사회의 고고학적 연구」, 부산대 박사학위논문, 2003; 이성주, 「辰弁韓 '國'의 形成과 變動」, 『영남고고학』 79, 2017; 여호규, 「삼국형성기 문헌사와 고고학의 접점」, 『한국상고사학보』 100, 2018; 박대재, 「三韓의 '國邑'에 대한 재인식」, 『한국고대사연구』 91, 2018b.

[4] 金泰植, 「咸安 安羅國의 成長과 變遷」, 『한국사연구』 86, 1994; 김형곤, 「阿羅伽倻의 形成過程 研究 -考古學的 資料를 중심으로-」, 『가라문화』 12, 1995; 권주현, 「안야국에 대하여-3세기를 중심으로」, 『대구사학』 50, 1995; 남재우, 『安羅國史』, 혜안, 2003; 이주헌, 「道項里木棺墓와 安邪國」, 『문화재』 37, 2004; 조수현, 「古墳資料로 본 阿羅加耶」, 경주대 박사학위논문, 2017; 이동희, 「고고학을 통해 본 안라국의 형성과정과 영역 변화」, 『지역과 역사』 42, 2018.

고대정치체는 제각각의 지형적 특성에 따라 형성되었거나 발전하였음을 알 수 있다.

삼한 중 변한이 일어선 낙동강 이서지역은 산지로 둘러싸인 분지가 곳곳에 발달하였다. 이들 분지는 하천과 지천들이 낙동강·남강 등 대하천이나 남해안으로 이어졌고, 각 분지를 연결되는 고개가 형성되어 있으며, 산지 아래의 구릉과 충적지는 하천변과 인접하고 있다. 위와 같은 지형의 특색을 통해 낙동강 이서지역의 사람들은 주거, 생산, 교통 등의 다양한 활동기반으로 활용하였음을 알 수 있다.

위와 같은 지형특색은 함안도 적용된다. 〈그림 1〉을 보면, 함안은 전체적으로 남고북저의 분지지형이며, 3개의 소분지가 형성되어 있다. 분지를 형성한 산지는 여러 갈래로

〈그림 1〉 함안군 지형도

뻗어져 있으며, 각지로 이어진 고개가 발달되어 있다. 하천은 남쪽의 광려산 등 높은 산지에서 발원하여 북쪽의 낙동강과 남강에 이어진 함안천, 석교천, 광려천과 이들과 합수하는 지천이 곳곳에 형성되어 있다. 산지의 하단부는 충적지, 곡간지, 선상지가 발달되었고, 이들 사이에 지천이 가로지르고 있다. 이 같은 지형 특색으로 인하여 함안은 일찍부터 사람들이 거주하는데 적합하였고, 나아가 이른 시기에 집단이나 정치체가 형성할 수 있는 기반이 마련되어 있었던 곳이었음을 알 수 있다.

1. 생산

고대 정치체는 일정지역에 정착한 다수의 사람들의 정치적 집합체로서, 정착기반 여건에 따라 형성여부가 정해진다. 또한 사람들은 주어진 정착기반의 적절한 활용과 이를 독점하기 위한 투쟁을 통해 권력을 갖게 되며, 이를 독점한 유력집단은 권력의 유지와 강화를 위해 정치체 형성을 주도하였다. 특히 유력집단의 권력기반은 주어진 환경에 따라 다양하겠지만, 대체로 각종 물자의 생산기반이 가장 중요하다고 할 수 있다.

1) 경작지

식량생산과 밀접한 경작지는 정주민의 정착기반이며, 인구증가의 요인이기도 하다. 한반도 남부지역은 청동기시대부터 벼농사 등 농경이 이루어졌고, 주로 하천, 구릉지 주변의 충적지와 곡간지를 활용하여 경작지로 조성하였다.

함안지역은 예부터 농경이 발달한 지역이었다. 〈그림 2〉를 보면, 함안분지 일대는 농경활동에 적합한 홍적대지, 구릉지, 곡간지/선상지, 하성평탄지가 넓게 펼쳐져 있다. 홍적대지, 구릉지와 곡간지/선상지는 일찍부터 사람들이 거주와 농경지로 활용하였지만, 하성평탄지는 하천범람으로 하천의 운반물질이 퇴적되면서 형성된 지형이기 때문에 제방 등 수리시설을 축조한 이후 농경지로 활용되었다. 특히 도항리 일대는 청동기시대 경작층과 수로가 확인되었고[5], 주거유구에서 반월형석도가 출토되었으며, 채집된 무문

---

5) 경남발전연구원 역사문화센터, 「함안명덕고등학교 다목적교실 신축예정지내 유적 발굴조사 약보고서」, 2003; 「함안 고인돌공원 조성부지내 유적 시굴조사 약보고서」, 2004; 김병섭, 「영남지역 청동기시대 농경유적 제고」, 『경남연구』 8, 2013.

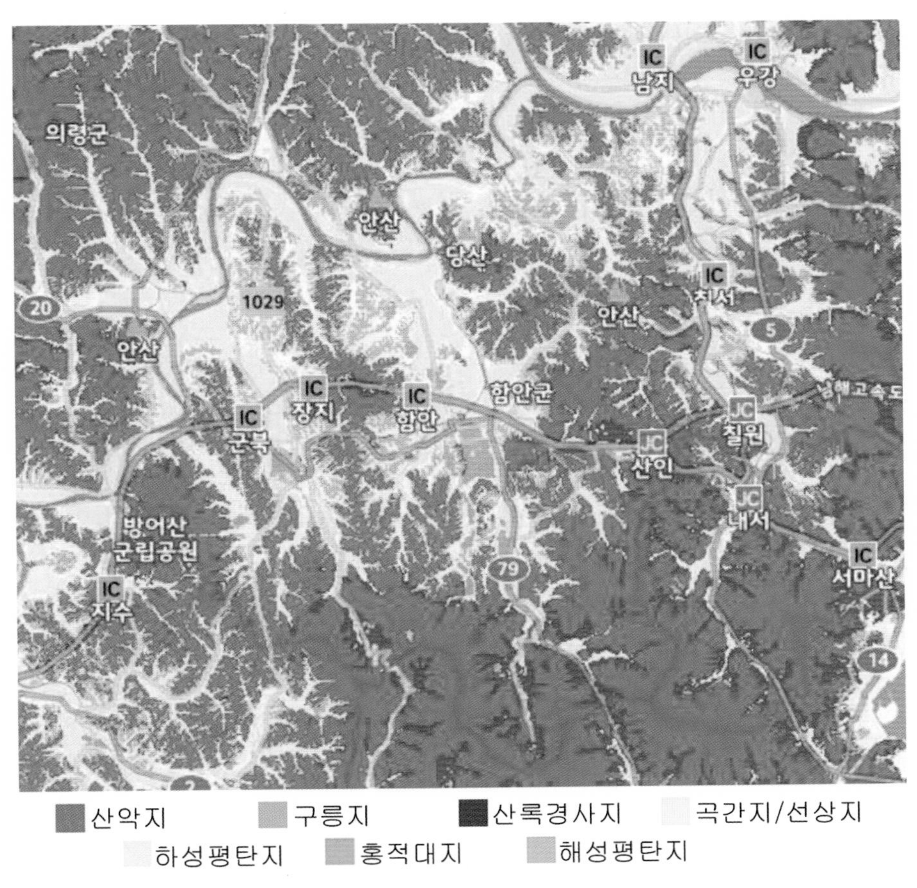

〈그림 2〉 함안군 분포지형도(흙토람 토양환경지도 참조)

토기 저부편에서 볍씨자국이 확인된 점[6]을 보면 충적지가 발달되어 청동기시대부터 농경활동이 활발했음을 알 수 있다.

하지만 남강이 흐르는 북단은 상시 침수지역이기 때문에, 농경지로 발달하지 못하였을 가능성이 많다. 함안의 지석묘군이 남강에 인접한 지역에는 분포하지 않으며, 1587년 정구가 편찬한 『함주지』에서 "서북은 고산준령이 없어 광활한 평야가 이루는데 홍수 때마다 강이 범람하여 물바다가 된다."[7]고 언급된 점을 보아 낙동강, 남강제방 축조 이전

6) 최헌섭, 「함안 도항리 선사유적」, 『한국상고사학보』 10, 1992; 국립창원문화재연구소, 『함안 암각화 고분』, 1996.

7) 함안문화원, 『국역 함주지』, 2009.

까지는 하천 범람으로 인하여 농경활동에 많은 제한이 있었던 것으로 추정된다.

2) 철 · 철기생산

광물자원은 정주민의 농공구 등 도구의 제작과 외부집단과의 교역수단이며, 이것의 독점과 생산 여건에 따라 읍락 간 권위의 차이가 드러난다. 다양한 광물 중에서 삼한시대의 대표적인 광물자원은 철광석이다.

철 · 철기생산은 철광석 등 원료와 숯 등 연료 중심의 자원우위 산업으로서 특정 지역에서 이루어지므로 자원 독점만이 정치체의 형성과 발전에 결정적인 영향을 끼치지 않는다.[8] 철 · 철기생산은 원료 및 연료 획득뿐만 아니라 생산기술과 유통 여건을 갖추어야만 가능하기 때문이다. 따라서 당시의 유력 집단들은 철 · 철기생산을 위한 자원 확보와 생산기술 · 유통 장악을 통해 권력을 유지 · 강화했을 것이다.

함안지역에서는 철 · 철기생산의 흔적을 찾기 어렵다. 아직 고문헌과 고고자료에서는 철광산지와 제철유적은 알려지지 않았지만, 근 · 현대 지질조사에서 함안－군북 일대에 자철석, 황철석 철광석과 구리, 아연 등 여러 광물이 확인된 바 있다.[9] 또한 철소재품으로 추정되는 판상철부, 주조철부와 철제농공구인 철제따비가 도항리 · 말산리, 소포리유적에서 출토된 점을 보면 삼한시대 함안지역에서도 철 · 철기생산이 이루어졌을 가능성을 생각해볼 수 있다. 한편 『함주지』 산천조에서 生童山의 다른 이름을 生銅山이라고 하는데,[10] 동광산출지에서 황철석이 함께 산출된 점[11]과 여항면 주서리의 점꼴들에 있었던 '쇠점'[12]이 생동산과 인접한 점을 보면, 여항면의 배후산지 일대에 철광산지가 있었을 가능성이 있다.

---

8) 이성주, 앞의 책, 1998, 147쪽.

9) 朴喜寅 외, 「慶南 咸安—郡北地域의 銅鑛化作用에 關한 硏究」, 『자원환경지질』 18-2, 1985, 113쪽.

10) 함안문화원, 앞의 책, 2009.

11) 이성주, 「1~3세기 가야 정치체의 성장」, 『한국고대사논총』 5, 한국고대사회연구소, 1993.

12) 한글학회, 『한국지명총람』 9, 1980.

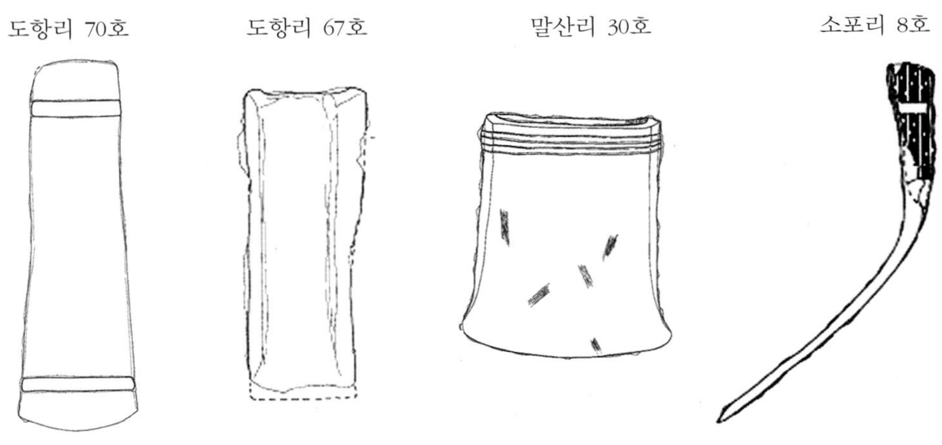

〈그림 3〉 판상철부, 주조철부와 철제따비

2. 교통로

한반도 내의 고대 정치체는 외부세력과 연결된 길을 통해 교류하거나 경쟁을 하였다. 교통로 확보는 정치체의 형성과 성장에 결정적인 영향을 끼친다. 특히 영남지역은 분지가 발달하여, 고개, 하천 등을 통해 정치체 간의 교류 또는 경쟁을 하였다. 그중 유력집단은 고개와 하천을 장악하여 외부와의 교류, 경쟁을 주도하였고, 내부의 다른 집단들의 외부와의 접촉을 막는 것을 통해 자기 권력을 유지하거나 강화했을 것이다.

고대사회의 함안 사람들은 외부 세력과의 교류를 위해 주로 남강, 낙동강, 대현(대티고개) 등을 활용하였다. 남강은 덕유산에서 발원하여 낙동강에 합수하며, 진주, 산청 등 서부경남지역에서 성장한 고대 정치체들의 주요 교통로이다. 안야국은 남강을 통해 서부경남 세력들과 교류를 하였지만, 남해안으로 진출하는 데 한계가 있었을 것이다. 안야국이 남강을 통해 남해안으로 진출한 시기는 사곡리 등 진주지역의 4세기대 목곽묘에서 함안양식 토기가 부장된 점을 볼 때, 3세기 후반부터 가능했을 것이다. 낙동강은 칠원－창원－김해로 통하며, 진·변한지역 國의 형성 당시 북방의 유이민집단이 주로 이용한 교통로이다. 그런데 안야국 당시 낙동강은 특정정치체의 영향하에 있었거나 여러 집단들이 활용하였기 때문에 안야국이 주도적으로 사용하는데 적지 않은 장애가 되었을 것이다.[13]

그렇다면 안야국이 한군현 등 외부세력과의 안정적인 교섭을 위해 활용한 교통로는 대현뿐인데, 봉화산과 생동산 사이에 진동만으로 이어지는 고개이다. 대현은 조선시대 지리지[14]와 대동여지도에 보이듯이, 함안의 주요교통로이었다. 이 고개는 안야국 형성 이전부터 사용되었을 것인데, 고개 북쪽 아래에 외암리지석묘군이 분포하며, 도항리 '바'호 지석묘의 구조가 진동리, 율하리 등 남해안 일대의 묘역식지석묘와 유사[15]한 점에서 살펴볼 수 있다.[16]

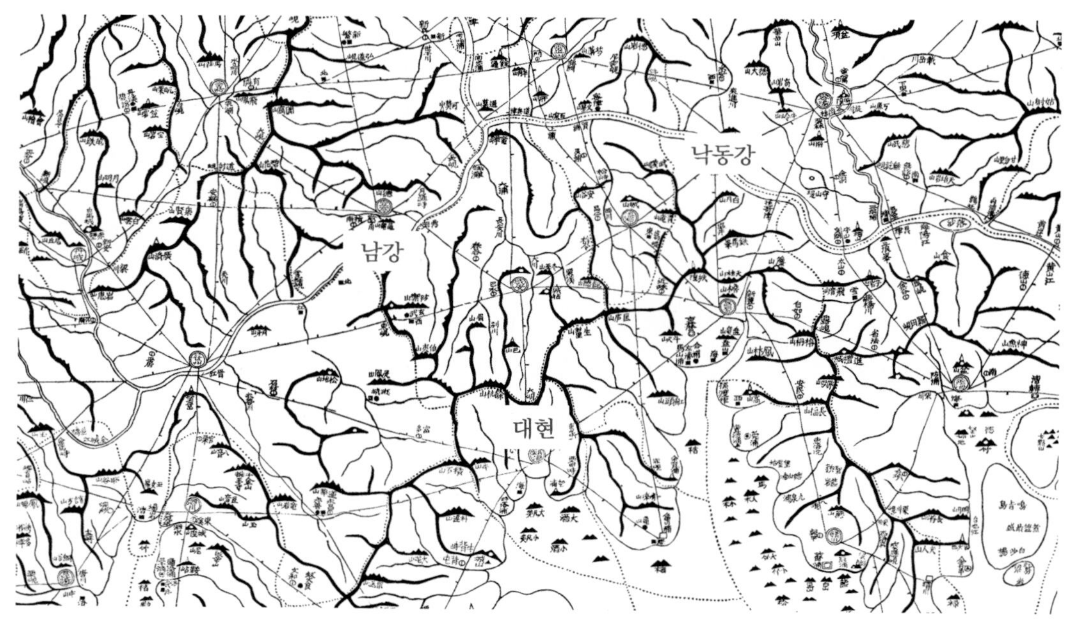

〈그림 4〉 대동여지도 속의 함안 주요교통로

13) 함안에서 마산만으로 연결된 육로는 포덕산과 화개산 사이의 신당고개가 있다. 이 고개는『신증동국여지승람』,『함주지』에서 伊峴으로 알려졌으며, 함안, 의령의 각종 물산을 마산만의 조창으로 옮기는데 사용된 통로였다. 안야국은 이 고개를 통해 마산만으로 넘나들었겠지만, 당시 마산만은 골포국이 존립하였으므로 남해안 진출을 위해 활용하였을 가능성은 적었을 것이다.

14) 함안문화원, 앞의 책, 2009.

15) 이동희, 앞의 논문, 2018.

16)『일본서기』흠명기 22년(561)조의 波斯山을『신증동국여지승람』함안군 산천과 봉수조에 나오는 '巴山'과 동일한 지역으로 비정한다면(남재우, 앞의 책, 2003), 파산과 인접한 대현은 고대 한일 간의 교류에서도 활발하게 이용된 교통로였음을 알 수 있다.

Ⅲ. 안야국 형성과 국읍 출현

삼한시대 國의 형성과 구조는 문헌 및 고고자료를 통해 많은 논의가 제기되었다. 문헌적인 검토는 『삼국지』 위서동이전 중심으로 國의 구조를 살폈고 고고자료를 활용하였다. 고고학계에서는 청동기 등 위신재와 고분군 위계 등 다양한 검토를 통해 國의 형성과정과 구조를 논의하였다.[17] 최근 들어 양자의 논의를 복합적인 검토를 통해 國의 실체를 밝히려는 경향이 나타나고 있다.[18]

현재 학계에서는 삼한시대의 國을 여러 읍락의 결합에 의해 출현한 것으로 보고 있지만, 國의 형성 시기는 제각각이다. 본고에서는 國의 형성시기에 대하여 간략히 살펴보도록 하겠다.

A-1) 준왕은 그의 근신과 궁인을 거느리고 도망하여 바다를 경유하여 한의 지역에 거주하면서 스스로 한왕이라 칭하였다.

A-2) 우거가 격파되기 전에 조선상 역계경이~동쪽의 진국으로 갔다. 그때 그를 따라가 그곳에 산 사람이 2천여 호나 되었는데~

A-3) 환령지말, 한과 예가 강성하여 군현이 제대로 통제하지 못하니 많은 백성들이 한국으로 유입되었다.

A-4) 옛날의 망명인으로 진나라의 고역을 피하여 한국으로 왔는데, 마한이 그들의 동쪽 땅을 분할하여 우리에게 주었다.~처음에는 6국이었는데 차츰 12국으로 나뉘어졌다.

A-5) 각각 장수가 있어서 세력이 강대한 사람은 스스로 신지라 하고, 그 다음은 읍차라고 하였다.~진왕은 월지국(목지국)을 다스린다.

A-6) 변진은 12국으로 되어 있다~12국에도 왕이 있다.

A-1)~4)는 중국, 고조선의 유이민들이 어떤 시기에 삼한에 정착하였고, A-5)~6)은 삼한에 수장층이 존재하였음을 각각 알려준다. 우선 A-1)~4)를 보면 유이민들은 기원전 3세기~기원후 2세기에 걸쳐 현지에서 일어난 전쟁, 고역 등 다양한 사정으로 유망하여 삼

17) 이현혜, 앞의 책, 1984; 최종규, 「무덤에서 본 삼한사회의 구조 및 특징」, 『韓國古代史論叢』 2, 한국고대사회연구소 편, 1991; 권오영, 앞의 논문, 1996; 이청규, 「지배층 무덤의 변천에 대하여」, 『인류학연구』 8, 1998; 문창로, 앞의 책, 2000; 이재현, 앞의 논문, 2003; 이성주, 앞의 논문, 2017.

18) 박대재, 앞의 논문, 2018a; 여호규, 앞의 논문, 2018.

한에 정착하였다. A-1)~2)는 유이민의 삼한지역 정착이 준왕, 역계경 등 수장층 주도의 남하에 의해 이루어졌는데, 이 사실은 A-5)~6)과 연계하여 살펴보면, 國의 형성은 유이민 집단의 남하, 수장의 존재와 밀접하다고 엿볼 수 있다. 이로 보아 삼한의 國 형성시기는 기원전 2세기 전반을 상한으로 설정할 수 있다. 한편, A-3)에서 기원후 2세기 후반에도 유이민들의 남하가 장기간에 걸쳐 이루어진 점과 A-4)에서 진한의 6국이 12국이 나누어진 점을 보면 늦어도 기원후 2세기 후반까지 삼한의 각지에서 國이 형성되었을 것으로 추정된다.

A-7) 그 풍속은 기강이 흐려서 國邑에 비록 주수가 있지만 邑落이 잡거하여 제대로 다스리지 못하였다.

A-8) 山川에 흩어져 살았으며 성곽이 없다.

A-9) 해마다 5월이면 씨뿌리기를 마치고 귀신에게 제사를 지내며, 떼를 지어 모여서 노래와 춤을 즐기며 술 마시고 노는데 밤낮을 가리지 않는다.

A-10) 왕망의 지황연간에 염사치가 진한의 우거수가 되어 낙랑의 토지가 비옥하여 사람들의 생활이 풍요하고 안락하다는 소식을 듣고 도망가서 항복하기로 작정하였다.

위의 기사를 살펴보면, 三韓의 國은 國邑과 邑落으로 구성되며, 그중 읍락은 國을 구성하는 최하위 세력단위로써, 산과 하천 등 자연지형을 기반으로 형성된 집단이었다.[19] 또한 읍락은 여러 취락을 집단노동과 자연신앙을 바탕으로 결속된 혈연적 공동체이지만, 점차적으로 읍락 내·외적인 통합, 경쟁 등 다양한 사회적 활동으로 인한 읍락의 盛衰를 통하여 國으로 형성하였다.

위와 같은 모습을 지역적으로 분석하는 것은 쉽지 않다. 『삼국지』 위서동이전은 중국인의 시각에서 삼한 사회를 포괄적으로 보았기 때문에 개별 읍락의 전모를 살피는 것은 대부분 추론에 머물고 있다. 그나마 직접적인 근거는 취락유적 등 고고자료인데, 고고학계에서는 취락의 지속성[20]과 계층성을 전제하에 읍락의 성격을 분석하고 있는 편이다. 취락의 지속성과 계층성은 읍락의 구조를 설명할 수 있으며, 나아가 정치체 형성 과

19) 이현혜, 앞의 책, 1984; 노중국, 앞의 논문, 1989; 권오영, 앞의 논문, 1996; 문창로, 앞의 책, 2000; 이희준, 앞의 논문, 2000; 이재현, 앞의 논문, 2003; 주보돈, 「한국 고대 촌락사연구의 진전을 위하여」, 『한국고대사연구』 48, 2007; 이성주, 앞의 논문, 2017.

20) 이희준, 앞의 논문, 2000, 131~132쪽.

정과 구조를 살펴보는 것이 가능하다. 하지만 안야국은 취락유적을 통해 읍락의 입지, 형성과정 등 읍락의 대강을 살펴보기 어렵다. 함안지역은 취락유적 자료가 충분하지 않으며, 조사된 유적도 대부분 유적의 일부에 불과하기 때문에 읍락의 전체적인 양상을 살펴보는데 쉽지 않다.

이를 대신할 수 있는 근거자료는 고분군인데, 당시 고분군은 읍락 중심으로 축조된 것으로 볼 수 있기 때문에[21] 읍락의 성격을 살펴볼 수 있다. 그러나 함안지역에서 발굴조사된 삼한시대 고분군은 도항리, 소포리유적뿐이며, 이들 유적을 통해 안야국의 읍락을 살펴보는데 어려움이 따르는 것을 부정하기 어렵다. 근래 들어 안야국 형성기의 읍락을 살피는데, 청동기시대 지석묘군과 삼한시대 목관묘군 분포상을 통해 논의되고 있다.[22] 지석묘는 노동집약적인 묘제로써 읍락 단위로 축조된 것으로 이해하고 있으며, 지석묘군은 지석묘의 규모와 부장품을 통해 읍락의 지속성, 읍락간의 위계 등을 파악할 수 있다. 이후 조성된 목관묘는 초기철기시대 이후 중국 및 북방의 여러 세력들이 한반도에 정착하면서 발생한 것이며, 읍락 단위로 군집화가 형성된 것으로 보고 있다. 목관묘군은 청동기, 철기 등 유물 양상을 통해 유이민의 정착 후 읍락의 변화상을 엿볼 수 있다.

영남 각지의 지석묘군[23]과 목관묘군 분포상을 살펴보면, 목관묘군은 대형 지석묘군이 입지한 구릉이나 평지에 인접하고 있는 양상을 볼 수 있다. 창원 덕천리 지석묘군－다호리 목관묘군, 김해 대성동지석묘군－구지로, 가야의 숲 목관묘군 등이 대표적인 곳이다. 함안에서도 확인되는데, 도항리 도동지석묘군 등 광정천주변의 지석묘군[24]은 도

21) 이성주, 앞의 책, 1998.

22) 남재우, 앞의 책, 1998, 31~49쪽; 이동희, 앞의 논문, 2018, 41~49쪽.

23) 안야국 권역의 지석묘군은 21군 123개의 지석묘가 분포하며, 수계와 지석묘군 분포상을 보면 4개의 읍락과 여러 개의 촌락이 형성된 것으로 추정된다(남재우, 앞의 책, 1998). 석교천은 군북지석묘군이 독보적이지만, 광정천, 함안천은 도동지석묘군, 봉성지석묘군 등 다수의 지석묘군이 인접하고 있다. 지석묘군이 수계에 인접한 점은 농경생활과 밀접하다. 지석묘를 축조하는데 노동력 동원과 통제를 위한 특정읍락의 권위가 필요하였듯이, 석교천, 광정천, 함안천 등 하천에 인접한 지역에 특정읍락이 각각 형성되었을 것으로 생각된다. 한편 선사~고대사회의 농경에서 집단노동 또는 경작지조성, 수리시설 축조, 하천이용 제한이 있는 점을 볼 때, 특정읍락 또는 읍락지배자의 권위가 타 읍락 내지 읍락구성원들에게 영향력을 행사하였을 것이다. 하지만, 청동기시대 안야국 권역의 읍락지배자의 권위를 파악하는데 현재 자료로 이해하기 어려운 편인데, 출토유물이나 상석의 크기가 뚜렷하게 탁월한 것이 없기 때문이다.

24) 광정천주변의 지석묘 중 암각화고분의 '다'호 지석묘의 상석은 광정천주변의 지석묘군 내의 타 지석

항리 목관묘군, 군북지석묘군은 소포리유적과 가까이 하고 있다. 이 같은 유적입지의 양상은 목관묘 축조집단인 유이민 집단이 남하하면서 새로운 정착지를 개발하여 정착하기보다는 지석묘 축조집단인 재지집단의 읍락 주변에 정착하였음을 보여준다. 이 점은 하나의 읍락이 청동기시대에 형성하여 삼한시대에도 이어졌음을 시사한다.

이후 정착한 유이민집단은 점차 안정되면서 읍락 내의 재지집단을 압도하였고, 주변 읍락과의 경쟁에서 앞서면서 특정 정치체의 수장층으로 성장하였다. 그 배경은 철기문화이다. 유이민집단은 보유한 철기를 바탕하여 적은 인구로 철제 농공구를 효율적으로 활용하여 농업생산력을 크게 증대시킨 반면, 재지집단은 여전히 대규모 노동력에 의지하였고, 석기를 이용한 농경으로 인하여 생산력을 늘리는데 어느 정도 한계가 있었다. 이로 인하여 유이민집단은 경제적 불평등을 말미암아 재지집단을 압도 읍락 수장층으로 성장하였다. 나아가 유이민집단이 주도한 경제적 영향력이 정치적으로 변질되어 주변으로 확산되었고, 결국 유이민집단은 특정 정치체의 수장층으로 성장한 것이다.

안야국 읍락 간의 경제적, 정치적 우열관계를 살펴볼 수 있는 자료는 도항리와 소포리유적이다. 양 유적을 살펴보면, 도항리는 낮은 구릉지에서 목관묘 40여 기를 조사하였고, 토기, 철기 등 다종의 유물이 확인되었다. 현재까지 확인된 도항리목관묘군은 다호리유적 편년안[25])을 통해 살펴보면 기원전 1세기 전반~기원후 2세기 전반에 조성된 것으로 보인다. 소포리목관묘군은 낮은 구릉지에 조성되었지만, 조사된 유구는 12기뿐이며, 기원후 1세기대 철기, 토기 등이 소량 출토되었다. 하지만 양 유적에서 조사된 목관묘는 일부에 불과하고 유물도 그다지 풍부하지 않아 전모를 밝히는 것은 쉽지 않다. 다만, 양 유적의 입지와 주변 지형을 함께 검토해보면 양 읍락 간의 우열관계가 드러나지 않을까 한다.

현재까지 확인된 변한권역의 목관묘군은 대체로 평지와 낮은 구릉에 확인되는데, 도항리와 소포리유적도 마찬가지이다. 그런데 도항리는 구릉지에 40여 기가 밀집된 점과

묘의 상석보다 규모가 제법 큰 편이며, 5~7겹의 동심원, 성혈, 음각선 등 다양한 기호가 새겨져 있는 점이 주목된다. 특히 이동희는 지석묘 상석에 동심원, 성혈 등 상징성이 있는 기호가 새겨진 것을 제의 공간으로 중요시하였거나 피장자의 입지가 우월하였을 가능성을 생각해 볼 수 있다고 한다(이동희, 앞의 논문, 2018).

25) 박진일, 「기술적 관점에서 본 다호리 출토 토기의 편년」, 『동원학술논집』 13, 국립중앙박물관 · 한국고고미술연구소, 2012.

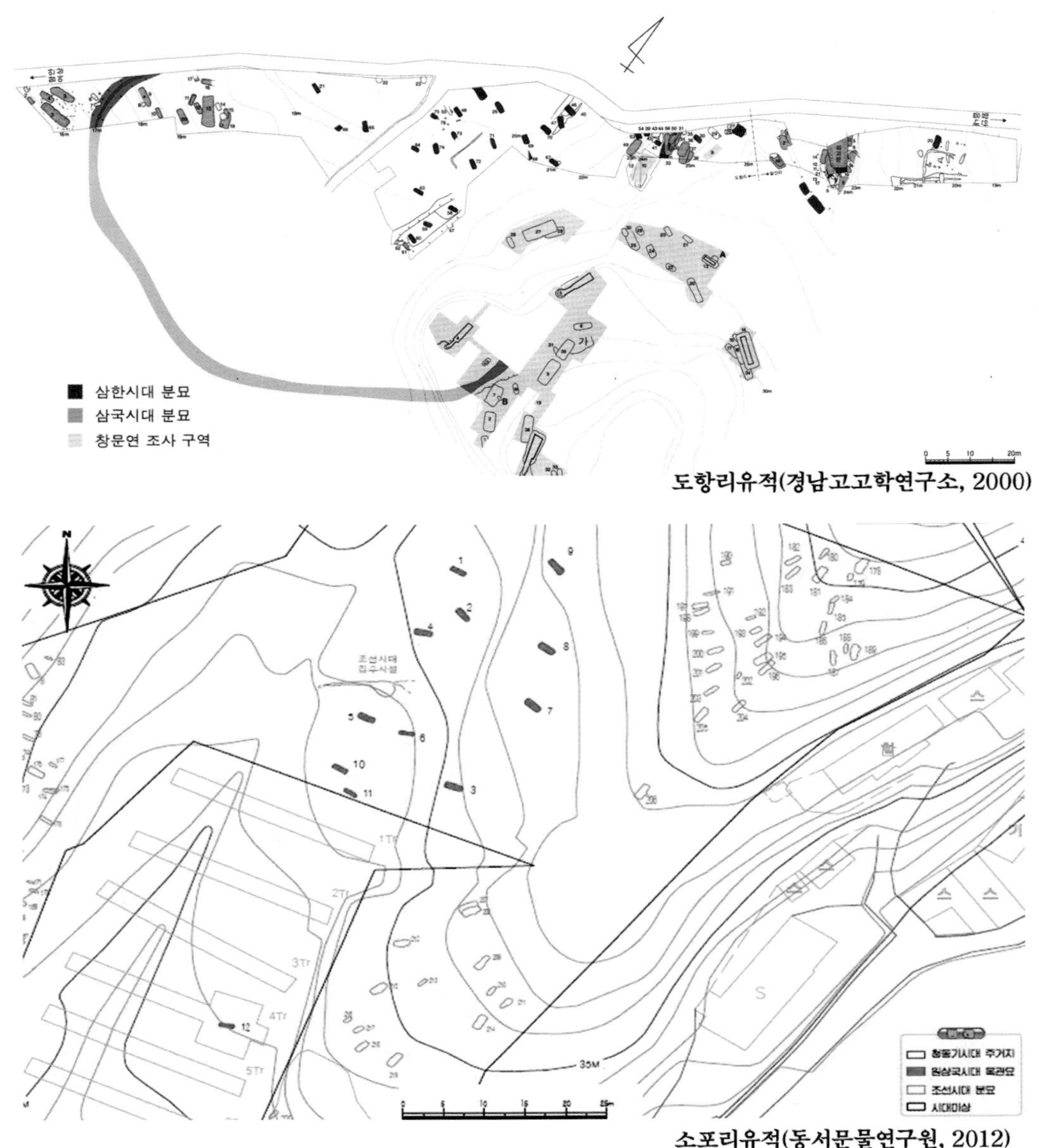

〈그림 5〉 함안지역 목관묘군 유구배치도

구릉 아래의 평지가 넓게 펼쳐진 점을 보면, 김해 구지로, 창원 다호리유적처럼 평지에도 목관묘군이 조성되었을 가능성이 높다. 반면 소포리는 일부 조사에 불과하지만 구릉지의 목관묘 밀집도가 낮고, 유적 아래의 평지가 좁으며 하천과 인접한 점을 보면 평지에 목관묘를 조성하는데 제한적이었을 것이다.

한편 도항리와 그 주변은 가경지가 넓게 형성되었고, 교통로가 남북방향으로 이어져 있어 경제적 부를 획득하는데 유리하여 지속적인 인구유입이 가능한 곳이다. 하지만 소포리는 외부로 이어진 교통로가 제한되어 지속적인 인구유입과 주변세력과의 교류가 쉽지 않은 곳이다. 따라서 양 지역의 지형적 차이가 양 읍락의 경제적 불평등을 심화시켰는데, 결국 도항리읍락이 소포리읍락을 압도한 것으로 추정된다. 나아가 양 읍락 간의 경제적 불평등이 정치적인 불평등으로 변질되면서 목관묘군 조성의 최성행기에 도항리읍락은 '도항리국읍'으로 성장하여 안야국의 중심읍락으로 성장한 것으로 보인다.

Ⅳ. 안야국의 성장과 진동만 복속

1. '도항리국읍'의 성장

삼한시대 國邑의 성장은 國의 성장과 궤를 같이 하였다. 국읍은 본래 혈연적인 공동체로 이루어진 읍락에 불과하였지만, 교역, 생산 등 각종 사회적 활동을 통해 점차 주변 읍락을 압도하여 발전한 대읍락으로 이해하고 있다.[26] 국읍은 읍락 간의 경제적 불평등을 통해 정치·군사적 활동 등을 독점한 國의 중심지라고 설명할 수 있다. 다시 말해서 국읍은 농업, 양잠 등의 생산력 증대, 철·소금 등의 주요자원 확보, 외부세력과의 교섭 및 경쟁 등 경제, 정치, 외교 등 다양한 활동을 주도하면서 성장하였다.[27]

안야국의 '도항리국읍'은 청동기시대부터 이용된 함안천, 광정천변의 가경지를 철제농공구 사용과 수리시설 축조 등을 통해 식량생산을 증대시키고 인구유입을 지속시켰을 것이다. 또한 國의 안정된 유지와 주변 읍락 통제를 위해 기존의 충적지 외 가경지를 확대하였을 가능성이 있다. 즉 철제농공구를 사용하여 기존 사용하지 못했던 배후습

26) 이현혜, 앞의 책, 1984; 권오영, 앞의 논문, 1996. 하지만, 박대재는 국읍을 주수와 천군이 거주하고 그들을 위한 宮家와 城郭이 축조되어 있던 정치적·제의적 중심지로 이해하며, 諸國에 일반적으로 분포한 것이 아니라 세력이 큰 大國의 중심지만 국읍으로 불렀을 것으로 추정하였다(박대재, 앞의 논문, 2018b, 23쪽).

27) 이현혜, 앞의 책, 1984; 권오영, 앞의 논문, 1996.

지 중의 소택지[28]와 곡간지를 가경지로 개간하여 농업생산력을 증대시켰을 것이다. 이외 가경지로 개간하지 못한 배후습지는 노전으로 개발하여 갈대를 생산하거나 붕어, 잉어 등 담수어를 잡는 등 미개간지를 다양하게 활용하여 인구부양력을 강화시켰을 것으로 추정된다. 한편 농업생산 외 양잠 등 다른 산업을 발전시켰을 가능성도 살펴볼 수 있다.

> B-1) …辰韓은 "5백 명은 이미 죽었으니, 우리가 마땅히 그에 대한 보상을 치르겠습니다." 하고는, 진한 사람 만 5천 명과 弁韓布 만 5천 필을 내어놓았다. 鑡은 그것을 거두어 가지고 곧바로 돌아갔다.…
>
> B-2) 土地는 비옥하여 五穀과 벼를 심기에 적합하다. 누에치기와 뽕나무 가꾸기를 알아 비단과 베를 짤 줄 알았으며, 소와 말을 탈 줄 알았다.
>
> B-3) 토공은 꿀 · 밀[黃蠟] · 표고버섯 · 지초 · 종이 · 왕대 · 삵가죽 · 여우가죽 · 노루가죽 · 수달피다[29]

B-1)~2)를 보면, 변한지역은 양잠이 발달하였고, 변한포 등 비단과 베 등이 주요 산물이자, 수출품이었음을 알려준다. B-3)은 조선전기 함안의 토산품을 언급하고 있다. 이 사실들을 종합해 보면, 안야국은 배후산지를 활용하여 양잠과 수공업을 발달시켜 국읍의 성장과 안정화를 도모하였을 것이다.

둘째, '도항리국읍'은 철과 소금을 확보하여 國의 안정화와 성장에 박차를 가하였을 것이다. 초기의 '도항리국읍'은 철 · 철기생산 집단과의 교역을 통해 철제농공구를 수입한 경우가 많았을 것이다.[30] 도항리목관묘군 출토 철기를 다호리유적 철기와 비교하면, 다호리유적의 철기는 김해, 밀양의 주요 집단을 압도할 정도로 상당한 수량을 분포하고, 무기, 농공구, 철기생산 도구 등 다양한 철기가 확인되지만, 도항리는 철검 · 철촉 등 무기와 낫 · 따비 등 철제농공구가 소수에 불과하다. 이 점은 '다호리국읍'이 보유하였던 철 · 철기생산 기술을 바탕으로 주변세력과의 교섭 또는 경쟁을 주도하였고, '도항리국

---

28) 곽종철, 「한국과 일본의 농업기술」, 『한국고대사논총』 4, 한국고대사회연구소, 1992.

29) 『朝鮮王朝實錄』 세종실록 권150 지리지.

30) 다호리유적과 도항리유적의 철기가 동일한 경우에서 살펴볼 수 있는데, 도항리 67호분 주조철부가 다호리 1호분의 것과 동일한 점이 대표적이다(이주헌, 앞의 논문, 2004). 이로보아 도항리국읍 수장층이 다호리국읍으로부터 철기를 수입하여 사용하였을 것이다.

읍'은 주변부에 머물면서 철기를 수입했을 것으로 시사한다.[31)]

허나, 3세기 중반 안야국의 신지가 한군현으로부터 "안야축지"로 우대받고 관직을 부여받은 사실을 고려하면 안야국은 '어떤 계기'를 통해 철 · 철기생산 기술을 보유하여 점차 대국으로 성장한 것으로 추정할 수 있다. '어떤 계기'는 '다호리국읍'의 쇠퇴를 생각해볼 수 있다. 다호리유적은 1세기 전반 이후 점차 쇠퇴하면서 2세기 전반에 이르러 목관묘 조성이 중단되었다. 다호리 목관묘군 조성중단은 1~2세기 전반 한군현과 진 · 변한의 교섭양상 변화로 인하여 야기된 것으로 추정된다.[32)] '다호리국읍' 쇠퇴의 계기로 철 · 철기생산기술체계를 보유한 다호리국읍의 주축세력 일부가 안야국으로 이주 · 정착하면서 '도항리국읍'의 성장을 도왔을 것으로 생각된다.

철 · 철기생산체계를 구축하려면 철광석의 공급과 철기 수출이 원활해야만 가능한 것이다. 하지만, 함안군의 지형과 지질상 안야국의 철광석 공급은 안정하였지만, 철기 수출은 제한적이었을 것이다. 그렇다면 주목할 수 있는 곳은 창원 진동만 일대이다. 진동만 일대가 지질상 금, 은, 구리, 철 등 여러 광물자원이 분포하고,[33)] 한군현, 왜 등지로 수출이 가능한 점을 고려하면 안야국은 진동지역으로 진출하여 생산체계를 구축하였을 것이다.

고대사회의 소금은 식생활의 필수재료로써 고부가가치의 산물이었으며, 그 확보는 정치체의 유지를 위한 필수적인 활동이었다. 하지만, 생산과정이 복잡하여 생산지도 해안지역에 한정되었다. 선사~고대의 소금은 해수직자법(자염법)으로 생산되었는데, 해수를 가마에 직접 넣고 연료(숯)를 이용해 수분을 증발시켜 생산하는 것이다.[34)] 해수직자법은 상당량의 연료(숯)가 필요하기 때문에 배후산지가 발달한 해안변에서 생산이 가능했을 것이다. 소금생산이 불가능한 내륙지역 정치체는 해양의 정치체와의 교역을 통해

---

31) 이주현, 앞의 논문, 2004.

32) 김양훈, 「변한 '國'의 형성과 발전－다호리유적을 중심으로」, 『역사와 경계』 100, 부산경남사학회, 2016. 현재까지 다호리 유적에서는 목관묘만 150여 기 조사되었으나, 목곽묘는 아직 조사된 적 없다. 다호리 유적이 입지한 동읍－진영분지 일대에 3세기 후반~4세기 전반의 신방리 생활유적, 4세기대 본산리, 여래리, 하계리 유적 등 목곽묘군, 제철유적 등 다수의 유적이 입지한 점을 보면 다호리 유적과 그 주변에 목곽묘가 조성되었을 가능성이 높다. 이를 바탕으로 필자가 앞서 제기한 '다호리국읍의 쇠퇴'를 회의적인 견해가 있지만, 목관묘－목곽묘군을 조성한 국읍의 수장층 존재와 지속여부가 확인되지 않는 점을 고려해보면 필자의 '다호리국읍의 쇠퇴'를 논의할 필요가 있다고 생각한다.

33) 국립지질조사소, 『한국지질도－진동리도폭』, 1963.

34) 김준, 「소금과 국가 그리고 어민」, 『도서문화』 30, 목포대 도서문화연구원, 2002.

소금을 확보하였을 것이다. 하지만, 고구려가 동옥저로부터 소금을 공납받은 사실[35]을 보면 소금의 안정된 수급은 무조건 교역으로만 이루어지지는 않았을 것이다.

내륙의 안야국은 안정된 소금 수급을 위해 진동만의 제집단과의 원활한 관계를 유지하거나 진출해야 했다. 진동만 일대는 배후산지가 발달한 해안지역이므로 소금을 생산하는데 유리하지만 가경지가 부족하여 원활한 식량 공급이 어렵기 때문에 안야국과 원만한 관계를 유지하였을 것이다. 진동지역의 소금생산은 언제부터 이루어졌는지 알 수 없지만, 『신증동국여지승람』 진해현을 보면 소금을 중앙으로 공납한 점, 분첩차아진해변에 염점이 있었던 점[36]과 중생사에 금주(김해)의 소금을 시주한 사실[37]을 보아 진동만 등 남해안 일대에는 일찍부터 소금을 생산하였을 것이다.

셋째, '도항리국읍'은 군사적인 기반을 구축하여 주변읍락을 무력으로 통제하였을 것이다. 도항리목관묘군에서 현재까지 확인된 철제무기를 통해 안야국의 군사적 기반을 살펴보기는 어렵지만, 철검, 철촉, 철모 부장된 점을 보면 나름의 군사적 기반을 마련했을 것으로 추정된다. 한편 『삼국지』 위서동이전를 따르면 변한에는 성곽이 있었다고 전해진다.[38] 아직까지 안야국의 성곽은 조사된 바 없지만, 도항리목관묘군과 인접한 곳에서 환호가 조사된 바 있으며, 최근 가야리 추정왕궁지에서 토성이 발견된 점[39]을 보면 '도항리국읍'을 방어하기 위한 시설이 충분히 있었을 것이다.[40]

한편 함안지역은 분지 지형이므로 읍락들을 외부세력의 침입으로부터 차단하는데 탁월한 편이다. 중국과 북방의 유이민들은 대부분 전쟁, 고역을 벗어나기 위해 안정된 생활이 가능하고 전쟁의 위협을 차단할 수 있는 곳을 찾아 정착하였는데, 함안분지도 그 중 하나였을 것이다. 또한 安邪國의 "安"은 생활의 안정과 전쟁, 재해가 없는 편안함을

35) 『三國志』 魏書東夷傳 東沃沮條.

36) 『新增東國輿地勝覽』 권32, 慶尙道 鎭海縣.

37) 『三國遺事』 권3 탑상4, 삼소관음 중생사.

38) 『三國志』 魏書東夷傳 韓條.

39) 국립가야문화재연구소, 「아라가야 추정 왕궁지 유적 긴급발굴조사 자료」, 2018.

40) 도항리고분군 북쪽의 신음천변에 가야리 제방이 있다. 발굴보고자에 의하면, 가야리 제방은 삼국시대에 축조된 제방으로써 현 상황에서는 하천제방으로 추정하고 있다(우리문화재연구원, 『함안 가야리 제방유적』, 2010). 하지만, 공학적 분석에 의하면 제방의 복원추정 높이가 10m에 달한다(김진만 · 손수원, 「공학적 분석에 의한 고대 수리시설 제방 원형복원」, 『한국상고사학보』 89, 2015). 이 결과를 가야리제방이 가야리 추정왕궁지 유적에 가까이 있는 점, 백제 풍납토성의 입지와 유사한 점 등과 함께 종합적으로 고려하면, 가야리 제방은 하천제방과 성곽 기능을 동시에 갖고 있지 않았을까 생각된다.

뜻하는데,[41] 이 점은 함안분지의 특색과 연관된 것으로 보인다.

넷째, 국읍은 외부 세력과의 교섭을 통해 독점한 경제적 부로 주변읍락을 통제하였다. 안야국은 현재의 도항리, 소포리고분군 부장유물 비교를 해보면 양자의 차이가 뚜렷하지 않아 우열관계도 드러나지 않는다. 하지만, 『삼국지』 위서동이전의 '안야축지' 기사를 주목해 볼 필요가 있다.

B-4) 辰王은 月支國을 통치한다. 臣智에게는 간혹 우대하는 호칭인 臣雲遣支報 安邪踧支 濆臣離兒不例 狗邪秦支廉의 稱號를 더하기도 한다. 그들의 관직에는 魏率善·邑君·歸義侯·中郎將·都尉·伯長이 있다.

B-5) 나라에서는 鐵이 생산되는데, 韓·濊·倭人들이 모두 와서 사 간다. 시장에서의 모든 매매는 鐵로 이루어져서 마치 中國에서 돈을 쓰는 것과 같으며, 또 두 郡에도 공급하였다.[42]

위의 사실은 국읍의 수장인 신지가 철을 매개로 한군현, 왜 등과 교류를 직접 주도하였고, 그 대가로 군현으로부터 각종 관직을 부여받았음을 보여준다. 안야국의 신지를 안야축지라고 우대하여 불렀고, 관직을 부여받은 사실을 보아 '도항리국읍'의 신지가 군현과의 대외교섭을 주도하면서 國內의 주변읍락을 통제하였을 가능성이 있다. 이 배경은 3세기 후반 이전 안야국이 분지를 벗어나 진동지역을 진출하였거나 복속시켜 정치적 영향력을 발휘하였을 가능성에서 살펴볼 수 있다.

2. 안야국의 진동만 복속

앞서 설명한 안야국의 성장은 진동만 일대와 밀접하였음을 주로 언급하였다. 진동만 일대는 진동리지석묘군 등 고고유적을 바탕하여 일찍부터 小國이 형성되었을 가능성이 높은 지역으로 보고 있다. 필자는 안야국이 진동만 일대를 복속하기 앞서 진동만 일대의 정치적 성격을 간략히 살펴보고자 한다.

---

41) 하영삼, 『한자어원사전』, 도서출판3, 2018.

42) 『三國志』 魏書東夷傳 韓條.

C-1) 귀신을 믿기 때문에 國邑에 각각 한 사람씩을 세워서 天神의 제사를 주관하게 하는데, 이를 '天君'이라 부른다. 또 여러 나라에는 각각 別邑이 있으니 그것을 '蘇塗'라 한다. 큰 나무를 세우고 방울과 북을 매달아 놓고 귀신을 섬긴다. 그 지역으로 도망온 사람은 누구든 돌려보내지 아니하므로 도적질하는 것을 좋아하게 되었다. 그들이 蘇塗를 세운 뜻은 浮屠와 같으나, 행하는 바의 좋고 나쁜 점은 다르다.

C-2) 弁辰도 12國으로 되어 있다. 또 여러 소별읍이 있어서 제각기 渠帥가 있다. 세력이 큰 사람은 臣智라 하고, 그 다음에는 險側이 있고, 다음에는 樊濊가 있고, 다음에는 殺奚가 있고, 다음에는 邑借가 있다.

위의 기사를 보면 마한과 변한은 別邑이라는 읍락이 있었다. 별읍이 별도의 읍락인지 특별한 읍락인지 알 수 없지만, 정치체의 구성단위인 것은 분명한 사실이다. 마한의 별읍은 國의 내부구조로서 제의적 공간이지만, 외부인이 별읍에 도망해오면 돌려보내지 않는 점과 A-7)을 연계하면, 國의 수장의 영향력이 별읍에 미치지 못하였음을 보여주며, 국읍과 읍락 간의 경계가 아직까지 뚜렷하지 않았음을 시사한다. 변한의 소별읍은 마한과 달리 거수가 통치하는 정치적 공간이며, 國에 예속되지 않았음을 보여준다. 이로 보아 3세기 중반 당시, 마한의 國은 비록 수장의 영향력이 미약하지만, 제정분리사회로 발전하였으나, 변한의 國은 아직 정치적 수장과 제의적 수장이 분리되지 않았으며, 다양한 규모의 정치체가 각지에 형성되었음을 알 수 있다. 이를 보아 삼한의 國이 모두 동일한 체계가 아니라 사회발전의 정도에 따라 정치체계와 성격이 다양하였음을 엿볼 수 있다.

진동지역과 그 주변은 진동리유적 등 청동기시대 유적이 다수 분포하고 있어 일찍부터 읍락이 있었음은 주지의 사실이다. 김해, 창원 등 주변 세력과의 교섭이 가능하고 지하자원이 분포한 점을 보면 일찍부터 정치체가 형성하는데 무난한 곳이다. 하지만, 배후에 평야가 없는 지역은 내륙분지의 정치체 또는 다른 해안 정치체의 영향권 안에 포함되었을 가능성[43]을 전제하면 진동만 일대는 國보다 낮은 단계의 단위정치체인 소별읍이 있었을 가능성이 높다. 진동만의 배후는 높은 산지로 둘러싸여 있어, 인구의 유입을 높일만한 경쟁력인 경작지가 함안분지보다 협소하고, 외부로부터의 침입을 쉽게 받는 지역이기 때문에 國邑으로 성장하는데 한계가 있었을 것으로 추정되기 때문이다. 이

43) 이성주, 앞의 책, 1998, 100~103쪽.

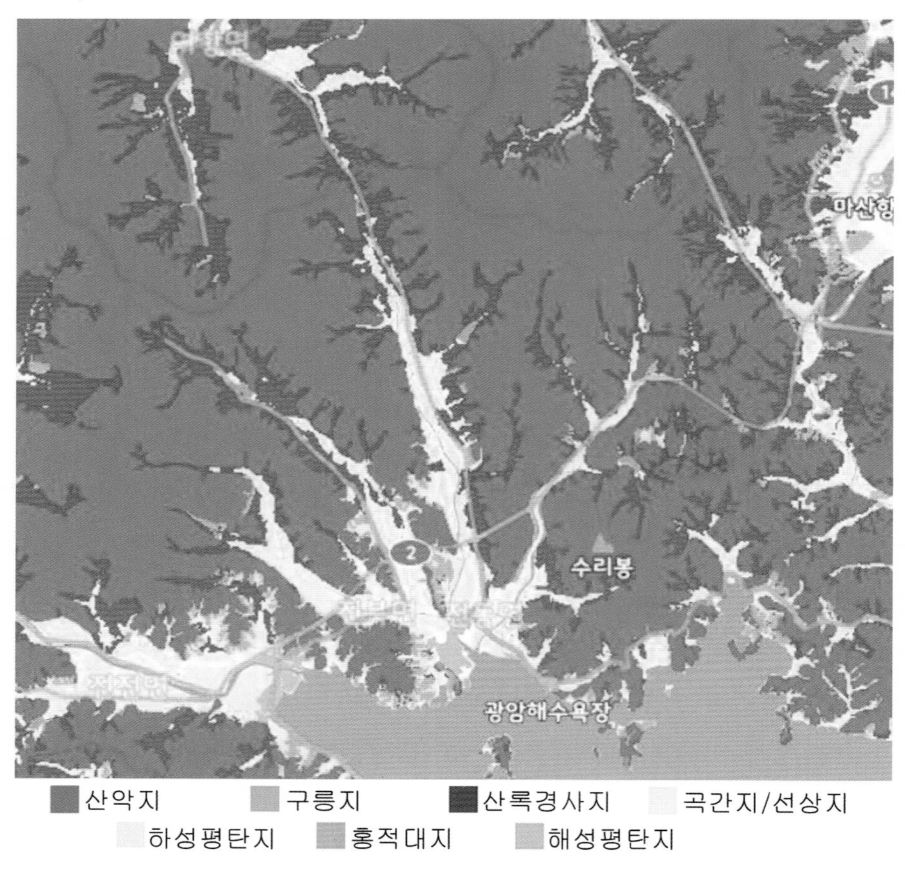

〈그림 6〉 진동만일대 분포지형도(흙토람 토양환경지도 참조)

점은 진동리지석묘군 축조 이후 이어진 목관묘군이 아직 확인된 바 없고, 4세기 이후에야 소규모 목곽묘군이 조성된 점이 방증한다.

안야국은 언제 진동만 일대를 복속하였는지 알 수 없지만, 문헌이나 고고자료를 통해서 대체로 3세기 후반~4세기 전반으로 추정하는 편이다.[44] 하지만 『삼국지』 위서동이전에서 군현과의 교섭을 직접 주도한 안야축지가 언급된 점을 보면 안야국의 진동만 일대 복속은 3세기 중반을 하한으로 둘 수 있다. 한편 3세기 전반 남해안 일대는 포상팔국전쟁[45]으로 인하여 혼돈의 공간이었는데, 진동지역은 골포국, 칠포국, 고자국(고사포

44) 남재우, 앞의 책, 2003; 이동희, 앞의 논문, 2018.

45) 『삼국사기』 권2 신라본기2 나해이사금 14년조; 『삼국사기』 권48 열전8, 물계자전; 『삼국유사』 권5, 피은8, 물계자.

국)에 인접하고 있기 때문에 전쟁의 여파를 피하지 못하였을 것이다. 전쟁을 주도한 포상팔국은 가락국에 패배하여 쇠퇴하거나 멸망하였다. 특히 칠포국은 포상팔국전쟁 이후 관련 사료가 보이지 않는 점을 보아 전쟁의 패배로 쇠퇴하였다가 어느 시점에 이르러 안야국에 복속된 것으로 추정할 수 있다. 이로 보아, 진동만 일대는 당시 소별읍에 불과하였고, 전쟁 이후 주변 소국의 쇠퇴로 인하여 성장동력이 완전히 사라짐에 따라 안야국에 완전히 복속되면서 일개의 읍락에 머물었을 것이다.

따라서 안야국은 3세기 전반 포상팔국전쟁 이후 진동만 주변 小國들의 쇠퇴와 멸망을 틈타 진동만 일대를 복속시키고, 이를 거점으로 한군현, 왜와의 대외교섭을 주도하여 '안야축지'가 거느리는 대국으로 성장하였을 것이다.

Ⅴ. 맺음말

본고는 『삼국지』 위서동이전과 함안지역 목관묘유적을 살펴 안야국의 국읍 출현과 발전상을 분석하였다. 아래에서는 앞서 살펴본 내용을 요약하면서 글을 맺고자 한다.

안야국의 도항리, 소포리읍락은 지석묘군과 목관묘군 분포양상을 보아 청동기시대에 형성하여 삼한시대까지 이른 것으로 확인된다. 도항리읍락과 소포리읍락 간의 우열관계는 정확히 알 수 없지만, 지형적 차이가 읍락 간의 경제적 불평등을 심화시켰는데, 결국, 도항리읍락이 소포리읍락을 압도한 것으로 추정된다. 나아가 정치적인 불평등으로 변질되면서 목관묘군 조성의 최성행기에 도항리읍락이 '도항리국읍'으로 변모한 것으로 생각된다.

이후 '도항리국읍'의 성장은 안야국의 성장과 궤를 함께 하였다. 첫째, 안야국의 '도항리국읍'은 철제농공구 도입을 바탕으로 가경지를 확대하여 농업생산력을 늘리고 배후습지를 노전 등 다양한 용도로 활용하여 인구부양력을 증대시켰을 것이다.

둘째, '도항리국읍'은 1세기 후반 '다호리국읍'의 쇠퇴의 계기로 철 · 철기생산기술체계를 흡수하면서 철광산지를 개척하고, 원만한 소금의 수급을 위해 진동지역과 원만한 교섭을 하거나 진출하였을 것이다.

셋째, '도항리국읍'은 철제무기체계를 갖추고, 방어시설을 구축하여 나름의 군사적 기반을 구축하였을 것이다. 한편 함안지역의 지형상 안정된 생활이 가능하고 전쟁의 위협을 차단하는데 유리하므로 북방의 유이민들이 상당수 유입되면서 안야국이라고 불러지게 된 것으로 추정된다.

넷째, '도항리국읍'은 진동만으로 진출하여 안야축지 주도하에 한군현과의 대외교섭을 직접 진행하면서 國內의 주변읍락을 통제하였을 것이다. 안야국 성장의 배후지인 진동만 일대는 높은 산지로 둘러싸여 있으며, 인구의 유입을 높일만한 경쟁력인 경작지가 함안분지보다 많이 협소하고, 외부로부터의 침입을 쉽게 받는 지역이기 때문에 國邑으로 성장하지 못하고 소별읍에 그쳤을 것이다.

안야국이 진동만 일대를 복속한 시기는 『삼국지』 편찬시기를 통해 3세기 중반을 하한으로 둘 수 있지만, 3세기 전반 포상팔국전쟁 후 진동만 일대는 주변 소국의 쇠퇴와 멸망으로 인하여 성장 동력이 상실되면서 안야국에 복속된 것으로 생각된다.

하지만 필자는 관련 문헌과 고고자료 간의 균형적인 시각을 갖고 추적하였으나 본고에는 억측이 곳곳에 있을 것이다. 이에 대하여 향후 기대되는 함안지역의 고고자료 발굴 성과에 따라 논의하겠다.

【참고문헌】

권오영, 「삼한의 國에 대한 연구」, 서울대 박사학위논문, 1996.

권주현, 「안야국에 대하여－3세기를 중심으로」, 『대구사학』 50, 1995.

김양훈, 「변한 '國'의 형성과 발전－다호리유적을 중심으로」, 『역사와 경계』 100, 부산경남사학회, 2016.

김 준, 「소금과 국가 그리고 어민」, 『도서문화』 30, 목포대 도서문화연구원, 2002.

남재우, 『安羅國史』, 혜안, 2003.

노중국, 「한국 고대의 읍락의 구조와 성격－국가형성과정과 관련하여」, 『대구사학』 38, 1989.

문창로, 『삼한시대의 읍락과 사회』, 신서원, 2000.

박대재, 「삼한의 국읍을 통해 본 구야국」, 『김해 봉황동유적과 고대 동아시아』, 제24회 가야사학술회의 발표자료집, 2018a.

박대재, 「三韓의 '國邑'에 대한 재인식」, 『한국고대사연구』 91, 2018b.

朴喜寅 외, 「慶南 咸安—郡北地域의 銅鑛化作用에 關한 研究」, 『자원환경지질』 18-2, 1985.

백승옥, 『加耶各國史研究』, 혜안, 2003.

백승충, 「加耶의 地域聯盟史 研究」, 부산대 박사학위논문, 1994.

여호규, 「삼국형성기 문헌사와 고고학의 접점」, 『한국상고사학보』 100, 2018.

이동희, 「고고학을 통해 본 안라국의 형성과정과 영역 변화」, 『지역과 역사』 42, 2018.

이성주, 『新羅 · 加耶社會의 起源과 成長』, 학연문화사, 1998.

이성주, 「辰弁韓 '國'의 形成과 變動」, 『영남고고학』 79, 2017.

이재현, 「변 · 진한사회의 고고학적 연구」, 부산대 박사학위논문, 2003.

이주헌, 「道項里木棺墓와 安邪國」, 『문화재』 37, 2004.

이현혜, 『三韓社會形成過程研究』, 일조각, 1984.

이희준, 「삼한 소국 형성 과정에 대한 고고학적 접근의 틀」, 『한국고고학보』 43, 한국고고학회, 2000.

조수현, 「古墳資料로 본 阿羅加耶」, 경주대 박사학위논문, 2017.

한국고대사학회, 『한국고대사 연구의 새 동향』, 서경문화사, 2007.

함안문화원, 『국역 함주지』, 2009.

아라가야 고분군 분포로 본 공간활용과 그 의미

최경규 | 동아세아문화재연구원

Ⅰ. 머리말

아라가야 고분군에 대한 연구는 중심고분군인 말이산고분군의 발굴조사가 본격적으로 시작된 1990년대부터 이루어지기 시작하였다. 아라가야 고분군에 대한 현황은 분포조사[1]를 통해 대략은 파악되었지만 지표조사라는 한계로 그 성격을 규정하기에는 많은 어려움이 따르며 발굴조사가 이루어지지 않은 단계에서의 성격규정은 추론적인 부분이 강조되기 마련이다. 현재까지 아라가야 고분군으로 정식 발굴조사된 유적은 말이산고분군 이외에는 소수에 불과해 아직까지 고분군의 분포와 성격으로 아라가야의 공간활용과 구조를 파악하기에는 많은 제약과 어려움이 따르는 것이 사실이다. 따라서 본 글에서는 현재까지 발굴 조사되어 공표된 자료를 통해 묘제의 변천에 따라 아라가야 고분군의 변화양상과 분포변화 및 공간활용 등을 살펴보고, 중심고분군인 말이산고분군의 공간구조와 활용에 초점을 맞추어 어느 시기에 왕묘역으로 확립되는지에 대해 검토해 보고자 한다. 여기에는 비교적 자료가 많이 축적되었고 아라가야의 변화발전의 핵심적

1) 아라가야향토사연구회, 『안라고분군』, 유적답사자료 총서3집, 1998.

인 묘제인 목곽묘와 석곽묘의 유형설정[2])을 통해 고분군 간 상호 동일한 시각에서의 비교검토를 전제로 한다.

Ⅱ. 아라가야 권역과 고분군

1. 아라가야 권역 설정

아라가야의 중심지인 함안지역은 낙동강과 남강이 합류하는 지점의 남쪽에 위치한 남고북저 지형의 분지를 이루고 있다. 함안지역은 낙동강과 남강이 합류하는 지점의 남쪽에 위치하여 남강, 낙동강과 남해안을 통해 가야 전 지역으로 연결되는 교통의 요충이다.[3]) 함안군은 지형상으로 중앙의 함안분지와 좌우의 군북권과 칠원권 등 3개의 지역으로 구분되며, 수계로는 가야읍 일대의 함안천유역, 군북면 일대의 석교천유역, 칠원권의 광려천유역 등 3개의 유역권으로 구분된다. 여기서 가야읍이 위치한 함안천유역이 중심이고, 아라가야의 중심고분군인 말이산고분군이 위치한다.

아라가야의 최대영역은 말이산고분군의 고총화 단계로 볼 수 있다. 고총화의 시작은 5세기 중엽부터이며 최전성기는 5세기 후반~6세기 초로 볼 수 있다. 5세기 아라가야의 권역을 상정해 볼 수 있는 것은 화염형투창고배와 상하일렬장방형투창고배가 집중적으로 분포한 지역과 연결시켜 볼 수 있는데, 이를 토대로 아라가야의 권역을 설정하면, 함안 외에 의령남부, 진주동부, 진동만과 마산만, 칠원, 창원 서부 등지를 포함한 범위가 된다.[4])

---

2) 유형(類型)이라는 개념은 반복적으로 일어나는 것, 일반적인 것, 전형적인 것을 강조하기 위해 단순화시킨 지적구축물이며 그것을 특정의 형태로 나타낸 것을 말한다. 이해하기 쉽게 모델(model)과 유사한 의미로 생각해 볼 수 있다. 여기서 유형의 기능이란 지적구축물을 단순화하여 그것으로 당시 사회를 더욱 쉽게 이해하려는 것에 있다. 즉, 아라가야 목곽묘와 석곽묘 또는 두 묘제가 혼합된 고분군 내에서 개별 무덤을 관곽개념에 기초하여 공통되는 속성을 유출(패턴인지)하고 그것을 객관화하는 작업이다. 여기서 전제로 하는 것은, 유형은 일정한 규칙성을 가지며 일군의 인공물이 형태적인 특징을 공유하고 있는 경우 그 유사성이나 상호공감 등이 유형을 형성한다는 것이다.

3) 박천수, 「가야사 연구 서설－소국에서 영역국가로－」, 『가야고고학개론』, 진인진, 2016.

4) 이동희, 「고고학을 통해 본 안라국의 형성과정과 영역변화」, 『안라(아라가야)의 위상과 국제관계』, 학연문화사, 2018.

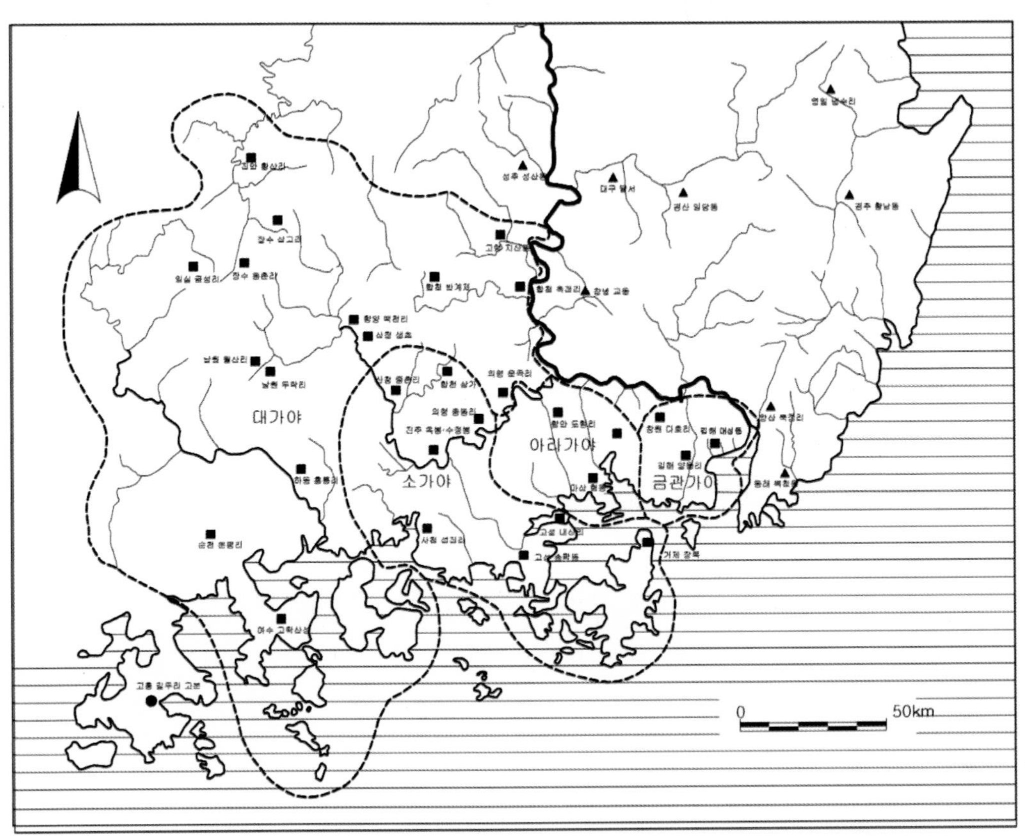

유적으로 본 가야의 권역 (5세기 말 : ■가야고분 / ▲신라고분 / ●백제고분)

〈그림 1〉 5세기 말 가야의 권역
(박천수, 「가야사 연구 서설-소국에서 영역국가로-」, 『가야고고학개론』, 진인진, 2016)

2. 아라가야 권역의 고분군

아라가야의 권역에 분포하는 고분군은 100여 곳에 달하며, 앞서 설명한 대로 지리적인 여건을 감안하면 가야읍을 중심으로 한 권역과 군북면 일대, 칠원권으로 구분할 수 있다. 그리고 아라가야의 대외 교역항인 남해안의 진동만과 마산만 일대도 다수의 고분이 분포한다. 그중에서도 가야읍 일대가 중심권역으로 추정왕궁지와 말이산고분군을 비롯하여 규모가 큰 고분군인 남문외고분군 · 선왕동고분군 · 필동고분군 · 덕전고분군 등이 밀집 조영되어 있는데, 추정왕궁지를 둘러싸듯 고분군이 분포하는 것이 특징이며, 남문외·선왕동과 같이 고분군의 명칭에서도 왕궁지와의 관련성을 엿볼 수 있다. 가야읍에 위치하는 고분군 중에서 말이산고분군은 아라가야 최고지배층의 무덤으로 현재 관리되고 있는 봉분은 40여 기이지만, 육안으로 확인되는 것은 127기이며 그 주변으로 약 1000여 기 이상의 중소형분이 분포하고 있는 것으로 추정된다.[5)]

군북권은 규모가 큰 수곡고분군과 오당골고분군을 중심으로 소포리고분군, 장지리고분군 등 30개소의 고분군이 분포하며 칠원권은 용산고분군을 중심으로 오곡리고분군 등 10여 개소의 중소형분이 분포한다.[6)] 이외에도 의령 남부지역, 마산 진동지역, 창원 서부지역이 아라가야의 권역에 일부 포함되는 것으로 알려져 있다. 아라가야 고분군은 분포조사를 통해 100개소 이상의 고분군이 알려져 있지만, 현재까지 발굴조사는 그 분포 수에 비해 매우 제한적인 조사만 이루어졌다.

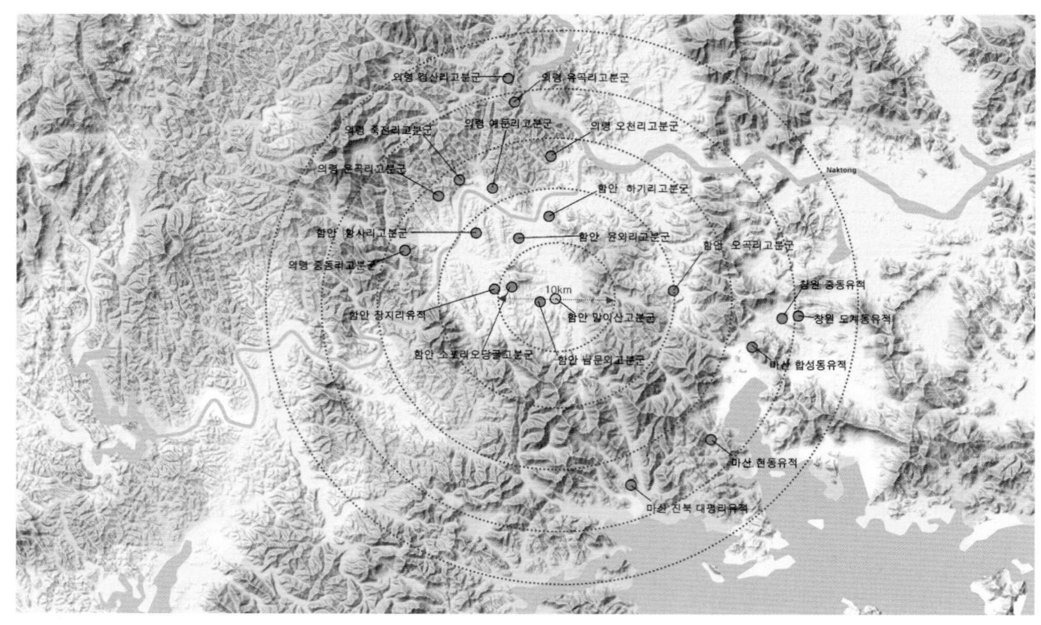

〈그림 2〉 발굴조사된 아라가야 권역 고분군 및 주변유적

5) 경남발전연구원, 『함안 말이산고분군 정밀 지표조사 학술용역』, 2014.

6) 하승철, 「함안 말이산고분군의 묘제와 출토유물」, 『가야고분군 Ⅰ』, 가야고분군연구총서 2권, 가야고분군세계유산등재추진단, 2018b.

3. 함안지역 고분군의 분포현황

아라가야 권역의 핵심지역인 함안지역 고분군의 분포현황에 대해서는 지표조사[7])를 통해 그 현황이 밝혀져 있으며, 그 내용을 바탕으로 규모에 대한 분류안이 제시된 바 있다.[8]) 함안지역에 분포하는 고분군은 약 80여 개소인데, 초대형고분군과 대형고분군

〈표 1〉 함안지역 고분군과 산성의 분포

지역	초대형 고분군	대형 고분군	중형 고분군	소형 고분군	산성	분포수
가야권	· 가야읍 –**말이산 (+남문외)**	· 가야읍 –필동, 춘곡, **선왕동** · 산인면 –달현, 중목골 · 여항면 –음촌 · 대산면 –송라, 무덤실, 논골	· 가야읍 –상광, 중광, 신암, 신기, 덕전, 장명 · 함안면 –괴항, 동지산, 고시미, 상파, 오리미, 미산 · 법수면 –**윤외리, 황사리** · 대산면 –하동촌, 장장골 · 여항면 –대촌	· 가야읍 –질목, 돈산, 이곡, 장명Ⅰ · 함안면 –정동Ⅰ·Ⅱ, 백암, 득성, 금천 · 산인면 –대밭골, 산익, 유목정 · 법수면 –사평, 돌구등	성산, 봉산, 성점, 동지, 여항, 고종	고분43 산성6
군북권		· 군북면 –**오당골**Ⅰ, 수곡Ⅰ	· 군북면 –국실, 갓먼당, 동촌, 압실, 명동, 남산, 덕재, 하림, 집전Ⅰ	· 군북면 –**오당골**Ⅱ, 머정골, 사랑목, 모로, 죽산, 수곡Ⅱ·Ⅲ, 지곡, 우계Ⅰ·Ⅱ, 집전Ⅱ, 신사동, 태실, 월촌	방어	고분25 산성1
칠원권		· 칠원면 –용산	· 칠서면 –신산, 안기, 닭재 · 칠북면 –덕촌, 양달 · 칠원면 –유하Ⅰ·Ⅱ, **오곡리**	· 칠서면 –구포, 천계 · 칠북면 –내봉촌 · 칠원면 –문동재, 유하Ⅲ	안곡, 성지봉, 무릉, 칠원	고분14 산성4
계	1개소	13개소	34개소	33개소	11개소	고분81 산성11

* 조수현, 「고고자료로 본 阿羅加耶」, 경주대학교대학원 박사학위논문, 2017에서 일부 수정.
太字는 발굴조사된 유적.

---

7) 아라가야향토사연구회, 앞의 책, 1998.

8) 이주헌, 「한국고분문화의 변천과 안라고분군」, 『안라고분군』, 유적답사자료총서 3집, 아라가야향토사연구회, 1998; 조수현, 「咸安地域 古墳文化 展開樣相」, 『東亞文化』 創刊號, 동아세아문화재연구원, 2005; 조수현, 「고고자료로 본 阿羅加耶」, 경주대학교대학원 박사학위논문, 2017.

은 가야읍을 중심으로 한 가야권에 분포하는데 이를 통해 가야읍 일대가 아라가야의 중심지라는 것을 알 수 있다. 그리고 전체 80여 개소 중에서 50% 이상의 고분군이 가야권에 분포하며, 다음으로 군북권과 칠원권의 순서이다. 군북권과 칠원권에는 대형고분군이 각각 2개소, 1개소만 분포하는 것으로 알려져 있지만 봉분의 규모는 10m 이하로 가야권과 상당한 차이가 있으며 대부분 중소형급 고분군으로 구성되어 있다. 아라가야에서 초대형고분군이 말이산고분군에만 조성되며 독보적이라 할 정도로 탁월한 것에 대해 아라가야는 일원적 통치구조를 가진 것으로 보고 재지집단의 독자적 성장을 통한 현상이라 예측한 견해[9]가 있어 주목된다.

Ⅲ. 아라가야의 묘제 변천에 따른 고분군 분포변화

아라가야의 묘제는 목관묘→목곽묘→수혈식석곽묘→횡혈식석실묘로의 계기적인 변천과정을 보인다. 아라가야 권역에서 조사된 묘제별 특징과 분포를 통해 중심과 주변 고분군의 양상을 살펴보면 다음과 같다.[10]

1. 목관묘 단계

아라가야 권역에서 조사된 목관묘 유적은 말이산고분군과 소포리고분군 2개소에 불과하다. 말이산고분군에서 조사된 목관묘가 49기이며, 소포리고분군에서 12기가 조사되었다. 말이산고분군에 조영된 목관묘는 고분군의 북편에 밀집되어 축조된 것이 특징으로 말이산고분군의 북쪽에서부터 고분의 축조가 시작되었음을 말해준다. 말이산고분군의 목관묘는 구조적인 면에서 묘광은 길이 240~285㎝, 너비 84~185㎝이고 깊이는 대략

---

9) 신경철, 「삼국시대 영남의 정세변동과 소가야고분군」, 『경남의 가야고분과 동아시아』, 제2회 한중일 국제학술대회, 경남발전연구원, 2010.

10) 아라가야 묘제별 특징에 관해서는 하기의 논문들의 내용을 종합하여 일부는 재구성하였음을 밝혀둔다. 이주헌, 「道項里 木棺墓와 安邪國」, 『文化財』 37, 국립문화재연구소, 2004; 최경규, 「가야 수혈식석곽묘 연구」, 동아대학교대학원 박사학위논문, 2013; 조수현, 앞의 학위논문, 2017; 하승철, 앞의 논문, 2018b.

50~120㎝ 정도로 깊은 편이며 묘광의 평면형태는 말각장방형이다. 장축은 동서향이고, 상면은 편평하게 조정한 후 바닥의 중앙부위에 목관을 안치하였으며 목관의 형태는 판재조립식목관과 통나무목관의 2종류가 사용되었는데 판재목관의 사용비율이 높은 편이다. 유물은 목관의 내부와 묘광과 목관사이의 보강토 내 또는 목관의 상부와 봉토 내에 주로 매납하며, 요갱은 마련되지 않았다. 유물은 조합우각형파수부호, 주머니호, 원저호 등의 와질토기류와 이단병식 철검, 철모, 주조철부, 무경식역자식철촉 등으로 비교적 단순한 유물조합상을 보이고 있다. 이러한 목관묘의 특징은 동시기 영남지역에서 조사된 것과 동일한 양상으로 변·진한사회의 고분문화에 포함된다. 말이산고분군 목관묘의 조성시기는 기 연구에 따르면 연대는 경주 조양동 38호분을 기준으로 기원전 1세기부터 기원후 2세기 전후로 편년된다.[11] 소포리유적에서 조사된 12기의 목관묘에서는 청동제 위신재는 확인되지 않지만, 철검과 철모 등 철제 무기류가 부장되며 통나무관과 판재조립식관이 함께 조영되었지만 말이산과 동일하게 판재조립식 목관의 비율이 높다. 소포리유적의 목관묘 조성시기는 와질토기 편년을 통해 기원전 1세기 전반~기원후 1세기 후반으로 편년된다.[12]

목관묘 단계의 함안지역은 『삼국지』 위지동이전에 따르면 변진한 제 소국 중에서 김해의 구야국과 더불어 가장 강력한 중심소국으로 비정된 안야국이 존재한다고 알려져 왔다. 하지만, 말이산고분군에서 조사된 목관묘 중에서 위세품으로 파악된 부장품은 청동제 검초장식으로 단 2기(문22·문26호)에서만 출토되었으며, 소포리고분군에서는 철검, 철모 등의 철제 무기류 정도만 부장되었다. 말이산고분군과 소포리고분군 목관묘는 기원전 1세기 전반에서 기원후 2세기 전반으로 편년되며, 위신재인 청동제는 말이산고분군에서만 출토되는 것에서 말이산고분군 목관묘 집단을 중심으로 안야국이 성립되었을 가능성이 높다고 볼 수 있다. 아라가야 권역 중, 칠원면은 당시에 칠포국이 존재하고 있었다고 알려져 있고[13] 고고학적 조사내용이 확인되지 않기 때문에 현재까지의 목관묘 자료로 볼 때, 안야국의 영역은 지금의 함안분지와 군북면 지역에 해당하는 것으로 추정해 볼 수 있다. 다만, 말이산과 소포리 목관묘 집단은 당시 대외문화교류의 중심인

11) 김현, 「함안 도항리목관묘 출토 와질토기에 대하여」, 『도항리말산리유적』, 경남고고학연구소, 2000.
12) 임동재, 「V. 고찰」, 『함안 소포리유적 Ⅱ』, 동서문물연구원, 2015.
13) 남재우, 「칠포국의 성립과 변천」, 『한국상고사학보』 61, 한국상고사학회, 2008.

창원과 밀양 등 선지지역에 비해 사회문화적인 변동이 덜한 주변지역적인 성향이 강한 집단으로 파악된다.[14)]

2. 목곽묘 단계

아라가야 권역의 목곽묘 유적으로는 말이산고분군 · 황사리고분군 · 윤외리고분군 · 오곡리고분군 · 하기리고분군 · 장지리고분군 · 창원 현동고분군 · 의령 예둔리고분군 등으로 조사된 목곽묘는 300여 기에 달한다. 아라가야 권역에 목곽묘가 조성된 시기는 대략 3세기 후엽에서 5세기 전반에 집중한다. 전술한 목관묘 단계 이후인 2세기 후반~3세기 후엽까지의 목관묘 또는 후기와질토기 단계의 목곽묘 유적이 확인되지 않고 있어 아라가야 발전단계를 이해하는데 있어 어려운 점이 남아있다.[15)]

말이산고분군 북쪽 구릉부에서 3세기 후엽에서 목곽묘의 조영이 시작되지만 수적으로 상당히 미흡하며 본격적인 목곽묘의 조영은 4세기대에 들어와서부터이다. 아라가야 중심고분군인 말이산과 주변의 윤외리와 예둔리 등지에서 동시에 조영되는 양상이다.

아라가야 목곽묘 단계는 대형목곽묘가 등장하는 시기를 기준으로 두 단계로 세분된다. 즉, Ⅰ단계는 3세기 후엽에서 4세기 후엽까지이며, Ⅱ단계는 5세기 전반에 해당한다. 목곽묘 Ⅰ단계에는 함안분지에서는 말이산고분군에서만 목곽묘가 조사되었고, 주변

---

14) 이주헌, 앞의 논문, 2004.

15) 아라가야 형성과정에 대한 연구에서 가장 어려운 문제이면서 앞으로 해결해야하는 과제 중 하나가, 3~4세기 대형목곽묘와 후기와질토기의 부재이다(조영제, 「고고자료를 통해 본 안라국(아라가야)의 성립에 대한 연구」, 『지역과 역사』 14, 부경역사연구소, 2004; 이주헌, 「아라가야에 대한 고고학적 검토」, 『가야 각국사의 재구성』, 혜안, 2000). 이 문제에 대해서는 향후 발굴조사에서 확인될 가능성과 안야국의 위치비정에 대한 재검토가 필요하다는 의견으로 대별된다. 전자의 경우에는 말이산 북쪽 일대에 50여기의 목관묘와 5세기 전반대 지배층 목곽묘인 마갑총과 5세기 후반대 고총 등이 누세대적으로 이어지고 있기 때문에 앞으로의 발굴을 통해 공백이 메워질 가능성이 높다는 것이고(박광춘, 「아라가야 토기의 편년적 연구」, 『함안 도항리 6호분』, 동아세아문화재연구원, 2008; 이동희, 앞의 논문, 2018) 후자의 경우는 함안의 다른 지역인 군북면 월촌고분군(이주헌, 앞의 논문, 2000; 이주헌, 「아라가야에 대한 연구 동향과 향후 전망」, 『안라(아라가야)의 위상과 국제관계』, 학연문화사, 2018) 또는 함안에서 가장 규모가 큰 지석묘집단이 존재한 군북면 동천동 일대에 안야국의 중심이 위치하였을 가능성(조수현, 앞의 논문, 2005)이다. 후자에 대해서는 군북에 4세기대의 대형목곽묘의 부재하는 점과 만약 군북에 존재한다고 하더라고 5세기대 말이산으로 중심이 이동할 수 밖에 없는 이유가 설명되어야 한다는 의견이 있다(조영제, 「阿羅加耶의 考古學」, 『고고학을 통해 본 아라가야와 주변제국』, 학연문화사, 2013). 여하튼 앞으로 관심 있게 지켜봐야 하는 문제이다.

에는 남강 남편에 가까이 입지하는 황사리 · 윤외리 · 하기리고분군과 남해안에 가깝게 입지하는 현동유적에서만 나타난다. 목곽묘의 규모는 하기리를 제외하면 길이에서는 큰 편차를 보이지 않지만, 목곽의 너비에서 보면 말이산고분군의 목곽묘가 넓은 편이다. 목곽묘의 규모와 부장품으로 볼 때, 중심은 말이산고분군이며 황사리, 윤외리, 소포리 등 주변의 유적은 구조적으로 급의 차이가 나타나는 것으로 파악된다. 무엇보다 출토유물에서 가장 큰 차이를 보이는데, 말이산 목곽묘에는 다량의 토기를 비롯해 철기 다수가 부장되는데 반해, 주변유적에서는 토기류 위주의 부장만 이루어지는 것으로 보아 목곽묘 Ⅰ단계부터 서서히 말이산고분군이 아라가야의 중심으로 부상한다고 볼 수 있으며, 주변의 목곽묘 유적은 기층을 이루는 일반 성원의 고분군으로 볼 수 있다. 말이산을 중심으로 주변 고분군들이 유기적인 관계를 형성하는 것으로 파악되며 남해안 연안의 현동, 남강 유역의 황사리 · 예둔리, 동쪽 칠원의 오곡리를 범위로 아라가야 권역이 형성된다.[16)]

아라가야 권역에서 목곽묘 Ⅱ단계에 들어와서 대형 목곽묘가 조영되는 곳은 말이산고분군과 오곡리 · 현동고분군에 불과하다. 오곡리고분군에 조영된 가야5호 목곽묘를 제외하면 말이산 목곽묘와는 비교가 되지 않을 만큼 규모와 부장품의 양과 질에서 확연한 차이를 보인다. 말이산고분군의 대형 목곽묘는 출토유물에 있어서는 피장자의 위계를 나타내는 갑주, 마구, 환두대도, 유자이기, 철정 등이 다량 부장되며 축조과정에서의 장속의 흔적이 조사되는 등 주변유적의 목곽묘와 격절된 양상을 보인다.

3. 수혈식석곽묘 단계

아라가야 권역에서 석곽묘가 조사된 고분군은 말이산고분군 · 하기리고분군 · 장지리고분군 · 묘사리(선왕동)고분군 · 소포리고분군 · 소포리오당골고분군 · 오곡리고분군 · 현동고분군 · 예둔리고분군 등으로 가야읍 · 군북면 · 칠원면 · 의령남부 · 창원서부 등 아라가야 대부분 권역에서 확인된다. 이 고분군에서 조사된 석곽묘 대부분의 조성시기는 5세기 중엽~6세기 초엽에 해당한다. 아라가야 권역에서 석곽묘의 초현은 5세기 전반에 말이산 구릉의 북쪽에서부터이다. 말산리 파괴분〈경〉과 마갑총 1호 석곽, 도항리〈경

16) 하승철, 앞의 논문, 2018b.

상〉5 · 9 · 18호가 해당한다. 석곽묘는 최상위 위계보다 하위위계에서 먼저 출현하는 것이 특징인데, 초현기 석곽묘의 경우 내부공간의 활용과 관곽구조 등은 동시기 목곽묘 구조와 동일하다. 5세기 중엽~후엽이 되면, 아라가야 대형 목곽묘가 쇠퇴하고 말이산의 수장층 무덤에 석곽묘가 채용되면서 본격적으로 성행하게 된다. 이때 가장 큰 특징은 수장층의 순장의 시행과 위세용 유물의 폭발적 증가를 들 수 있다. 이때가 아라가야 최고 전성기로 보여진다.

6세기 초엽 이후가 되면 목곽묘는 자취를 감추고 아라가야 석곽묘도 횡혈식석실묘로 대체된다. 말이산에서는 암각화고분(현35호)을 끝으로 상위위계의 석곽묘 조영이 종료되고, 북쪽에 횡혈식석실묘가 일부 조영된 후에 중심고분군으로서의 기능이 종료되는 것으로 파악된다.

4. 횡혈식석실묘 단계

아라가야 권역에서 조사된 횡혈식석실묘는 말이산고분군의 〈문〉4 · 5 · 8 · 47호분 4기와 남문외 11호분이 대표적이다. 소포리에서는 가야시기 석실묘는 1구역에서 5기가 조사되었다. 규모가 가장 큰 석실은 1구역 나-2지구 1호로, 주구를 기준으로 봉분직경 8~11m 정도로 추정된다. 말이산과 남문외에 비하면 봉분과 현실의 규모는 소형이다. 6세기 중엽에 축조된 말이산 횡혈식석실묘의 현실은 세장방형이며 입구가 단벽 가운데 마련된 양수식구조로 할석을 쌓아 폐쇄하였으며 연도 바닥에는 천석을 깔아 바닥시설을 하였다. 연도는 1m 내외로 극히 짧고 묘도는 나팔상으로 벌어지는 특징을 보인다. 현실은 등고선과 나란하게 축조되며, 바닥에는 대부분 전면시상하였고, 평천장 구조에 장벽과 후벽을 내경시켜 축조하였다. 피장자는 은두정이나 장식으로 꾸민 목관에 안치되었는데, 횡혈식석실의 도입과 함께 장제도 변화한 것으로 파악된다. 봉분은 직경 15~20m 내외로 축소되고 구릉 사면부에 축조되어 앞 시기 석곽묘 단계의 고총축조의 입지적 상황과는 상당한 거리감이 있다. 횡혈식석실이 유행하는 6세기 중엽의 시기에 아라가야 토기는 쇠퇴하고, 앞 시기의 석곽묘 단계에 부장되던 금동제 장식대도, 무기, 무구류, 유자이기 등 위세품은 거의 부장되지 않는 점에서 아라가야의 정치 · 사회에 상당한 변화가 있었음을 알 수 있다.

석실묘 단계에서는 아라가야 권역과 의령을 중심으로 한 주변유적과 비교해 보아도 남문외 11호분이 최대 규모이다. 따라서 말이산에서 횡혈식석실묘가 축조되는 단계는 앞 시기에서 보인 규모에 관한 우월성은 더이상 보이지 않는다는 것으로 해석된다. 하지만, 말이산보다 좀 이른 시기에 바로 인접한 남문외에서 최대급의 횡혈식석실이 축조된다는 사실은 이 시기에 남문외의 수장층이 새롭게 부상하였다는 의미로 생각해 볼 수 있지만, 남문외와 말이산의 입지와 인접성을 고려한다면 말이산 수장층 일부가 남문외 고분에 새롭게 묘역을 조성하였을 가능성도 충분히 검토해 볼 수 있을 것이다.[17] 하지만 분명한 것은 말이산에 조영된 6세기 석실묘는 주변지역의 석실과의 비교뿐 아니라 말이산에 조영된 전 단계 고총에 비하면 규모 등에서 상당히 축소된 것은 사실이다. 이것은 말이산에 무덤을 조영하는 지배자 집단이 더 이상 고분축조에 에너지를 투여할 수 없는 상황이 되었다는 것을 간접적으로 알려주는 것이다. 이때는 부장유물에서도 아라가야토기의 부장비율보다 대가야·소가야 토기의 반입이 늘어나는데, 아라가야 토기의 쇠퇴기로 볼 수 있다. 도굴의 피해를 입었지만, 더 이상의 금동제 장식대도, 무기, 무구류, 금동제 장신구류, 유자이기 등의 위세품이 보이지 않는 등 말이산고분군의 조영집단 즉, 아라가야 지배집단에게 상당한 정치적, 사회적 변동이 발생하였던 것으로 파악된다.

Ⅳ. 아라가야 목곽묘와 석곽묘 유형에 따른 고분군 분포와 그 의미

본 장에서는, 아라가야의 성장과 발전기에 해당하며 고분군 간 상호 비교검토가 가능한 목곽묘와 석곽묘의 유형별 고분군 분포를 검토해 보고자 한다. 유형의 구분은 위계를 반영하고 있으며 동일한 기준을 적용하여 각 고분군을 비교·검토함으로써 고분군을 통한 당시 사회질서 등을 파악해 볼 수 있다.

---

17) 하승철, 위의 논문.

1. 목곽묘의 유형 설정과 고분군 분포

목관묘에 비해 비교적 자료의 수가 많은 아라가야 권역의 목곽묘는 부장품의 배치와 꺾쇠와 관정 등 장구(葬具)의 출토위치를 통한 관곽의 구조복원을 통해 4개의 유형(a~d)으로 분류 가능하다.

아라가야 목곽묘 a유형은 목곽의 중앙부에 관상(棺箱)을 배치하고 이를 두른 내곽을 구비한 1관2곽 구조의 목곽묘이다. a유형 목곽묘는 아라가야 권역에서는 대체로 말이산고분군에서만 조영되는 특징을 보인다. a유형 목곽묘의 바닥에는 전면 혹은 부장공간 일부를 제외한 공간에 시상을 마련하였다. b유형부터는 바닥에 시상을 마련하지 않기 때문에 이는 위계의 차이를 나타내는 것으로 볼 수 있다. a유형 목곽묘는 말이산고분군에서 주로 조영되며, 마갑총, 〈문〉3 · 9 · 10 · 20 · 27 · 48호묘가 대표적이다. 주변고분군에서는 오곡리 가야 5호묘가 유일하다. 대체로 말이산고분군에서 4세기 말 또는 5세기 전반에 출현하는 것으로 파악된다.

b유형 목곽묘는 a유형 목곽묘와 유물부장 공간구조는 동일하지만 내곽이 시설되지 않는 1관1곽의 구조이다. 주피장자를 안치한 관상을 중심에 놓고 머리맡과 발치쪽에 토기류를 중심으로 한 [부장공간]−[주피장자공간]−[부장공간]의 3공간 구조이다. a유형에 부장된 갑주류, 마구류는 거의 부장되지 않으며 일부 유자이기와 철정 소량이 부장되는 정도이다. 말이산고분군에서는 〈문〉6 · 35 · 44 · 50, 〈경〉33, 〈경상〉11 · 12 · 13 · 15 · 16 · 17호묘가 대표유구이며, 주변유적에서는 오곡리 가야 8 · 10 · 56호, 현동〈창〉50호, 장지리Ⅱ-7호가 해당한다.

c유형 목곽묘는 말이산고분군에서는 소수이며 주변의 오곡리, 현동, 진북 대평리, 윤외리고분군에서 주로 조영되는 유형의 목곽묘이다. 내부구조가 발치쪽에 유물을 부장하는 [주피장자공간]−[부장공간]의 2공간 구조이다. 고배, 파배, 단경호 정도의 기본적인 토기류만 부장되고 철기류는 대도, 철촉, 철모 중 일부만 부장된다. 말이산고분군에서는 〈문〉49호묘 정도가 이에 해당하며, 현동〈창〉15 · 43호, 윤외리 1 · 7호, 오곡리 가야 3 · 12호가 해당한다.

d유형 목곽묘는 c유형과 동일하게 말이산고분군에서는 소수에 불과하며 현동과 진북 대평리, 예둔리고분군에서 대다수를 점하는 유형이다. 내부공간은 관상으로만 이루어진

[주피장자공간]의 1공간 단일구조의 목곽묘이다. 유물은 고배, 파배, 단경호가 기본조합을 이루고 있으며 철기는 도자, 철부, 철겸 중 일부만 부장된다. 말이산에서는 〈문〉33, 〈경상〉4·7·8호가 이 유형에 해당하며, 주변유적은 윤외리 5, 예둔리 5·36·42·48·51·52·54·55호, 현동〈창〉6·32·65호, 오곡리〈창〉7·15호가 해당한다.

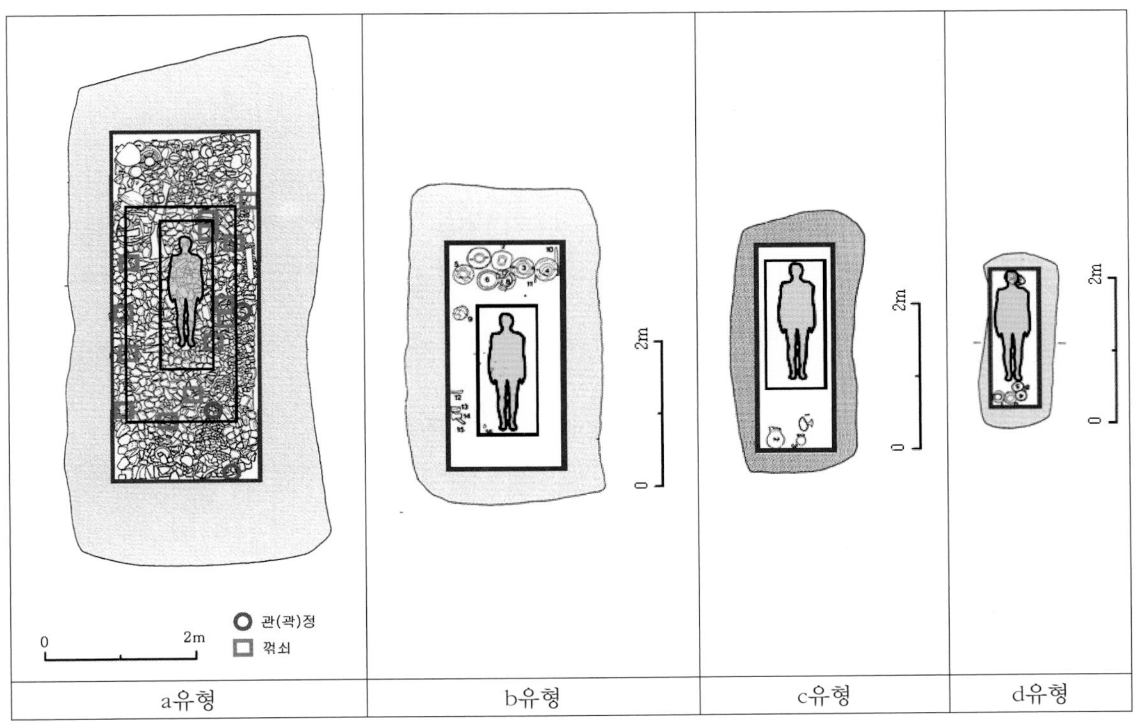

〈그림 3〉 아라가야 목곽묘 유형분류

목곽묘의 Ⅰ단계는 아라가야 토기문화의 특징이 뚜렷해지고, b유형 이하의 중소형 목곽묘가 축조되는 단계이다. Ⅱ단계는 대형 목곽묘인 a유형 목곽묘가 축조되고 신식도질토기 문화가 확산된다. 특히, 철기류의 부장양상이 급변하는 특징을 보이는데, 전시기와 달리 무기류, 무구류, 마구류, 갑주, 의기류가 다량 부장되고, 신분을 상징하는 장식대도 등이 부장된다.

아라가야 목곽묘의 유형별 분포를 살펴보면, 최상위유형인 a유형은 오곡리에 1기가 있지만 규모와 부장품의 질적 부분에서는 말이산과 격차를 보이므로 목곽묘 단계에 말이산이 중심고분군으로서 성립되었음을 알 수 있다. 주변 목곽묘 유적은 주로 남강연안에 입지하는 윤외리, 황사리, 예둔리유적에 주로 분포하며 남해안에 가까운 현동유적과 군북면 장지리유적, 대산면 하기리 유적에서 소수이지만 일부 축조되는 양상이다. 말이산을 제외하면 대부분 아라가야 외곽에 분포하며 이곳이 대체로 아라가야 권역의 경계에 해당하는 것을 알 수 있다. 주변 목곽묘는 대부분 b유형 이하의 위계를 보이며, 현동과 오곡리 정도가 c유형이 주로 축조되고 나머지 유적에서는 최하위 위계의 d유형이 중심이다. 이러한 양상으로 봤을 때, 말이산고분군에 대형목곽묘가 축조되는 단계에 중심과 주변의 위계차가 확실해 지는 현상을 보이고 있다.

〈표 2〉 아라가야 고분군별 목곽묘 유형분포

목곽묘유형	a	b	c	d
말이산	◎	○	○	○
오곡리	○	○	○	○
현동		○	○	○
윤외리			○	○
황사리				○
예둔리				○

〈표 3〉 아라가야 권역 Ⅱ단계 목곽묘

유적	유구	묘광규모		목곽규모		출토유물	유형	시기	비고
		길이	너비	길이	너비				
말이산	마갑총	9.0 (추정)	2.8	6.0	2.3	※충진토내: 와질노형토기편(장속) 고배13, 유개고배3(화염4), 개4, 광구소호13, 파배3, 장경호2, 단경호4, 발형기대4, 방추차1/환두대도1, 대도1, 철모6, 철촉11, 주1, 마갑2, 마주1, 재갈1, 교구7, 도자2, 단조철부2, 철겸1, 철추(살포?)1, 꺾쇠8, 관정20	a	5C초엽	축조과정 장속
	〈문〉10	7.1	3.3	4.8	1.8	※봉토내: 주조철부2(장속) 고배20(화염12), 개7, 광구소호3, 소형기대2, 파배2, 대부호1, 장경호4, 단경호10, 노형기대2, 통형기대1, 발형기대4/철촉5, 재갈1, 철정10, 유자이기2, 도자1, 단조철부2, 철겸1, 철착1, 경식1(유리제환옥, 비취곡옥), 꺾쇠14, 관정5	a	5C초엽	축조과정 장속
	〈문〉36	6.7	2.85	4.55	1.65	※봉토내: 대형고배11, 장경호2, 단경호2/주조철부2 고배4, 개5, 광구소호1, 파배1, 장경호2, 단경호6, 대부호1, 통형기대2, 발형기대3, 대호1/환두대도1, 철모2, 철촉19, 주1, 재	a	5C초엽	축조과정 장속

						갈1, 유자이기4, 철정40, 단조철부3, 관정8			
	〈문〉48	7.6	4.3	5.4	2.0	고배7, 개8, 파수부광구소호1, 광구소호2, 소형기대2, 장경호1, 단경호3, 노형기대1/대도6, 철모3, 물미2, 철촉45, 삼지창1, 찰갑1, 등자1, 재갈1, 침금구20, 교구4, 유자이기1, 철정77, 도자7, 단조철부9, 망치1, 봉상철기1, 청동환1, 금제이식2+곡옥2, 경식1(유리제환옥, 비취곡옥)	a	5C초엽	
	〈경〉13	6.6	2.5	5.2	1.5	유개고배15, 파배1, 파수부광구소호1, 유공광구소호1, 소형기대2, 유개파수부직구호3, 장경호2, 유개단경호3, 통형기대1, 발형기대2/대도1, 철검1, 철모2, 물미2, 철촉40, 삼각판혁철단갑1, 등자2, 재갈1, 교구3, 혁금구1, 유자이기2, 도자1, 단조철부2, 철겸1, 꺾쇠6, 관정14	b	5C초엽	
오곡리	가야 5	5.92	2.62	4.18	1.3	고배3(화염3), 유개고배1, 유개대부파수부호1, 광구소호1, 소형기대1, 단경호3, 발형기대1, 연질옹1/유자이기1	a	5C초엽	
장지리Ⅱ	7	4.59	파괴	4.08	파괴	발형기대1/유자이기1, 도자1	b	5C전반	반파
현동	〈동서〉35	4.55	2.31	2.78	0.76	유개고배3(화염1), 고배1, 유개대부직구호1, 단경호2/철촉2, 도자1, 철정4, 조침1	b	5C초엽	삭평
	〈창〉43	3.75	1.25	2.8	1.0	고배4, 파배1, 단경호2/대도1, 철모1, 철촉11, 재갈1, 교구1	b	5C초엽	

2. 석곽묘의 유형 설정과 고분군 분포

아라가야 석곽묘는 관곽개념, 석곽의 규모, 내부공간의 활용패턴, 부장유물의 질적인 부분을 반영하여 4개의 유형(A~D)으로 구분할 수 있다.

A유형 석곽묘는 석곽의 장단비가 4.5 : 1 이상의 극세장방형의 평면형태를 띠며, 매장주체부의 내부공간이 [부장공간]-[주피장자공간]-[순장자공간]으로 명확하게 구획된 1관2곽의 3공간구조이다. A유형 석곽묘는 말이산에서만 조영된다. A유형은 순장자 위치와 순장인수, 석곽의 규모, 들보시설의 유무 등에 따라 3개의 小유형(A-1 · 2 · 3)으로 세분할 수 있다.

A-1유형은 아라가야 최고위계 석곽묘로 봉분의 규모는 26~39m, 석곽의 경우 평균 10.2m, 너비 1.8m이며 장단비는 5.7 : 1로 극세장한 형태를 띤다. 순장자는 2~5명 정도이

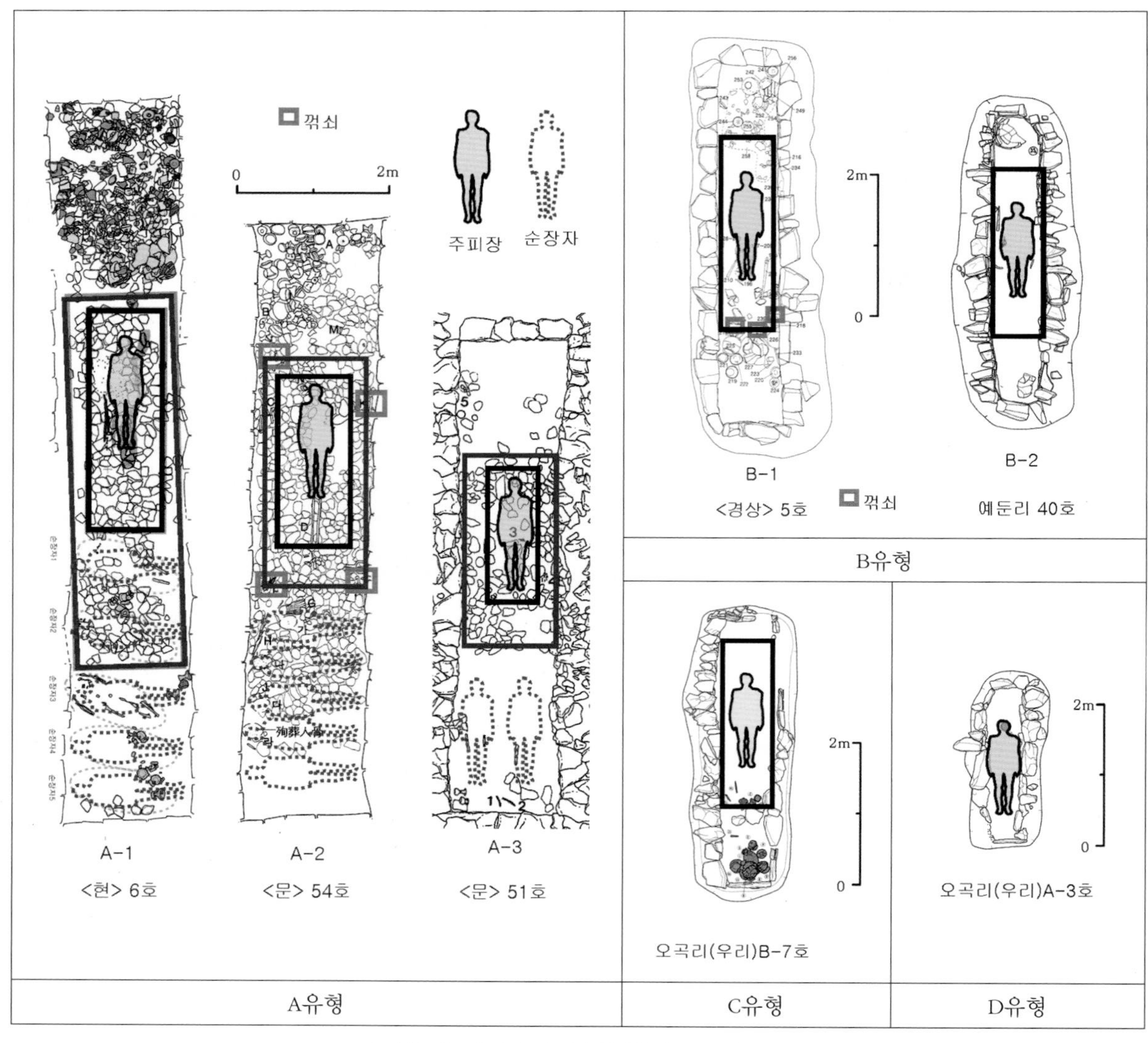

〈그림 4〉 아라가야 수혈식석곽묘 유형분류

며 네 벽석의 상단에 들보시설(보공, 도리공)이 마련되어 있다. A-1유형은 아라가야 최고위계의 지배자(왕)급에 해당되며 여기에 순장된 인물 또한 일정 수준 이상의 위계를 가진 인물로 추정해 볼 수 있다. 말이산 현6 · 8 · 15 · 21 · 25 · 26 · 35(암각화고분)호분이 A-1유형에 해당한다.

A-2 · 3유형은 A-1유형과 규모면에서 가장 큰 차이를 보이고, A-2유형의 순장자는 2~4인 정도가 안치되며 주피장자의 곽내에는 순장이 이루어지지 않는 것이 A-1유형과 차이점

이다. A-2·3유형 모두 들보시설이 마련되었으며 부장패턴도 A-1유형과 차이를 보이지 않지만, 마갑, 마주의 구성이 제외된다. A-3유형은 순장인수가 1~2인 정도로 축소되며, 주피장자와 평형배치를 원칙으로 하는 점에서 차이를 보인다. A-2유형은 〈경상〉10호와 〈문〉54호를 비롯해 101호분이 해당되며, A-3유형은 〈경〉3호, 〈경〉파괴분, 〈동〉6-1호, 〈문〉38·39·51호, 현5·100호분이 해당된다.

B유형의 석곽묘는 A유형과 동일한 3공간 분할구조를 유지하지만, 내곽이 존재하지 않는 1관1곽의 구조에 순장이 시행되지 않는 것에서 가장 큰 차이를 보인다. 순장자 공헌품으로 생각되는 화염형투창고배 정도만 부장하여 일정부분 공지로 남긴 B-1유형과 토기류와 철기류를 부장공간으로 활용한 B-2유형으로 세분할 수 있다. B-1유형은 도항리 428-1번지유적에 집중적으로 분포하고 마갑총 1호 석곽, 〈문〉40호가 이에 해당된다. B유형은 말이산고분군 북단부에 치우친 곳에 별도의 묘역을 조성하며 입지하는 특징을 보인다. B-2유형은 주변고분군인 오곡리, 장지리Ⅱ, 예둔리에 주로 분포한다. 오곡리〈우리〉A-M1호가 대표적이다.

C유형 석곽묘는 매장주체부 공간활용에서 한쪽 단벽 아래에 유물을 부장한 [주피장자공간]-[부장공간]의 2공간 구조이다. 목관 내부 혹은 상부에 소형토기류를 부장한 유형으로, 말이산고분군보다 주변의 중소형고분군에서 주로 조영된 특징을 보인다. 말이산고분군에서는 〈문〉13호, 〈경〉31호 정도가 해당하며, 오곡리〈우리〉A-7·B-7·8호 예둔리 4·25호가 해당한다.

D유형 석곽묘는 석곽의 길이가 2m 미만의 소형석곽이다. 석곽 내에 주피장자만 안치하고 소형토기 몇 점만 신변에 부장한 1공간 구조로 말이산고분군에서는 석실묘의 배장묘로 조영된 〈문〉4-가호 석곽 정도만이 해당하며 단독으로 조영되지 않는다. 대부분 주변고분군인 오곡리, 소포리, 예둔리 등에서 많은 수가 확인된다.

A유형 석곽묘는 아라가야의 지배자(왕 혹은 수장층)의 무덤으로 파악되는데, 아라가야 권역에서는 말이산에서만 조영된다. B유형 석곽묘 정도가 주변유적인 오곡리, 현동, 예둔리에서 나타나는데, A유형과 B유형의 격차는 규모와 순장 및 들보시설 등의 구조적인 측면과 부장유물에서 극명하게 들어난다. 말이산에서 A유형 주변의 봉분이 잔존하지 않는 급의 석곽묘가 주변 유적에서는 최상위 위계의 무덤으로 축조되는 양상이다. B유형 중에서 오곡리 A-M1호분의 경우는 봉분을 구비하고 있는 주변유적에서 보기 드

믄 사례이다. 봉분은 상당부분 유실되었으나, 잔존부분으로 추정하면 직경이 10.5m이다. A-3유형의 가장 규모가 작은 현5호분의 봉분이 직경 15m인 것을 감안하면, 말이산에서 10m 급의 봉분은 B유형에 해당하는 것으로 예상해 볼 수 있다. A유형 석곽묘는

〈표 4〉 아라가야 권역 A유형 석곽묘

유적	유구	묘광규모		석곽규모		위세유물	순장인수	들보시설	유형	시기
		길이	너비	길이	너비					
말이산	6	14.0	4.7	9.7	1.9	무구류: 종장판주, 마갑, 마주 마구류: 안교, 등자, 재갈 의식·재화류: 유자이기, 철정 금속장신구류: 금동제이식	5인	○	A-1	5C중엽
	8	13.0	3.0	11.0	1.85	무구류: 주, 경갑, 괘갑, 마갑, 마주 마구류: 안교, 등자, 재갈, 행엽, 운주 의식·재화류: 유자이기, 철정, 청동령 금속장신구류: 금제이식, 은제과판	5인	○	A-1	5C후엽
	25	11.7	3.8	10.65	1.85	무구류: 주(소찰) 마구류: 안교, 행엽, 재갈 의식·재화류: 유자이기, 철정 금속장신구류: 금동제이식, 금동편(관?)	2인	○	A-1	6C초엽
	35	12.6	3.5	10.6	1.7	무구류: 찰갑 마구류: 안교, 등자, 행엽, 재갈 의식·재화류: 유자이기, 철정 금속장신구류: 금제세환이식, 금동판장식	2인	○	A-1	6C초엽
	〈문〉54	10.8	3.8	7.9	1.4	무구류: 주(몽고발형) 마구류: 안교, 등자, 행엽, 재갈 의식·재화류: 청동제삼환령철정 금속장신구류: 청동지금장 귀면장식, 금제이식	5인	○	A-2	5C후엽
	101	10.3	3.8	8.8	1.64	무구류: × 마구류: 안교, 행엽, 운주, 재갈 의식·재화류: 유자이기, 철정 금속장신구류: 금피철제이식	2인	○	A-2	5C후엽
	〈동〉6-1	9.5	2.8	7.0	1.4	무구류: × 마구류: 행엽, 재갈 의식·재화류: 유자이기, 철정 금속장신구류: ×	2인	×	A-3	5C중엽
	5	10.8	4.1	7.1	1.58	무구류: × 마구류: 안교, 등자, 운주, 재갈 의식·재화류: × 금속장신구류: ×	2인	×	A-3	5C후엽

횡혈식석실묘가 말이산에 도입되는 6세기 초엽까지 지속된다. 그 외 주변유적 중에서 B유형을 최고위계의 분묘로 조영한 고분군을 살펴보면, 오곡리, 예둔리, 현동, 합성동, 도계동고분군을 들 수 있는데, 도굴로 인해 유물의 비교는 그다지 객관성을 담보할 수 없기 때문에 규모로 비교해 보면, 오곡리 A-M1호분과 예둔리 1호 정도는 말이산 B유형과 유사하지만 그 외 현동, 도계동, 합성동은 열세이다.

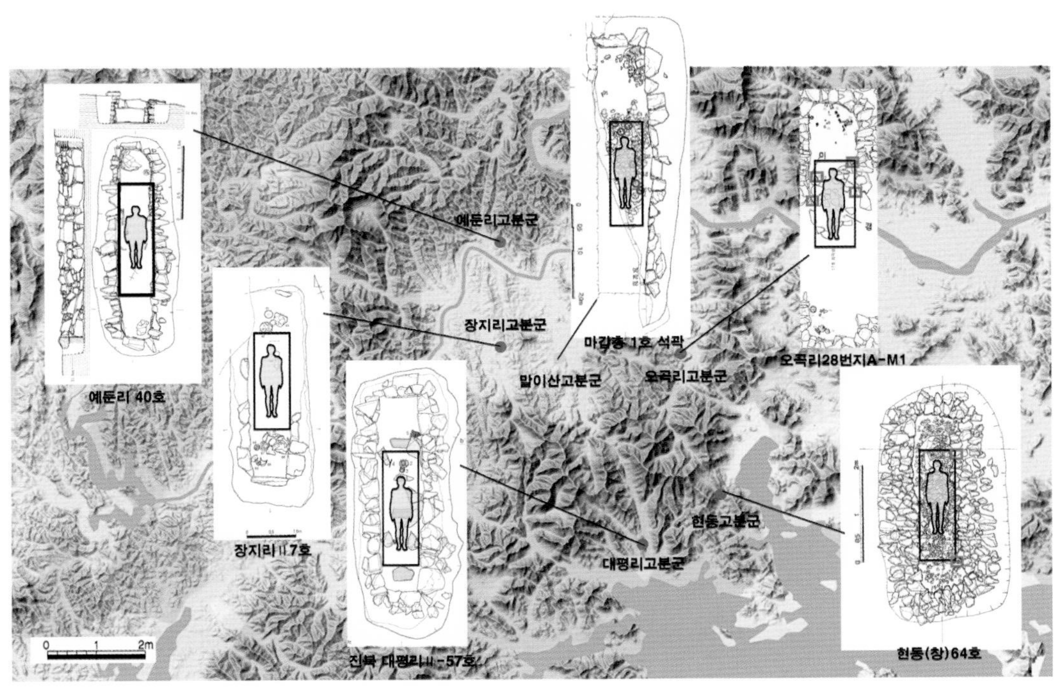

〈그림 5〉 아라가야 B유형 석곽묘의 분포

B유형은 앞서 말이산에서 순장은 이루어지지 않지만 순장자를 상징하는 공간에 일정한 공지를 두고 A유형에서의 순장자 공헌품으로 여겨지는 화염형투창고배가 부장되는 현상을 기준으로 2개의 소유형으로 구분하였는데, B-1유형은 말이산에서만 확인된다. 말이산에서 B유형의 경우, A-2·3유형과 같이 A-1유형 주변부보다는 구릉의 북단부에 치우친 곳에 집중분포하고 있다. 이를 통해 말이산에서 위계에 따른 별도의 독립된 묘역을 구성하고 있었을 가능성도 생각해 볼 수 있다. 따라서 말이산에서 고총고분과의 고분복합체를 구성하지 못하는 위계의 무덤이 주변유적에서의 최고 위계자의 무덤과

거의 동급에 가깝거나 규모나 부장유물의 질적인 부분에서 오히려 상회한다는 것을 알 수 있다.

〈표 5〉 아라가야 권역 B유형 석곽묘

유적	유구	묘광규모		목곽규모		위세유물	봉분	유형	시기
		길이	너비	길이	너비				
말이산	마갑총 1호	6.8	2.4	5.2	1.0	무구류: × 무기류: 철촉 마구류: 등자, 재갈, 운주 의식・재화류: 유자이기 금속장신구류: 금제이식, 금동제금구	×	B-1	5C중엽
	〈문〉 40	6.9	2.05	5.2	1.0	무구류: 소찰편 무기류: 물미1 마구류: 금구편 의식・재화류: × 금속장신구류: ×	×	B-1	5C후엽
오곡리2 8번지 (우리)	A-M1	6.5	3.2	4.95	1.05	무구류: × 무기류: × 마구류: 안교, 등자, 재갈, 금구편 의식・재화류: × 금속장신구류: 동지금장세환이식	○ 직경 10.5m	B-2	5C후엽
예둔리	1	6.3	2.12	5.23	0.75	무구류: × 무기류: 철검, 물미, 철촉 마구류: × 의식・재화류: 유자이기, 철정 금속장신구류: ×	×	B-2	5C중엽
오천리	11	5.42	1.9	4.5	0.84	무구류: × 무기류: × 마구류: × 의식・재화류: × 금속장신구류: 금동제이식	× 주구	B-2	6C초엽
현동	64	5.3	2.35	3.65	1.15	무구류: × 무기류: 환두대도, 철검, 철모, 삼지창, 철촉 마구류: 교구 의식・재화류: 철정 금속장신구류: 금제이식	×	B-2	5C중엽
대평리	M1 (왜계)	?	?	3.4	0.6	무구류: × 무기류: 대도, 철촉 마구류: × 의식・재화류: × 금속장신구류: 청동환	○ 즙석/ 직경 17m	B-?	5C후엽

합성동	60	4.22	1.75	3.56	0.72	무구류: × 무기류: 대도, 철촉 마구류: × 의식 · 재화류: × 금속장신구류: ×	×	B-2	5C후엽
도계동 (경발연)	86- 7	4.75	2.25	2.7	0.95	무구류: × 무기류: 철촉 마구류: × 의식 · 재화류: × 금속장신구류: ×	×	B-2	5C중엽

석곽묘 단계에 유형별 고분군의 분포로 보면, A유형은 말이산에서만 확인되고 B유형이 조영된 고분군은 오곡리, 예둔리, 장지리, 현동 그 아래의 C유형 이하만 조영된 고분군은 소포리와 하기리가 해당한다. 아라가야 권역에서 조사된 고분군의 수가 많지 않아 단언하기 어렵지만, 말이산을 중심에 두고 동으로 오곡리, 북으로 예둔리, 서로 장지리, 남으로 현동과 대평리에 다음 위계의 고분군이 조영되고 그 주변으로 다시 그보다 하위 위계의 고분군이 조영되는 양상으로 보여진다. 그렇게 본다면, 말이산 다음의 위계에 해당하는 고분군(B유형 석곽묘가 조영된 고분군)이 아라가야 경계의 고분군으로 생각해 볼 수 있다. 이 고분군의 성격은 방어와 대외교역을 주로 담당하면서 아라가야 중심의 지배를 받는 체제에 속한 것으로 보인다. 다만, 남해안 연안의 대외 교역 창구로 알려진 현동과 대평리의 경우 M1호분의 이질적인 묘제와 5세기 후반대의 유물상으로 볼 때, 아라가야의 권역으로 볼 수 있을지에 관해 약간의 의문이 있는 것이 사실이다. 이러한 점을 염두에 둔다면 현동과 대평리의 경우는 대외 교역의 창구로서 비교적 독자적 세력을 유지하면서 아라가야의 관계망 속에 존재하였을 가능성도 염두에 두어야 할

〈표 6〉 아라가야 고분군별 석곽묘 유형 분포

석곽묘 유형	A			B		C	D
	A-1	A-2	A-3	B-1	B-2		
말이산	○	○	○	○	○	○	○
대평리					○	○	?
현동					○	○	?
오곡리					○	○	○
예둔리					○	○	○
장지리					○	○	?
소포리 오당골						○	○
소포리						○	○
하기리						○	?

것으로 생각된다.[18)]

Ⅴ. 아라가야 왕묘역으로서의 말이산고분군의 공간구조

앞장에서 살펴본 바에 의하면, 아라가야 권역에서 특히 목곽묘와 석곽묘 유형분류에 의한 분포를 통해 목곽묘 단계부터 말이산과 주변고분군간의 뚜렷한 위계차이가 형성되고 석곽묘 단계에 와서 극명하게 그 양상이 확립되는 것으로 파악되었다. 본 장에서는 말이산고분군에 초점을 맞추어 아라가야 도성에서의 왕묘역의 공간구조에 대해 살펴보도록 하겠다.

1. 왕묘역으로서의 말이산의 공간구조

아라가야에서는 석곽묘 단계가 아라가야에서 도성 체계가 완비되는 시기로 보여진다. 도성은 국가의 중심적 위치에 입지하며 이곳은 정치·경제·사회·문화의 핵심이 된다. 도성은 사전적 의미로서는 왕이 머무는 공간 정도로 해석되지만, 그 구조는 왕이 머무는 왕궁지와 왕궁을 보호하며 유사시에 대피할 수 있는 산성, 그리고 왕과 그 가족 및 귀족층이 묻히고 국가제의의 장소로 활용되는 왕묘역 및 각종의 공공시설물로 구성된다. 아라가야의 경우에는 공간이 명확하게 구획되어 있지는 않지만 「추정왕궁지(가야동)－말이산－봉산산성－충의공원(대형건물－고당)」이 조영된 가야읍 일원이 도성으로 추정되며 현재까지 이견이 없는 상황이다. 특히, 추정왕궁지 주변으로 선왕동, 신읍, 궁북(군북), 남문외 등 도성과 관련된 지명이 전해져 내려오며 최근 국립가야문화재연구소의 발굴조사를 통해 이곳이 왕궁지로 확실시되고 있다.[19)] 고구려·신라·백제는 국가 권력의 중심지인 궁성을 중심으로 도시화가 진행되는 과정에서 인근에 거대한 고총고

---

18) 대평리유적과 거제 장목고분, 고성 송학동의 왜계고분은 5세기 말경 아라가야가 서진하는 신라세력에 맞서 소가야와 긴밀하게 연대하며 왜와의 교류를 지속하였던 흔적을 보여주는 고고자료로 보기도 한다(이주헌, 앞의 논문, 2018).

19) 이춘선, 「함안 아라가야 추정 왕궁지 발굴조사 성과」, 『2018 가야문화유산 최신조사성과』, 국립나주문화재연구소·국립가야문화재연구소, 2018.

분을 밀집시켜서 왕묘역을 형성하였는데, 국가 중심부의 구조적 측면에서 왕묘역의 축조는 도성인식의 확립을 말해주는 것이라 할 수 있다. 말이산 또한 도성의 일부분으로서 아라가야 지배층의 철저한 계획하에 왕묘역으로 조성된 것으로 볼 수 있다.

〈그림 6〉 아라가야 도성의 경관(말이산→왕궁지 방향)

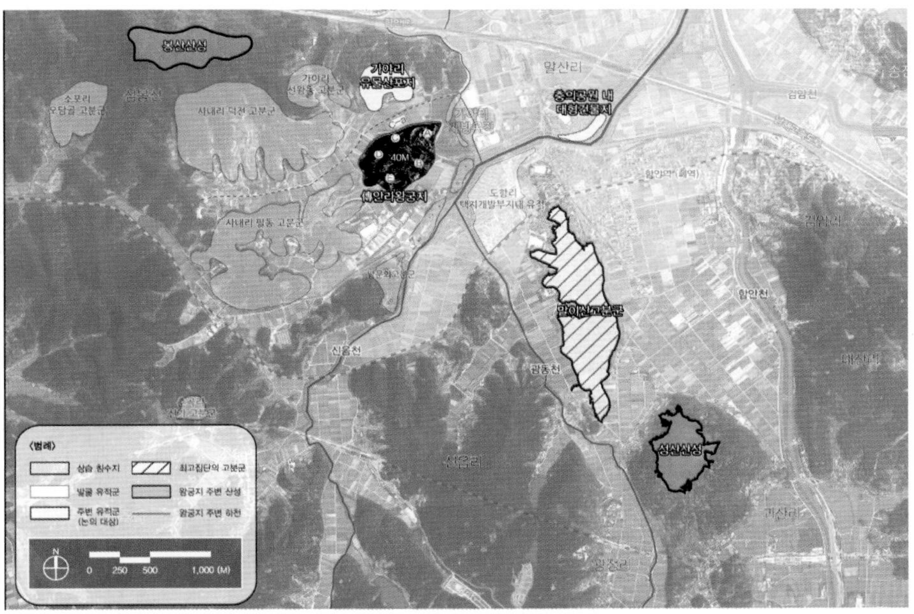

〈그림 7〉 아라가야 도성의 공간구조와 말이산
((사)ICOMOS-KOREA, 『가야고분군 세계유산 가치 비교연구』, 2017)

2. 아라가야 지배층의 전통적 왕묘역 경관의 창조: 말이산고분군

우선 말이산이 왕묘역으로 선정된 이유를 살펴보자. 말이산에는 청동기시대부터 분묘가 조영되기 시작하였고 이어서 목관묘도 밀집조영을 보이지만, 주변유적과 격차를 보이며 중심고분군으로 성립되는 것은 앞서 살펴본 바와 같이 목곽묘 단계부터이다. 이후 석곽묘 단계인 5세기 중엽부터 말이산에 고총이 조영되면서 왕묘역으로 확립되는데, 아라가야 권역에서 청동기시대부터 누세대적으로 무덤이 조영된 곳은 말이산이 유일하다고 할 수 있다. 함안지역은 남강과 연한 북쪽이 낮고 남쪽이 높은 산지로 둘러싸인 분지지형을 이루고 있다. 함안지역 고분군의 조성변화상으로도 목곽묘 단계인 4세기대에는 법수면과 대산면 등 비교적 남강과 가깝고 낮은 지역을 중심으로 조성되다가 5~6세기대에 가야읍과 군북면 일대에 집중되는 양상을 보인다. 결국 시간이 지나면서 남강과 멀리 떨어진 곳으로 고분군의 분포가 밀집되는 양상인데, 이는 대규모 범람으로부터 안전한 지역이 선호된 것으로 생각해 볼 수 있다.[20] 함안군 일대의 들판은 제방축조가 없었던 고대에는 대부분 저습지로서 경작지의 기능을 수행하기 어려웠다고 한다. 결국, 말이산은 독립된 구릉으로 해발 높이가 그다지 높지는 않지만 주변 어느 곳에서도 조망이 탁월하며 (추정)왕궁지와도 상호가시권에 들어오는 지역으로 남강의 범람에도 피해를 입지 않는 더할 나위 없이 훌륭한 왕묘역으로서의 입지인 동시에 목관묘 단계부터 중심적인 분묘역으로 기능한 선조의 무덤이 조영된 신성시되는 장소였기 때문이다.

다음으로 말이산이 왕묘역으로서 확립되는 시기이다. 여기서 관심 있게 볼 사항은 경관적 요소인데, 자연적 환경만으로 이루어진 장소를 '의미화된 장소'로 변화시키는 과정에 있어서 인공적인 기념물을 언제 시설하였는지가 중요하다.[21] 즉, 말이산에 대형의 고총이 축조되는 시점이 언제이냐 하는 것이다. 물론 말이산에 조영된 고총이 모두 조사가 이루어지지는 않아 완전한 분석은 불가능하지만, 현재까지 고고학적 조사에 따르면 말이산 북쪽의 현4호분이 고총으로서는 가장 이른 단계에 해당한다. 현4호분은 말이

20) 경남발전연구원, 앞의 책, 2017.

21) 고대사회에서 지배세력을 위한 대형 봉토고분을 축조하여 이를 자연 경관 속에 덧대어 표현함으로써 그러한 권력의 근원을 자연화하고 또한 자연경관을 통해 그것을 정당화했다고 한다(김종일, 「가야고분군의 경관적 특징과 의의」, 『가야고분군 세계유산등재를 위한 국제학술대회』, 가야고분군 세계유산등재 추진단, 2018).

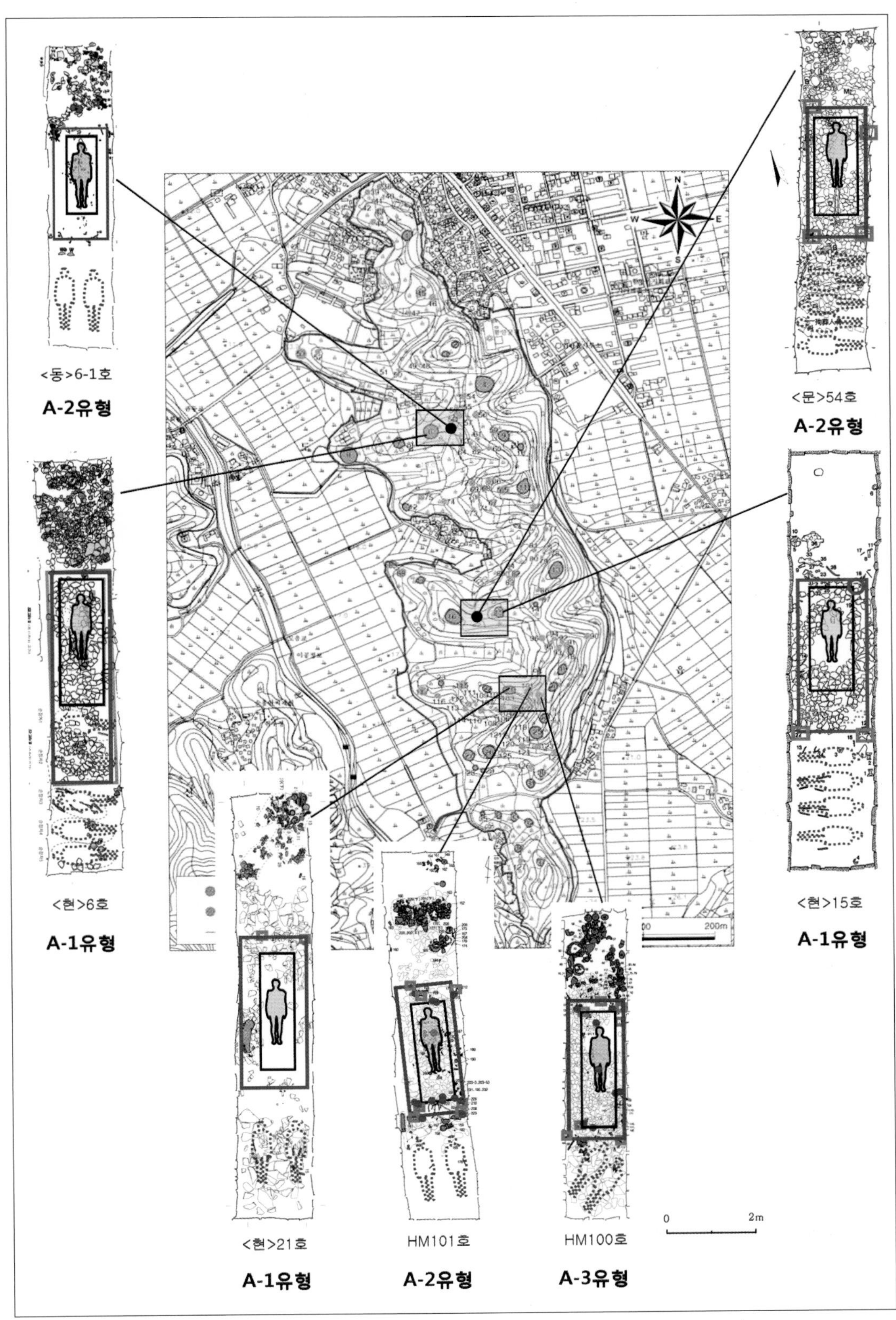

〈그림 8〉 말이산고분군 A유형 석곽묘 배치관계

산에서 가장 규모가 큰 초대형분으로 이 시점이 말이산이 왕묘역으로서 시작을 알리는 의미화된 장소로 확입되는 시기라고 생각된다.

말이산의 고분 분포패턴을 살펴보면, 남북으로 긴 주능선과 8개의 지능선의 정선부로 초대형 또는 대형분이 배치되고 그 주변 사면부로 중소형분이 분포하는 양상이다. 즉, 아라가야 최고 지배자를 위한 (초)대형분이 지형적 선점을 한 이후에 주변부로 관계된 인물의 무덤이 규모를 달리하며 배치되는 것으로 볼 수 있다. 전체가 조사된 것은 아니지만, 말이산 주능선의 고총은 시간적인 일정한 순서로 조영된 경향이 있지만, 지능선의 고총은 꼭 그렇지만은 않다. 따라서 말이산 고분 분포패턴은 묘역이 사전에 분할 선정되어 있는 상태에서 공간이 채워지는 과정으로 볼 수 있다.[22] 아마도 이러한 분포패턴은 석곽묘 단계에 와서는 왕묘역이 미리 설정된 상태에서 왕묘 주변에 배장묘의 형태로 무덤을 배치하는 방식이었을 것으로 생각되며 그러한 양상이 석곽묘 A유형의 배치와 관련된 것으로 파악된다.

말이산 왕묘역의 공간구조에서 가장 큰 특징이라 할 수 있는 것은 단시간에 완전한 왕묘역으로서의 경관이 완성된다는 것이다. 기 연구에 따르면, 말이산의 고총이 북에서 남으로 순차적으로 능선과 가지능선을 점유하며 조영된 것으로 알려져 있다.[23] 물론 큰 틀에서 보면 그러한 경향성을 보이는 것은 분명하다. 하지만, 최초의 고총이 조영된 이후 5세기 중후엽에서 6세기 초까지의 불과 50년 남짓한 시간에 말이산 대부분의 고총이 조영된 것은 어떻게 해석해야 하는 것인가? 이것은 경관의 형성을 통해 전통을 만들고자 한 아라가야 지배층의 노력의 결실이라고 생각한다. 즉, 하나의 고분이 산 정상부에 축조된 이후, 이와 비슷한 규모의 고분들이 지속적으로 축조되면서 전통적인 경관을 형성하게 되는데, 그러한 경관이 다른 고분군들과 구분되고 이러한 구분을 과거와 전통이라는 기제를 통해 지배를 정당화 하였다고 볼 수 있다.[24] 또한 지배원리적 측면에서도 웅대하고 견고하고 밀집되게 건축된 고총 기념물은 마치 죽음을 극복한 듯 보이며 영구불변의 효과를 얻기도 한다. 즉, 5세기 전반 가야 제국에서 신흥강자로 떠오른 아라가야 지배층은 여러 측면에서 고총이 즐비한 그들만의 전통적인 경관이 필요하였을 것이

22) 이를 이성주는 구역별 성장모델로 정의하였다(이성주, 「삼국 고분군의 전개와 가야 고분군」, 『경남의 가야고분과 동아시아』, 제2회 한·중·일 국제학술대회, 경남발전연구원, 2010).

23) 박천수, 앞의 논문, 2016.

24) 김종일, 앞의 논문, 2018.

다.[25] 이러한 전통적인 경관을 대내외적으로 지배의 정통성을 인정받는 수단으로 이용하고자 하였던 것이라고 생각된다. 결국 지배자 무덤(왕릉)만의 조영으로는 상당한 오랜 기간이 소요되게 되며 그 경관이 과시적이지 않았을 것이다. 따라서 아라가야 지배층에서는 계획적으로 단시간에 집중적으로 고총 복합적 경관을 형성하여 전통을 창조한 것이라 볼 수 있다. 그러한 말이산 고총 복합체는 석곽묘 유형별 배치관계로 증명되며 고총의 입지와 배치에 특히 권력관계를 표현하기 위해 노력했음을 유추해 볼 수 있다.

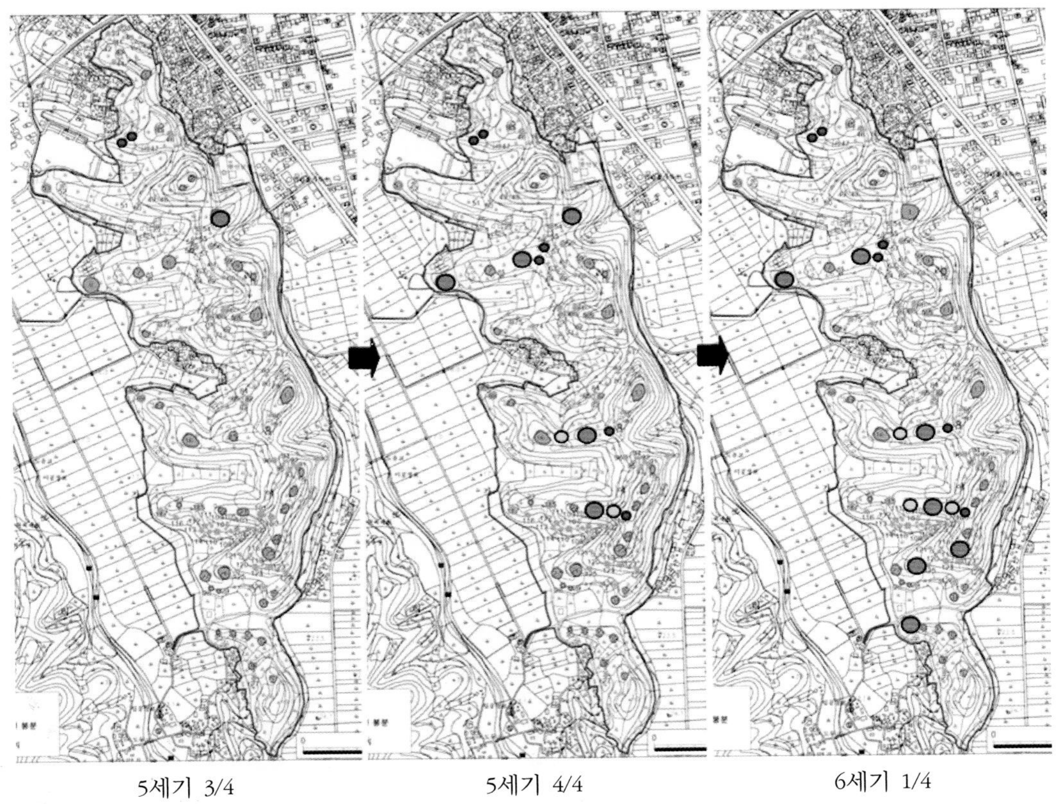

〈그림 9〉 말이산고분군 시기별 고총배치 변화

25) 무덤들은 한 사회의 경제에서 핵심일 수 있으며, 그 경우 부와 잉여는 무덤을 지향하면서 축적된다고 한다(마이크 파커 피어슨, 이희준 역, 『죽음의 고고학』, 사회평론, 2009).

3. 아라가야 왕묘역의 이동: 남문외고분군

말이산에서는 6세기 초 현35호분(암각화고분)의 조영을 끝으로 더 이상 고총은 조성되지 않는데, 6세기 중엽 즈음해서 구릉의 북쪽에 밀집해서 횡혈식석실묘가 조영된다. 즉, 말이산에서는 석실의 도입과 함께 묘역을 새롭게 이용하였던 것으로 보이는데 그 시기는 6세기 중엽 즈음으로 파악된다. 아라가야에서 축조된 횡혈식석실묘 중에서 가장 이른 시기의 것은 말이산 북서쪽에 인접한 남문외고분군에서 조영된다. 남문외고분군은 말이산의 북서쪽에 바로 인접하여 위치하고 있어 축조배경에 있어서 말이산과 상관성이 많았을 것으로 추정되어 왔다. 고분군 사이에 마산-진주 간 국도가 개설되어 현재 2개의 구릉으로 보이지만, 실제 1개의 능선으로 이루어진 구릉이다. 두 구릉을 합쳐서 길이는 약 1.6km 정도로 말이산(1.9km)과 규모면에서도 그다지 차이를 보이지 않는다. 함주지 명리(名里)조에 하리(下里)와 우곡리(牛谷里)에 각각 동말이산 마을 및 서말이산 마을이 있는 것으로 기록되어 있는데, 동말이산은 현재의 말이산고분군이며, 서말이산은 남문외고분군을 가리키는 것이다. 즉, 남문외고분군을 말이산고분군과 동일한 고분군으로 인식되어 왔다는 것이다. 현재 확인 조사된 봉토분은 모두 43기이며 직경은 11호는 30m급이며, 2·6·8·15·18호분은 20m 이상, 그 외 대부분은 10~20m급이다.[26)]

〈그림 10〉 남문외고분군과 왕궁지

---

26) 경남발전연구원, 『아라가야유적지(남문외고분군 전안라왕궁지) 정밀지표조사 학술용역 최종보고서』, 2013.

남문외고분군에서 가장 규모가 큰 11호분은 봉분 직경 29.5m, 현실면적이 14.0㎡로 가야지역에서 현재까지 조사된 석실 중 가장 큰 규모이며 축조시기도 6세기 초엽으로 말이산의 마지막 고총인 현35호분에 연이은 축조된 것으로 파악된다. 말이산에 축조된 4기의 횡혈식석실묘(〈문〉4·5·8·47호분)는 남문외 11호분과 비교했을 때, 상당한 격차를 보이며 말이산에 조영된 앞 단계의 고총과 비교하면 더 이상의 우월성은 보이지 않는다. 따라서 6세기 초엽, 말이산에서 석곽묘를 매장주체부로 한 고총의 조영이 종료되고 새로운 묘제로 전환하면서 왕묘역이 남문외로 이동하였을 가능성이 높다고 볼 수 있다. 남문외고분군은 말이산고분군과 더불어 아라가야 실체를 규명할 수 있는 중요한 자료임에도 불구하고 현재 11호분 1기만 조사가 이루어져 그 실체를 규명하는데 많은 어려움이 있다. 따라서 체계적인 학술조사 및 이를 바탕으로 한 사적 추진 등이 필요한 것으로 생각된다.

Ⅵ. 말이산 고총의 공간배치 형태 = 아라가야 지배층의 신분질서

아라가야에서 석곽묘가 조영되면서부터 대형봉토고분이 축조된다. 앞에서 목곽묘와 석곽묘 각각 4개의 유형으로 구분되는 양상을 확인하였다. 무덤구조의 복잡성과 규모 등은 무덤을 축조하는데 쓰인 에너지의 양을 간접적으로 나타내는 것이며, 이것이 목곽묘와 석곽묘의 관곽구조에 반영되어 있으며 이를 기준으로 한 유형분류는 당시 사회의 위계, 즉 신분질서를 나타내는 것으로 볼 수 있다.

아라가야 석곽묘는 상위위계 A유형의 경우는 3개의 소유형, 그 다음 B유형은 2개의 소유형으로 세분되는 양상이다. 상위위계의 세분화 양상은 사서에 기록된 내용을 참고할 때, 아라가야 상위위계의 신분분화를 나타내는 것으로 파악해 볼 수 있다. 아라가야 지배구조를 파악할 수 있는 사료는 그리 많지 않은데, 대부분 『일본서기』의 계체기와 흠명기에 나타난다. 여기에 나타나는 가야 지배세력의 칭호는 왕(王), 국주(國主), 대인(大人), 차한기(次旱岐), 하한기(下旱岐) 등이다. 흠명기 13년(552) 기사에서 가야제국 중, 가라(대가야)와 안라가 왕으로 지칭되고 있었던 것으로 보아 아라가야는 대가야와 함께 대국에 속하였음을 알 수 있으며, 대가야가 남제에 사신을 보내는 479년 기사[27]를 바탕으로 왕호의 사용은 6세기 이전일 가능성이 있다.[28] 따라서 『일본서기』에 전하는 아라가야 지배층에 관련된 기사는 적어도 5세기대로 소급적용할 수 있을 것으로 사료된다. 왕과 더불어 아라가야 지배층의 칭호도 사서를 통해 확인할 수 있는데, 『일본서기』의 흠명기 2년(541) 4월조와 5년(544) 11월조에는 임나복건문제에 관해 백제 성왕 주재의 사비회의에 참석한 가야제국의 인물이 기록되어 있다.[29] 참석자 명단을 보면, 솔마(率麻)·산반해(散半奚)·사이기(斯二岐)·자타(子他)·구차(久嗟) 등의 소국은 君(=君主·國主)·旱岐層을 직접 파견하고 있는 반면에 안라·가라·다라 등은 旱岐 아래의 次(下)旱岐·上(二)首位를 파견하고 있는 것을 통해, 가야제국의 발전 정도가 달랐음을 알 수 있다.[30] 이 중에서 아라가야는 대가야(加羅)와 대등한 정치적 위상을 보였던 것으로 파악된다. 그리고 사비회의에 참석한 아라가야의 次(下)旱岐의 칭호에서 '次'와 '下'가 '上'의 상대적 개념인 것으로 보아 상위에 '上旱岐'의 존재가 상정 가능하다. 그렇다고 한다면, 아라가야 지배층은 「王－上旱岐－次(下)旱岐」로 분화한 것을 유추해 낼 수 있다.

여기에서 '上旱岐=王'이었는지에 대해서는 이견이 있는데, 다나카토시아키는 안라의

---

27) "加羅國 三韓種也. 建元元年 國王荷知使來獻. 詔曰 量廣始登 遠夷洽化. 加羅王 荷知 款關海外 奉贄東遐. 可授輔國將軍·本國王."(『南齊書』 卷58, 列傳39, 東南夷傳 加羅國條)

28) 남재우, 「安羅國의 成長과 對外 關係 硏究」, 성균관대학교대학원 박사학위논문, 1998.

29) 흠명기 2년과 5년에 기록된 사비회의 참석자 명단.

國名	欽命紀 2年(541) 4月條		欽命紀 5年(544) 11月條	
	地位	人名	地位	人名
安羅	次旱岐	夷呑奚·大不孫·久取柔利	下旱岐	大不孫·久取柔利
加羅	上首位	古殿奚	上首位	古殿奚
卒麻	旱岐	－	君	－
散半奚	旱岐 兒	－	君 兒	－
多羅	下旱岐	夷他	二首位	訖乾智
斯二岐	旱岐 兒	－	君	－
子他	旱岐	－	旱岐	－
久嗟	－	－	旱岐	－

남재우, 위의 학위논문, 122쪽, 〈표13〉 인용.

30) 남재우, 위의 학위논문.

경우, '王=旱岐'로 대가야(加羅)와 多羅의 중간적 단계로 대가야의 왕과 같이 초월적 권력에 도달하지 않은 단계로 보았다.[31] 이에 대해서는 아라가야 석곽묘의 유형분류에서 살펴본 바와 같이 석곽묘 A유형 규모와 부장품의 질적변화 등에 따라 A-1·2·3유형으로 뚜렷하게 구분되는 것을 알 수 있었다. 이러한 상위위계의 유형구분이 지배층의 분화를 나타내는 것으로 볼 수 있으며, 479년 남제의 견사기사와 『일본서기』의 기사에서도 '加羅王'과 더불어 '安羅王'이 나타나고 있는 것으로 보아 아라가야에서도 '王'의 존재를 상정할 수 있다고 본다. 따라서 王 아래의 상·하한기층이 존재하며 이들은 아라가야 석곽묘 A-1유형의 주변에 분포하며 배장묘적 위치를 점하는 A-2·3유형에 대응되는 것으로 파악된다. 이러한 지배층의 분화는 이전시기에 대비해 아라가야의 정치적 성장을 보여주는 것으로 해석해 볼 수 있다.[32] 그 단계가 석곽묘 단계이다.

Ⅶ. 맺음말

아라가야의 고분군은 지표조사를 통해 알려진 고분군의 수에 비해 현재까지 발굴조사된 유적의 수가 적어 구체적인 논을 진행하기에는 어려웠다. 따라서 조사된 고분군을 묘제별로 변화과정에 대해 살펴본 후 이를 개관하고, 현재까지 조사가 집중된 아라가야 왕묘역인 말이산고분군의 공간구조에 대해 초점을 맞추어 왕묘역의 공간변화에 대해 살펴보는 것으로 대신하였다.

대략 요약하면, 아라가야 권역에서 목관묘 단계의 유적은 2개소에 불과하여 공간구조를 파악하기 어렵고, 말이산의 목관묘에서 청동제 위신재가 출토된 것으로 볼 때, 목관묘 단계부터 중요지역이었음은 짐작해 볼 수 있었다. 다음으로 목곽묘와 석곽묘 유형분류에 의한 분포를 통해 목곽묘 단계부터 말이산과 주변고분군간의 뚜렷한 위계차이가 형성되고 석곽묘 단계에 와서 극명하게 그 양상이 확립되는 것으로 파악되었다. 석곽묘 단계에서는 차상위 유형인 B유형의 석곽묘가 아라가야 권역의 경계에 조영된 고분군의

31) 田中俊明, 「가야제국의 왕권에 대하여」, 『加耶諸國의 王權』, 신서원, 1996.

32) 남재우는 旱岐層의 분화를 안라에 병합되었던 인근 제지역의 지배층에 대한 安羅國 지배체제로의 편입에 따른 계층분화현상의 결과로 추정하고, 이러한 旱岐層은 王 아래서 族的 기반을 지니면서, 외교문제 등의 중대사에 참여하였을 것으로 보았다.(남재우, 앞의 학위논문, 1998)

상위위계의 유형으로 축조되는 양상으로 보아 석곽묘 단계에 아라가야 정치체의 중심과 주변의 지배체제가 고분군에 반영되어 나타난다는 것으로 알 수 있었다. 석실묘 단계에는 새롭게 남문외고분군이 부상하는 양상으로 왕묘역의 이동을 짐작해 볼 수 있었다.

마지막으로 아라가야 왕묘역으로서 말이산고분군의 공간구조를 살펴보았는데, 아라가야는 석곽묘 단계에 도성 체계가 완비되고, 말이산이라는 왕묘역의 축조를 통해 도성 인식이 확립되는 것을 알 수 있었다. 말이산고분군은 도성의 일부분으로서 고분 분포패턴은 묘역이 사전에 분할 선정되어 있는 상태에서 공간이 채워지는 과정을 보이는데, 이는 아라가야 지배층의 철저한 계획하에 상당히 단기간에 창조된 전통으로 파악할 수 있었다. 아라가야의 지배층은 이러한 전통을 통해 지배의 정당성을 확보해 나간 것으로 추정된다.

끝으로 아라가야 권역의 고분군 조사가 좀 더 진척이 되면, 아라가야 도성과 주변부의 공간구조에 대한 보다 적극적 해명이 가능하리라 사료된다.

【참고문헌】

경남발전연구원, 『아라가야유적지(남문외고분군 전안라왕궁지) 정밀지표조사 학술용역 최종보고서』, 2013.

경남발전연구원, 『함안 말이산고분군 정밀 지표조사 학술용역』, 2014.

김세기, 「묘제를 통해 본 安羅國」, 『지역과 역사』 14, 부경역사연구소, 2004.

김세기, 「阿羅加耶의 성립기반과 영역의 변천」, 『大邱史學』 第106輯, 2012.

김종일, 「가야고분군의 경관적 특징과 의의」, 『가야고분군 세계유산등재를 위한 국제학술대회』, 가야고분군 세계유산등재 추진단, 2018.

김현, 「함안 도항리목관묘 출토 와질토기에 대하여」, 『도항리말산리유적』, 경남고고학연구소, 2000.

김형곤, 「阿羅加耶의 형성과정 연구－고고학적 자료를 중심으로－」, 『加羅文化』 12, 경남대학교 가라문화연구소, 1995.

남재우, 「安羅國의 成長과 對外 關係 硏究」, 성균관대학교대학원 박사학위논문, 1998.

남재우, 「칠포국의 성립과 변천」, 『한국상고사학보』 61, 한국상고사학회, 2008.

마이크 파커 피어슨, 이희준 역, 『죽음의 고고학』, 사회평론, 2009.

박광춘, 「아라가야 토기의 편년적 연구」, 『함안 도항리 6호분』, 동아세아문화재연구원, 2008.

박천수, 「아라가야와 대가야」, 『고고학을 통해 본 아라가야와 주변제국』, 경남발전연구원, 2012.

박천수, 「가야사 연구 서설－소국에서 영역국가로－」, 『가야고고학개론』, 진인진, 2016.

신경철, 「삼국시대 영남의 정세변동과 소가야고분군」, 『경남의 가야고분과 동아시아』, 제2회 한중일 국제학술대회, 경남발전연구원, 2010.

아라가야향토사연구회, 『안라고분군』, 유적답사자료 총서3집, 1998.

이동희, 「고고학을 통해 본 안라국의 형성과정과 영역변화」, 『안라(아라가야)의 위상과 국제관계』, 학연문화사, 2018.

이성주, 「考古學을 통해 본 阿羅加耶」, 『고고학을 통해 본 加耶』, 한국고고학회 학술총서1, 한국고고학회, 2000.

이성주, 「삼국 고분군의 전개와 가야 고분군」, 『경남의 가야고분군 동아시아』, 제2회 한중일 국제학술대회, 경남발전연구원, 2010.

이성주, 「가야고분군 형성과정과 경관의 특징」, 『가야고분군 세계유산 등재추진 학술대회』, 경남발전연구원, 2017.

이주헌, 「한국고분문화의 변천과 안라고분군」, 『안라고분군』, 유적답사자료총서 3집, 아라가야향토사연구회, 1998.
이주헌,「아라가야에 대한 고고학적 검토」,『가야 각국사의 재구성』, 혜안, 2000.
이주헌,「道項里 木棺墓와 安邪國」,『文化財』37, 국립문화재연구소, 2004.
이주헌,「아라가야에 대한 연구 동향과 향후 전망」,『안라(아라가야)의 위상과 국제관계』, 학연문화사, 2018.
이지은,「안라국 도성의 경관 연구」, 경남대학교 석사학위논문, 2011.
이춘선,「함안 아라가야 추정 왕궁지 발굴조사 성과」,『2018 가야문화유산 최신조사성과』, 국립나주문화재연구소 · 국립가야문화재연구소, 2018.
임동재,「V. 고찰」,『함안 소포리유적 Ⅱ』, 동서문물연구원, 2015.
조수현,「咸安地域 古墳文化 展開樣相」,『東亞文化』創刊號, 동아세아문화재연구원, 2005.
조수현,「고고자료로 본 阿羅加耶」, 경주대학교대학원 박사학위논문, 2017.
조영제,「고고자료를 통해 본 안라국(아라가야)의 성립에 대한 연구」,『지역과 역사』14, 부경역사연구소, 2004.
조영제,「西部慶南 加耶諸國의 成立에 대한 考古學的 研究」, 부산대학교대학원 박사학위논문, 2006.
조영제,「阿羅加耶의 考古學」,『고고학을 통해 본 아라가야와 주변제국』, 학연문화사, 2013.
최경규,「가야 수혈식석곽묘 연구」, 동아대학교대학원 박사학위논문, 2013.
하승철,「아라가야의 고분문화」,『안라(아라가야)의 위상과 국제관계』, 학연문화사, 2018a.
하승철,「함안 말이산고분군의 묘제와 출토유물」,『가야고분군Ⅰ』, 가야고분군연구총서 2권, 가야고분군세계유산등재추진단, 2018b.
함안군,『함안 말이산고분군 정밀 지표조사보고서』, 경남발전연구원, 2014.
(사)ICOMOS-KOREA,『가야고분군 세계유산 가치 비교연구』, 2017.
田中俊明,「가야제국의 왕권에 대하여」,『加耶諸國의 王權』, 신서원, 1996.

아라가야의 토기 생산체계와 생산공간

이정근 | 국립진주박물관

Ⅰ. 머리말

함안군 법수면 우거리 일대에서는 4·5세기 아라가야 토기를 생산하였던 토기가마유적 12개소가 확인되었다. 이 중 11개소는 소위 '고식도질토기'를 생산하였던 가마로 동시기 영남의 어느 지역보다 밀집된 양상으로 당시 신라·가야지역 최대 규모의 토기 생산공간이었다. 이 가마유적은 아라가야의 토기생산체계를 밝히고, 각지에서 확인되는 아라가야 토기 유통(분배)을 연구하는 기초자료로 매우 중요하게 평가된다. 지금까지 가야토기에 대한 연구는 분묘 출토품과 일부 채집된 자료를 중심으로 진행되어 왔으며, 연구결과 가야토기의 변화양상과 편년이 제시되는 등 많은 성과를 축적하고 있다. 하지만, 상대적으로 생산유적에 대한 조사와 연구, 관심은 상대적으로 부족하였던 것이 사실이다. 토기의 생산과 유통(분배)에 대해 접근하기 위해서는 생산유적(토기공방)과 소비유적(무덤, 주거지 등)을 함께 검토하여야 함은 당연하다. 그리고 생산유적은 토기를 소성하던 가마를 비롯하여 채토장, 성형 및 건조시설 등이 모두 포함되어야 한다. 함안의 경우, 4세기 영남지방 최대 규모의 토기생산유적이 확인되었지만, 발굴은 지금까지 두 차례에 불과한 실정이며 그마저도 고식도질토기 생산 가마 5기와 폐기장만의 조사

내용만 보고되었다.

소위 '고식도질토기'는 신라와 가야토기 분화 이전으로 대략적으로 4세기를 중심으로 하고 있다. 지금까지 고식도질토기에 대한 논의를 살펴보면, 연구자 간의 의견차이가 심한 부분은 3가지 정도로 압축할 수 있다. 도질토기 제작기술이 외부에서의 유입되었는지 아니면 자체 발생이었는지에 대한 문제, 도질토기 등장과 신라가야토기 분화의 시점에 대한 편년 차이, 고식도질토기의 지역성에 대한 견해 차이이다. 이 중 고식도질토기의 지역성과 관련해서는 함안지역 고식도질토기가 논란의 중심에 있다고 해도 과언이 아니다. 고식도질토기 공통양식론의 입장에서는 김해·부산지역을 '낙동강 하구양식'으로 보고, 함안과 경주지역을 포함한 이외 지역을 '내륙양식'으로 설정하고 있다.[1] 이에 반대되는 의견은 내륙양식으로 설정된 범위 안에서도 지역적 특성을 보이는 것으로 이해하고 있다.[2] 특히 영남지방을 벗어난 광역에서도 확인되는 소위 '함안식 토기'에 대해서 연구자간 의견 차이가 매우 큰 실정인데, 이러한 견해 차이를 줄일 수 있는 것이 각 지역에서 생산유적에 대한 조사와 연구이다.

토기연구에 있어 생산유적이 주 대상이 되지 못한 것은 가마를 비롯한 생산유적에 대한 조사가 상대적으로 부족하였던 이유도 있겠지만, 가마에서 출토된 토기의 경우 대부분 파편으로 출토되어 완형으로 복원된 사례가 적고, 보고자의 선별로 일부만 보고서에 수록되는 등 연구자료로 활용이 쉽지 않은 이유도 있을 것이다. 이에 비해 국립김해박물관에서 조사한 함안 우거리 토기가마Ⅰ은 상대적으로 양호한 상태의 토기가마와 폐기장이 확인되어 아라가야의 토기생산에 대한 많은 정보를 제공하고 있다. 따라서 아라가야의 토기 생산체계와과 생산된 토기의 유통, 고식도질토기의 지역성, 토기 생산공간에 대한 접근을 위해서는 우선 법수면 일대 토기 생산유적에 대한 검토와 우거리 토기가마Ⅰ에서 출토된 토기에 대한 검토를 통해 가능하다. 따라서 이 글은 아라가야 토기 생산유적과 출토유물의 검토를 통해 아라가야 생산유적의 입지와 특징, 생산기종과 생

1) 이초롱, 「內陸樣式 古式陶質土器의 硏究」, 釜山大學校 大學院 考古學科 碩士學位論文, 2011; 趙晟元, 「三國時代 嶺南地域 陶質土器 生産體系와 流通」, 『生産과 流通』, 嶺南考古學會·九州考古學會 第10回 合同考古學大會, 2012.

2) 박천수, 『가야토기』, 진인진, 2010; 정주희, 「咸安樣式 古式陶質土器의 分布定型과 意味」, 韓國考古學會, 『韓國考古學報』 第73輯, 2009; 하승철, 「晉州 安磵里 出土 古式陶質土器에 대한 一考察」, 『晉州 安磵里 遺蹟』, 慶南發展硏究院 歷史文化센터 調査硏究報告書 第63冊, 2008.

산량, 성형과 소성기술 등을 통해 다른 지역의 토기생산과 구별되는 특징에 대한 살펴보고자 한다. 이렇게 추출된 특징을 기준으로 아라가야의 토기 생산공간의 특징과 함께 영남지방을 포함한 광역에서 출토되는 소위 '함안산' '함안계' '함안양식' 토기가 함안지역 고식도질토기 제작기술과 어떠한 관련성을 갖는지에 대해서도 언급해 보고자 한다. 이 글은 4세기를 중심으로 하는 아라가야의 고식도질토기 생산공간과 제작기술의 특징을 중심으로 살펴보고자 한다. 이는 현재까지는 4세기를 중심으로 하는 고식도질토기시기 생산유적만 조사되었고, 5세기 이후의 생산유적의 관련 조사사례가 없는 것도 이유이지만, 무엇보다도 필자의 능력부족이 크다. 향후 아라가야의 토기생산을 보다 심도있게 연구할 수 있는 생산유적의 조사와 자료의 증가를 기대하면서 변명해 본다. 그리고 대부분의 보고서는 토기의 형태와 크기, 그리고 각종 문양과 정면방법 등이 상세하게 나와 있지만, 제작방법의 확인은 불가능하여 하나하나 실견하여 확인하여야 한다. 그러나 필자의 게으름으로 함안지역에서 출토된 토기마저도 모두 실견하지 못해 일부는 잘못된 내용을 언급하였을 가능성도 있을 것이다. 이에 대해서도 미리 양해를 구하고자 한다.

Ⅱ. 아라가야 토기생산유적과 생산체계

1. 토기생산유적과 가마 구조

아라가야지역에서 토기생산 유적에 대한 조사는 2차례 실시되었다.[3] 가장 먼저 발굴된 묘사리 토기가마Ⅰ은 1999년 경남문화재연구원에 의해 조사되었는데, 2기의 가마와 폐기장이 확인되었다. 가마는 장축이 남-북에 가까운 무계단식 등요이며 길이는 각각 5m, 6.5m이다. 가마의 남쪽으로 조금 떨어져 폐기장이 위치하는데, 출토되는 유물은 승(석)문타날 단경호가 가장 많은 비율을 차지하고 있으며, 그 외에 노형토기, 컵형토기,

3) 현재 가야문화재연구소에서는 국립김해박물관의 지표조사에서 확인된 우거리가마유적Ⅴ로 명명한 유적에 대한 발굴조사를 실시하고 있다. 한 기의 가마와 폐기장이 확인되었지만, 조사가 완료되고 공개되지 않은 관계로 제외하였다.

통형고배, 시루, 연질발, 내박자 등이다. 보고자는 출토 유물로 보아 4세기 2/4분기에 조업을 시작하여 5세기 1/4분기까지 생산[4]한 것으로 보고하였지만,[5] 국립김해박물관이 조사한 우거리 토기가마Ⅰ과 동시기에 조업한 것으로 판단된다. 조사된 곳에서 서쪽으로 300m가량 떨어져 또 다른 가마유적(묘사리 토기가마Ⅱ)이 위치하는데, 지표에서 확인되는 양상으로 볼 때 조사된 가마유적보다 더 큰 규모로 보인다. 가마는 남사면 말단에 형성되었고, 노출된 폐기장(순수 토기 폐기층)의 두께도 0.5m 이상이다.

우거리 토기가마Ⅰ은 2002년부터 2004년까지 국립김해박물관 조사로 3기의 토기가마와 폐기장, 점토 보관수혈 등이 확인되었다. 함안군 법수면 우거리 215번지 일대에 해당하는데, 남쪽의 천제산에서 북으로 뻗어 내린 능선의 말단에 해당한다. 1호 가마의 잔존 규모는 길이 7.3m, 최대폭 1.8m 이며, 열을 받아 붉게 산화된 암반만 확인되었으며, 주축방향은 N-1°-E이다. 주변 지형과 2·3호가마의 양상으로 보아 가마바닥 전체, 연소부와 연도부의 일부는 삭평된 것으로 판단되었다. 2호 가마는 1호 가마에서 서쪽으로 4.0m 떨어져 확인되었으며, 해발 41.7 ~ 44.5m 사이에 해당한다. 주축방향은 N-2°-E이고, 풍화암반층을 길이 6.6m, 최대너비 1.9m가량의 긴 타원형으로 굴착하여 만든 무계단식 등요이다. 3호 가마는 2호 가마에서 서쪽으로 4.5m 거리를 두고 확인되었으며, 해발 41.7~43.6m 사이에 위치한다. 주축방향은 N-9°-E이고, 풍화암반층을 등고선과 직교되게 긴 타원형으로 굴착하여 만들어진 무계단식 등요이다. 현재 남아 있는 규모는 길이 5.8m, 최대너비 1.6m가량이다. 3호 가마에서 서쪽으로 10m가량 떨어진 124번지 임야에도 2~3기의 토기가마가 유존하는 것으로 확인되었다. 폐기장은 2호 가마에서 남쪽으로 6m가량 떨어져 있으며, 많은 토기편, 소토, 벽체편, 재 등이 퇴적되어 있었다. 폐기장은 폭 5.0~8.0m 정도의 규모인데, 생토층을 굴착한 여러 기의 부정형 수혈 안에 토기편과

---

4) 조사된 가마는 모두 2기이며, 다량의 토기가 폐기장에서 출토되었다. 하지만, 2기의 가마가 4세기부터 5세기까지 조업을 하였다고 판단되지는 않는다. 분묘출토품 기준의 편년에 맞추어 오랜 기간 동안 가마가 조업되었다고 판단하였겠지만, 가마의 조업기간을 너무 길게 본 듯하다. 토기편년은 토기생산유적의 연구 성과로 수립되는 것이 가장 바람직할 것이며, 분묘자료에서 출토되는 토기는 이러한 성과에 대입하여야 할 것이다. 생산유적을 통한 편년이 수립되어 있지 않았고, 2기의 가마가 시간차이를 두고 조업했다 하더라도 최대 75년까지로 본다는 것은 무리일 것이다. 뒤에서 다시 언급하겠지만, 함안지역 고식도질토기시기 토기가마는 지표조사에서 확인되는 유물로 보아 거의 4세기 중후반에 집중되어 있다. 각 유적별로 조금씩의 선후관계는 인정될 수 있겠지만, 하나의 유적이 넓은 시기 폭을 가지고 있지는 않았을 것이다.

5) 慶南文化財硏究院,『咸安 苗沙里 윗 長命 土器가마 遺蹟』, 2002.

노벽편 등이 버려졌다. 조사된 폐기장의 규모는 길이 17.0m, 최대폭 8.0m, 최대깊이는 1.3m가량이다. 부정형 수혈은 가마나 토기를 만들 점토를 채취하기 위해 적황색점토층을 굴착한 것으로 판단되었다. 가마와 폐기장에서는 승(석)문타날단경호가 가장 많은 비율을 차지하고 있으며, 소형호, 대호, 통형고배, 완, 유문개, 노형토기, 컵형토기, 연질발, 시루, 방추차 등과 함께 제작도구인 내박자가 출토되었는데 함안지역 목곽묘에서 출토된 고식도질토기와 동일하다. 가마의 조업 연대는 4세기 중후반으로 보고되었다.

조사된 두 곳의 가마유적 이외에 법수면 일대에서는 10여 개소의 가마유적이 확인되었다.[6] 이미 조사된 가마유적을 포함하면, 직경 2.5km 안에 12개소 이상의 가마유적이 밀집 분포하고 있다. 가마유적의 입지는 지표에서 확인되는 양상으로 보아 이미 조사된 가마유적과 비슷한 양상이며, 간략하게 정리하면 〈표 1〉과 같다. 5세기에 해당하는 윤외리토기가마Ⅰ을 제외한 나머지 가마유적은 모두 고식도질토기를 생산하였던 가마유적이며, 채집토기편으로 볼 때 조사된 가마와 거의 동시기이며 생산된 기종도 거의 동일한 것으로 판단된다. 가마는 모두 구릉의 남사면 말단 가까이에서 토기편과 노벽편이

〈표 1〉 아라가야 토기생산유적

연번	유적명*	위치	가마축조높이(해발, 추정)	거리**	비고
1	우거리토기가마Ⅰ	우거리 215 일대	37~44m	5.6km	'02~'04, 국립김해박물관 발굴
2	우거리 토기가마Ⅱ	우거리 산83 일대	20~30m	6.8km	
3	우거리토기가마Ⅲ	우거리 926일대	20~30m	7.0km	
4	우거리토기가마Ⅳ	우거리 산137-3일대	20~35m	6.5km	
5	우거리토기가마Ⅴ	우거리 산139 일대	20~25m	7.3km	'18, 가야문화재연구소 발굴
6	우거리토기가마Ⅵ	우거리 824전 일대	15~25m	7.5km	
7	윤내리토기가마	윤내리 1433전 일대	40~50m	5.2km	
8	윤외리토기가마Ⅰ	윤외리 565전 일대	25~30m	5.4km	5c
9	윤외리토기가마Ⅱ	윤외리 2074전 일대	15~25m	7.0km	
10	주물리토기가마	주물리 607전 일대	15~30m	7.2km	
11	묘사리토기가마Ⅰ	묘사리 1041 일대	28~30m	4.3km	'99, 경남문화재연구원 발굴
12	묘사리토기가마Ⅱ	묘사리 1310 일대	45m 내외	4.3km	

* 유적명: 국립김해박물관 2007 발굴조사보고서 기준
** 거 리: 지금의 함안군청과 해당 가마유적 간의 직선거리

6) 국립김해박물관,『咸安于巨里土器生産遺蹟』, 2007; 함안군 · 창원대학교박물관,『문화유적분포지도 –

확인되는 공통점이 있다. 주변지형과 토기편의 분포양상으로 보아 이미 조사된 가마유적과 마찬가지로 가마의 장축은 남-북향이며, 유적마다 3기 미만의 가마로 구성되었을 것으로 추정된다. 가마는 대부분 해발 20m 내외에 구축되었던 것으로 보이지만, 우거리 토기가마Ⅰ과 윤내리토기가마, 묘사리토기가마Ⅱ는 해발 40m 정도로 높은 편이다. 토기생산유적은 토기를 소성하였던 가마를 비롯하여 점토의 채취와 보관, 성형 및 건조과정과 관련한 다양한 시설이 있었겠지만, 아직까지는 가마 5기와 점토 채취 추정 수혈만 확인되었다.

지금까지 영남지역에서 조사된 토기가마유적은 가마의 구축 위치와 분포양상에 따라 크게 4가지로 구분이 가능하다. ①구릉 하단에 1기의 가마 만 조업한 경우, ②구릉 중상위에 1~2기의 가마가 조업한 경우, ③구릉 하단에 2~3기의 가마가 구축된 경우, ④구릉 전체(또는 중상위)에 여러 기의 가마가 조업한 경우이다. 구릉 하단에 1기의 가마만이 조업하는 것은 창녕 여초리 A · B 가마가 대표적이며 김해 구산동 1895호 가마, 의령 율산리 토기가마, 대구 신당동 1호 가마(삼한문화재 연구원)도 이에 해당한다.[7] 구릉 중상위에 1기의 가마가 조업한 경우는 경산 옥산동 4호 가마가 대표적이며, 경주 화산리 가마도 이에 해당할 것으로 보인다. 구릉 하단에 2~3기의 가마가 구축된 경우는 함안 우거리와 묘사리 윗장명 토기가마가 해당된다. 구릉 전체 또는 중상위 일대에 여러 기의 가마가 구축된 것은 신식도질토기 시기에 해당하며 경주 손곡동 · 물천리나 대구 욱수동 · 경산 옥산동이 대표적이다. 물론, 이러한 구분이 시간적 흐름에 따라 가마의 입지와 밀집도의 변화를 보이는 것은 아니다. 분명 5세기 이후 가마유적이 경산이나 경주에서 볼 수 있듯 수십 기의 가마가 일정공간에 밀집하고 대규모 생산체계를 구축한 경우도 있지만, 성주 마월리나 창녕 계성리의 경우처럼 소수의 가마만이 조업하기도 한다. 고식도질토기 생산가마의 경우에도 3기 이상이 동시에 조업하지는 않았지만, 함안의 경우에는 창녕 여초리, 경산 옥산동 4호, 의령 율산리, 대구 신당동 등과는 다른 양상이다.

우거리 토기가마Ⅰ의 경우 남사면 말단부에 등고선과 직교한 3기의 가마가 4m 정도

함안군』, 2006.

7) 국립가야문화재연구소에서 발굴조사 중인 우거리가마유적Ⅴ에서는 기존 아라가야 토기가마과 달리 구릉 하단 가까이에 한 기와 폐기장만 확인되었다. 가마의 규모, 축조위치가 여초리 가마유적과 유사하다.

의 거리를 두고 나란히 구축되어 있고, 아래에 폐기장이 형성되었다. 가마간의 중복이 없고 가마별 폐기장이 구별되지 않아 3기의 가마가 동시에 조업하였는지 아니면 시간차를 두고 가마가 순차적으로 만들어진 것인지, 혹은 첫 번째 가마가 폐쇄되고 한참 뒤에 다른 가마를 만들었는지는 분명하지 않다. 하지만, 가마의 장축방향이 거의 동일하고 가마간 거리가 일정하며, 소성부의 위치가 거의 동일한 높이를 하고 있어 동시 축조하였거나, 시간차를 거의 두지 않고 축조된 것으로 보인다. 또, 폐기장의 토기편·벽체편의 퇴적양상을 볼 때, 동시조업(동시소성)의 가능성이 높다고 판단된다. 묘사리 토기가마Ⅰ(윗장명 토기가마)은 상대적으로 좁은 조사범위이지만 우거리 토기가마Ⅰ과 동일한 것으로 판단되며, 법수면 일대에서 확인되는 가마유적도 이와 유사할 것으로 보인다. 발굴조사 사례가 빈약하여 단언하기는 어렵지만, 이러한 군집양상은 비슷한 시기 다른 영남지역에서 조사된 가마와 분명하게 구별된다. 함안의 각 가마유적은 대부분 구릉 말단을 따라 2~3기의 가마와 폐기장이 하나의 set를 이루고 있었을 것으로 보인다. 물론, 규모가 작은 경우 1기만 구축되었을 수도 있으며, 한 유적으로 구분하였지만 규모가 큰 경우에는 다른 set가 존재할 가능성도 있다. 국립김해박물관이 조사한 우거리 토기가마Ⅰ이 대표적인데, 조사범위 서편에 또 다른 2~3기의 가마와 폐기장 set가 존재할 것으로 추정되었다. 묘사리 토기가마Ⅱ의 경우에도 규모로 보아 몇 개의 set로 구성되었을 가능성이 있다. 반면 고식도질토기를 생산했던 창녕 여초리 A·B, 경산 옥산동 4호, 의령 율산리, 김해 구산동 1895호, 양산 산막Ⅱ구간유적 1호, 대구 신당동 1호 등 함안 이외지역에서 확인된 고식도질토기 생산 가마는 구릉 말단 또는 상위에 1기의 가마만이 단독으로 조업하였으며 법수면 일대와 같은 가마유적의 높은 밀집도도 보이지 않는다. 가마의 군집양상과 형태에 대해 조성원[8)]은 함안의 경우 다수의 가마가 동시기 혹은 일정기간 지속적으로 작업했을 것으로 추정되는 군집형, 다른 지역의 가마는 1~2기의 가마만이 확인되고 출토유물의 존속기간이 상대적으로 짧기 때문에 소규모 조업이 단기간에 이루어진 단독형으로 분류하였다. 또, 고식도질토기 생산가마의 형태를 3가지로 분류하였는데, 또, 가마의 길이가 짧고 소성실 중앙이 최대폭을 가지는 주형(舟形, 우거리 등)의 1式, 길이는 짧지만 연도부로 갈수록 폭이 점점 좁아지는 형태의 2式(구산동 1895가마), 2式과 형태는 유사하지만 가마의 전체 길이가 긴 3式(여초리 등)이다. 1식

8) 趙晟元, 앞의 논문, 6쪽.

과 2식은 당시 토기 양식의 중심지인 함안과 김해, 3식은 주변에서 확인된다. 기존연구에서 가마의 길이가 점점 길어지는 양상은 시간성을 반영하고, 생산량의 증대에 따른 것으로 간주하는 경향이었지만, 분포양상으로 볼 때 시간성보다는 대규모 생산과 관련한 연료나 점토의 문제, 열효율 등을 고려해 비교적 생산량이 많았던 중심지에서는 소형의 가마를 다수 제작해서 토기를 생산했을 가능성에 대해 언급하였다. 주목되는 점은 함안지역의 가마는 대규모 생산을 위해 다른 지역과는 다른 규모의 가마와 군집양상을 보인다는 것이다.

이에 비해 신식도질토기 생산 가마유적인 윤외리 토기가마Ⅰ은 정식발굴조사를 통해 가마가 확인되지 않았지만, 지표에서 확인되는 양상으로 보아 가마는 구릉 중위 또는 정상부 가까이에 여러 기가 구축되었을 것으로 추정된다. 5세기 이후 경주나 경산지역 가마 군집양상과 유사하지만, 상대적으로 소규모로 보인다. 함안지역은 다른 영남지방과 달리 고식도질토기 가마유적은 압도적인 밀집 분포양상이지만, 5세기 이후는 이전에 비해 현저히 적게 확인된다. 향후 조사를 통해 5세기 토기가마유적이 추가될 수 있겠지만, 현재까지 지표에서 확인된 4세기와 5세기대 가마유적의 비율을 뒤집을 정도는 아닐 것이다. 따라서 함안지역에서는 영남의 어느 지역보다도 월등하게 많은 고식도질토기 생산이 이루어졌지만, 5세기 이후에는 상대적으로 생산량이 급격하게 감소한 것으로 보아야 한다. 이는 고식도질토기시기 소위 '함안산토기'가 영남을 포함한 광역에서 다량으로 확인되다가 5세기 이후 아라가야양식 토기의 분포권이 함안 분지를 중심으로 축소되는 양상[9]과도 관련성을 가질 것이다.

한편, 함안지역 고식도질토기 생산 가마는 길이는 짧지만, 연소부의 비율이 높은 특징이 있다. 필자는 함안과 창녕의 가마유적에 대해 함안은 중형의 단경호, 창녕 여초리는 대호를 중점적으로 생산하였으며, 이 때문에 가마 크기에 차이가 있다는 주장을 한 바 있다.[10] 고식도질토기 생산 가마의 길이는 짧은 것은 6m 정도[11]이고 긴 것은 13m[12]

---

9) 金正完, 「咸安圈域 陶質土器의 編年과 分布變化」, 伽耶文化硏究所, 『伽耶考古學論叢』 3, 2000, 93~138쪽; 박천수, 앞의 책, 2010, 261~263쪽; 정주희, 앞의 논문, 2009, 45~46쪽.

10) 李政根, 「咸安과 창녕지역 토기생산의 특징」, 『石心鄭永和敎授 停年退任紀念論叢』, 石心鄭永和敎授 停年退任紀念論叢 刊行委員會, 2007, 249쪽.

11) 함안 묘사리 1호가마의 경우 길이 3.6m이지만, 이는 잔존하는 소성부의 길이에 해당하고, 훼손된 연소부를 감안하면 6m 정도일 것이다.

12) 창녕 여초리 A가마는 잔존 길이만 13m이다.

에 이른다. 조사된 고식도질토기 가마 중 함안과 김해, 경주 화산리를 제외한 가마는 길이 10m 또는 그 이상이다. 특히 토기를 적재한 공간인 소성부의 길이[13]에 있어 우거리 2호 가마는 3.6m이지만, 창녕 여초리의 경우 각각 8.5m와 9.2m에 이르며, 경산 옥산동 4호 가마는 8.3m, 양산 산막 가마도 7m가량이다. 소성부 내부의 폭은 상대적으로 차이가 많지 않기 때문에 중첩을 하지 않았다면 가마 전체에서 소성부의 길이는 한 번의 소성작업으로 생산할 수 있는 토기의 수량에 직접적인 영향을 주게 된다. 우거리에 비해 다른 지역 고식도질토기 가마는 상대적으로 넓은 소성부를 가지고 있는 것이다.

삼국시대 토기가마에 대한 연구는 규모와 평면 형태에 대해 많은 관심을 가지고 검토가 이루어지고 있다. 시간적인 흐름에 따라 가마의 평면 형태와 규모가 변하는 것으로 보는데, 고식도질토기기기에는 세장한 것이 주로 보이고, 5세기 이후에는 장단비가 3 : 1 이하의 타원형을 비롯하여 다양한 형태가 나타나며, 6세기 이후에는 다시 작아지는 경향을 보인다. 가마 길이는 고식도질토기시기에는 10m 이상 긴 타원형으로 양측벽이 거의 평행하는 형태를 보이다가 5세기 중엽이후에는 가마 소성부의 양측벽이 부풀어 오른 형태가 많아진다. 즉, 삼국시대 토기가마 중 고식도질토기 생산가마는 길이가 10m 이상의 세장한 형태, 5세기 전반에는 7~8m, 5세기 후반에서 6세기 가마는 5~6m로 후대로 갈수록 가마 길이가 짧아지고 장방형 형태로 변화한다는 것이다.[14] 그러나 함안지역을 제외한 고식도질토기 생산 가마는 최근 조사된 가마유적을 통해 볼 때 형태나 규모에 있어 시간적인 특징을 보인다고 단정할 수 없다. 이러한 가마의 형태나 규모 차이가 시간성을 반영한 변화인지, 지역성을 보이는 것인지에 대한 판단을 내리기 전에 가마의 축조 목적인 소성대상 토기와 생산수량이 가마규모나 구조를 결정하는 요소로 작용하였을 가능성에 대해 충분히 고려해야 하지 않을까? 가마유적의 입지와 가마의 평면형태, 규모 등은 토기제작자인 공인의 의도가 적극적으로 반영된 것으로 보아야 하며, 그렇다면 공인의 의도 중 어떤 토기를 얼마나 생산하려고 하였는가는 매우 중요하다. 예를 들어, 대호를 주로 소성하던 여초리와 이보다 작은 기종인 단경호를 주로 소성하던

---

13) 우거리 2호의 경우 소성부는 길이 3.6m, 연도부는 1m 정도이다. 보통 보고서에 가마의 연도부와 소성부의 구분이 모호하여 길이를 분명하게 제시하지 않은 사례가 많다. 또 평면상 연도부는 가마 길이에 포함되지 않는 경우도 있을 것이다. 여기에서는 연도부와 소성부의 길이를 합한 것으로 제시하였다.

14) 金才喆, 「경상도의 고대 토기가마 연구」, 『啓明史學』 第十五輯, 2004, 105쪽.

우거리는 비슷한 시기라 할지라도 규모와 구조가 동일하지 않았을 것이다. 여초리에서 출토된 입지름이 66.5cm인 대호는 높이 1.2m, 동최대경 1m 정도로 추정된다.[15] 이에 비해 우거리의 경우 동최대경 0.6m 정도가 가장 큰 기종에 해당한다. 만약 소성부 규모가 길이 3.6m, 폭 1.1m 인 우거리 2호 가마에 여초리 대호와 비슷한 크기의 토기를 소성하고자 했다면, 3~4점 정도만 넣을 수 있다. 또, 여초리와 비슷한 규모의 소성부(10m 내외)에 단경호를 넣었다면 한꺼번에 많이 소성할 수는 있겠지만 효율성이 떨어질 것이다.[16] 결국, 가마의 규모는 어떤 기종의 토기를 얼마나 소성하고자 하는가에 따라 달랐을 가능성이 있다. 때문에 가마에서 생산된 기종과 생산량을 파악하는 것이 매우 중요하다.

연소부는 소성작업시 연료(땔감)를 투입하는 부분으로 연소부의 비율이 높다는 것은 연료효율이 낮음을 의미한다. 아래 〈표 2〉에서 우거리1~3호가마는 가마 전체 길이 대비 연소부가 30%(1.6~2.4m)에 달하며, 여초리의 경우에도 각각 26%(3.4m)와 27%(3.0m)가 연소부이다. 이에 비해 옥산동 4호, 양산 산막, 경주 화산리 3호 등 고식도질토기 생산가마는 연소부 비율이 20% 내외(길이 1.3~1.5m)이고, 5세기 이후의 가마도 연소부가 20%가량(대부분 1.5m 미만)이다. 5세기 이후 가마의 경우 가마의 길이가 짧거나, 소성부가 훼손된 경우에는 연소부의 비율이 30%에 가까운 사례가 있지만, 가마 길이와 관계

〈표 2〉 영남지방 주요 토기가마

연번	유 적	유구번호	길이(m)				너비(m)			장단비	최대깊이(m)	요상경사	평면형태	아궁이시설	조업시기 기 타
			전체길이	연소부	소성부	연소부비율	굴착면	연소부내부	소성부내부						
1	함안 우거리	1	(7.3)	(2.4)	(4.9)	33%±	(1.8)	–	–	4.0	–	–	장타원		고식도질토기시기
2	함안 우거리	2	6.6	2.0	3.6	30%	1.9	1.4	1.0	3.5	0.9	15, 25	장타원		고식도질토기시기
3	함안 우거리	3	(5.8)	1.6	3.2	28%↑	1.6	1.1	1.1	3.6↑	0.5	12, 21	장타원		고식도질토기시기
4	함안 묘사리	1	(3.6)	–	(3.6)	–	1.7	–	1.2	–	0.9	19	?		고식도질토기시기
5	창녕 여초리	A	(13)	3.4	8.5	26%↓	1.6	1.3	1.6	8↑	1.2	18	초세장		고식도질토기시기

15) 임당 7A옹관의 대호는 구경 56.4, 동최대경 86.0, 높이 104.8cm로 각각의 비율은 1 : 1.52 : 1.86이고, 다호리 B1호분에서 출토된 대호는 구경 44.2, 동최대경 72.0, 높이 91.5cm로 1 : 1.62 : 2.07이다. 여초리 대호도 비슷한 비율이라 단언할 수 없지만, 낮은 비율을 보이는 임당 7A옹관 대호의 동최대경 비율과 다호리 B1호 대호의 높이 비율로 산정해 보면, 동최대경은 101.1, 높이는 123.7cm이 된다.

16) 아궁이가 하나뿐인 길이 10m가 넘는 가마의 내부를 고른 소성상태로 유지하기는 어려웠을 것이다. 그리고 가마에서 가장 소성이 잘 되는 부분은 연소부 경계에서 약 1m가량이라고 한다.

6	창녕 여초리	B	11	3.0	9.2	27%	1.9	1.9	1.8	5.7	1.2	11	초세장		고식도질토기시기
7	김해 구산동	1895	7.18	1.6?	4.1?	22%?	1.7	1.24	1.26	4.2	0.48	15	세장	적석?	고식도질토기시기
8	대구신당동(삼)	1	(8.9)	?	8	–	1.1		1.1	8↑	0.25	18	초세장		고식도질토기시기
9	의령 율산리		(7.1)	?	3?	–	1.8	1.68	1.7?	3.9↑	0.05	5	장타원		고식도질토기시기
10	경산 옥산동	4	9.8	1.5	8.3	15%	1.4	1.2	1.4	7.0	0.7	13	초세장		고식도질토기시기
11	양산 산막	1	(8.35)	1.35	7	16%	–	–	2.0	4.0↑	0.55	8	세장		고식도질토기시기
12	달성 성하리		11	3.1	7.4	28%	1.3	1.3	1.3	8.5	0.5	22	초세장		고식도질토기시기
13	달성 창리	1	(7.2)	1.6	(5.6)	22%	1.4	1.3	1.1	5.1	0.4	12	세장		고식도질토기시기
14	달성 창리	2	8.7	–	8.5	–	1.5	1.5	1.1	5.8	0.2	7	초세장		고식도질토기시기
15	경주 화산리	2	(3.9)	0.9	(2.65)	23%	2.0	1.9	1.75	2.0↑	0.1	17	장타원?		고식도질토기시기
16	경주 화산리	3	(5.6)	1.4	(4.2)	25%	1.75	1.75	1.75	3.2↑	0.25	19	장타원?		고식도질토기시기
17	양산 호계동	2	9.4	2.8	5.2	30%	1.5↑	1.5	1.5	6.3	0.9	14	초세장		5c
18	경주 화산리	5	(4.6)	0.55	(4.05)	12%	1.65	1.6	1.6	2.8↑	0.25	14	장타원?		5c
19	경주 화산리	8	(5.5)	0.40	(5.1)	7%?	1.6	0.95	1.6	3.4↑	0.6	6~22	장타원?		5c
20	경주 화산리	10	(7.2)	1.85	5.35	26%	1.45	1.45	1.4	5.0↑	0.25	19	세장	적석	5c
21	대구 신당동	1	8.5	1.6	6.8	19%↑	1.8	1.2	1.5	4.7	1.2	13, 23	세장	적석	5c
22	대구 신당동	2	8.0	1.0	7.0	13%↑	2.0	–	1.5	4.0↑	1.2	23	세장	적석	5c
23	대구 신당동	4	7.0	1.2	5.6	17%↑	1.9	1.6	1.7	4.1	0.4	17	세장		5c
24	함양 신관리	1	10.0	2.7	6.4	27%	–	1.6	1.9	5.3	0.6	22	세장		5c
25	함양 신관리	2	10.1	2.0	7.1	20%	–	1.4	1.9	5.3	1.0	18	세장		5c
26	함양 신관리	3	9.3	1.7	5.9	18%	–	1.6	2.0	4.6	1.7	20	세장		5c
27	함양 신관리	4	7.4	1.4	5.0	19%	–	1.6	1.7	4.4	0.9	23	세장		5c
28	진주 상촌리	32	7.0	1.4?	5?	20%	2.2	1.5	2.04	3.1	1.0	10~40	장타원		5c
29	경산 옥산동	2	(4.6)	1.2	(3.4)	26%	1.7	1.4	1.4	2.7	0.4	13	타원		5c
30	경산 옥산동	5	7.8	1.5	6.3	19%	1.7	–	1.3	4.6	0.3	16, 20	세장		5c
31	경주 손곡동	8	6.8	1.8	4.0	26%	1.4	1.0	1.2	4.3	0.8	13	세장		5c
32	경주 손곡동	11	(6.2)	1.5	4.7	24%	1.4	1.3	1.3	4.4	0.3	16	세장		5c
33	경주 손곡동	39	6.1	1.5	3.8	25%	1.7	–	1.7	3.6	0.7	15	장타원		5c
34	진주 상촌리	43	8.0	2.0	4.2	25%	1.86	1.6	1.86	4.3	1.08	20~35	장타원		6c
35	진주 상촌리	55	6.56	1.25	4.08	19%	2.16	1.0	1.7	3.0	1.04	5~25	장타원		6c
36	진주 상촌리	64	6.9	1.2	4.32	17%	2.06	1.18	1.86	3.3	0.72	20~40	장타원		6c
37	진주 상촌리	65	6.64	1.38	4.92	21%	2.28	1.28	2.12	2.9	0.92	5~15	장타원		6c
38	고령 송림리	1	5.7	0.9	4.8	16%	–	1.4	1.6	3.5	0.16	17	장타원		6c
39	고령 송림리	2	5.4	1.1	4.4	20%	–	0.4	1.6	3.4	0.6	20	장방형		6c
40	고령 송림리	3	4.7	0.9	3.8	19%	–	0.7	1.5	3.1	0.4	13	장방형		6c
41	김해 구산동	1	6.3	0.6	5.7	10%	2.2	1.2	2.2	2.8	1.2	19	타원	적석	7c
42	김해 구산동	3	5.7	0.6	5.1	11%	2.6	0.8	2.4	2.2	–	17	타원	적석	7c

* 범례: 연소부비율 – 가마 전체길이에서 연소부가 차지하는 비율

장단비 – 너비가 1일 때 길이의 비, 길이와 너비는 굴착면을 기준. 전체길이에서 요전부는 제외하여 실제 보고서에 기술되어 있는 길이보다 짧게 기록한 경우도 있음

없이 연소부 길이는 1~1.5m 정도이다. 100년 이상 도질토기 소성의 시행착오를 거쳐 5~6세기 가마에 반영된 연소부의 가장 효율적인 비율은 20% 내외(가마 전체길이 6m 기준 연소부 길이 1.2m 정도)였던 것이다. 7세기 이후 토기가마는 자료가 많지 않아 분명하지 않지만, 김해 구산동 1호와 3호 가마로 볼 때 10% 내외로 더 줄어들 가능성도 있다. 물론, 고식도질토기 생산가마의 경우 소성 기술 수준이 높지 못해 연료효율이 낮았을 가능성—연소부의 비율이 높음—도 있다. 지금까지 여초리 토기가마는 전체 길이가 긴 것을 가장 큰 특징으로 언급하고 있지만, 토기를 적재할 공간인 소성부 면적이 넓은 것에 주목해야 한다. 넓은 면적의 소성 공간을 가지기 때문에 가마내 온도의 유지를 위해 보다 많은 연료를 투입해야 하는 것은 당연하며, 이에 따라 보다 넓은 연소부의 면적이 필요하였을 것이다. 하지만, 우거리 토기가마는 신식도질토기 생산 가마와 비슷한 규모이지만, 연소부 비율이 상대적으로 높다. 물론 경산 옥산동 4호, 양산 산막, 경주 화산리 3호에 비해 일찍 조업한 것으로 보고 연소부 비율의 축소 경향이 시간성을 반영하고 있는 것일 수도 있다. 또, 소성 기술 미숙의 결과였을 가능성도 전혀 배제할 수 없지만, 동시기 다른 지역 고식도질토기 생산 가마와 다른 소성방법에 기인한 것이며 뒤에서 언급할 가마내 토기중첩과 관련될 가능성이 높다고 생각한다.

2. 토기생산체계의 특징

① 단경호 중심의 대량 생산

가마가 만들어진 다음, 얼마 동안 몇 번의 소성작업이 이루어지고 토기는 얼마나 생산하였는가?는 토기생산 연구에 있어 가장 중요한 검토사항 중 하나이다. 하지만, 가마와 폐기장에서 출토된 토기편은 소성에 실패하여 버려진 것이고, 그마저도 대부분이 편으로 존재하여 원형에 가깝게 복원하는 것은 거의 불가능에 가깝다. 또, 오랜 기간 지형변경으로 얼마나 많은 토기편이 없어졌는지도 알 수 없다. 실제 몇 사례를 제외하고는 폐기장의 극히 일부만 남아 있어 생산된 기종의 파악 정도만 가능한 실정이다. 다행스럽게도 우거리 토기가마 I 에서는 3기의 가마와 함께 상대적으로 양호한 상태로 남은 대규모 폐기장이 조사되었다. 제한된 조건으로 모두 복원하지는 못했지만, 토기의 특정 부분을 측정하여 폐기된 토기의 수량과 기종별 비율 등을 추정해 보았는데, 각 기종별 비율과 수량은 〈표 3〉과 같다.

가장 주목되는 점은 단경호의 비율이 매우 높다는 것이다. 지금까지 삼국시대 토기연구에 있어 가장 중심이 되는 기종은 고배(유개고배, 개 등)였으며, 고배 중심의 형식 분류와 검토를 거쳐 편년과 토기양식의 설정, 지역적 특징 등 많은 연구가 진행되었다. 물론, 이러한 연구의 성과나 고배의 연구대상 기종으로서의 가치를 부정하는 것은 아니

〈표 3〉 우거리 토기가마 I 기종별 폐기수량 및 비율

<table>
<tr><th colspan="4">기 종</th><th colspan="4">폐기수량(점, 괄호안은 비율)</th></tr>
<tr><td></td><td colspan="3">내박자</td><td colspan="3">18(0.5)</td><td>18(0.5)</td></tr>
<tr><td rowspan="16">도질소성</td><td colspan="3">고배</td><td colspan="3">104(3.0)</td><td rowspan="16">2,900
(84.1)</td></tr>
<tr><td colspan="3">노형토기</td><td colspan="3">162(4.7)</td></tr>
<tr><td colspan="3">완</td><td colspan="3">41(1.2)</td></tr>
<tr><td colspan="3">컵형토기</td><td colspan="3">101(2.9)</td></tr>
<tr><td colspan="3">개</td><td colspan="3">13(0.4)</td></tr>
<tr><td colspan="3">이형토기</td><td colspan="3">10(0.3)</td></tr>
<tr><td rowspan="6">중형호</td><td rowspan="4">승석문계</td><td>승석문</td><td>734(22.7)</td><td rowspan="4">1,271
(36.9)</td><td rowspan="6">1,988
(57.6)</td></tr>
<tr><td>승석문양이</td><td>494(14.3)</td></tr>
<tr><td>승석문양뉴</td><td>40(1.2)</td></tr>
<tr><td>승석문삼이</td><td>3(0)</td></tr>
<tr><td colspan="2">무문·승문</td><td colspan="2">584(16.9)</td></tr>
<tr><td colspan="2">무문양이</td><td colspan="2">133(3.8)</td></tr>
<tr><td rowspan="2">대호</td><td colspan="2">양뉴부</td><td colspan="2">127(3.7)</td><td rowspan="2">224
(6.5)</td></tr>
<tr><td colspan="2">양이부</td><td colspan="2">97(2.8)</td></tr>
<tr><td colspan="3">소호</td><td colspan="3">221(6.4)</td></tr>
<tr><td colspan="3">도질시루</td><td colspan="3">36(1.0)</td></tr>
<tr><td rowspan="9">연질소성</td><td rowspan="3">연질호</td><td colspan="2">파수부호·시루</td><td colspan="2">222(6.4)</td><td rowspan="3">446
(12.9)</td><td rowspan="9">531
(15.4)</td></tr>
<tr><td colspan="2">장란형옹</td><td colspan="2">199(5.8)</td></tr>
<tr><td colspan="2">소성불량양이</td><td colspan="2">25(0.7)</td></tr>
<tr><td colspan="3">연질발</td><td colspan="3">53(1.5)</td></tr>
<tr><td colspan="3">옹형토기</td><td colspan="3">3(0)</td></tr>
<tr><td colspan="3">파수부발</td><td colspan="3">3(0)</td></tr>
<tr><td colspan="3">첨저옹</td><td colspan="3">2(0)</td></tr>
<tr><td colspan="3">평저호</td><td colspan="3">7(0.2)</td></tr>
<tr><td colspan="3">방추차</td><td colspan="3">17(0.5)</td></tr>
<tr><td colspan="4">계</td><td colspan="3"></td><td>3,449</td></tr>
</table>

* 국립김해박물관 2007.

다. 하지만, 우거리 토기가마에서 출토된 토기의 비율을 보면 고배는 3%에 불과하며, 고식도질토기 연구에 있어 함께 많이 주목받았던 노형토기(노형기대)도 4.7%에 불과하다. 반면 단경호는 도질의 중형호(57.6%), 대호[17](6.5%), 소형호(6.4%)와 연질 파수부호 등 출토품 전체의 77%에 달한다. 특히, 승문계 단경호는 전체 토기의 40% 이상일 것으로 추정되었다.

언급한 것처럼 이러한 기종 비율은 폐기장에서 출토된 토기편으로 추정된 것이다. 버려진 토기나 소성에 성공한 토기의 총수량, 기종별 성공비율 등은 추정이 불가능하기에, 이 비율이 우거리 토기가마에서 생산했던 기종별 비율이라 단언할 수 없다. 또, 미발굴된 법수면 일대 토기가마유적의 기종별 생산비율이나 함안지역 고식도질토기 기종별 비율로 이해할 수도 없다. 하지만, 〈그래프 1〉에서 볼 수 있듯이 함안지역 고식도질토기시기 분묘출토품은 우거리 토기가마에 비해 고배 등 다른 기종의 비율이 높긴 하지만, 壺류가 1/3 이상으로 가장 높은 비율이다. 낙동강 하구지역인 김해 구지로의 경우에도 단경호의 부장비율은 함안지역보다 오히려 높았음을 알 수 있다. 물론 이것도 부장되었던 기종별의 비율로 한정하여 이해할 수도 있지만, 우거리 토기가마 I 에서 폐기된 수량과 기종별 비율, 동시기 분묘에 부장된 기종별 비율, 영남지방 및 광역에서 확인되는 소위 '함안식 토기'가 승문계 단경호 중심이라는 점, 소성시 가마내 토기 재임의 중심에 단경호가 있었다는 것은 분명하기에 고식도질토기 시기 동안 단경호가 타 기종에 비해 많이 생산되었던 중심기종이라 볼 근거는 충분하다. 때문에 도질토기 등장 이후 약 50여 년간 원저단경호만이 도질토기로 제작되었으며, 뛰어난 타날 솜씨와 빠른 물손질을 이용한 정면 등 토기제작의 숙련도가 높은 전업적인 생산체계가 조직되었고, 원저단경호 생산을 통해 도질토기 제작의 효율적인 성형기술이 실현되었으며 이 기술혁신이 다른 기종으로 확대되었을 것으로 보는 의견[18]에 공감하고 하고 있다. 분명, 단경호는 양동리 235호와 대성동 29호, 도항리 35호(창원문문화재연구소, 이하 문), 도항리 33호(경남고고학연구소, 이하 경) 등 낙동강 하구지역과 함안 일대에서 가장 먼저 도질화하

---

17) 보고서에서 동최대경이나 높이가 40cm가 넘는 것을 대호로 분류하였지만, 대부분 50cm 전후에 해당하는데 일반적인 단경호에 비해 두껍고 타날이 없으며, 크기로 구별된다고 판단되었다. 이 기준이 다른 지역에서 출토된 대호를 구분에는 적합하지 않으며, 단순히 크기를 기준으로 한다면 중형 단경호에 해당한다.

18) 李盛周, 「圓底短頸壺의 生産」, 韓國考古學會, 『韓國考古學報』 68, 2008, 94~97쪽.

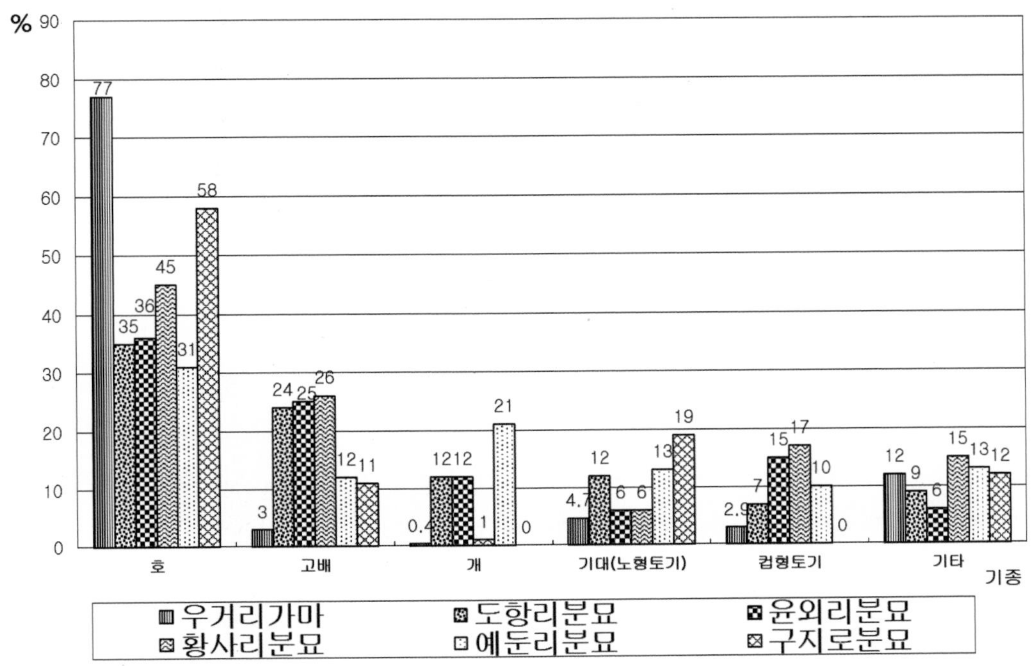

〈그래프 1〉 고식도질토기 기종별 폐기 및 부장 비율

는 기종이며, 어떤 기종보다도 높은 성형 · 소성기술과 숙련도가 요구된다. 특히 함안지역에서 출토되는 승문계 단경호는 형태, 제작기술에 있어 규격화 · 표준화되었다. 반면, 통형고배나 노형토기는 단경호에 비해 다양한 형태와 크기 장식이 가미되어 다양성을 보이며, 출토되는 수량도 상대적으로 많지 않다. 따라서 고식도질토기연구에 있어 상대적으로 많은 주목을 받지 못했던 단경호에 관심을 가져야 한다.

〈표 3〉에서 우거리 가마유적 I 에서 폐기된 토기는 3,449점에 달한다. 무게로는 약 8톤 가량이다.[19] 조사된 폐기장의 범위는 시굴조사에서 확인된 폐기장의 1/3, 추정되는 폐기장의 1/7가량에 불과하다. 폐기장이 훼손되지 않았다고 가정하면, 실제 폐기된 수량은 10,000~24,000여 점에 달할 것으로 보인다. 소성 성공률을 모르지만, 실패율이 50%

19) 폐기수량에 2.5kg을 곱하면 8.5톤 정도이다. 높이 30cm가량인 함안산 승문단경호의 무게는 약 2.5kg 가량(정주희, 앞의 논문, 2009, 10쪽)인데, 이보다 가볍고 작은 기종이 있지만, 노형토기나 대호 등 더 무거운 기종도 있기 때문에 큰 차이는 없을 것으로 보인다. 출토유물의 정리과정에서 토기편이 담겨진 상자 1개의 무게가 약 10kg 이상이었는데, 총 860상자(8.6톤 이상으로 추정)였다.

정도였다고 가정하면 우거리 토기가마유적Ⅰ에서만 20,000~48,000여 점의 생산을 시도한 것이 된다. 그리고 법수면 일대 가마유적이가 우거리 토기가마유적Ⅰ과 비슷한 규모였다면 수십만 점을 소성하였을 것으로 추정할 수 있다. 우거리 토기가마Ⅰ에서 출토된 토기의 수량은 지금까지 발굴조사된 다른 지역 가마유적에 비해서도 압도적이다. 폐기량이 많다는 것은 생산량이 많음을 의미하는 것인가? 이에 대해 함안의 가마유적에서 폐기품이 많다는 것은 생산량이 아니라 실패품이 많았음을 보여주는 것으로 이해하고 실패가 많은 것은 소성기술, 즉 생산기술이 낮았음을 보여주는 것이며 4세기 소비유적에서 도질토기 소비량이 많지 않음과 밀접한 관계라는 견해[20]도 있다. 폐기장에 많은 토기편이 확인된 원인은 다른 가마유적에 비해 폐기장이 양호하게 남았을 가능성, 실패율이 높았을 가능성, 월등하게 많은 소성작업이 있었을 가능성 등 다양하다. 하지만, 법수면 일대 10개소가 넘는 곳에서 낮은 생산기술을 가진 집단이 실패를 거듭하며 생산효율이 낮은 가마를 지속적으로 운영했다고 생각되지는 않는다. 또, 우거리 가마유적에서 만든 토기가 소비되었다고 보이는 인근의 윤외리, 도항리 고분군에서 출토된 고식도질토기를 다른 지역 토기와 비교했을 때 생산기술이 낮은 수준이라 판단하는 연구자는 없을 것이다. 많은 연구자들이 함안토기와 다른 지역 토기를 구분함에 있어 '뛰어난 제작기술'을 가장 먼저 언급할 정도로 이 시기 아라가야의 토기생산기술의 수준은 매우 우수하였다. 뒤에서 언급하겠지만, 다른 지역에 비해 보다 얇고 크게 성형하고, 표준화 규격화된 기술이 적용되었으며, 특정 기종의 효과적인 대량생산을 위한 기술혁신을 시도하고 성공한 지역 중 하나가 함안 일대였고, 이를 가장 잘 보여주는 곳이 우거리 토기가마Ⅰ이다. 물론, 단경호 중첩소성은 한 번의 소성으로 보다 많은 토기를 생산할 수는 있었지만, 일반적인 소성보다 실패율은 높았을 것이다. 또, 도질토기 생산 기술에 있어 이후에 비해 완성도가 낮았을 가능성도 있다. 그렇다고 같은 시기 다른 지역에 비해 소성기술이 낮았기 때문에 많이 폐기된 것은 아니며, 폐기된 수량에 비례해서 소성에 성공한 토기가 많았으며, 생산된 토기는 함안을 포함하여 광역으로 유통되었다고 판단된다.

영남지방의 경우 고식도질토기시기를 지나 신식도질토기시기가 되면 고배와 개의 비

20) 홍보식, 「전기가야의 고고학적 연구 쟁점과 전망」, 한국고대사학회, 『한국고대사연구』 85, 2017, 78~79쪽.

율이 급증한다. 함안의 경우에도 도항리 유적의 경우 고배와 개의 부장 비율이 각각 36%와 33%로 급증하고, 호와 기대의 비율은 6%로 줄어드는데, 경주를 포함한 영남 대부분이 비슷한 양상이다. 토기 표면관찰을 통해 보면, 이전과 달리 고배와 개를 중심으로 중첩소성이 보편적으로 적용되고, 중첩시 용착을 방지하기 위한 전용요도구가 본격적으로 사용된다. 함안지역도 단경호의 횡치 중첩소성은 보이지 않고, 단경호-고배나 단경호-노형토기 등과 같은 타기종간 중첩이 거의 확인되지 않는다. 이 시기에는 아라가야지역도 무덤 부장에 따른 고배와 개와 같은 소형기종을 중심으로 생산이 이루어졌음을 짐작케 한다.

② 표준화된 성형기술

분묘에서 출토되는 고식도질토기는 같은 기종이지만 다양한 형태를 보이기도 한다. 실제 우거리 토기가마Ⅰ에서 출토된 고배, 노형토기, 컵형토기 등은 크기, 돌대의 수, 장식이나 투창 모양 등 같은 유적에서 출토된 것이 의심될 정도로 다양하다. 이를 형식분류를 통한 기존의 편년에 대입하여, 한 기의 가마가 75년 정도의 장기간 조업이 이루어진 것으로 해석하게 되는 것이다. 실제 우거리 토기가마Ⅰ의 경우에도 유문개, 노형토기, 컵형토기는 기존 편년연구에 대입해 보면 조업기간은 최대 75년, 고배는 약 50년가량 벌어진다. 모든 기종을 종합하면 가마의 조업기간이 최대 100년 가까이 벌이질 가능성도 있다. 하지만, 단경호—특히 승문계 단경호—는 상대적으로 표준화되고 규격화된 성형기술이 적용되어 형태적 변화가 크지 않으며, 4세기 중후반으로 편년할 수 있다. 단경호의 이러한 양상은 함안지역이 동시기 낙동강 하구지역과 함께 토기제작에 있어 가장 규격화, 표준화가 진전된 지역이었음을 보여주는 것이다.

단경호는 크게 ①동체부성형 ②동체부 승문타날 ③횡침선 시문 ④구경부 성형 ⑤ 저부성형 및 저부 타날의 순으로 성형하게 된다.[21] 여기에서 양이부단경호의 귀는 ④와 ⑤ 사이에 부착하고, 동체부에 승문이 남아 있지 않는 승문단경호는 ①→④→⑤의 과정을 거치게 된다. 저부만 타날흔적이 남아 있는 승문단경호나 무문단경호에서는 의도적으로 지워진 승문타날 흔적은 확인되지 않는다. 따라서 승문단경호 동체부와 무문단경

21) 李政根, 「咸安地域 古式陶質土器의 生産과 流通」, 嶺南大學校 碩士學位論文, 2006; 국립김해박물관, 앞의 책, 2007.

호는 승문타날을 하지 않은 것은 분명하며, 대신 무문타날이 이루어졌을 가능성은 있다.[22] 그리고 기호는 가장 마지막 단계에 저부타날 이후에 새겨진다. 함안지역 승문 또는 승석문단경호의 저부는 다른 지역 단경호와 구별되는 구획 타날의 방법이 적용되었다.[23] 저부 구획 타날은 동체부 타날과 구경부를 성형한 뒤 단경호를 횡치한 상태에서 한손은 내박자로 단경호 내면에 대고, 다른 손으로 타날판을 쥐고 두드린다. 일정 범위 타날 후에 단경호를 돌려서 다시 타날하는 행위를 5~7회 반복하게 되는데 최종적으로는 저부 중앙을 기준으로 방사상의 타날 경계선을 가진다. 한번 고정한 상태에서 행해진 타날한 범위는 삼각형 형태이다. 단경호 저부 타날은 대부분 내박자는 왼손, 타날판은 오른손에 쥐었던 것으로 확인되었다. 이러한 저부 구획 타날은 도항리 35(문)를 비롯한 함안지역 고식도질토기 등장기부터 확인되며, 신식도질토기 단계에도 승문단경호를 중심으로 일부 확인되지만, 5세기 중반 이후에는 거의 확인되지 않는다.

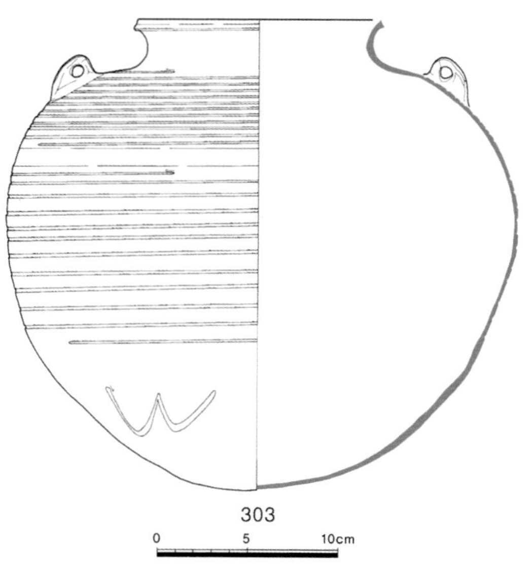

〈도면 1〉 승문계 단경호의 단면
(우거리 303 단경호)

저부 구획 타날법은 단경호 기벽의 두께와도 관련을 가진다. 보통 일반적인 단경호는 바닥부분(저부)이 가장 두껍지만, 저부 구획타날 단경호의 경우 저부가 상대적으로 얇은 것이 특징이다. 〈도면 1〉에서 토기 기벽의 두께를 보면, 상대적으로 두꺼운 부분이 구경부, 동체 상부, 그리고 동체부 타날과 저부 타날의 경계부이다. 이에 비해 얇은 부분은 동체 중위나

22) 구경부와 동체부 경계부분의 승문타날이 회전 물손질로 지워진 흔적, 승석문 단경호 문양지움대의 남아 있는 타날 흔적을 고려하면 승문타날 후 문양을 지운 것이 아니며, 승문타날이 이루어지지 않았던 것으로 본다. 하지만 타날의 효과 즉, 점토띠 접합을 보강하고 기벽을 단단하게 하기 위한 작업은 있었을 것이라 생각한다. 우거리 토기가마에서 출토된 승문단경호나 무문단경호의 경우 비슷한 크기의 승석문단경호의 같은 부위와 두께 차이가 거의 없는 것은 기벽을 단단하고 얇게 하는 행위가 있었음을 보여준다. 따라서 무문 타날을 하였던 가능성(정주희, 앞의 논문, 2009, 7~8쪽)도 있으며, 무문타날을 대신하여 손으로 두드리거나 누르는 행위였을 수도 있다.

23) 李政根, 앞의 학위논문, 2006, 83~88쪽.

저부이며, 어떤 경우에는 저부의 두께가 가장 얇은 사례도 많다. 때문에 소위 '함안산 토기'는 비슷한 크기의 다른 지역 호에 비해 기벽이 얇기 때문에 가볍다는 것을 지적하기도 한다.[24] 영남지역에서 출토되는 승문계 단경호뿐 아니라 강진, 해남 등 전라도지역에서 출토되는 승문계 단경호도 함안지역 출토 단경호와 단면을 비교해 보면 거의 동일함을 알 수 있다. 토기의 성형공정은 1차 성형과 2차 성형으로 나누어 설명하는데,[25] 당시 단경호는 점토 띠를 쌓아 올려 전체적인 형태를 잡지만(1차 성형), 부분적으로 타날을 가하면서 형태를 가다듬거나 변형하는 과정(2차 성형)을 거쳤던 것으로 보인다. 1차 성형이 완료된 형태는 황사리 16호나 43호에서 출토된 평저 소형호와 같이 저부는 편평했을 것이다. 2차 성형은 타날을 이용해 동체부를 둥근 형태로 가다듬는 과정이다.

동체부 타날은 단경호를 바로 놓은 상태에서 한손에 든 타날판으로 토기를 두드리는 과정으로 종방향의 타날(위에서 아래로 연속하여 타날)이 이루어진 것으로 보기도 하지만,[26] 횡방향의 타날구 진행이 기본으로 하고 있는 것으로 보기도 한다.[27] 필자의 관찰이 부족하였을 가능성도 있지만, 종방향 타날 후 횡으로 이동하는 방식으로 타날이 진행된 것으로 판단한다. 이는 토기표면에 최종적으로 남겨진 승문계 타날 이전인 1차 성형과정에서 타날(무문 타날?)이 있었던 것으로 보기 때문이다. 점토띠를 쌓아 올리는 과정에서 점토띠를 접합하고 기벽을 고르게 하며 구형에 가까운 형태로 만들기 위해 타날로 조금씩 변형을 가하였을 것이고, 이때는 횡방향의 타날구 진행이 기본이었을 것이다. 이후 전체적인 기형을 바로잡기 위한 타날이 추가로 행해지고, 토기 표면에 관찰되는 타날은 이 과정에서 남겨진 것으로 보인다.[28] 저부는 타날로 편평했던 바닥을 둥글

---

24) 정주희는 김해 예안리 출토 승문계타날호의 무게를 비교한 표를 제시하였는데, 표에서 기고 30cm가량인 함안산 추정 단경호는 약 2.5~2.8kg, 다른 단경호는 3.0~3.5kg가량이다(정주희, 앞의 논문, 2009, 10쪽).

25) 李盛周, 「圓底短頸壺의 生産」, 한국고고학회, 『韓國考古學報』 68, 2008, 100~105쪽.

26) 金斗喆, 「打捺技法의 硏究－金海 禮安里遺蹟 出土品을 中心으로－」, 嶺南考古學會, 『嶺南考古學』 28, 2001, 73~79쪽; 李政根, 앞의 학위논문, 2006, 59~60쪽.

27) 李盛周, 앞의 논문, 2008, 105~107쪽.

28) 한편, 단경호 내부에 남아 있는 지두흔 또는 내박자흔은 횡방향의 타날구 진행을 보이고 있지 않는다. 컵형토기나 단경호 내부에 남겨진 점토띠 접합흔을 볼 때 점토띠를 한꺼번에 높이 쌓은 다음 타날을 가해 성형한 것이 아니라, 2~3단 정도의 점토띠를 쌓은 다음 타날하여 점토띠간의 접합과 대략적인 형태를 잡고, 다시 점토띠를 올리는 과정을 반복하였다. 점토띠를 쌓는 과정에서의 타날은 당연히 횡방향의 타날이 용이하였을 것이다. 하지만, 어느 정도 동체부를 완성한 다음 기형을 바로잡는 타날(승문 타날)이 가해졌는데, 이때의 타날은 종방향의 타날이 효과적이었을 것이다. 이는 저부

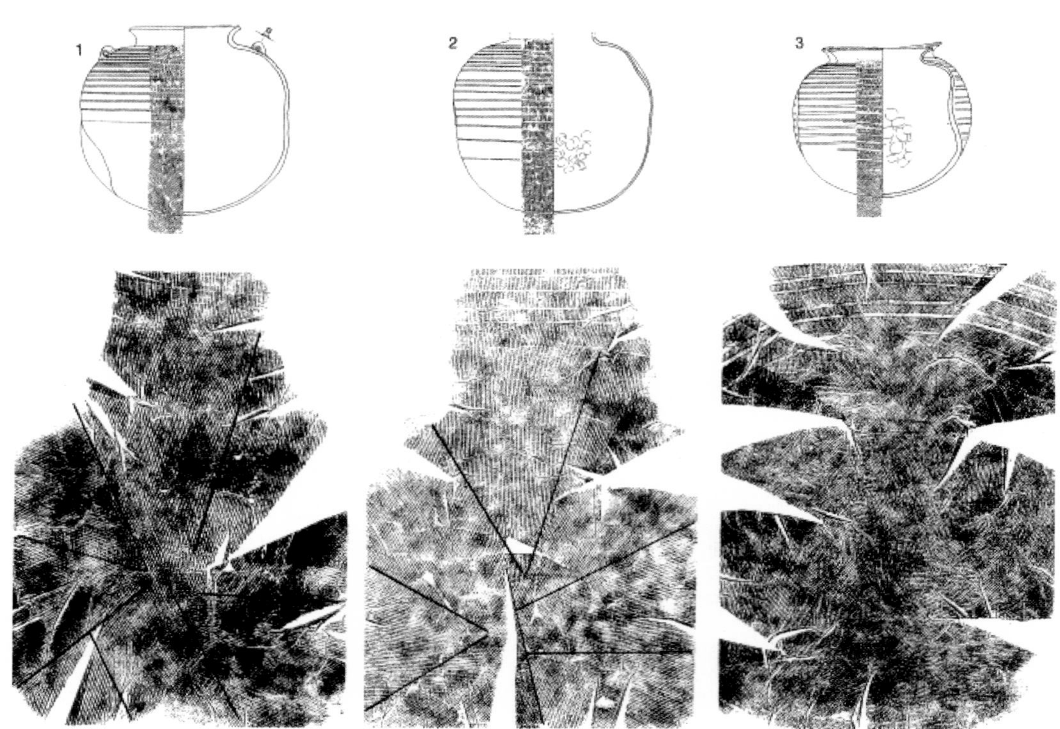

〈도면 2〉 함안과 김해지역 승석문계 단경호의 저부 타날 비교
1: 황사리 44호 승석문 양이부호, 2: 구지로 6호 승석문호, 3: 구지로 6호 의사승석문호

게 부풀리게 되는데, 이 과정에서 저부의 두께가 동체부보다 얇게 되었을 것이다.

함안지역 고식도질토기 승문계 단경호의 형태는 전체적인 크기가 작고 문양지움대 없는 것 → 전체적인 크기가 커지고, 동체는 어깨가 강조된 역삼각형에 가까운 것(구경부의 비율이 높고 동체 중상위에 문양지움대 등장) → 구경부의 비율이 작아지고 동체

타날의 경우에도 마찬가지로 생각되는데, 처음부터 편평했던 바닥을 승문타날로 부풀리는 것이 아니라 어느 정도 둥근 형태를 잡은 다음 그릇 형태와 표면을 조정할 목적으로 저부 구획 타날이 가해진 것이다. 직선적인 저부를 안쪽에서 밀어내어 둥글게 형태를 잡는 작업은 안쪽에서 밖으로 힘이 가해져야 하기에 외부에서 압력이 가해지는 타날은 적합하지 않다. 토기 외면에 손바닥을 대고 안쪽에서 내박자나 다른 손으로 밀어서 늘리는 행위 정도로 생각되는데, 이 작업 이후에 기벽을 단단하게 하고 표면을 고르게 하기 위한 목적으로 승문타날을 가했던 것으로 추정해 본다. 간혹, 단경호나 노형토기 구경부 내면에 외부에서 힘을 가해 줄인 흔적이 관찰되지만 타날을 이용한 것은 아니다. 물레를 이용한 성형 이전에는 원하는 형태로 만들기 위해 일정 부분 줄이거나 늘리는 작업이 있었고, 특히 늘리는 과정에서 약해진 기벽을 단단하게 하고 표면을 매끄럽게 하기 위한 타날이 필요하였을 것이다.

는 구형에 가까운 것 → 승석문은 사라지고 승문단경호가 주를 이루며, 승문단경호의 저부 타날 범위가 확대되어 동체 중위 이상까지 가해지고, 저부는 이전보다 더 둥글고 부풀려지는 것으로 변화한다. 이러한 형태적인 변화는 성형기법—2차 성형 즉, 저부 구획타날—의 숙련도와 관련된 것이다.

③ 토기에 새겨진 기호

한편, 토기에 새겨진 기호(陶符號)도 함안지역 고식도질토기의 특징 중 하나로 언급된다.[29] 이러한 기호는 우거리 토기가마 I 에서만 29종이 확인되며, 타 유적에서 확인된 것을 포함 하면 32종이다.[30] 토기에 새겨진 기호는 중국의 경우 신석기시대부터 보이며, 우리나라의 경우 함경북도 나진 초도유적에서 출토된 심발형토기에 새겨진 ⋈字 기호와 충북 청주 내곡동유적에서 출토된 방추차에 새겨진 X자 기호[31]와 같이 청동기시대부터 확인된다. 원삼국시대에는 기호가 더 많이 확인되는데, 창원 다호리유적에서

〈표 4〉 우거리 토기가마 I 에서 확인되는 기호

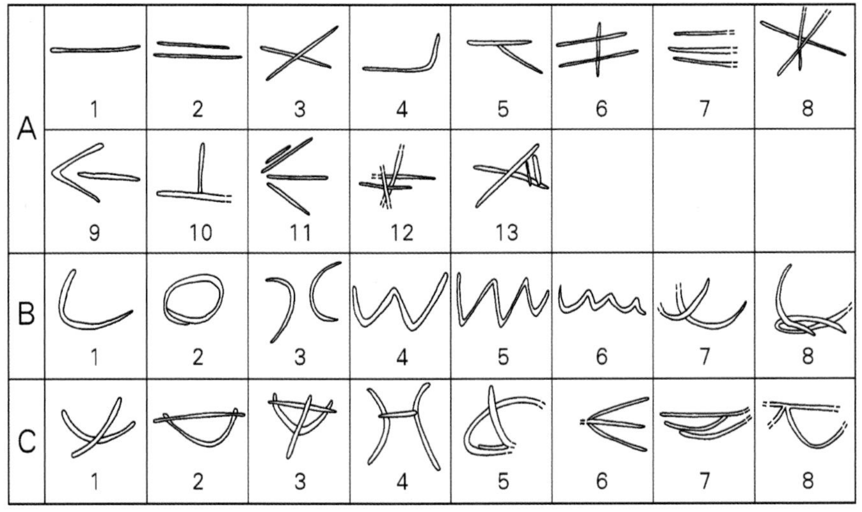

29) 박천수, 앞의 책, 2010, 152쪽; 李政根, 앞의 학위논문, 2006, 70~74쪽; 정주희, 앞의 논문, 2009, 10~11쪽.

30) 국립김해박물관, 앞의책, 2007, 202~204쪽.

31) 李健茂, 「青銅器 · 原三國時代의 文字와 記號遺物」, 『한국고대의 문자와 기호유물』, 국립청주박물관 특별전 도록, 2001, 166쪽.

출토된 토기에는 X, H, V字 기호,[32] 대구 팔달동유적에서도 V字 기호가 새겨진 토기가 출토[33]되었다. 신라·가야토기에 새겨진 기호는 4세기 이후부터 주로 확인되며, 6세기 후반대에 집중적으로 나타난다.[34] 이러한 기호는 통일신라를 거쳐 고려시대 자기가마(강진 삼흥리)에서 출토되는 갑발에도 다양한 형태의 기호가 확인된다. 고식도질토기에 새겨진 기호는 소위 '함안양식' 또는 '함안산'으로 추정하는 토기에 집중되어 있다는 점이 주목된다. 기종별로는 우거리 가마유적의 경우 88%가 호(단경호－82%, 대호－1%, 소호－7%)에서 확인되는데, 승문계 단경호가 76%로 압도적이다. 다른 기종으로 연질발(6%), 완(2%), 컵형토기(4%), 개(1%)로 소수이며 노형토기와 고배는 한 점도 확인되지 않는다. 함안지역 분묘 출토 고식도질토기 기호의 경우에도 74%가 승문계 단경호에서 확인된다. 이는 다른 지역 고식도질토기에 보이는 양상과도 일치한다.

신라·가야토기 분화 이후에는 기호가 새겨지는 주 기종이 바뀌는데, 경산 임당유적의 경우 고배나 개에 새겨진 기호가 82%에 달하지만,[35] 함안지역의 경우에는 이전에 비해 기호는 거의 확인되지 않는다. 이 시기에는 고식도질토기에 보이는 기호와 동일한 형태(〈표 4〉의 A1~A9, B2 등)도 있지만, 전반적으로 날카로운 도구를 사용하고 직선적이다. 이에 비해 고식도질토기 기호는 상대적으로 뭉툭한 도구를 사용하고 곡선적인 것(〈표 4〉에서 B, C계열)이 많다. 가장 많이 확인되는 기호는 A3, A1, A8와 같이 직선을 이용하여 간단하게 1획 또는 3획을 그은 것으로 고식도질토기뿐 아니라 신라·가야토기 분화 이후에도 가장 많이 확인되는 것이다. 이에 비해 B1, B3~8, C1~8 등은 함안지역 고식도질토기 단경호를 중심으로 확인되는 특징적인 기호이다.

중국의 신석기, 우리나라의 청동기시대에서부터 고려시대 갑발에서 확인되는 기호의 의미가 모두 동일하지는 않겠지만, 고식도질토기에 확인되는 기호는 하나의 가마에 여러 도공이 만든 토기를 함께 소성할 때 각자 만든 토기를 소성 후에 구별하기 위해 새겨진 것으로 판단된다.[36] 일본 陶邑窯址群의 TK321호 요지가 천장 붕괴로 소성 중이던

---

32) 李健茂, 위의 논문, 169~171쪽.

33) 嶺南文化財研究院, 『大邱 八達洞遺蹟 I』, 2000, 33쪽.

34) 宋桂鉉, 「加耶·新羅의 文字와 記號遺物」, 『한국고대의 문자와 기호유물』, 국립청주박물관 특별전 도록, 2001, 184쪽.

35) 李政根, 앞의 학위논문, 2006, 75~76쪽.

36) 宋桂鉉, 앞의 논문, 2001, 187쪽; 李政根, 위의 학위논문, 81~82쪽.

450여 점의 토기가 놓여진 상태로 확인되었는데, 다른 공인이 만든 토기와 구별하기 위해 일정 블록마다 토기를 확인하기 위해 기호가 새겨진 토기를 배열했으며, 동일기종 중 다른 것과 구별하기 어려운 蓋杯에 압도적으로 많은 기호를 새겼다는 것[37]도 그러한 의미로 볼 수 있는 근거가 될 것이다. 영남지방의 5세기 이후 확인되는 기호도 고배와 개에 압도적으로 많다는 것은 공인간의 구별을 위한 것일 가능성이 높은 것이다. 고식도질토기시기 기호도 이후와 기종은 다르지만 같은 의미로 이해된다. 고식도질토기 단경호(특히 승문계)의 형태는 비교적 단순하고, 어느 기종보다도 가장 규격화되어 구별이 쉽지 않다. 또 토기 재임시 소성실 내부 가장 아랫단 전체에 단경호를 배치하였던 중심 기종이었기 때문에 단경호를 중심으로 기호를 새겨 구별을 쉽게 하고자 하였던 것으로 보인다. 물론 토기에 새겨진 기호의 의미에 대해 여러 의견이 있을 수 있으며,[38] 생산한 토기의 수량 파악을 위한 표시라는 주장[39]도 있다.[40] 어쩌면 이러한 기호가 담고 있는 의미를 분명하게 밝히기 위해서는 자료의 증가를 기다려야 할지도 모른다. 하지만, 도공의 구분이었든 수량의 파악이었든 기호가 새겨진 토기 중심의 대량생산, 규격화, 표준화와의 관련성은 인정된다.

결국, 고식도질토기시기 기호가 새겨진 승문계 단경호는 가장 많이 생산하고 가장 많이 소비(부장)했던 기종이었으며, 다른 기종에 비해 규격화 표준화되었음은 분명하다고 할 수 있다. 함안지역의 경우 기호가 많이 확인되는 4세기에는 단경호를 중심으로 대량으로 생산하였고, 기호가 거의 보이지 않는 5세기 이후에는 상대적으로 생산량이 감소하였다고 볼 수 있는 것이다. 이는 법수면 일대에서 확인된 토기가마유적의 시기별 분포양상과 아라가야토기의 분포권 변화에 대한 기존의 연구와도 일치하는 것이다. 당연히 5세기 이후 토기에 기호가 많이 확인되는 신라지역은 함안지역과는 반대의 상황이

37) 宋桂鉉, 위의 논문, 187~188쪽.

38) ① 발주자처(수요자)의 구분, ② 窯의 구별, ③ 생산한 토기의 수량 파악, ④ 각 공인들이 만든 토기의 소성 후 구별 등 여러 가지가 있을 수 있다.

39) 하승철, 앞의 논문, 270~273쪽.

40) 기호가 새겨지지 않은 토기도 많은 점, 가장 많이 생산된 단경호에 집중된다는 점, 상당히 넓은 지역에서 동일한 기호가 확인되는 점 등을 근거로 기호의 의미에 대한 다른 의견이 제시하였다. 표 4의 C1과 C2, B1과 B2, A9과 A11은 각각 동일한 기호로 판단하고 A3, B4와 함께 5종이 다수의 출토량을 보이는데, 이는 단위를 표시하는 것(생산한 토기의 수량 파악)이고, 각각 1점씩 확인되는 다른 기호는 또 다른 의미를 가진 표시로 보았다.

었을 것이다. 만약, 필자의 주장처럼 하나의 가마를 공동으로 운영했던 상황에서 각자 만든 토기를 소성한 다음 구별을 위해 기호가 사용된 것이라면, 4세기 함안지역에서는 여러 공인이 하나의 가마를 공동으로 운영하던 방식이었다가 5세기 이후에는 각 도공이 개별적으로 가마를 운영하는 방식으로 변화를 보여주는 것이다.

④ 단경호 횡치소성과 제작기술의 변화

필자는 우거리 토기가마Ⅰ에서 출토된 토기의 표면관찰을 통해 고식도질토기의 가마내 재임방법을 크게 단경호 정치소성법과 단경호 횡치(중첩)소성법으로 구분하였다.[41] 단경호 정치소성법은 가장 일반적인 토기재임으로, 단경호를 중첩하지 않고 바로 놓고 고배나 개, 기대 등은 중첩한다. 고식도질토기시기에는 대형기종 안에 소형기종을 중첩하지만 5세기 이후처럼 고배나 개 등을 여러 단 중첩하지는 않았다. 신식도질토기시기에는 대량생산한 고배, 개, 배 등의 기종을 중심으로 여러 단 중첩하였지만, 단경호는 중첩하지 않고 정치소성하였다. 이에 비해 단경호 횡치소성법은 고식도질토기시기에만 보이는 것으로, 단경호 구연부가 火口를 향하도록 옆으로 눕이고, 그 위에 단경호를 여러 단 중첩하여 올린다. 단경호가 가마 소성부 바닥 대부분을 차지하며 가장 윗 단에 중첩된 단경호 위에 노형토기 · 고배 · 컵형토기 · 개 등을 올리거나 단경호 내부와 노형토기 안에는 소형토기를 다시 중첩하여 소성하는 함안의 특징적인 재임법이다. 가장 많은 재임정보를 담고 있는 우거리 토기가마 출토 330 승석문단경호의 표면에 남겨진 중첩흔적으로 통해 가마내 재임을 추정해서 복원해 보면 〈도면 3〉과 같다.

330단경호는 가마바닥에 바로 놓은 아니며, 앞쪽 아래에 승문계호(도면 3-2)와 무문계호(도면 3-3), 앞쪽 위에는 승문계호(도면 3-1), 뒤쪽 위에는 무문계호(도면 3-4)와 승석문호(도면 3-5,6)가 중첩되었다. 내부에는 컵형토기를 넣었다. 그리고 우거리에서 확인되는 다른 중첩흔으로 보아 도면 3-4~6의 횡치된 단경호 위에 노형토기, 고배, 컵형토기를 중첩하였을 것이다. 노형토기나 고배는 윗 단에 올려진 단경호 위에 정치 또는 도치하였다. 컵형토기도 가장 윗 단의 단경호 위에 도치하거나, 횡치된 단경호 내부에 정치하여 넣기도 하였다. 단경호 내부 중첩은 마산 현동 18호 출토 승문단경호에도 보이는데,

41) 李政根, 「三國時代 土器 재임방법에 대한 檢討」, 『嶺南考古學』 60, 2012, 92~95쪽.

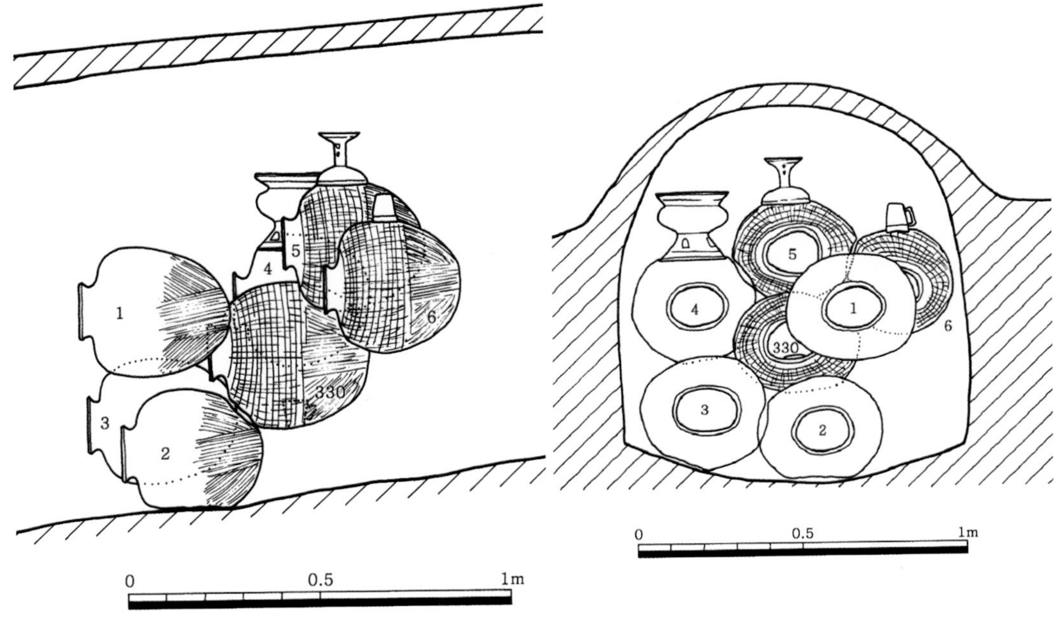

〈도면 3〉 우거리 330단경호 토기재임 복원

2단 또는 3단에 놓았을 것으로 판단되는 단경호 내부(컵형토기)와 외부(노형토기)에 중첩흔이 관찰된다. 이러한 중첩의 양상은 비단 우거리에서만 보이는 것이 아니라 함안지역 고식도질토기, 소위 '함안산 토기'로 추정되는 토기(승문계단경호 중심)에서 공통적으로 관찰되는 특징이다. 이를 근거로 토기재임과 생산수량을 추정해보면, 먼저 단경호는 옆으로 3伍, 위로 3段가량 중첩할 수 있다.[42] 이러한 재임방법으로 소성할 경우 우거리 2호 가마의 규모에서는 약 117점의 토기를 한 번에 소성할 수 있는데, 단경호는 90점(77%)과 다른 기종은 27점 정도이다. 한편 같은 규모의 가마에 단경호를 정치소성할 경우, 소형기종을 2단 중첩하였다면 60점(단경호 30점, 기타 30점), 소형기종을 6단 중첩하였다면 최대 204점(단경호 24점, 기타 180점)을 소성할 수 있을 것으로 추정되었다.[43] 만약 우거리 토기가마Ⅰ에서 폐기된 기종별 비율이 소성 전 비율과 비슷하다고 가정하면, 단경호는 소성실 전체에 3단가량 중첩하고 다른 기종을 단경호 위 또는 내부에 중

42) 우거리 2호 가마의 폭과 추정되는 높이는 각각 1.2m가량이며, 소성부의 길이는 약 3.6m이다.
43) 李政根, 앞의 논문, 2012, 96~98쪽.

첩하여야 비슷한 비율이 가능하다. 실제 토기표면 관찰에서 가마 바닥에 바로 놓았던 기종은 중형의 단경호류가 유일하며, 나머지 기종은 모두 아래에 다른 토기(단경호)와의 중첩관계를 가지고 있다.

한편, 승석문단경호를 횡치소성한 것은 이 시기 광범위한 지역에서 공통된 방식이었으며, 그 중심에 있는 승문계단경호는 함안지역에서 대량으로 생산·소비된 것은 분명하지만, 다른 지역에서도 생산되었고, 집단간 선호기종의 차이에 기인한 출토량의 차이로 보는 견해[44]도 있다. 하지만, 현재까지 확인·조사된 비슷한 시기 가마를 기준으로 할 때, 횡치소성 승문계단경호를 생산된 가마는 함안지역에서 확인되며, 의령과 창녕 등지 가마유적에서 보고된 승석문타날 단경호는 의사승석문타날이며 횡치소성의 흔적은 보이지 않는다.[45] 횡치소성의 이유는 둥근 바닥, 얇은 기벽으로 인해 무게가 상대적으로 가벼워 정치할 경우 소성 중 대류압에 의해 넘어지는 것을 방지하기 위한 것[46]만은 아니며, 단경호를 중첩하여 대량생산이 가능한 방법이기 때문이다. 당연히 중첩은 한번 소성작업으로 보다 많은 단경호의 생산과 대량생산을 위한 도공의 의도적이고 적극적인 선택이었다. 동시기 낙동강 하류지역의 무문양이부호에 비해 승문계단경호는 기벽이 얇고 가벼운 것이 특징이다.[47] 보다 자세하게는 기벽 중에서도 저부의 두께가 가장 얇은 것이 특징이며, 2~3mm 정도로 만들어진 것도 있는데, 앞서 언급한 것처럼 저부 원저화 공정과 관련성을 가진다. 기벽이 얇고 가벼운 단경호는 그렇지 못한 단경호와는 다른 성형방법이 적용된 것으로 보다 높은 기술력이 적용되었다. 또, 얇은 기벽을 가진 토기를 여러 단 중첩하는 횡치소성은 실패율이 높아질 가능성, 동체부가 찌그러져 외관도 좋지 못한 단점도 있다. 그럼에도 함안 이외지역에서 그리 선호하지도 않는 기종인 승석문단경호를 굳이 횡치하여 소성할 필요가 있었을까? 만약 낙동강 하류지역에서도 횡치 소성한 단경호를 생산하였다면 신식와질토기 제작전통에서 이어진 격자문타날단경호 생산체계, 새로이 등장하는 도질의 무문양이부단경호 정치소성 생산체계, 그

44) 홍보식, 「4세기의 아라가야와 금관가야」, 『고고학을 통해본 아라가야와 주변제국』, 2012경남발전연구원 역사문화센터·고분문화연구회 학술대회, 2012, 133~136쪽.

45) 대구 신당동 1호 가마(삼한문화재연구원, 『大邱 新塘洞 遺蹟』, 2015)는 단경호를 횡치소성하였다. 하지만, 다른 토기와의 재임양상은 함안지역과 다르며, 이에 대해서는 뒤에서 다시 언급하고자 한다.

46) 홍보식, 앞의 논문, 2012, 131~133쪽.

47) 정주희, 앞의 논문, 2009, 10쪽.

리고 횡치소성한 승석문타날단경호 생산체계 등 최소 3개의 다른 생산체계가 고식도질토기시기 동안 공존하였거나 한 명의 도공이 상황에 따라 각기 다른 성형 및 소성방식을 적용하여 단경호를 생산하여야 하지만 그럴 가능성은 낮다고 생각한다. 한편, 낙동강 하류지역 분묘 출토품 중 횡치소성 단경호는 두 점이 알려져 있다. 하나는 복천동 38호분 출토품[48]이며, 다른 하나는 김해 양동리 120호 출토품[49]이다. 소개된 사진을 통해 보건데, 두 점 모두 완전한 정치상태로 소성된 것은 아니지만, 구연부가 화구를 바라보는 상태의 횡치도 아니다. 복천동 38호 출토품은 동체 중위에 노벽편이 부착되어 있어 횡치로 보이지만, 飛散이 수직상으로 형성되어 있고, 중첩의 흔적은 확인되지 않는다. 이 단경호는 구경부가 연도를 향한 상태로 횡치에 가깝게 기울어진 상태로 소성된 것으로 판단된다. 이러한 기울어짐은 가마바닥의 경사나 부분적인 요철면 등의 원인이거나 소성 도중 위치의 변화에 의한 것일 수도 있다. 그리고 양동리 출토품은 외절 구연고배를 단경호 위에 중첩한 것으로 보고 소개되었는데, 토기표면에 형성된 灰痕과 비산으로 보아 구연부는 화구를 향하지 않았던 것으로 판단된다. 물론 고식도질토기시기 낙동강 하구지역 토기 중 횡치 소성된 단경호, 함안지역에서 정치 소성된 단경호가 확인될 가능성은 충분히 있다. 횡치소성과 정치소성에 주목한 것은 소수의 단경호가 횡치인가 정치인가를 구분하기 위한 것이 아니라 조업 시 가마 내 재임의 주된 방식이 무엇인지, 그리고 그러한 방법의 적용이 의미하는 것이 무엇인지를 검토해 보기 위한 것이다.

그렇다면 단경호의 횡치소성은 고식도질토기시기 함안지역에서 만들어낸 독창적인 소성방법이었을까? 고식도질토기가 출토되는 함안지역 가장 빠른 분묘인 도항리 35호(문), 도항리 33호(경)에서 출토된 승문계단경호는 횡치 소성되었다. 이보다 빠른 횡치소성 단경호는 아직 확인되지 않기 때문에 단경호 횡치소성은 함안지역에서 창안했을 가능성은 높다고 판단된다.[50] 또 신라·가야토기 분화 직후로 편년되는 도항리 10호(문)를 마지막으로 횡치소성 단경호[51]는 보이지 않으며, 같은 단계로 편년되는 도항리

48) 복천박물관, 『東萊 福泉洞古墳群』, 2010.

49) 趙晟元, 앞의 논문, 2012, 7쪽, 25쪽.

50) 같은 단계로 편년되는 대성동 59호를 비롯해 낙동강 하구역에서도 승문계 단경호가 출토되지만, 함안에 비해 밀집도가 높지는 않다. 이 시기 낙동강 하구지역 출토 승문계호는 함안지역 생산품, 도항리 35호(문)에서 출토되는 정치소성 무문 양이부호는 낙동강 하구지역 생산품일 가능성이 높다.

51) 횡치소성된 것은 승문타날 단경호 2점과 평행타날 단경호 2점이다.

도항리 27호(문)에서 출토된 승문단경호(유물번호 341)는 정치소성 되었다. 함안지역에서 중형 단경호를 횡치소성하던 방법에서 정치소성으로 전환되는 시기에는 여러 가지 변화의 양상이 보인다. 평행타날 단경호는 도항리 41호보다 한 단계 빠른 것으로 편년되는 도항리 36호(문)에서 확인(유물번호163, 167)되는데, 정치소성되었다. 중형 단경호의 정치소성은 도항리 41호(문) 무문단경호 부터 보이기 시작하며, 이후 주를 이룬다. 도항리 분묘의 편년에 따라 단경호의 제작기법의 변화를 정리하면 아래와 같다.

〈표 5〉 함안지역 분묘 출토 중형 단경호의 제작기법 변화

대표유구	황사리 45호	도항리 41호	도항리 36호	도항리 10호	도항리(현) 4호
제작기법 / 단계	Ⅲ(4C 3/4)	Ⅳ(4C 4/4)	Ⅴ(5C 1/4)	Ⅵ(5C 2/4)	Ⅶ(5C 3/4)
승문타날					
평행타날					
자갈색계 표면색					
단경호횡치소성					
단경호정치소성					
저부구획타날					
전용 요도구 사용					
해당가마	우거리1~3 묘사리1,2 구산동1895?	신당동1(삼) 여초리A, B 산막	옥산리4 율산리 성하리 창리	화산리 3	

* 단계는 우지남(2000) 편년안

〈표 5〉에서 도항리 41호(문)에서 도항리 10호(문)까지는 고식도질토기 제작기법과 신식도질토기 제작기법이 공존하고 새로운 기종이 등장하는 등 큰 변화를 보인다. 함안지역 신식도질토기의 제작기법으로는 평행타날, 전용 요도구의 사용, 단경호 정치소성(고배 등 소형기종의 중첩소성)을 들 수 있다. 도항리 36호 출토 승문타날단경호는 정치소성되었지만, 이보다 늦은 도항리 10호 승문단경호는 횡치소성되었다. 새로운 제작기법이 적용되기 시작하지만, 기존의 제작전통이 한동안 유지되는 것이다. 한편 중첩을 위한 전용 요도구는 도항리 36호(문)에서 처음 보이기 시작한다. 개의 꼭지 주변으로 직경

약 7cm가량의 중첩흔이 관찰되는데, 진주 상촌리 가마에서 많이 확인되는 낮은 원통모양 이기재의 용착흔이다. 개를 거꾸로 뒤집고 중첩하여 굽기 위해 그 아래에 두었던 이러한 형태의 이기재는 5세기 중반 이후 아라가야와 소가야지역에서 널리 사용되었다. 이 기간에는 특정 기종은 소멸하고 새로운 기종이 등장하며, 토기의 형태에도 큰 변화가 있다. 승문계단경호, 노형토기, 문양이 새겨진 개 등은 점차 사라지고 유개식 고배, 발형기대, 광구소호, 장경호 등이 새로이 등장한다. 고배는 기고가 커지고 다양한 형태의 투창이 보이며, 대각은 원통형에서 나팔상으로 변화하는 것 등이다. 이 기간을 고식과 신식이 혼재하고 일시적으로 특이한 형태의 토기가 나타나기 때문에 '轉換期'[52] 또는 '型式 亂立期'[53]라 부르기도 한다. 한편, 고식도질토기 생산가마로 알려진 의령 율산리, 달성 성하리와 창리, 경산 옥산동 4호, 양산 산막(?), 경주 화산리 2~3호와 지표에서 확인된 의령 전화리가마[54] 등이 모두 이 기간에 해당한다.

〈도면 4〉 이기재 용착흔(도항리 36호)

보통, 일반적인 도질토기는 회청색계(회백색, 회색, 회흑색 등) 표면색을 보인다. 단면의 경우 일부 자갈색계를 띠는 경우도 있지만, 토기 표면이 자갈색을 경우는 특정시기와 지역에 한정되어 있는 듯하다. 자갈색을 띠는 중형 단경호의 표면상태를 보면, 화기가 가장 높은 부분은 표면이 飛散되어 회청색을 띠고, 열기를 적게 받은 부분도 회청색에 가깝다. 자갈색계 표면은 膜을 이루고 있는 것이 확인되는 경우도 있어 표면에 안료(slip)를 바르고 소성한 것으로 보고[55]되기도 한다. 표면 자갈색의 경우 산화소성과 관련성을 가지는 것은 분명하지만 자갈색의 발현 과정을 분명하게 제시할 수는 없다.

52) 朴升圭, 「加耶土器의 轉換期 變動과 樣式構造」, 『伽倻文化』 第十九號, 伽倻文化研究院, 2006.

53) 趙榮濟, 「型式 亂立期의 加耶土器에 대하여」, 釜山考古學研究會, 『考古廣場』, 2008.

54) 국립김해박물관, 『연보』, 2003.

55) 東亞細亞文化財研究院, 『창녕 강리 공장증축부지내 文化遺蹟 發掘調查 報告書』, (財)東亞細亞文化財研究院 發掘調查報告書 第6輯, 2006, 84쪽.

다만, 함안지역의 경우 도질토기 등장기에는 보이지 않고 승문계 단경호가 대량생산되는 시점을 중심으로 집중적으로 관찰되며, 이후 단경호를 중첩하지 않고 정치 소성된 시기에는 거의 확인되지 않는다. 따라서 자갈색계 표면색은 단경호를 중첩하여 횡치소성하는 것과 관련성을 가지며, 고식도질토기시기 함안지역의 토기제작 기술과 관련한 특징의 하나인 것은 분명하다.

Ⅲ. 아라가야의 토기생산 공간과 유통

1. 가마유적의 입지와 토기생산 공간

함안에서 확인된 12개소의 가마유적은 법수면 우거리 일대로 4~5세기 아라가야 분묘가 집중되어 있는 도항리 고분군에서 북서쪽으로 4km~8km가량 떨어져 있다. 동쪽으로는 함안천, 서쪽으로는 석교천에 의해 형성된 비교적 너른 평야 사이로 천제산에서 남강을 향해 뻗어 내린 작은 능선 말단을 따라 흩어져있다. 각 가마유적 간의 거리가 300~500m일 정도로 밀집되어 있는데, 지표조사에서 확인되지 않은 유적이 존재한다면 이보다 더 짧은 간격일 것이다. 이 중 5세기 이후의 가마로 보이는 윤내리 토기가마Ⅰ을 제외한 11개소의 토기가마는 고식도질토기를 생산하였으며, 지표에서 확인되는 토기편으로 볼 때 거의 비슷한 시기에 조업[56]하였기 때문에 법수면 일대는 고식도질토기시기 대규모 토기생산 공간이었다.

대규모 토기생산유적이 당시 중심지와 일정한 거리를 두고 분포하는 것은 영남지방에서 확인된 대규모 토기생산유적과도 유사하다. 창녕 여초리를 중심으로 확인된 5개소의 가마유적도 창녕읍 중심에서 4~6km가량 남쪽에 해당한다. 4세기경 창녕지역 중심세력의 위치가 창녕읍 일대였는지는 분명하지는 않지만, 최소한 여초리 주변이 아닌 것은 분명하다. 또, 시기는 다르지만 경산 옥산동·대구 욱수동 토기가마유적은 압독국의 중

56) 이미 조사된 묘사리 토기가마Ⅰ이나 우거리 토기가마Ⅰ과 거의 동시기이며, 우지남 편년(2000) 기준 Ⅲ단계에서 Ⅳ단계가 중심으로 판단된다. 물론, 모든 가마가 동시에 조업된 것이 아니라 상대적인 시기차이는 인정될 것으로 보인다. 우거리 토기가마Ⅱ의 경우 지표수습 토기편으로 볼 때 우거리 토기가마Ⅰ보다 상대적으로 늦은 것으로 판단되지만, 역시 우지남의 Ⅳ단계 이후는 아닌 것으로 보인다.

심이었던 임당고분군에서 서쪽으로 3.5km가량 떨어진 낮은 구릉지대에 위치한다. 임당동 인근에서 도질토기 생산가마가 확인되지 않았고, 경산 옥산동·대구 욱수동 가마유적에서 출토된 토기와 임당유적 출토품으로 보아 고식도질토기 늦은 시기에서 신식도질토기시기에는 경산 옥산동·대구 욱수동 일대가 압독국의 대규모 토기생산유적이었음은 분명하다. 또, 가마유적 주변 시지유적에서 조사된 취락은 대부분 공방이었을 가능성이 높고, 그러하다면 토기공방·단야공방·제철공방 등이 밀집된 생산취락[57]으로 경산 옥산동에서 대구 시지동에 이르는 지역은 압독국 중심세력이었던 임당집단의 대규모 생산공간에 해당한다. 경주 손곡동·물천리 가마유적도 월성에서 북서쪽으로 6.5km가량 떨어진 구릉 일대에 5~6세기 대규모 토기가마가 조사되었다. 이보다 시기적으로 앞선 가마인 화산리 토기가마는 손곡동·물천리 가마유적에서 북쪽으로 5.7km가량, 월성에서는 북동쪽으로 11km가량 떨어져 있다. 경주시 문화유적분포지도에 의하면, 경주에서는 총 35개소의 토기가마유적이 확인되었는데,[58] 모두 월성을 중심으로 6~10km가량 떨어진 외곽에 분포한다. 특히 손곡동·물천리 가마유적에서 화산리 가마유적 사이에 해당하는 신당천 유역 일대에는 15개소의 토기가마와 8개소의 기와가마유적이 밀집되어 있다. 따라서 천북면일대는 왕경에서 필요한 토기·기와를 대규모로 생산하던 공간이었던 것으로 보인다. 경산이나 경주와 마찬가지로 아라가야의 중심부에서 일정한 거리를 두고 토기가마가 밀집 분포하는 법수면 일대는 아라가야의 대규모 생산공간이었으며, 경산이나 경주와 같이 향후 조사가 진행된다면 이 일대에서 토기 이외의 다른 생산유적도 확인될 가능성도 있겠다.

토기 가마유적의 입지를 결정하는 요소로는 자연환경(해발고도, 지형, 경사도, 사면향, 풍향, 지질), 원료(물, 점토, 연료), 교통(육로, 수로), 작업 및 생활공간 등이 종합적으로 고려되어 선정된다.[59] 어쩌면 앞서 언급한 입지 결정요소를 완벽하게 충족시키는 곳은 없을지도 모르며, 일정기간 조업을 하게 되면 장점이 사라지기도 할 것이다. 또 어떤 불리한 요소가 있더라도 다른 요소의 장점으로 극복이 가능한 부분도 있다. 예를 들어, 가마주변에서 토기제작에 필요한 점토나 땔감을 확보할 수 있다면 좋겠지만, 그렇

57) 김대환·김은주,「시지유적의 제철과 철기공방－기초자료의 소개」,『天馬考古』제2호, 2005, 25~26쪽.
58) 국립경주박물관·경주시,『文化遺蹟分布地圖－慶州市－』, 2008.
59) 金才喆, 앞의 논문, 2004, 101쪽.

지 않은 경우에는 운반을 통해 공급하는 식이다. 반대로 소비지와의 거리가 멀지만 수운 등을 통한 교통로가 발달해 있다면, 단순히 주 소비지와의 물리적 거리만을 고려대상으로 하지는 않았을 것이다. 따라서 보완이 불가능한 자연환경적 요소(지형, 풍향 등)를 제외한 나머지 요소의 종합적인 고려를 통해 가마유적의 입지를 결정하였을 것이다.

법수면일대에 밀집 분포하는 고식도질토기 생산유적은 남사면 말단부에 위치하는 공통점이 있다. 지형상 북사면이나 동사면 등이 가마를 축조하고 운영하기에 더 적합한 곳이 있지만, 예외 없이 남사면에서만 확인된다. 가마가 남사면에 구축되는 점은 다른 영남지역 가마와도 공통적인 양상이다. 구릉의 남사면에 주로 분포하는 가마는 곡부의 방향과 거의 직교하고, 이는 계곡을 따라 불어오는 바람을 직접적으로 이용하기보다는 약간 굴절된 사면풍을 이용하기 위한 것이라고 한다.[60] 법수면 일대에 가마유적이 밀집한 이유는 극히 일부의 가마유적만 조사된 상황에서 단언하기는 어렵지만 가마축조(지질, 지형), 가마운영(풍향, 점토 · 땔감 공급 등), 생산품 유통(운송로, 주소비지와의 거리 등)에 적합하였던 곳으로 보인다. 즉 천제산에서 남강을 향해 뻗어 내린 능선은 완경사를 이루는 낮은 구릉지대이며, 기반암이 가마를 구축하는데 적합하였을 것이다. 또, 이 일대는 남강과 함안천에 합류하는 작은 지류를 따라 많은 소류지와 늪이 형성되어 있는데, 늪 주변으로 양질의 진흙층이 분포하고 있어 가마를 축조하고 토기를 만드는 점토 확보에 유리하였을 것이다. 실제 윤외리 법수초등학교 주변은 최근까지도 고령토를 채취하였던 곳이다.[61]

한편, 경주 손곡동 · 물천리나 대구 욱수동 · 경산 옥산동 유적과 같이 대규모 유적을 제외하고는 영남지역 대부분이 가마 1~10기 정도의 중소규모이기 때문에 자급자족식의 수요와 공급이 이루어졌고, 대규모 소비지를 계획한 유적이 아니기 때문에 가마 입지 선점에 있어 교통로자체는 크게 고려되지 않은 것으로 추정하기도 한다.[62] 하지만, 법수면 일대 가마유적은 대부분 천제산에서 뻗어 내린 가지능선 사이에 형성된 계곡의 입

60) 김지현, 「함양 신관리유적 토기가마와 출토유물에 대하여」, 『함양 신관리유적』, 우리문화재연구원, 2011, 307~311쪽; 박헌민, 「영남지방 4~6세기 토기가마 구조의 변화」, 『대가야문물의 생산과 유통』, 제10회 대가야사 학술대회 자료집, 2015, 199~201쪽.

61) 1996년 9월 인쇄된 1 : 25,000 지형도에는 법수초등학교 앞(윤외리고분군 남쪽)에 고령토 채취장이 표기되어 있다.

62) 김지현, 앞의 논문, 2011, 311쪽.

구에 가마유적이 분포한다. 해발 높이로는 몇 개의 유적을 제외하고는 대부분 20m 내외에 해당한다. 현재 계곡은 경작지로 활용되고 있지만, 가마가 축조될 당시에는 가마유적 가까이까지 늪지가 형성되어 있었고 소하천을 통해 남강과 연결되었을 것으로 추정된다. 생산한 토기를 수레 등을 이용하여 육로로 운송할 경우 충격으로 이동 중 파손될 가능성이 높고, 한꺼번에 대량으로 이동시키는데 제한적이었을 것이다. 근대까지도 곡물을 비롯한 무겁거나 부피가 많은 물품의 대규모 운송에 주로 수운을 이용하였던 것처럼, 법수면 일대에서 생산된 토기도 남강과 지류를 따라 형성된 물길을 이용하여 이동되었을 것이다. 생산량, 가마유적의 밀집도, 토기의 규격화와 표준화, 함안 이외지역에서 확인되는 동일한 제작기법 등을 감안하면 법수면 일대의 토기가마가 자급자족식의 수요와 공급으로 설명될 수 없다. 또, 가마유적이 지류를 따라 남강으로 이어지는 지점에 위치하고, 남강 지류인 함안천을 따라 아라가야의 중심부인 가야읍까지 이어져 있기 때문에 법수면 일대에서 생산된 토기는 물길을 이용하여 함안지역뿐 아니라 남강 상류의 진주와 산청, 남강 하류를 지나 낙동강의 상류와 하류지역으로의 원거리 이동에도 편리하였을 것이고, 토기생산 공간의 선정에 있어 남강과 지류를 이용한 물길도 중요한 요소로 고려되었을 것이다. 한편 생산된 토기의 유통에 용이하였던 교통로는 지속적인 생산으로 인해 일부 원료가 부족한 경우(예를 들어 점토는 충분하지만 땔감이 부족하게 되는 경우 등), 부족한 원료의 운송에도 활용이 가능하였을 것이다.

법수면 일대에서 확인된 가마유적 중 11개소는 고식도질토기를 생산한 가마이다. 발굴 조사된 우거리 토기가마 I 의 경우 4세기 중후반경에 조업한 가마유적으로 보고하였고, 묘사리가마의 경우에도 보고자는 4세기 2/4분기에 조업을 시작하여 5세기 1/4분기까지 조업한 것으로 보고하였다. 일반적으로 고식도질토기는 3세기 중후반 또는 4세기 초에 등장하고, 신식도질토기는 4세기 중후반 또는 5세기 초에 시작되는 것으로 보고 있다. 연구자 간 절대연대에 있어 의견 차이가 있긴 하지만, 고식도질토기시기는 대략 100년 남짓이며, 아라가야지역의 경우에도 100년 정도, 길게 보아야 125년 정도이다. 그렇다면, 법수면 일대 가마유적 11개소 모두가 묘사리 가마와 같이 고식도질토기시기 대부분의 기간 동안 조업하였던 것으로 볼 수 있을까? 물론, 가마유적에서 출토된 토기를 기존 형식분류를 통한 편년연구에 대입한다면, 최대 100년 가깝게 조업한 것으로 판단할 수 있다. 국립김해박물관이 조사한 우거리가마유적의 경우에도 기존 편년에 대입하면 조업기간의 폭이 길다고 판단할 수 있다. 하지만, 하나의 가마를 만들고 여러 차례 보수를 하더라도 몇십 년간 가마를 재사용하는 것보다는 새로 가마를 만드는 것이 더 효율성이 높았을 수 있기 때문에[63] 각 가마유적의 조업기간은 매우 짧았을 것으로 생각한다. 때문에 우거리 토기가마Ⅰ에서 확인된 3기의 가마는 승문계단경호를 기준으로 4세기 중후반경에 조업한 것으로 판단하였다. 마찬가지로, 법수면 일대의 11개소 고식도질토기 생산가마는 발굴결과나 지표에서 확인되는 토기편으로 볼 때 모두 4세기 중반이후[64]에 집중된다. 4세기 전반 이전의 가마도 법수면 일대에 있을 가능성이 있지만, 해당 시기는 함안지역 분묘자료가 많지 않고, 토기의 본격적인 대량생산이 이루어지지 않았던 것으로 생각되기 때문에 가마유적은 4세기 중반 이후에 비해 상대적으로 소수였을 것이다. 그리고 11개소의 4세기 중반 이후의 가마유적이 모두 동시에 조업한 것은 아니며, 가마 주변의 점토나 땔감이 고갈되거나 가마를 여러 차례 보수해 소성의 효율성이 낮아지면 근처 구릉에 새로운 가마를 만들면서 이동하였을 것이다. 예를 들어 우거리 토기가마Ⅰ에서 일정기간[65] 조업하다가 우거리 토기가마Ⅲ으로 이동하고 다시 우거리 토기가마Ⅴ로 이동하는 식이다. 물론 11곳 모두는 아니어도 몇 곳에서는 동시에 조업했을 것이다. 이러한 가마의 이동은 〈도면 5〉와 같이 3~4곳이 동시에 조업하면서 고식도질토기 시기 동안 몇 번에 걸쳐 가까운 구릉으로 이동하였을 것이라 생각된다. 이에 대해서는 토기가마에 대한 추가 발굴조사가 이루어지면 분명해질 것으로 기대한다. 함안 법수면 일대와 마찬가지로 창녕 여초리 일대 5개소의 고식도질토기 가마유적

---

63) 요즘 토기를 재현하는 도공들은 '가마를 대부분 벽돌을 이용하여 만들며 이 경우에도 소성과정에서 가마가 많이 훼손되어 보수가 필요하다. 만약, 점토로 가마를 만든 경우, 훼손의 정도가 더 심하여 더 많은 보수가 필요하다. 여러 번의 보수를 거치면 새롭게 가마를 만드는 것이 더 효율적이다'라고 한다. 실제 우거리 2호가마의 경우 보수를 하면서 훼손부분에 점토를 덧발라 보수한 흔적이 확인된다. 이로 인해 가마의 내부벽체는 굴곡면이 생기고 내부는 좁아지게 된다. 이는 화기의 이동이 원활하지 못하고 토기재임공간은 축소되는 등 가마운영의 비효율성은 높아졌을 것이다.

64) 우지남의 Ⅲ단계에서 Ⅳ단계에 해당하는 것으로 생각된다(禹枝南, 「咸安地域 出土 陶質土器」, 『道項里·末山里遺蹟』, 慶南考古學硏究所, 2000, 146~147쪽).

65) 분명한 근거를 제시할 수는 없지만, 최대 10년을 넘지 못할 것으로 생각된다. 폐기장의 토기편 퇴적상태를 보면 일정 계절 또는 몇 달에 한 번 정도의 소성이 이루어진 것이 아니라 연중 지속적인 소성작업이 있었던 것으로 판단되고, 토기편과 함께 다량의 요벽편이 폐기된 양상은 한 번의 소성작업에서 가마의 훼손도 심각하였을 것이라 판단된다. 수리와 보수가 벽체를 제거하고 새로이 만드는 것이 아니라 파손된 벽체 내외부에 점토를 덧바르는 방식이었다. 따라서 계속되는 보수는 가마 공간이 좁아지고 벽체의 요철은 원활한 열기전달이 어려워지는 등 가마 운영의 효율성도 낮아 질 것이다. 때문에 수십 번 이상 대규모 보수와 수리를 하였을 가능성이 낮다고 생각된다.

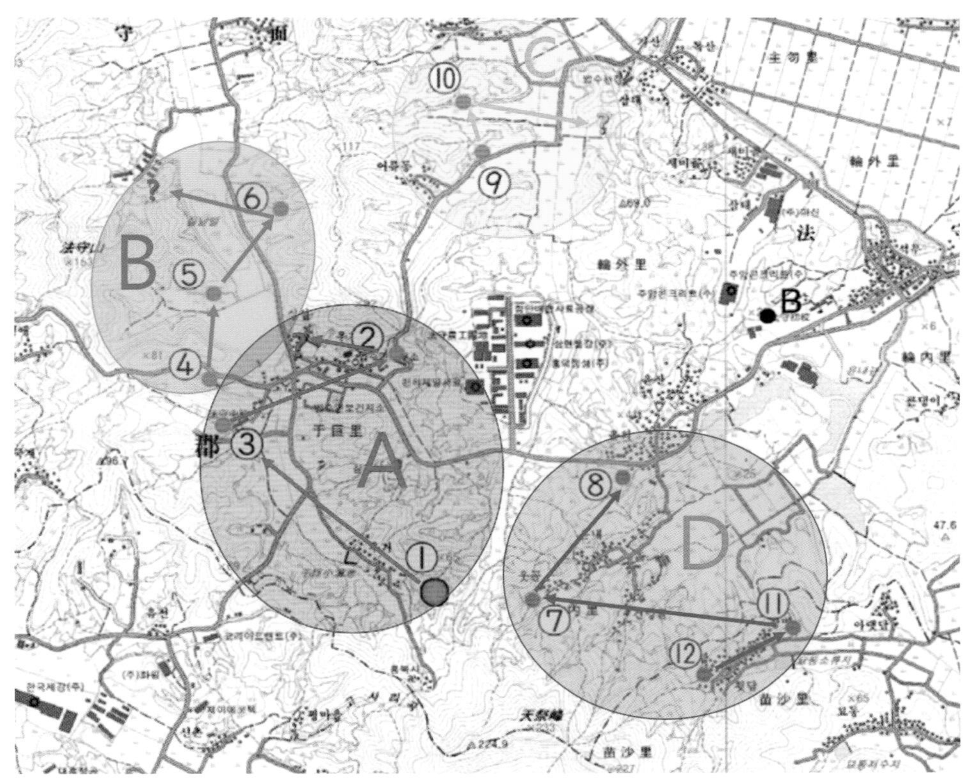

〈도면 5〉 법수면 일대 고식도질토기 가마의 이동 추정

도 여러 번의 가마폐쇄와 신축을 통한 이동의 결과로 판단된다. 창녕의 경우, 조사된 여초리 A·B가마 인근에 퇴천리가마,[66] 퇴천리 거울내가마,[67] 외부리 평동가마[68] 등이 지표조사에서 확인되었다. 함안 법수면 일대 만큼은 아니지만, 비교적 좁은 지역에 동일 시기로 추정되는 가마유적이 밀집분포하고 있는 양상이다. 당시 토기 성형과 소성에 있어 가장 높은 기술력은 토기의 크기와 두께, 형태의 규격화, 표준화 등과 관련성이 높았을 것이다. 이러한 기술력은 단시간에 전달될 수 있는 아니며 지속적인 기술전승을 통해 가능할 것이다. 따라서 규격화된 대호를 집중적으로 생산하였을 것으로 판단되는 여초리 일대 가마는 높은 기술력을 가진 집단에 의해 지속적으로 운영되었을 것이다. 보

66) 國立晋州博物館, 『昌寧余草里토기가마터(Ⅰ)』, 1992.

67) 동아대학교박물관, 『문화유적분포지도－창녕군(분묘유적)』, 1998.

68) 김세진, 「창녕지역 가마터 신례 보고」, 동아세아문화재연구원, 『동아문화』 창간호, 2005, 400~403쪽.

고서에 소개된 유물의 수량은 소수이지만, 실제 발굴조사 사진과 지표에서 확인되는 토기편, 당시 조사자의 전언을 통해 볼 때 대량의 토기가 폐기되었다. 소성작업의 빈도를 알 수 없지만, 단기간에 소규모 조업이 이루어진 것이라 판단되지 않기 때문에, 법수면 일대만큼은 아니더라도 가마유적이 몇 번의 이동이 있었을 것이다.

한편, 가마의 이동과 관련하여 대구 신당동유적의 사례가 주목된다. 영남문화재연구원에서 발굴조사에서 신식도질토기를 생산한 4기의 가마가 확인되었는데, 토층 중복양상으로는 2호와 4호 가마가 먼저 축조되고 1호와 3호 가마가 늦은 것은 분명하지만, 거의 동시기에 해당하는 것으로 보고되었다.[69] 이곳에서 남쪽으로 250m가량 떨어진 곳에서 고식도질토기를 생산한 2기의 가마가 삼한문화재연구원에 의해 조사되었는데, 1호 가마를 먼저 만들고 이어 2호 가마가 축조되었다. 2호 가마의 조업 중단 이후에는 영남문화재연구원에서 조사한 가마유적으로 이동되었을 것으로 보고 있다.[70] 정리해 보면, 신당동 가마의 축조순서는 1호(삼한) → 2호(삼한) → 2호 · 4호(영남)→1호 · 3호(영남)의 순이다. 고식도질토기시기에는 같은 구릉에서 가마 신축이 한 차례 있었고, 신식도질토기시기에 2기의 가마가 동시에 조업[71]하다가 한 차례 신축하였던 것이다. 조업 년대는 1호 가마(삼한)를 4세기 1/4~2/4분기, 2호 가마(삼한)를 4세기 4/4분기, 2호 · 4호 · 1호(영남)을 5세기 1/4분기에 해당하는 것으로 보고 있다.[72] 삼한문화재연구원이 조사한 1호와 2호 가마의 조업기간 사이에 한 분기가량의 공백기를 설정하고 있지만, 큰 시간차이가 있는 것으로 생각되지 않는다. 신당동유적은 신라 · 가야토기 분화 직전에 조업을 시작하여〈1호 가마(삼한)〉 분화 직후까지 조업〈1호 · 3호(영남)〉하였으며, 조사자의 편년기준으로는 4세기 4/4분기에서 5세기 1/4분기에 해당하는 것으로 생각된다. 조업기간에 대한 의견은 차치하더라도, 일정한 공간에서 어느 정도 조업을 하다가 가까운 거리에 위치한 능선으로 가마가 이동되었음은 분명하며, 가마 한기당 조업기간도 매우 짧았음을 알 수 있다. 마찬가지로 경주 천북면 일대의 15개소의 토기가마유적, 내남면 일대에서 확인된 14개소의 토기가마유적도 이러한 이동의 결과로 여겨진다.

---

69) 嶺南文化財硏究院, 『大邱 新塘洞遺蹟』, 2005, 255~258쪽.

70) 삼한문화재연구원, 앞의 책, 2015, 255~258쪽.

71) 2호가마와 4호가마의 축조순서에 대한 언급하고 있지 않는데, 동시조업으로 보는 듯하다. 필자도 동시조업의 가능성이 있다고 생각된다.

72) 삼한문화재연구원, 앞의 책, 2015, 258쪽.

2. 아라가야 고식도질토기의 유통

토기는 생산－유통－소비－폐기라는 4단계를 거쳐 고고자료로 남게 되며, 경우에 따라서는 유통과 소비가 하나의 과정이 될 수 있고, 폐기과정에서 가공·보수를 통해 재가공·재소비되는 경우도 있다.[73] 토기의 유통을 언급하기 전에 유통의 정의에 대한 보다 심도는 논의와 검토가 필요하겠지만, 여기에서는 물품(토기)이나 정보(제작기술), 인력(도공)이 일정 지역을 벗어나 이동된 것에 한정하여 사용하고자 한다.

아라가야 토기에 대한 지금까지의 연구에서 공통된 점은 고식도질토기시기에는 함안지역과 유사한 토기가 광역에 분포하지만, 신식도질토기시기에는 아라가야양식 토기의 분포범위가 상대적으로 축소된다는 것이다. 분명 신식도질토기시기 아라가야토기는 이전과 달리 함안분지를 중심으로 확인되고 외곽으로의 유통 범위는 넓지 않았을 것으로 보이는데, 고식도질토기시기 아라가야 토기가 압도적이었던 진동만이나 마산만 일대(현동, 대평리)의 경우에도 5세기 중반 이후에는 급격하게 감소하고 소가야토기로 대체되는 것으로도 알 수 있다. 문제는 고식도질토기시기 광역에 분포하는 소위 '함안식 토기'에 대한 인식 차이이다. 함안지역 토기문화의 독자성과 주변지역으로의 유통 현상을 인정하는 의견과 낙동강 하구지역을 제외하고는 이러한 양상이 함안지역에 한정되지 않는 영남 전역의 공통된 특징으로 보는 의견이 팽팽하게 맞서 있다.[74] 필자는 토기의 형태가 아니라 토기의 제작기법에 관심을 가지고 이 문제에 대해 접근하고 있으며, 앞서 가마와 분묘에서 출토된 토기의 표면관찰을 통해 성형과 소성방법을 추적하였는데 단경호 저부 구획타날법, 단경호 중첩 횡치소성, 자갈색계 표면색 등을 함안지역 고식도질토기 제작기술의 특징으로 보았다. 분량과 지면의 한계로 별도의 구체적인 편년안을 제시하지는 않았지만, 함안지역 고식도질토기를 크게 3단계로 구분하고 유통양상에 대해 살펴보면 다음과 같다.

Ⅰ단계는 함안지역에서 고식도질토기가 등장하는 단계로, 도항리 35호(문)나 33호(경)이 대표적이다. 승석문단경호는 저부 구획 타날, 횡치소성 등 단경호 제작기술은 완성되었지만 크기는 전체적으로 작다. 기종은 노형토기나 컵형토기, 문양개가 있으며, 고

73) 趙晟元, 앞의 논문, 2012, 2~3쪽.

74) 정주희, 앞의 논문, 2016, 198~199쪽.

배는 확인되지 않는다. 많지는 않지만 대성동 59호 승석문 양이부호와 같이 함안지역에서 생산된 토기가 낙동강 하구지역으로 유통되었을 것으로 보인다. 반대로 도항리 35호(문)나 33호(경)에서 출토된 무문양이부호의 경우 낙동강 하구지역과의 유통으로 반입되었을 것으로 보인다. 낙동강 하구지역의 도질토기와의 상호유통이 확인되는데, 함안지역 도질토기 생산기술(전체 또는 일부)이 낙동강 하구지역에서 유입되었던 이유로 추정해 본다. 함안 분지를 벗어나 의령 예둔리나 서쪽의 진주 지수면과 진성면 일대, 남쪽의 진동만과 마산만 일대까지 함안지역에서 만들어진 토기가 유통되었을 것이다.

Ⅱ단계는 함안지역에서 고식도질토기가 대량 생산되던 시기로 황사리 32호와 윤외리 2호 등 분묘와 법수면 일대 10여 개소의 가마유적이 해당된다. 통형고배가 본격적으로 생산되고, 새로운 단경호 기종으로 승문단경호가 등장하는 등 기종도 다양화 된다. 이 단계에는 영남을 포함한 광역에서 소위 '함안산 토기'의 성형과 소성기법의 특징을 보이는 토기(주로 승문계단경호)가 확인되는데, 영남전역이 유사한 토기를 생산한 결과가 아니라 함안지역에서 생산된 후 유통된 결과이다. 낙동강 하구지역이나 진주를 포함한 서부 경남지역, 그리고 낙동강을 거슬러 대구나 칠곡, 그리고 경주나 울산 등 영남의 광범위한 지역에서 비율의 차이는 있지만 함안지역 고식도질토기와 동일한 제작기법이 적용된 토기가 확인되고 있다. 물론, 이 지역에서 출토되는 소위 '함안계'(승문계 단경호, 노형토기, 통형고배 등)를 모두 '함안산'이라 보지는 않는다.[75] 저포리 31호나 구지로 6호에서 볼 수 있듯이 함안산으로 구분되는 승문계단경호와 함께 현지에서 제작한 승문계 또는 의사승석문 단경호가 함께 출토된다. 현시점에서 단경호는 함안 토기 제작기술의 구별이 상대적으로 용이하지만, 노형토기나 통형고배는 함안에서도 형태적으로

75) '함안산 토기'는 함안의 제작기술, 즉 함안의 공인이 제작한 토기, '함안계 토기'는 타 지역 공인이 함안산 토기를 모방하여 제작한 토기, '함안양식 토기'는 양자를 모두 지칭하는 용어로 정의하기도 한다(정주희, 앞의 논문, 2009, 22~23쪽). 어느 지역에서 함안과 관련된 것으로 보이는 토기가 출토되었다면, 함안에서 만들어진 토기가 이동된 경우, 함안지역 도공이 이주하여 그 지역에서 만든 경우, 이주한 도공에게서 기술을 습득한 다른 도공이 만든 경우, 함안에 가서 기술을 습득한 현지 도공이 만든 경우, 함안 토기를 보고 모방한 경우 등 매우 다양할 것이다. 심지어 기존의 와질토기에서 발전한 것으로 보이는 노형토기, 이전부터 사용한 목기를 토기로 만든 경우 등은 함안과 무관할지도 모른다. 그리고 우연히 비슷하게 만든 경우도 있을 수 있다. 어쩌면 새로운 단어를 만들지 않는다면, 언급한 사례의 의미에 정확하게 부합하는 용어는 없을지도 모른다. 또, 이주한 도공에게서 기술을 습득하거나 함안에서 직접 기술을 습득한 것 등에 대한 구분은 현시점에서 매우 어렵다. 따라서 함안에서 만들었거나 함안에서 이주한 도공이 함안 제작방식으로 만든 것을 '함안산', 함안의 토기제작 정보를 토대로 각 지역에서 만든 것을 '함안계'로 사용하고자 한다.

다양하게 만들어졌고 제작기법의 특징을 분명하게 추출해 내지 못하기에 함안산의 구별은 쉽지 않다. 다만, 이 단계 함안의 경우 단경호를 제외한 타 기종을 가마바닥에 바로 놓인 사례는 거의 없기 때문에 승문계 단경호와의 중첩관계가 확인되거나 표면 자갈색계를 띠는 경우에는 조심스럽게 함안산으로 추정한다. 이 단계에 함안산 토기는 영남을 넘어 순천·여수·해남·장흥 등 전남 동남부 해안지역에서도 확인된다.[76] 또한 전남 서부의 강진 양유동[77]·해남 분토[78] 전라도 내륙의 전주 대정[79]·남원 아영[80]에서도 출토되었으며, 일본 西新町·原の辻·大阪 등[81]에서도 승문계단경호가 확인되는데, 함안지역과 동일한 토기제작기술로 만들어진 것이다. 하지만 이 단계에도 함안분지와 인근지역(진동만, 마산만, 진주 서부 일대, 의령)을 제외한 영남지방의 경우 함안산 토기보다 다른 제작기법이 적용된 토기가 더 많이 확인된다. 다른 제작기법을 보이는 것은 고배를 비롯한 소형기종과 노형토기 등이며 승문계를 비롯한 단경호의 경우 성형과 소성에 있어 큰 차이를 보인다. 전반적으로 소성상태가 좋지 못하고 기벽이 두께가 두꺼운 특징을 보인다.

Ⅲ단계는 함안지역 고식도질토기의 쇠퇴기라 할 수 있으며, 도항리 36호(문)나 도항리 10호(문)가 대표적이다. 함안지역에서는 새로운 기종이 등장하고 이전과 다른 제작기법이 적용되기 시작한다. 새로운 기종으로는 광구소호, 발형기대, 장경호, 유개식고배, 상하 일렬 장방형투창고배, 꼭지가 달린 개 등이며, 대부분 낙동강 하구지역에서는 이전부터 보이던 기종이다.[82] 고식도질토기시기 내내 만들어지던 특징적인 승석문단경호는 사라지고 저부에만 승문타날된 단경호만 존속하지만, 그마저도 비율은 높지 않다. 새로운 제작기술로는 평행타날, 단경호의 정치소성, 개의 중첩을 위한 전용 요도구의 사용, 가마와 토기 사이나 토기 사이에 풀을 깔아 용착을 방지하는 이기재의 사용 등이다. 이러한 제작기술도 창녕 여초리나 낙동강 하구지역에서는 이전부터 사용되었던 것

---

76) 정주희, 「4세기대 전남 동부지역 출토 가야토기의 분포와 의미」, 慶北大學校 考古人類學科, 『慶北大學校 考古人類學科 30周年 紀念 考古學論叢』, 2011.

77) 全南文化財硏究院, 『康津 楊柳洞遺蹟』, 2010.

78) 全南文化財硏究院, 『海南 黃山里 分吐遺蹟』, 2008, 97쪽.

79) 호남문화재연구원, 『大田 大亭遺蹟』, 2009, 39쪽.

80) 박천수, 앞의 책, 2010, 263쪽.

81) 위의 책, 214~217쪽.

82) 趙榮濟, 앞의 논문, 2008, 59~63쪽.

이다. 이 단계 함안지역은 기존의 고식도질토기 생산체계에 새로운 제작기술이 접목되고 새로운 기종이 추가되면서 점차 신식도질토기로 변화하게 된다. 이전의 단경호 횡치소성은 이전에 비해 급격하게 줄어들고, 이를 대신하여 고배나 개의 중첩소성과 소형기종의 대량생산으로 바뀐다. 개나 고배를 여러 단 중첩하지는 않았기 때문에 전체적인 생산량에 있어서도 이전에 비해 감소하였을 것이다. 이는 함안 분지 이외에서 아라가야토기 분포 범위가 축소되고 출토 수량이 이전에 비해 감소하는 것으로도 알 수 있다. 한편, 낙동강 중상류지역에서 이 시기에 해당하는 가마유적이 다수 확인된다. 의령(율산리, 전화리), 대구(신당동, 성하리, 창리), 경산(경산 옥산동 4호) 등 낙동강 중류와 지류를 중심으로 많이 확인된다. 경주 화산리 1~4호의 경우에도 이 단계에 해당하는 것으로 보인다. 낙동강 중류의 고식도질토기 Ⅲ단계 가마 중 가장 주목되는 것이 신당동 1호가마(삼한)이다. 우선 가마의 길이가 9m가량으로 긴 형태를 하고 있다. 출토된 유물은 승문계 단경호와 함께 고배, 노형토기, 컵형토기, 시루, 파수부호, 연질발, 옹형토기, 소형호 등 함안지역 토기가마 출토품과 형태적으로 유사한 기종이 많다. 하지만 꼭지가 달린 개, 유개식 고배, 통형기대, 발형기대, 대호(구경 47cm가량), 이기재로 사용된 토기편 등은 함안지역과는 다른 기종과 제작방법을 보인다. 또, 반원문, 파상문, 삼각집선문, 타래문 등 낙동강 하구지역 고식도질토기 또는 신식도질토기시기에 많이 확인되는 문양이 시문되어 있다. 고배나 노형토기, 컵형토기의 형태만으로는 고식도질토기 Ⅱ단계(보고자는 4세기 1/4~2/4분기)로 볼 수 있겠지만, 승문계단경호는 횡치소성의 가능성이 높으나 동체부에 횡으로 돌린 침선은 희미하거나 거의 생략된 점, 승석문양이부호나 유문개 등이 없는 점 등 우거리 2호 가마보다는 늦는 것은 분명하며, 고식도질토기 Ⅲ단계에 해당하는 것으로 생각된다. 고식도질토기 Ⅲ단계 낙동강 중류지역에서 조사된 가마에서 보이는 일반적인 특징은 낙동강 하구지역 · 함안 · 창녕 등 여러 지역의 제작기술, 토기형태, 장식이 혼재되어 각 기종의 출처나 세부 제작기술의 전통을 명확하게 추출해내기 어렵다는 것이다. 또 기벽이 두껍거나 소성도가 좋지 못하며 실패율은 높았던 것으로 보인다는 점이다. 이에 비해 신당동 1호 가마의 경우에는 창녕 또는 낙동강 하구지역의 기형 및 제작기법(꼭지달린 개, 대호, 기대, 유개식고배, 토기편을 이용한 이기재, 반원문 등 장식문양 등)과 함안지역 제작기술 및 기형(승문계 단경호, 노형토기, 통형고배, 단경호 횡치소성과 자갈색계 표면색 등)을 비교적 명확하게 구분할 수 있을 정도로 제작기술의 변형이 상대적으로 없었던 단계라 생각된다.[83] 어쨌든 이전까지는 영남 대부분의 지역에서 일부 기종의 도질화만 가능하였지만, 이 단계부터 상대적으로 완성도 높은 기술로 다양한 도질토기를 본격적으로 생산하기 시작한 것은 분명하다. 어쩌면 기종구성과 기형 등에 있어 영남지역이 공통성이 매우 크며, 지역적 평준화[84]가 진전되던 기간으로 제작기술 소유의 불평등 완화되어 일시적으로 영남지역이 비슷한 수준의 토기를 생산하고 소비하였으며, 기술을 공유하였다. 그럼에도 낙동강 중류에서 조사된 가마는 소성상태, 기벽두께 등 제작기술에 있어 이전의 함안이나 낙동강 하구지역에 비해 숙련도가 상대적으로 낮고 실험적 생산에 가까운 것으로 판단되기에 특정 지역 공인의 직접적인 이주보다는 제작정보의 유통에 가까울 것으로 판단된다. 이 단계 고식도질토기 생산의 선진지였던 함안지역도 도항리 41호에서 도항리 10호에 이르는 기간 동안 새로운 기술과 기종이 유입된다. 하지만, 이전의 기종과 제작 전통은 한동안 유지되다가 서서히 새로운 기술과 기종으로 대체되었다. 이러한 현상은 낙동강 하구지역에서 고식도질토기가 등장했음에도 기존의 와질토기 제작전통이 오랫동안 유지되면서 새로운 기종과 제작기술이 이전의 것과 공존하는 것과 같은 유사한 현상일 것이다. 조성원[85]의 지적처럼 이 기간은 낙동강을 따라서 하구지역－함안－창녕－합천－경산을 연결하는 토기제작정보－제품 유통망을 형성하였을 가능성이 있다.

---

83) 여러 지역의 제작기술과 기형이 혼재되어 어느 정도의 시간이 경과하면 선호기종이나 수요에 따라 생산기종이나 생산량의 변화가 나타나고 이에 따라 원 제작기술의 변형이 생기게 된다. 신당동 1호의 경우 단경호 횡치소성은 이루어졌지만 이전과 달리 단경호를 2~3단 중첩하고 다시 그 위에 다른 토기를 중첩한 것은 아니다. 보고서 241번 단경호의 경우 구연부 말단을 따라 승문타날이 용착된 양상은 정치한 241 단경호 위에 승문계단경호를 횡치소성 하였을 가능성이 있다. 이는 함안지역 고식도질토기시기 전형적인 단경호 중첩 횡치소성의 변형이며, 함안지역과 달리 대호, 발형기대, 통형기대 등 가마 바닥에 바로 놓는 것을 고려한 것이다. 그리고 기호가 새겨진 토기가 보이지 않는 차이가 있다. 우거리 가마의 경우 버리진 토기의 폐기사유의 가장 많은 것이 균열과 일그러짐이다. 소성의도불일치(예를 들어 연질을 의도하였으나 도질로 소성된 경우)는 매우 낮았던 것으로 보이지만, 신당동 1호의 경우 소성의도불일치가 높은 비율로 보인다. 도질 단경호가 회백색을 띠거나 도질기종이 연질로 소성되고 자연유가 많이 형성되지 않는 점 등을 볼 때 소성에 있어 실패가 많았을 가능성도 있다.

84) 李盛周, 「伽耶土器 生産分配體系」, 부산대학교 한국민족연구소, 『가야고고학의 새로운 조명』, 혜안, 2003, 298~303쪽.

85) 趙晟元, 앞의 논문, 2012, 8~11쪽.

Ⅳ. 맺음말

아라가야의 토기 생산공간은 지배층의 무덤으로 알려진 도항리고분군에서 어느 정도 떨어진 북서쪽에 위치하고 있다. 4세기 토기를 소성하였던 가마유적 11개소가 밀집되어 있으며, 동 시기 함안지역 4세기 목곽묘에서 출토된 토기와 기종, 제작기법이 동일한 것으로 보아 이곳에서 생산한 토기는 아라가야지역으로 분배된 것임은 분명하다. 영남지방에서 4세기를 중심으로 하는 토기를 '고식도질토기'라 부르는데, 신라토기와 가야토기로 분화되기 이전의 토기라는 의미가 내포되어 있다. 고식도질토기 연구에 있어 가장 첨예하게 대립하는 것은 영남을 포함한 전라·제주·일본지역에서도 보이는 소위 '함안계' '함안산' '함안양식' 토기에 대한 인식의 문제이다. 간단하게 김해를 제외한 영남의 각 지역이 비슷한 토기를 만들고 사용했던 시기였는지, 아니면 함안지역에서 대량으로 생산하고 유통한 결과인지에 대한 견해 차이인 것이다. 이에 대한 가장 분명한 자료를 제시하는 것이 법수면 일대에서 확인된 토기가마유적이라 할 수 있다.

지금까지 고식도질토기를 생산한 가마유적은 여러 곳에서 확인되고 있지만, 대부분 1~2기만 축조되어 단기간 조업이 이루어진 소규모 가마에 해당한다. 이시기 비교적 가마유적이 밀집된 양상을 보이고 대량생산이 이루어졌던 곳은 창녕 여초리 일대와 함안 법수면 일대이다. 여초리 일대는 주로 대호를 대량생산하였음은 분명하지만, 다양한 기종의 대량생산은 이루어지지 않았다. 이에 비해 법수면 일대에서는 적어도 고식도질토기 Ⅱ단계에 해당하는 가마유적이 11개소 이상 분포하며, 발굴 조사에서 출토된 토기는 동시기 함안지역과 광역에서 출토되는 소위 '함안계' 토기와 제작기법에 있어 동일함을 알 수 있었다. 토기가마유적 주변은 많은 늪지가 형성되어 있어 점토 등의 원료를 구하기 쉽고, 소하천을 통해 남강과 연결되는 물길은 생산한 토기를 아라가야의 중심부로 이동시키고 남강을 따라 낙동강과 남해안으로 연결되어 원거리 운송에도 매우 유리하였다. 이러한 이유로 법수면 일대에 대규모 토기 생산공간이 자리하게 되었을 것이다. 대규모 생산공간이 당시 중심지와 일정한 거리를 두고 확인되는 것은 5세기 이후의 경산 옥산동이나 경주 천북면 일대도 동일한 양상이다. 이는 가마유적의 기본적 입지조건―가마 구축 조건과 원료의 수급 등―을 고려하였거나 의도적 편재―소성작업시 발생하는 공해를 고려, 도시계획에 따른 생산공간 배치―의 가능성이 있을 수 있다.[86] 보통 영남지방의 4세기 토기생산유적은 비교적 단기간 조업하고 소규모로 운영되었을 것으로 보인다. 이에 비해 법수면 일대 토기생산유적은 가마유적의 분포와 출토 유물로 보건데, 5세기 이후의 경산 옥산동이나 경주 물천리 일대처럼 고식도질토기시기 내내 대량으로 토기를 만들고 분배하였던 아라가야의 중심적인 토기생산 공간이었다. 생산된 토기의 제작기법과 표준화 정도, 생산수량, 가마의 구조와 입지적 특징 등은 당시 최대 규모의 토기생산 공간이자 보다 전업적이고 전문적인 공인에 의해 운영되었음을 보여준다.

고식도질토기시기는 토기제작기술의 수준과 보유정도에 있어 지역적 차이가 많았던 시기였다. 어느 시점, 영남지방에 도질토기가 등장하고 신라·가야토기로 분화되기 이전까지는 모든 기종을 도질화하고 높은 소성 성공률을 유지하며, 대량생산을 할 수 있었던 지역은 제한적이었다. 고배나 컵형토기와 같이 작거나 도질 소성이 상대적으로 쉬운 기종은 비교적 여러 지역에서 생산할 수 있었겠지만, 직경 50cm 이상인 대형 항아리나 얇은 기벽을 가진 중형의 단경호의 대량생산이 가능하였던 지역은 상당기간 김해와 함안지역이었으며, 조금 늦게 창녕도 포함되었을 것이다. 이후 조금씩 영남 각지로 도질토기 제작 정보가 확산되면서 고식도질토기 Ⅲ단계가 되면 낙동강 중류(의령 율산, 달성 성하, 신당 등)와 지류(경산 옥산), 경주(화산) 등에서 낙동강 하구지역과 함안지역의 제작기술, 기종, 문양이 혼재된 생산유적이 등장한다. 이러한 기간을 지나 신라·가야토기로의 분화가 된 다음에는 대부분의 지역에서 모든 기종의 도질화가 가능한 정도의 기술을 보유하였을 것이다. 때문에 함안지역에서 생산한 토기의 유통 범위가 이전에 비해 급격하게 축소하게 되었다. 법수면 일대 토기생산 공간의 형성, 고식도질토기 Ⅱ단계의 함안산 토기의 유통, 고식도질토기 Ⅲ단계의 제작기술의 유통은 남강지류－남강－낙동강－남해안으로 이어지는 수로교통이 중요한 요소로 작용하였다.

86) 김광옥, 「慶州地域 生産遺蹟에 대한 연구」, 영남대학교문화인류학연구회, 『人類學研究』 11, 2011, 48~50쪽.

【참고문헌】

慶南文化財研究院, 『咸安 苗沙里 윗 長命 土器가마 遺蹟』, 2002.

국립경주박물관 · 경주시, 『文化遺蹟分布地圖 - 慶州市 - 』, 2008.

국립김해박물관, 『연보』, 2003.

국립김해박물관, 『咸安于巨里土器生産遺蹟』, 2007.

權相烈, 『昌寧余草里토기가마터(Ⅱ)』, 國立晋州博物館, 1995.

김광옥, 「慶州地域 生産遺蹟에 대한 연구」, 영남대학교문화인류학연구회, 『人類學研究』 11, 2011.

김대환 · 김은주, 「시지유적의 제철과 철기공방 - 기초자료의 소개」, 『天馬考古』 제2호, 2005.

金斗喆, 「打捺技法의 研究 - 金海 禮安里遺蹟 出土品을 中心으로 - 」, 嶺南考古學會, 『嶺南考古學』 28, 2001.

國立晋州博物館, 『昌寧余草里토기가마터(Ⅰ)』, 1992.

김세진, 「창녕지역 가마터 신례 보고」, 동아세아문화재연구원, 『동아문화』 창간호, 2005.

金才喆, 「경상도의 고대 토기가마 연구」, 『啓明史學』 第十五輯, 2004.

金正完, 「咸安圈域 陶質土器의 編年과 分布變化」, 伽耶文化研究所, 『伽耶考古學論叢』 3, 2000.

김지현, 「함양 신관리유적 토기가마와 출토유물에 대하여」, 『함양 신관리유적』, 우리문화재연구원, 2011.

동아대학교박물관, 『문화유적분포지도 - 창녕군(분묘유적)』, 1998.

東亞細亞文化財研究院, 『창녕 강리 공장증축부지내 文化遺蹟 發掘調査 報告書』, (財)東亞細亞文化財研究院 發掘調査報告書 第6輯, 2006.

朴升圭, 「加耶土器의 轉換期 變動과 樣式構造」, 『伽倻文化』 第十九號, 伽倻文化研究院, 2006.

박천수, 「지역간 병행관계로 본 가야고분의 편년」, 부산대학교 한국민족연구소, 『가야고고학의 새로운 조명』, 혜안, 2003.

박천수, 『가야토기』, 진인진, 2010.

박헌민, 「영남지방 4~6세기 토기가마 구조의 변화」, 『대가야문물의 생산과 유통』, 제10회 대가야사 학술대회 자료집, 2015.

복천박물관, 『東萊 福泉洞古墳群』, 2010.

삼한문화재연구원, 『大邱 新塘洞 遺蹟』, 2015.

宋桂鉉, 「加耶 · 新羅의 文字와 記號遺物」, 『한국고대의 문자와 기호유물』, 국립청주박물관 특별전 도록, 2001.

安在晧 · 宋桂鉉, 「古式陶質土器에 관한 약간의 考察」, 嶺南考古學會, 『嶺南考古學』 1, 1986.

嶺南文化財研究院, 『大邱 八達洞遺蹟 I』, 2000.

嶺南文化財研究院, 『大邱 旭水洞 · 慶山 玉山洞遺蹟 I』, 2003.

嶺南文化財研究院, 『大邱 新塘洞遺蹟』, 2005.

禹枝南, 「咸安地域 出土 陶質土器」, 『道項里 · 末山里遺蹟』, 慶南考古學研究所, 2000.

禹枝南, 「密陽 貴明里遺蹟 出土 陶質土器에 대하여」, 考古學探究會, 『考古學探究』 第5號, 2008.

李健茂, 「青銅器 · 原三國時代의 文字와 記號遺物」, 『한국고대의 문자와 기호유물』, 국립청주박물관 특별전 도록, 2001.

李盛周, 「打捺文土器의 展開와 陶質土器 發生」, 韓國考古學會, 『韓國考古學報』 42, 2000.

李盛周, 「伽耶土器 生産分配體系」, 부산대학교 한국민족연구소, 『가야고고학의 새로운 조명』, 혜안, 2003.

李盛周, 「함안과 창녕지역 토기생산의 특징」, 『石心鄭永和教授 停年退任紀念論叢』, 石心鄭永和教授 停年退任紀念論叢 刊行委員會, 2007.

李盛周, 「圓底短頸壺의 生産」, 韓國考古學會, 『韓國考古學報』 68, 2008.

李盛周, 「신라 · 가야 토기양식의 생성」, 韓國考古學會, 『韓國考古學報』 72, 2009.

李盛周, 「三國時代 土器 재임방법에 대한 檢討」, 嶺南考古學會, 『嶺南考古學』 60, 2012.

이성주 옮김, 『토기연구법』, 도서출판 考古, 2008.

李政根, 「咸安地域 古式陶質土器의 生産과 流通」, 嶺南大學校 碩士學位論文, 2006.

李政根, 「咸安과 창녕지역 토기생산의 특징」, 石心鄭永和教授 停年退任紀念論 刊行委員會, 『石心鄭永和教授 停年退任紀念論叢』, 2007.

李政根, 「三國時代 土器 재임방법에 대한 檢討」, 『嶺南考古學』 60, 2012.

李柱憲, 「함안지역 도질토기의 연구와 토기문화」, 『고대 함안의 사회와 문화』, 2011년 아라가야 역사 학술토론회, 2011.

이초롱, 「內陸様式 古式陶質土器의 研究」, 釜山大學校 大學院 考古學科 碩士學位論文, 2011.

全南文化財研究院, 『海南 黃山里 分吐遺蹟』, 2008.

全南文化財研究院, 『康津 楊柳洞遺蹟』, 2010.

정주희, 「咸安様式 古式陶質土器의 分布定型과 意味」, 韓國考古學會, 『韓國考古學報』 第73輯, 2009.

정주희, 「4세기대 전남 동부지역 출토 가야토기의 분포와 의미」, 慶北大學校 考古人類學科, 『慶北大學校 考古人類學科 30周年 紀念 考古學論叢』, 2011.

정주희, 「고식도질토기의 지역분화와 의미」, 『신라와 가야의 분화와 비교』, 영남고고학회 제24회 정기학술발표회, 2015.

정주희, 「가야의 토기」, 중앙문화재연구원, 『가야고고학개론』, 진인진, 2016.

趙晟元, 「三國時代 嶺南地域 陶質土器 生産體系와 流通」, 『生産과 流通』, 嶺南考古學會 · 九州考古學會 第10回 合同考古學大會, 2012.

趙榮濟, 「西部慶南 加耶諸國의 成立에 대한 考古學的 硏究」, 釜山大學校 博士學位論文, 2006.

趙榮濟, 「型式 亂立期의 加耶土器에 대하여」, 釜山考古學硏究會, 『考古廣場』, 2008.

中央文化財硏究院, 『慶州 花山里遺蹟』, 2008.

하승철, 「밀양 월산리 출토 고식도질토기에 대한 검토」, 『密陽 月山里墳墓群』, 密陽大學校博物館, 2004.

하승철, 「晉州 安磵里 出土 古式陶質土器에 대한 一考察」, 『晉州 安磵里 遺蹟』, 慶南發展硏究院 歷史文化센터 調査硏究報告書 第63冊, 2008.

함안군 · 창원대학교박물관, 『문화유적분포지도－함안군』, 2006.

海東文化財硏究院, 『宜寧 栗山里 토기가마』, 2013.

호남문화재연구원, 『大田 大亭遺蹟』, 2009.

홍보식, 「토기로 본 가야고분의 전환기적 양상」, 『가야와 그 전환기의 고분문화』, 국립창원문화재연구소, 2006.

홍보식, 「4세기의 아라가야와 금관가야」, 『고고학을 통해본 아라가야와 주변제국』, 2012경남발전연구원 역사문화센터 · 고분문화연구회 학술대회, 2012.

홍보식, 「전기가야의 고고학적 연구 쟁점과 전망」, 한국고대사학회, 『한국고대사연구』 85, 2017.

洪鎭根, 「도질토기의 燒成痕 분석」, 『삼한 · 삼국시대의 토기생산기술』, 제7회복천박물관 국제학술대회, 2003.

아라가야 '國'의 공간구조

강동석 | 국립가야문화재연구소

Ⅰ. 머리말

그동안 가야의 국가적 성격에 대한 논쟁은 임나일본부설, 전기 · 전사론과 함께 가야사 연구의 중심을 차지하고 있었다. 이것은 크게 가야연맹체설과 관련한 국가구조론에 관한 것과 가야를 고구려, 신라, 백제와 같은 수준의 국가로 인정할 수 있는지에 대한 사회발전단계 논쟁으로 구분할 수 있다. 특히, 사회발전단계론과 관련하여 문헌사적으로 연맹체의 성격, 왕권의 성립과 지배구조, 중앙－지방 관계 등에 대한 연구가 진전되었으며, 고고학에서도 1980년대 이후 분묘자료를 통한 계층화 논의를 통해 가야의 국가적 성격에 대한 활발한 논의가 이루어졌다.

이러한 가야의 고대국가 논쟁은 대가야와 아라가야를 중심으로 전개되었다. 가야 제국 중 대가야는 영역국가로서 고대국가 수준에 근접한 것으로 인식되고 있으며,[1] 고대국가의 대표적인 지표인 부체제의 성립이 인정받고 있다.[2] 한편, 아라가야는 가야사회

1) 이희준, 「토기로 본 대가야의 권역과 그 변천」, 『가야사연구』, 경상북도, 1995; 박천수, 「정치체의 상호관계 본 대가야왕권」, 『가야제국의 왕권』, 인제대가야문화연구소, 1997; 박천수, 「고고학 자료를 통해 본 대가야」, 『고고학을 통해 본 가야』, 한국고고학회, 2000.

2) 노중국, 「대가야의 정치 · 사회구조」, 『가야사연구』, 경상북도, 1995; 백승충, 「가야의 정치구조: '부체

의 유력한 정치체로 인정되지만, 국가적 발전수준에 대해서는 이견이 존재한다. 아라가야의 정치적 발전수준을 대가야와 대등한 수준으로 보는 입장에서는 정치외교적 활동과 국제적 위상, 국가적 영역 개념의 형성, 왕의 존재와 지배층의 분화 양상 등에 기초하여 지역연맹체보다는 영역국가 단계에 진입하였다고 보았다.[3] 반면, 토기양식과 매장의례의 외형적 팽창 정도에 근거하여 아라가야의 국가적 성장에 한계가 있음이 지적되기도 하였다.[4]

이처럼 아라가야의 국가적 성격에 대해 연구자마다 약간의 입장 차이를 보이지만, 이러한 국가 단계의 수준을 판단하는 기준은 신진화론의 사회발전단계론에 근거한다는 공통점을 지닌다. 즉, 군장사회(chiefdom)－국가(state)로 이어지는 사회발전단계를 인정하지만, 이 과정에서 사회복합도를 어떤 기준에 의해 측정하는가에 따라 그 해석이 달라진다고 할 수 있다. 사회복합도를 판단하는 고고학적 근거로는 대형건물과 대형분묘, 위신재와 외래사치품, 전문집단의 출현 등을 나타내는 유물의 존재, 그리고 취락체계 등이 상정되고 있다. 특히, 유적의 공간적 분포패턴을 통해 확인할 수 있는 취락체계는 지역단위의 통합규모와 사회조직, 사회 구성단위 간의 기능체계 등, 사회구조와 메카니즘을 구명할 수 있다는 점에서 주목받고 있다. 그동안 문헌사학에서 다루었던 부체제론과 삼국 소국의 형성 과정에 대한 취락 분포 모델 제시도 이러한 맥락에서 이해할 수 있다.

아라가야는 삼한의 안야국 단계부터 고대국가 형성기라고 할 수 있는 안라국 단계에 이르기까지 그 규모와 통합수준은 달랐겠지만, 하나의 '國'으로 존재하였다. 정치체로서 '國'은 정치권력에 작용에 따라 고유의 공간구조와 공간조직을 구성하며 사회복합화 과정을 거치는데, 이러한 공간패턴에 대한 본격적인 접근은 그동안 진행되었던 아라가야의 국가적 조직체계와 구조를 재검토하고 판단하는 중요한 지표가 될 것으로 생각된다. 비록 현재 아라가야 취락자료의 축적이나 고분의 세부편년이 이루어지지 않았지만, 이 글에서는 이 점에 주목하여 유적의 분포패턴을 근거로 아라가야 '國'의 공간구조에 대한 예비적 고찰을 진행하였다. 이것은 단순히 유적의 분포 양상에 기초한 문화경관으로서

제' 논의와 관련하여」, 『한국고대사연구』 17, 한국고대사학회, 2000.

3) 남재우, 「문헌으로 본 안라국사」, 『가야 각국사의 재구성』, 혜안, 2000.

4) 이성주, 「고고학을 통해 본 아라가야」, 『고고학을 통해 본 가야』, 한국고고학회, 2000.

의 공간구조에 대한 검토가 아니라, 정치경제적 상호작용에 의해 형성된 공간의 구조적 특징과 조직체계를 살펴봄으로써 아라가야의 '국가'적 사회복합도를 파악할 수 있는 기회가 될 것이다.

Ⅱ. 아라가야 '國' 구조에 대한 논의와 이론적 모델

1. 아라가야 '國'의 구조에 대한 논의

아라가야의 '國'에 대한 인식은 『三國志』 동이전에서 변한의 유력한 정치체로 등장하는 변진안야국에서 비롯되고 있으며, 당시 '國'의 구조는 『삼국지』에 나타나는 국읍을 중심으로 파악되고 있다. 武田幸男[5]은 『三國志』 韓傳과 倭人傳에 보이는 '國邑'은 韓과 倭 종족에 의해 배출된 소국을 의미하고, 그 실태는 소국의 중심지가 된 읍락을 가리키고 있는 것으로 보았다. 또한, 국읍과 읍락의 관계는 소국 소재의 읍락과 그 소국에 통솔된 여러 읍락으로 이해할 수 있고, 이것은 국읍－별읍－소별읍－종락(소읍락)을 이어지는 구조를 이룬다고 추정하였다. 한편 이현혜[6]는 '국읍'에 대해 삼한 각 소국의 중심지인 중심읍락으로 파악하고, 다수의 읍락군 중에서 상대적으로 규모가 크거나 혈연적 종지관계(宗枝關係)에서 종에 해당하는 대읍락을 지칭한다고 이해하였다. 그리고 읍락은 단일취락이 아니라 하나의 중심지에 다수의 취락군이 연결된 분산적 배치관계로 상정하였다. 권오영[7]은 삼한사회 국의 등장을 통시적으로 고찰하면서 삼한 소국의 구조를 국읍－읍락－개별취락－주거군·세대복합체－주거·세대·가족이라는 사회 구성단위 간의 관계로 파악하였다.

이처럼 삼한 소국의 취락체계는 국읍 중심의 계층적 구조로 이해되고 있으며, 이러한 구조적 특징은 이희준[8]과 박대재[9]에 의해 다시 정리되었다. 이희준은 삼한 소국의 취

---

5) 武田幸男, 「魏志東夷傳にみえる下戸問題」, 『古代の朝鮮』, 学生社, 1974.

6) 이현혜, 「삼한의 「국읍」과 그 성장에 대하여」, 『역사학보』 69, 역사학회, 1976.

7) 권오영, 「삼한의 「국」에 대한 연구」, 서울대학교대학원 박사학위논문, 1996.

8) 이희준, 「삼한 소국 형성 과정에 대한 고고학적 접근의 틀 -취락 분포 정형을 중심으로-」, 『한국고고학보』 43, 2000.

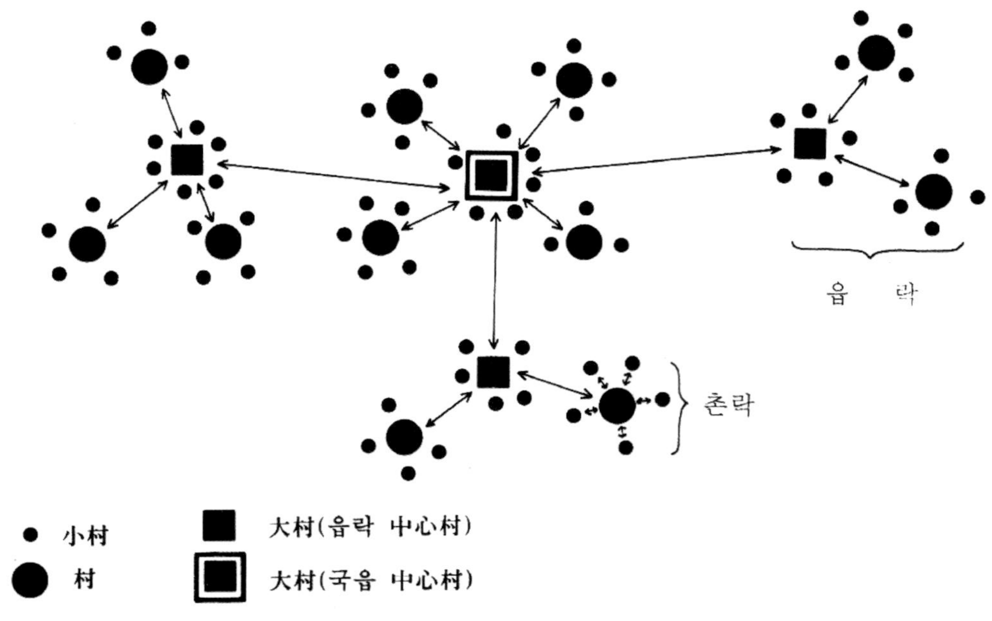

〈그림 1〉 삼한 소국의 취락 분포 모델[10)]

락분포 패턴에 대해 분묘군을 근거로 하여 하나의 모델을 제시하였다(그림 1). 그는 원삼국시대 각 분묘군이 소촌을 중심으로 하는 취락군(촌락)의 존재를 시사하고, 분묘군은 읍락 안의 주요 촌을 대표한다고 보았다. 즉, 각 고분군은 촌락을 대변하는데, 이 촌의 결집체인 읍락에는 각기 1~3개소의 고분군이 위치하고, 복수의 읍락은 읍락의 중심지인 대촌을 이루며, 이들 중에서 가장 상위에 위치한 대촌은 국읍의 대촌이 된다는 계층적 구조를 상정하였다. 한편, 박대재는 국읍과 대국의 관계를 정리하면서 국읍은 정치적 수장인 주수와 제사장인 천군이 거주하고, 그들을 위한 궁가와 성곽이 축조되어 있던 정치적 · 제의적 중심지였다고 보고, 이러한 국읍은 각 국에 일반적으로 분포하기보다는 비교적 세력이 큰 '大國'에 주로 있었다고 상정하였다. 그리고 대국은 국읍을 중심으로 한 피라미드형 구조로 주변의 읍락이 복속된 구조를 이룬다고 보았다.

이와 같은 두 연구자의 삼한 사회구조에 이해는 안야국의 경우에도 투영가능하다는

9) 박대제, 「삼한의 국읍을 통해 본 구야국」, 『김해 봉황동유적과 고대 동아시아-가야 왕성을 탐구하다-』, 제24회 가야사국제학술회의 발표자료집, 인제대학교 가야문화연구소, 2018.

10) 이희준, 앞의 논문, 2000.

점에서 시사하는 바가 크다. 비록 각기 고고자료와 문헌을 통해 사회구조를 파악하였다는 점에서 차이가 있으나, 두 연구자 모두 『三國志』의 삼한사회와 관련한 문헌사료를 근거로 한다는 점에서 통하고 있다. 이 사료에서 안야국은 변한 제국 중에서도 유력한 정치집단이었다는 점을 고려하면, 국읍과 읍락을 중심으로 한 이러한 계층적 취락모델은 안야국의 취락체계, 즉 취락패턴에 의해 형성된 공간구조를 이해하는 데 도움이 될 것이다. 더 나아가 이 모델은 삼한 소국 읍락체계의 6세기 취락구조로의 확장 가능성을 제시하고 있고, 아라가야가 가야 전·후기에 모두 '대국'으로 상정된다는 점을 감안할 때, 이러한 계층체계는 안야국-안라국의 형성과 발전과정에서 형성된 공간구조와 공간조직을 파악할 수 있는 중요한 모델이 될 수 있을 것이다.

아라가야의 '國'의 구조는 부체제론을 통해서도 접근해 볼 수 있다. 부체제론은 합천 저포리유적에서 출토된 토기의 명문 '下部思利利'에서 촉발되었다. 노중국[11]은 대가야가 중앙의 지배자집단을 재편한 部制를 갖추고 있었고, 上下加羅都가 고령의 상부, 합천의 하부를 지칭한다고 상정하였다. 백승충[12]도 토기 명문의 下部의 존재를 인정하면서 우륵 12곡에 보이는 上下加羅都와 임나부흥회의에 참여한 首位層에 주목하여 部의 존재가능성을 주장하였다. 이러한 가야의 부체제를 인정한다면, 대가야를 비롯한 유력 가야정치체는 연맹이 아닌 영역국가의 단계에 진입한 것으로 볼 수 있으며, 중앙-지방의 조직체계는 복잡한 공간구조를 이루고 있었다고 상정할 수 있다. 그러나 원래 부체제가 중앙의 핵심건국세력, 혹은 지배자공동체를 대상으로 한다는 점에서 중앙과 지방의 관계를 부체제와 연결시키는 것은 곤란하며,[13] 임나부흥회의에 부장이 아닌 가야 각국의 사절들이 참가하였다는 점에서 가야 제국이 독립적인 외교·군사적 의사결정권을 가진 주체로 해석될 수 있어 가야의 부체제의 성립은 인정하기 어려울 것 같다.[14]

가야 각 국의 독립된 정치외교적 주권을 인정한다고 하면 오히려 아라가야를 비롯한 가야의 '國' 구조는 지역연맹체 또는 초기국가의 형태인 도시국가적 측면에서 검토해 보는 것이 타당해 보인다. 지역연맹체론에서는 가야 전체를 전·후기 연맹체로 구분한 김

11) 노중국, 앞의 논문, 1995.

12) 백승충, 앞의 논문, 2000.

13) 권오영, 「가야제국의 사회발전단계」에 대한 연구」, 『한국 고대사 속의 가야』, 혜안, 2001, 516쪽.

14) 이영식, 「가야사의 문헌사적 연구 현황과 과제」, 『가야문화권 조사·연구 현황과 과제』, 국립가야·나주·경주문화재연구소, 2017, 16쪽.

태식의 가야연맹체설[15]을 부정하고, 김해, 함안, 고령을 각각의 중심으로 하는 지역연맹체를 형성하고 있었다고 보았다.[16] 이와 함께 이형기[17]는 지역연맹체설의 입장에서 소지역연맹체설을 제기하였는데, 3~4세기 가야는 금관가야연맹체, 아라가야연맹체, 소가야연맹체, 대가야연맹체로 구성되었다고 이해하였다.

이러한 지역연맹체론에 대해 남재우[18]는 기록 속에 개별국으로 존재하고 있는 정치집단들을 연맹체라 부르는 것이 옳은 것인지 문제를 제기하였다. 이처럼 개별국의 존재를 강조한 견해와 함께, 지역연맹체론은 '지역'에 초점을 맞추어 가야의 '國' 구조를 이해하려고 했다는 점에서 의미가 있다. 기왕의 가야 사회발전단계는 신진화론의 '국가'에 대한 정의에 기초하고 있고, 국가단계의 복합사회 연구는 기본적으로 '지역' 단위의 구조에 주목한다는 점에서 가야의 '國' 구조는 지역적 차원의 접근에서 시작하는 것이 타당할 것이다. 복합사회의 지역 단위는 대체로 중심지로부터 반경 20km의 범위를 기준으로 설정된다. 이것은 이영식[19]이 가야연맹체설을 부정하며 제시한 도시국가의 규모와 대체로 일치하며, 이성주[20]가 분묘군의 분포패턴에 기초하여 추정한 大國의 규모와도 상응한다.

2. 아라가야 '國' 구조 이해를 위한 이론적 모델

앞서 살펴본 아라가야 '國'의 공간적 구조에 대한 논의를 검토해 보면, 크게 두 가지 시사점이 제시된다. 먼저 문헌사료나 고고자료의 검토와 관계없이, 대부분 가야의 사회구조를 고정적이고 일방향적인 계층적 관계에 의해 해석하고 있다는 점이다. 이것은 고대국가형성에 관한 논의가 신진화론의 사회발전단계론에 기초하여 전개되고 있기 때문일 것이다. 신진화론에서는 〈그림 2〉와 같은 사회발전도식에 따라 각각의 사회구조를 수직적 계층 체계로 이해하고 있으며, 국내의 복합사회 연구도 대체로 이러한 틀을 따

15) 김태식, 「가야의 사회발전단계」, 『한국고대국가의 형성』, 한국고대사연구회, 민음사, 1990.

16) 백승충, 「가야의 지역연맹사 연구」, 부산대학교 박사학위논문, 1995.

17) 이형기, 「소가야연맹체의 성립과 그 추이」, 『민족문화논총』 17, 영남대학교 민족문화연구소, 1997.

18) 남재우, 「전기 가야사 연구의 성과와 과제」, 『한국고대사연구』 85, 한국고대사학회, 2017.

19) 이영식, 「가야제국의 국가형성문제 –'가야연맹설'의 재검토와 전쟁기사분석을 중심으로–」, 『백산학보』 32, 백산학회, 1985.

20) 이성주, 「진변한 '국'의 형성과 변동」, 『영남고고학』 79, 영남고고학회, 2017.

르고 있다. 그러나 최근에는 이러한 신진화론의 일방향적이 고정적인 모델을 비판하고, 사회구성단위의 복잡한 상호관계에 기초하여 복합화 과정을 설명하려는 접근법이 제기되고 있다.[21] 그 동안 사회복합화 논의를 주도하였던 신진화론 모델은 단선적인 계층구조를 지향하기 때문에 사회진화의 다변적 양상과 사회발전단계의 세분화 가능성을 무시한다는 비판을 받아 왔다.[22] 심지어 연구자에 따라서는 사회발전모델 자체를 부정하거나,[23] 사회진화단계의 전체론적 변화론을 거부하기도 하였다. 이 과정에서 사회의 전체 구성은 계층관계를 형성하고 있지만, 구성단위 간에는 반드시 계층성이 존재하지 않고, 공간적으로 상호작용하면서 위상관계의 변화를 보인다는 헤테라키 접근법이 제안되었으며, 하달형·자발형모델에 의한 다중적 접근법이 제시되기도 하였다. 이러한 복합사회 연구의 경향에 따라, 가야의 국가적 성격에 대한 이해도 새롭게 시도될 필요가 있으며, '國'의 구조도 계층모델에 의한 고정적 시각이 아닌 보다 유연한 입장에서 해석이 이루어져야 할 것이다.

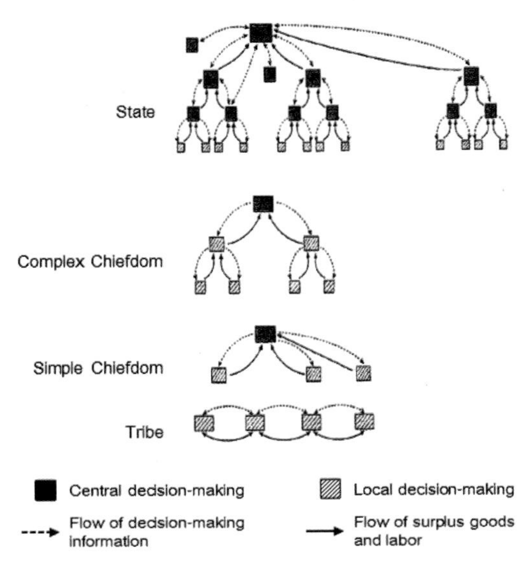

〈그림 2〉 신진화론의 사회발전모델

두 번째 시사점은 가야연맹체설에서 벗어나 지역연맹체 또는 개별국 단위의 지역적 접근이 이루어지고 있다는 것이다. 복합사회 연구에서 지역적 접근법은 지역정치체와 단위공동체 간의 집단적 관계를 파악하는 연구방법으로 주목받고 있으며,[24] 실제 북미나 중남미 복합사회의 취락패턴 연구에서도 적극 활용되고 있다. 이러한 지역적 접근법

21) Onsuwan-Eyre, C., Prehistoric and Proto-Historic Communities in the Eastern Upper Chao Phraya River, Ph.D. diss. University of Pennsylvania, 2006, p.40.

22) Feinman, G.M., The Emergence of Inequality, *Foundations of Social Inqulity*, Plenum Press, 1995.

23) Shanks, M. and C. Tilley, *Re-Constructing Archaeology: Theory and Practice*, Combridge University Press, 1987; Yoffee, N., *Too many chiefs? In Archaeological Theory: Who Sets the Agenda?*, Combrige University Press, 1993.

24) 金範哲, 『쌀의 考古學-韓國青銅器時代 水稲作과 政治經濟-』, 민속원, 2010.

의 분석 단위가 되는 지역 규모는 대체로 중심지로부터 반경 20km 정도에 해당된다. 이 지역적 분석단위는 앞서 언급한 도시국가의 영역 규모와도 일치한다. 박대재[25]의 주장과 같이, 국읍이 대국에만 존재하는 정치적 · 경제적 · 종교적 중심지로서 계층적 취락구조를 이루고, 이러한 구조가 도시－촌락(농촌)의 상호작용에 의해 형성된다는 점을 감안하면, 가야의 '國' 구조는 정치경제적 매커니즘이 작용하는 초기도시국가의 관점에서 이해하는 것이 바람직하다고 생각된다.

이 글에서는 이와 같은 시사점에 주목하여 아라가야 '國'의 공간구조를 정치경제모델과 복합체계모델을 통해 살펴보고자 한다. 먼저, 정치경제모델을 보면, 이 모델은 복합사회에서 경제적 조직체제가 정치권력에 의해 통제되는 시스템, 즉 잉여를 매개로 하는 취락 간 상호작용을 강조하는 공납체제(tributary model)를 의미한다. 정치경제모델은 수장층 또는 엘리트의 정치권력에 의한 잉여의 통제를 사회 구성과 운영의 기본원리로 하고 있으며, 국지적 · 지역적 단위의 통합 정도에 의해 사회복합화의 단계를 구분하고 있다. 다시 말해서, 잉여를 수집 · 관리하는 정치권력의 규모나 지역적 통합정도에 의해 취락 간의 계층 구조가 결정되며, 이러한 계층적 상호작용의 단계 구분에 의해 사회복합도의 파악이 가능하다는 것이다. 이것은 정치권력의 집중화가 발달하지 않은 사회에서는 지역적 통합정도가 낮고, 취락 간의 계층성이 낮은 공간구조를 형성하는 반면, 중앙집중적 정치권력이 존재하는 사회에서는 지역적 통합정도가 높고, 복합도의 수준도 최상위에 해당된다는 것을 의미한다. 이러한 사회 구조는 〈그림 3〉과 같이 '중앙집중형'과 '분산형'의 설명모델로 나타날 수 있다.

정치경제모델은 정치적 통제에 의해 잉여가 생산 · 소비 · 분배되며, 사회적 서비스가 제공된다고 전제한다. 분배시스템은 정치적으로 관리되고, 소비관계는 정치적 지배관계 내에서 증가한다. 그리고 사회관계는 노동력의 통제시스템과 정치관계의 계층적 구조에 의해 형성된다. 그런데 이러한 정치적 통제에서 생성된 사회경제시스템은 정치권력의 집중화와 권력의 행위 범위에 따라 다양한 양상을 나타낸다. 이것은 〈그림 3〉에서 보듯이, '중앙집중형'과 '분산형'의 스펙트럼으로 표현할 수 있다. 중앙집중형은 정치경제를 통제하는 권력이 소수의 지배 엘리트에 집중되어 있는 사회형태이며, 분산형은 복수의 수장그룹에 의해 정치권력이 행사되는 시스템이다. 정치적 통제에 의해 형성된 모

---

25) 박대제, 앞의 논문, 2018.

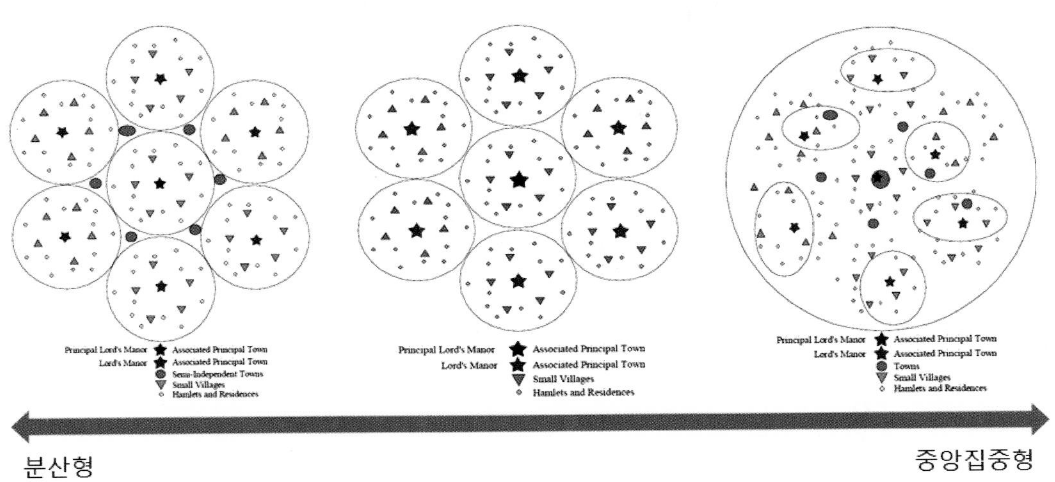

〈그림 3〉 정치경제모델[26)]

든 취락체계는 이 스펙트럼 내에 위치하고, 정치권력을 가진 수장층의 권력행사 범위 내에 다양화된다.

이와 같은 정치경제모델은 사회구조를 고정적인 시각이 아닌 유연한 시점에서 파악해 볼 수 있다는 장점을 지니고 있다. 또한 정치경제시스템을 전제로 사회구조를 이해하고 있어 가야의 초기국가적 성격을 파악하는 데에도 도움이 될 것이다. 그러나 이 모델은 기본적으로 전통적인 신진화론의 계층모델과 같이, 취락 간의 상·하관계, 즉 수직적 축에 의해 하나의 정치적 계층관계를 형성하는 구조를 상정하며, 취락 간 수평적 상호작용은 인정하지 않는다는 한계가 있다. 따라서 분산형－중앙집중형모델은 정치권력의 집중화에 의해 다양한 형태의 취락체계가 형성될 수 있다는 다양성을 강조하고 있지만, 취락 간 상호작용에 대한 인식은 보완할 필요가 있다.

이러한 한계는 계층적 공간구조와 네트워크를 결합한 〈그림 4〉의 복합체계모델에 의해 극복될 수 있다. 각각의 국지적 중심지는 인접 중심지와의 상호작용(network)과 차별적인 위상관계(hierarchy)에 의해 독립적인 공간구조를 이루기도 하지만, 최상위 중심지를 핵으로 상위중심지가 강한 상호관계를 형성한 다중심적인 구조를 이루기도 한다.

아라가야 '國'의 공간구조는 지배층의 정치권력 확대전략에 의한 국읍, 읍락, 촌의 통

---

26) Hare, T.S., Political Economy, Spatial Analysis, and Postclassic States in the Yautepec Valley, Mex-ico, Ph.D. diss, Department of Anthropology, State University of New York, 2001.

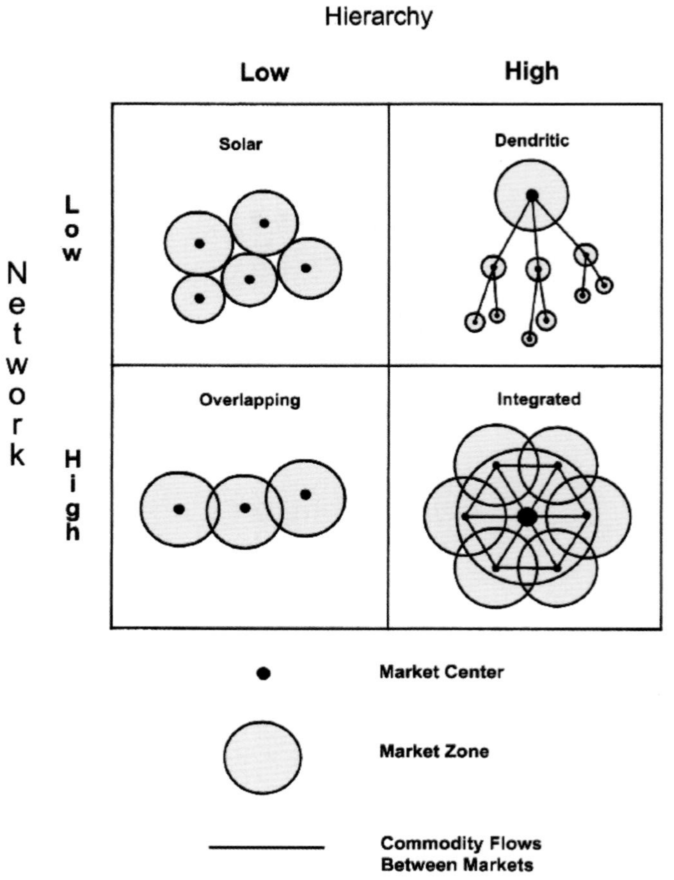

〈그림 4〉 취락 공간구조의 제유형[27)]

합과 재편 과정에서 형성되었을 것이며, 중앙집중형과 분산형 스펙트럼의 어느 지점에 위치할 것이다. 그러나 지역적 차원의 공간구조는 국읍－읍락－촌－소촌으로 이어지는 수직적 관계뿐만 아니라, 각 위상 간의 수평적 상호작용도 있었을 것이다. 이러한 공간 구조를 상정하면, 〈그림 4〉의 복합체계 모델이 '國'의 구조를 이해할 수 있는 보다 적합한 모델이 될 것이다.

아라가야의 촌락분포를 구체적으로 보여주는 문헌사료는 매우 빈약한 상태이다. 취락유적의 분포패턴 분석을 통해 간접적으로 추정 가능하지만, 현재 아라가야 권역 전체

27) Mine, L. D., Monitoring Regional Market Systems in Prehistory: Models, Methods, and Metrics. *Journal of Anthropological Archaeology* 25(1), 2006, pp.82~116.

의 취락 분포를 확인할 수 있는 자료가 축적되어 있지 않은 상황이다. 다행히 목곽묘, 고총고분에 대한 지표·발굴조사 자료가 축적되어 있어 이 글에서는 이를 전기와 후기로 나누고, 각 단계의 유적 입지와 분포에 근거하여 공간구조와 조직체계를 살펴보고자 한다.

Ⅲ. 시간적·공간적 분석단위의 설정

1. 시간적 범위

아라가야 '國'의 공간구조 형성시기는 국읍 중심의 취락체계가 완성된 안야국 단계로 생각된다. 그러나 안야국은 『삼국지』의 기록에 안야국의 존재가 나타나고, 구야국과 함께 변한사회를 형성하고 있었던 유력한 정치집단으로 인정되지만, 그 실체를 보여주는 구체적인 고고학적 자료는 충분하지 않다. 구야국의 경우, 김해 양동리고분군과 대성동고분군 일대에서 철제무기·농공구류, 청동기류, 칠기류 등 고급품이 부장된 유력수장층의 목관묘가 확인되어 최고지배층의 거주공간으로서 국읍의 존재가 추정되고 있다. 안야국의 중심권역으로 보이는 함안의 말이산고분군 주변에서도 49기의 목관묘가 발견되었다. 하지만, 김해에서 보이는 것과 같은 계층분화를 확인할 수 있는 유물이나 유구가 뚜렷이 발견되지 않기 때문에 목관묘를 근거로 한 사회구조 파악은 쉽지 않은 상황이다. 또한, 일반적으로 목관묘에서 장방형목곽묘로 이어지는 3세기대의 고고자료는 아라가야 지역에서 충분히 축적되어 있지 않아 안야국의 실체를 파악하는 데 어려움을 겪고 있다. 그렇지만, 4세기~5세기 전반의 목곽묘와 5세기 중반이후의 고총고분 축조 시기에는 묘제나 유물에 나타난 고고학적 현상을 통해 사회의 구조적 성립 과정을 살펴볼 수 있다. 여기에서는 이 두 시기를 고분군을 중심으로 전기와 후기로 구분한 이성주의 편년 안에 의거하여 아라가야 '國'의 공간구조를 검토하고자 한다.

먼저, 전기는 목곽묘를 주요 묘제로 하며, 4세기~5세기 전반에 해당된다. 목곽묘는 규모에 따라 시기 차를 보이지만, 후기의 수혈식석곽묘라는 뚜렷한 묘제의 변화와 차별성이 보이므로 하나의 단계로 설정하여도 좋을 것이다. 4세기 대의 목곽묘는 아라가야 토기양식이라고 할 수 있는 통형고배, 노형기대, 양이부단경호를 부장하는 단계로 황사리 고분군, 예둔리고분군, 윤외리고분군 등 남강과 남해안 연안에서 다수 확인된다. 이 단계는 도질토기의 본격적인 생산과 광범위한 유통망 형성, 철기를 생산하는 전문장인 집단의 존재, 새로운 묘제로서 목곽묘의 출현 등을 통해 볼 때, 함안 지역에서 고유의 물질문화가 형성되는 아라가야 성립기로 볼 수 있다.

한편, 4세기 대의 목곽묘는 중·소형에 해당되고, 함안 지역의 외곽에 분포하는 양상을 보이는 반면, 5세기 전반에는 길이 6m 이상의 대형 장방형 목곽묘가 출현하기 시작한다. 이 시기 대표적인 목곽묘는 마갑총과 〈문〉3·9·10·27·48호묘가 해당된다. 특히 〈문〉3·36·48호묘의 경우에는 대형철정, 마갑, 환두대도, 유자이기 등 많은 철기류가 부장되었다. 이러한 무덤의 규모와 유물의 차별화는 함안 지역 수장층의 형성과 신분적 계층관계의 성립이 이루어졌음을 짐작할 수 있다. 그리고 이 시기에는 전 단계의 고식 도질토기가 완전히 사라지고, 지역성이 강한 화염문투창고배를 비롯하여, 상하일렬장방형투창고배, 발형기대, 통형기대, 장경호 등 새로운 기종의 토기류가 출현한다. 이 단계는 대형목곽묘라는 신형 묘제의 채용과 새로운 유형의 토기류 출현, 많은 철제품의 부장 등으로 보아 사회의 내적 발전이 어느 정도 달성되고, 말이산고분군을 중심으로 한 새로운 세력이 형성된 아라가야 발전기로 볼 수 있다.[28]

다음으로, 후기는 대형의 수혈식석곽묘를 주묘제로 하고 횡혈식석실이라는 새로운 형태의 매장주체시설이 출현하는 고총고분 단계로, 시기적으로는 5세기 중반~6세기 중반에 해당된다. 후기의 대표적인 고분군은 함안 말이산고분군이다. 지금까지의 발굴조사 성과에 의하면, 말이산고분군 일대에 조성된 대형 봉토분은 매장주체부가 모두 수혈식석곽일 가능성이 매우 높은 것으로 알려져 있으며, 4호분을 중심으로 한 구릉의 중앙부와 남쪽 구릉지대 전역을 중심 분포지역으로 하고 있다. 구릉 중앙부의 4·6·8호분에서는 마주와 마갑, 금동제 마구, 갑주, 금장환두대도, 은제대장식금구 등이 출토되었다. 6세기 전반으로 편년되는 25호분에서는 신라와 대가야 양식의 무기류와 마구, 토기가 출토되어 아라가야의 대외교류 양상을 간접적으로 살펴볼 수 있다. 또한, 석곽 안에서는 2~6인의 순장이 확인된다. 말이산고분군에 근접한 가야리고분군, 신음리고분군과 같은 대형봉토분도 말이산과 동일한 수혈식석곽을 가진 고총고분으로 추정된다. 이 시

28) 이주헌, 「아라가야에 대한 고고학적 검토」, 『가야 각국사의 재구성』, 혜안, 2000, 262쪽.

기는 묘제의 규모와 다수의 순장, 그리고 전 단계에 비해 위세품의 양이 늘어나고 고급화되는 양상을 볼 때, 안라국의 전성기로 파악할 수 있다.

후기에는 수혈식석곽묘와 함께 6세기 전반 횡혈식석실이라는 새로운 형태의 묘제를 가진 고총고분이 출현한다. 주로 말이산고분군 북쪽 구릉지대에 분포하며, 이 단계의 토기는 단각화된 고배가 주를 이루며, 화염문이 퇴화되어 점과 선으로만 표현되는 특징을 지닌다. 이 시기는 아직까지 아라가야의 중심고분군으로서 말이산 일대에 대형고분의 축조가 계속되고 있는 양상을 보인다. 최근에 발굴조사된 남문외고분군 11호분 횡혈식석실분에서는 아라가야 양식의 토기류뿐만 아니라, 소가야·대가야·신라계의 유물이 혼재되어 있었고, 백제토기로 추정되는 사족배도 출토되어 아라가야의 활발한 대외교류를 짐작할 수 있었다. 이러한 후기 고분군의 양상을 통해 볼 때, 아라가야는 5세기 후반 이후 급성장한 대가야와 함께 가야의 중심세력으로서 독자적인 정치집단으로 성장·발전하였음을 알 수 있다. 이러한 사회적 배경에는 중앙집중화된 정치권력과 경제적 자원의 관리체계가 작용하였을 것으로 추정된다.

2. 공간적 범위

지금까지 아라가야의 권역은 문헌과 고고자료에 근거하여 검토되어 왔다. 문헌에서는 5세기대 이후『삼국사기』,『日本書紀』의 기록에 근거하여 권역을 추정하고 있다.『삼국사기』에서는 안라국이 멸망한 이후의 군현 설치 과정이 보이는데, 함안군의 속현으로 지금의 군북에 해당하는 현무현과 의령현을 두고 있어 당시 안라국의 권역이 진주와 의령 일부를 포함하였던 것으로 추정하고 있다.[29] 또한『日本書紀』의 기사에 근거하여 북쪽은 낙동강으로 둘러싸인 지역이고, 서쪽은 백제의 진출지역으로 보이는 진주, 동쪽으로는 신라가 멸망시킨 탁순과 안라의 경계로 보이는 칠원지역이 안라국의 경계로 추정되고 있다.[30]

고고자료로는 4세기대 아라가야 양식의 고식도질토기와 5세기대의 화염문투창고배의 분포를 근거로 권역 추정이 이루어져 왔다.[31] 그러나 4세기대 통형고배, 노형기대, 양이

---

29) 백승옥,「전기 가야 소국의 성립과 발전」,『한국 고대사 속의 가야』, 혜안, 2003.

30) 남재우, 앞의 논문, 2000.

부단경호를 대표기종으로 하는 아라가야 양식 토기는 경남서부지역을 비롯한 합천, 창녕, 김해, 양산, 부산, 울산, 대구, 경주 등 광범위한 분포권을 형성하고 있고, 심지어 구례, 광양, 장흥 등 전남 지방에서도 확인되고 있어 토기 분포권을 근거로 아라가야 권역을 추정하는 것은 무리가 있어 보인다. 이러한 아라가야 양식 고식도질토기의 광역적 분포양상에 대해 토기 기종 구성에 차이가 없고, 기형이나 제작기법이 유사한 점을 들어 영남지역 공통양식으로 설정하는 견해도 있다.[32] 그렇지만 토기의 생산과 유통 측면에서 보면, 경제적으로 거리－비용 관계가 가장 효과적으로 작용할 수 있는 주요 생산지와 소비지는 아라가야 성립기에 해당하는 시기의 권역으로 충분히 설정 가능할 것으로 보인다. 따라서 4세기대 토기 생산유적이 집중되어 있는 대표적인 생산지로서 함안 법수면 일대와 그동안 발굴조사에서 동시기 토기가 다량 출토된 대표 소비지로서의 창원 현동유적은 아라가야의 권역에 포함시킬 수 있을 것이다. 또한, 목곽묘에서 아라가야 양식 토기가 출토된 의령 예둔리 고분군도 권역에 해당한다고 할 수 있다.

한편, 화염문투창고배는 5세기대 아라가야의 표지적인 토기형식으로, 함안을 중심으로 창원, 의령, 진주 등에서 집중 출토되고 있어 아라가야 권역을 설정하는 주요 고고자료로 활용되고 있다. 주요 유적은 말이산고분군을 대표로 하며, 칠원 오곡리유적, 창원 현동·대평리유적, 의령 예둔리고분군, 진주 압사리유적 등이다. 이들 유적들은 대체로 4세기대의 아라가야 양식 토기가 출토되는 지역과 일치한다. 즉, 이 지역들은 아라가야 성립기·발전기에 해당하는 4~5세기대에 하나의 정치경제적 네트워크를 구성하고 있었다는 것을 의미하며, 아라가야 '國'의 권역을 설정하는 근거로 활용할 수 있다.

그러나 이성주[33]는 생산과 분배조직이라는 경제적 맥락에 의해 좌우되는 토기 양식의 분포는 정치권력의 통제에 의해 조정된다는 전제가 타당화되지 않은 한 결코 정치체의 단위와 영역을 규정하는 근거가 될 수 없다고 보았다. 그 대신 정치체의 영역을 공간적으로 규정한다는 것은 그 정치체제의 중심지로부터 권력이 미치는 범위를 결정하는 것이므로, 고분의 분포로부터 정치체의 영역을 인지할 수 있다고 하였다. 그는 이러한 접근방식에 따라, 3세기대 안야국의 권역을 함안 가야읍을 중심으로 한 반경 10㎞로

31) 남재우, 위의 논문; 백승옥, 앞의 논문, 2003; 이동희, 「고고학을 통해 본 안라국의 형성과정과 영역변화」, 『아라가야의 위상과 국제관계』, 제9회 아라가야 학술회의 자료집, 2017.

32) 조영제, 「서부경남 가야제국의 성립에 대한 고고학적 연구」, 부산대학교 박사학위논문, 2006.

33) 李盛周, 「1-3세기 가야 정치체의 성장」, 『韓國古代史論叢』 5, 가락국사적개발연구원, 1993.

설정하였으며, 5세기대는 함안 · 의령분지를 중심으로 하여 창원, 진동, 진주 일부를 포함하는 반경 20㎞를 아라가야의 권역으로 설정하였다.

이상, 아라가야 권역에 대한 논의를 정리해 보면, 전기로 설정하였던 4세기대부터 후기에 해당하는 5세기 이후의 아라가야 권역은 대체로 함안을 중심으로, 의령, 진주, 창원 일원을 포함하고 있는 것을 알 수 있다. 이 권역의 범위는 이성주의 안과 같이 가야읍을 중심으로 반경 20㎞에 해당된다. 기존에 가야가 성립기부터 초기국가로서 도시국가적 성격이 지니고 있었다는 논의가 있었고, 도시국가의 영역이 하루 왕복거리인 20㎞에 해당한다는 것에 기초해 보면, 이러한 범위설정 기준은 충분히 고려해 볼 수 있다고 생각된다. 또한, 아라가야의 권역은 지금까지의 고고학적 자료에 근거한 논의 과정을 보면, 5세기 이후에 오히려 축소되는 경향이 있어 말이산고분군으로부터 반경 20㎞를 최대 권역으로 설정해도 좋을 것이다. 〈그림 5〉는 말이산고분군을 기점으로 반경 20㎞

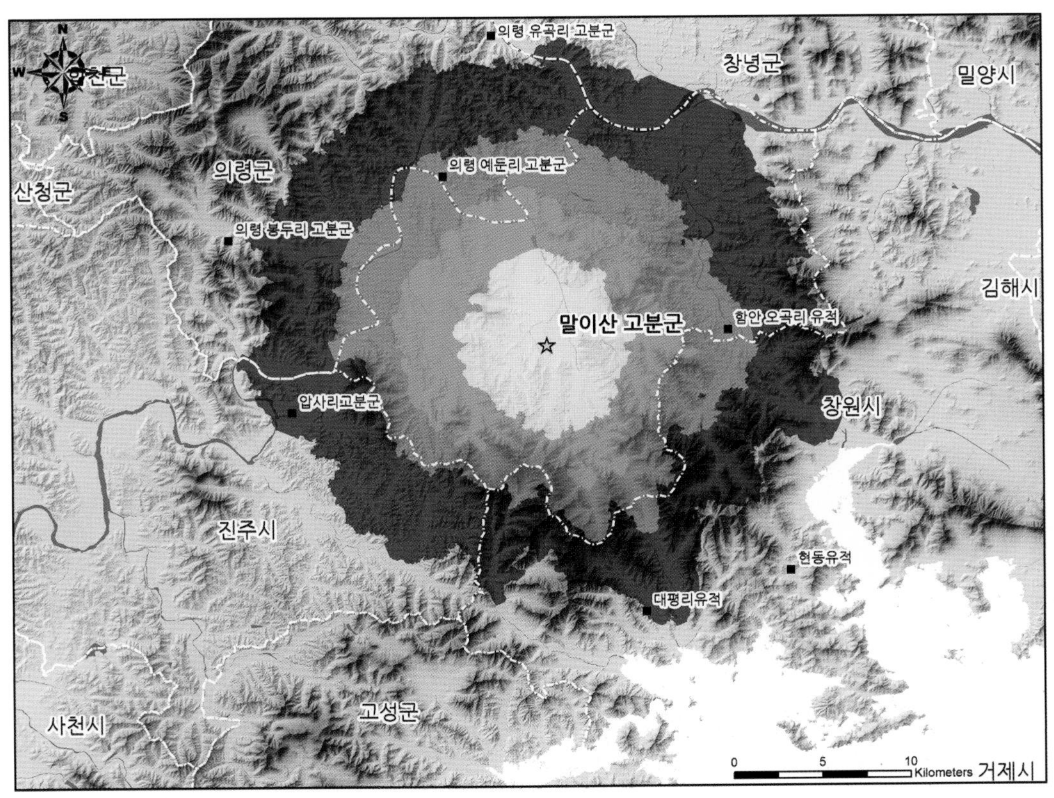

〈그림 5〉 말이산고분군으로부터 반경 20km 범위

의 비용-거리를 분석한 결과이다. 그림을 보면, 앞서 연구자들이 언급한 권역과 거의 일치하며, 화염문투창고배가 출토된 유적이 대체로 경계를 이루고 있음을 알 수 있다. 이와 같은 반경 20km의 범위는 정치경제적·종교적 중심지가 주변과 효율적으로 상호작용할 수 있는 지역시스템이 작동하는 공간적 범위를 의미하며, 이것은 정치권력의 작용범위와도 일치할 수 있다.

이와 함께 여기에서는 아라가야의 공간적 구조 파악하기 위한 분석범위의 설정기준으로서 고분의 분포밀도와 하천유역을 참고하였다. 지리학에서 밀도추정은 개별공간객체의 집중도를 측정하는 방법으로, 지리상에서 객체의 상호작용은 공간상의 객체들은 공간상에 무작위하게 있지 않고, 서로 간에 영향을 주고받으며 존재한다는 Tobler의 지리학 제1법칙에 따라 공간객체간의 상호의존성과 상호작용을 나타낸다. 〈그림 6〉은 커널밀도추정법에 따라 경남지역 고분군의 밀도를 분석한 것이다. 이 그림을 보면, 말이

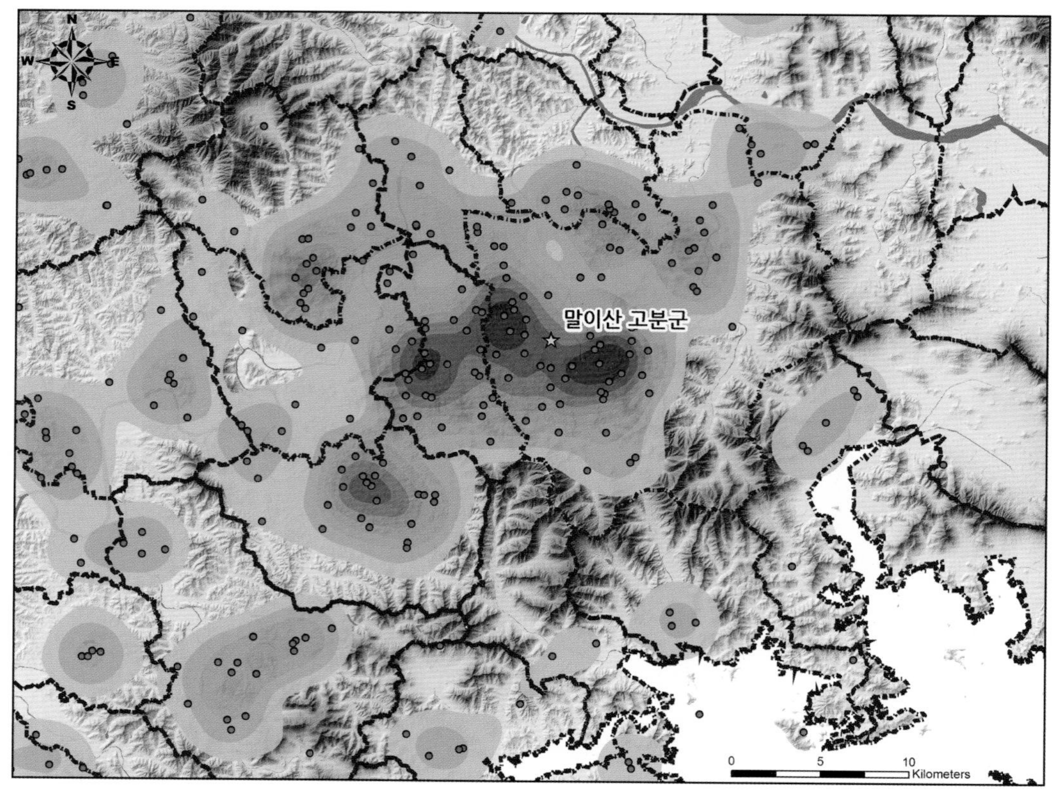

〈그림 6〉 삼국시대 고분군 분포밀도와 하천 단위유역

산 고분군을 중심으로 주변 일대에서 고분군의 밀도가 매우 높게 나타나는 것을 알 수 있으며, 북쪽지역에서도 높은 수준은 아니지만, 말이산고분군과 연결되는 밀도추정선을 형성하고 있다. 한편, 다수의 목곽묘가 확인된 진주 무촌유적이 위치한 지점에서도 고분군의 밀도가 높게 나타나는데, 이 지역은 소가야계로 분류되고 있어[34] 아라가야 권역과는 구별되는 별도의 세력권으로 보았다.

이 글에서 공간적 범위를 설정하는 기준으로서 가장 주목하는 것은 하천 유역이다. 하천 유역은 자연경계의 전통적인 설정 기준인 동시에, 지역 단위공동체의 경제적 활동과 상호작용의 기반이 된다는 점을 감안할 때, 지역단위를 설정하는 데 유용하게 활용할 수 있다. 특히, 하천이 지형 조건에 따라 형성되고 인문적인 환경도 이러한 하천에 영향을 크게 받는다는 점에서 주목할 만하다. 〈그림 6〉의 구역은 우리나라 하천 유역

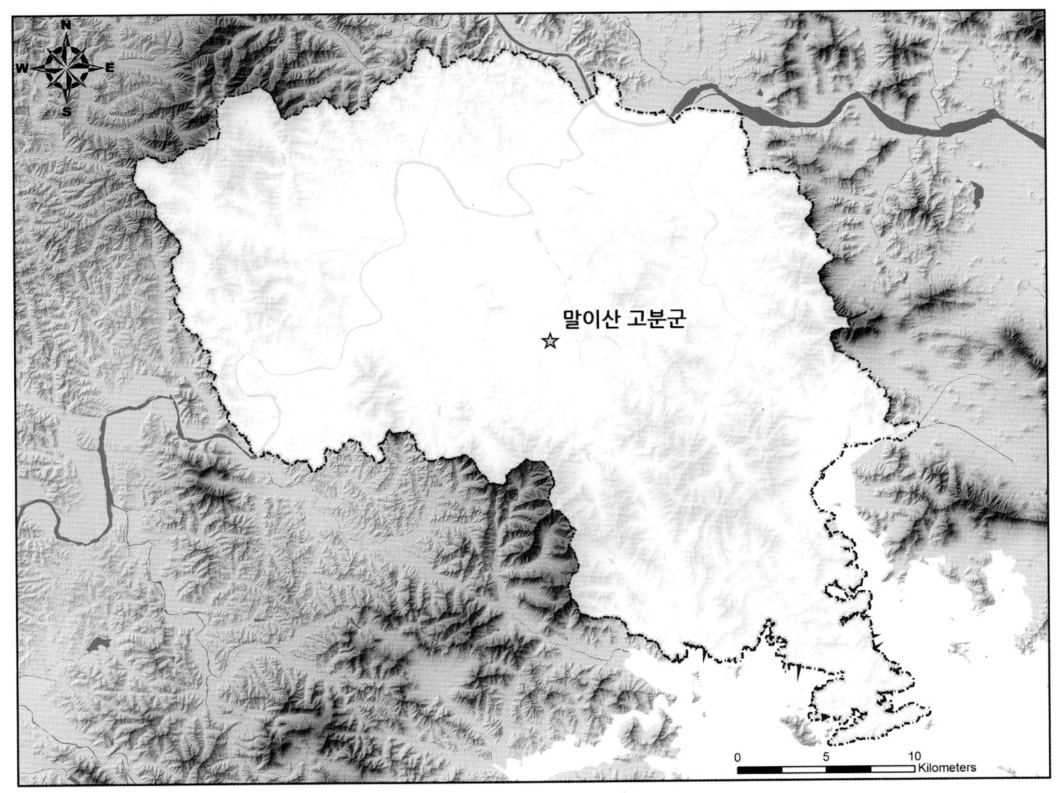

〈그림 7〉 아라가야 '國'의 추정권역

34) 하승철, 「소가야지역 4~5세기 목곽묘 연구」, 『경남연구』 8, 2013.

중 가장 작은 단위인 단위유역을 나타낸다. 이러한 단위유역 정보와 20km 권역, 고분군 분포밀도를 종합해 보면, 아라가야 '國'의 권역은 〈그림 7〉과 같이 설정할 수 있다. 이 권역 기본적으로 함안 가야읍을 중심으로 군북과 칠원, 진주 일부 지역을 포함하고 있으며, 남강이북의 의령을 북쪽 경계로 하고, 남쪽으로는 창원 진동과 현동을 포함한다.

Ⅳ. 아라가야 '國'의 공간구조

1. 전기고분군 축조단계의 공간구조

4세기~5세기 전반 목곽묘단계에 해당하는 전기고분군은 30여 개소로 추정된다.[35] 〈그

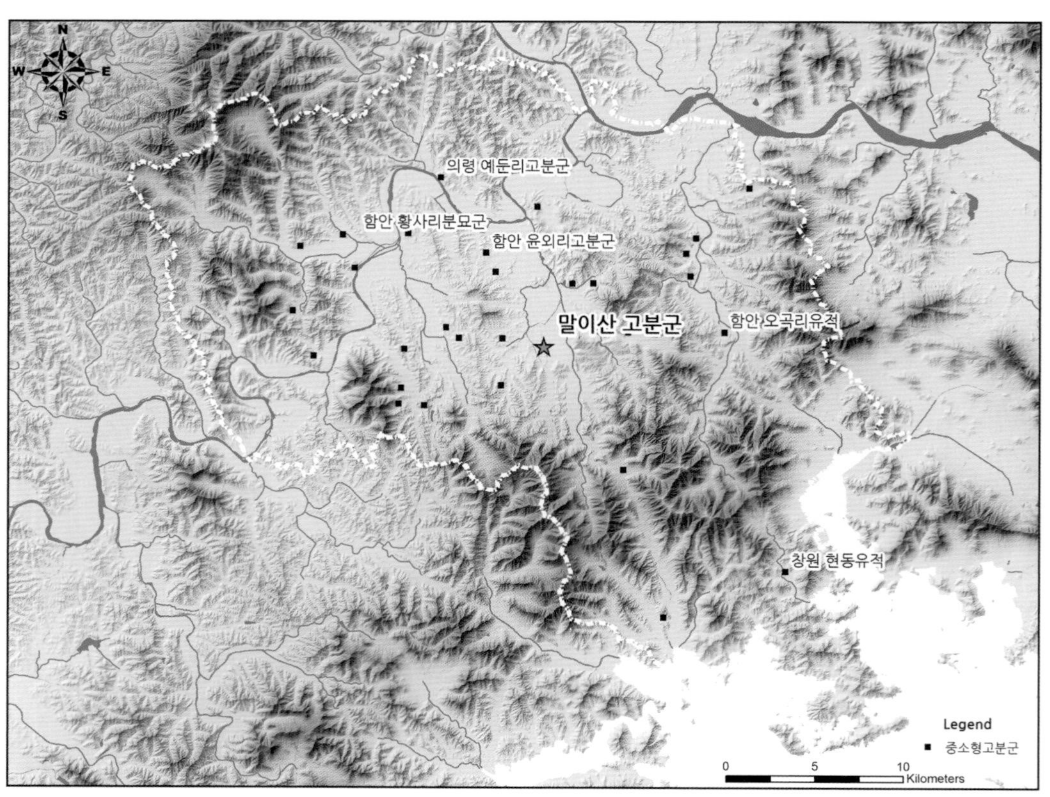

〈그림 8〉 전기고분군 분포도

림 8〉 대표적인 유적은 말이산고분군으로, 〈문〉3 · 9 · 10 · 27 · 48호묘와 같은 길이 6m 이상의 대형목곽묘를 비롯하여 중소형으로 분류되는 규모 4m 이하의 목곽묘가 다수 확인된다. 이밖에 지금까지 발굴조사된 유적은 황사리고분군, 윤외리고분군, 오곡리고분군이 있으며, 최근에는 창원 현동유적에서 600여 기의 목곽묘가 조사되어 그 성격이 주목된다.

이들 고분군은 대체로 수계망을 따라 분포하는 것으로 보이는데, 여기에서는 이러한 고분군의 분포패턴을 통해 목곽묘단계의 공간구조를 살펴보기 위해 〈그림 9〉와 같이 비용-배분분석(cost allocation analysis)과 밀도분석을 실시하였다. 비용-배분분석은 경사도를 비용값으로 설정하여 각 고분군 간의 등거리를 계산하고, 이들이 차지하고 있는

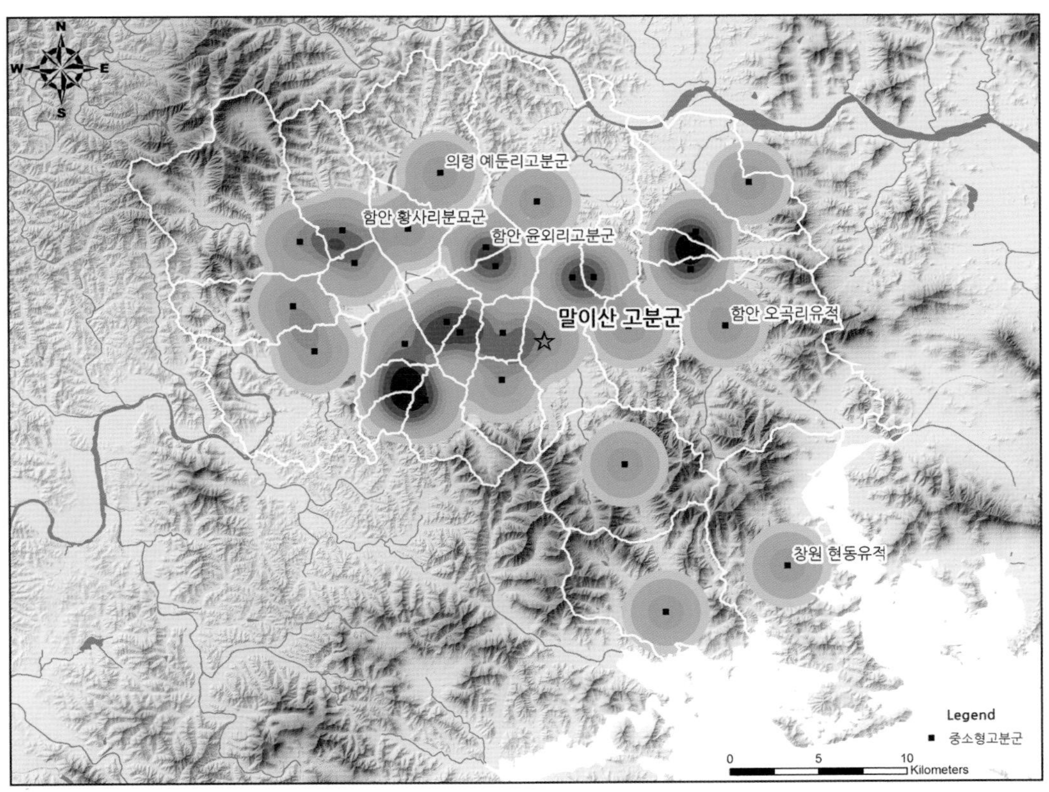

〈그림 9〉 각 전기고분군의 영역과 분포밀도

35) 여기에서 제시한 전기고분군 분포는 이성주(『신라 · 가야사회의 기원과 성장』, 학연문화사, 1998)가 작성한 분포도를 참조하여 작성하였다.

공간적 범위를 확인하는 분석방법으로, 전통적으로 특정 정치체의 공간적 영역을 예측하기 위해 설정하는 티센폴리곤의 응용이라고 생각해도 좋다. 티센폴리곤은 지형정보를 고려하지 않고 영역을 분할하지만, 비용-배분분석에서는 지표면의 경사도나 시간당 이동거리 등을 비용값으로 설정하여 보다 합리적인 영역분할이 가능하다는 장점이 있다. 분석결과를 보면, 함안 오곡리유적, 의령 예둔리고분군, 창원 현동유적과 같이 독립적으로 분포하며 일정한 영역을 점유하는 형태도 보이지만, 말이산고분군을 중심으로, 함안 군북과 칠서 일원에서는 고분군이 인접하여 소규모 영역을 이루는 경우도 있다. 이러한 소영역은 국지적 공동체간의 경쟁이나 강한 상호작용을 의미한다. 말이산고분군에서 대형목곽묘를 조영한 강한 정치체의 존재를 의식한다면, 이들 중소고분군들은 서로 경쟁하기보다는 상호작용을 통해 국지적으로 단위공동체를 이루고 있던 지역시스템의 구조적 특징을 대변하는 것으로 해석할 수 있다.

한편, 이와 같은 중소형고분군간의 근접 분포양상을 보다 구체적으로 확인하기 위해 고분군의 밀도를 분석해 보았다. 〈그림 9〉의 분석결과를 보면, 2~3개의 고분이 근접해 있는 분포패턴을 볼 수 있다. 이곳은 함안지역 중소형목곽묘를 대표하는 윤외리고분군을 비롯하여, 함안 회산리 신산고분군, 장지리·소포리고분군, 영운리 지곡고분군이 위치한 지점들이다. 회산리 신산고분군은 목곽묘가 밀집분포하는 유적으로 알려져 있으며, 5세기 이후의 석곽묘, 석실분도 확인되기 때문에 4세기~6세기에 이르는 장기간의 공간적 점유가 이루어졌던 것으로 추정된다. 특히, 유적 주변에는 최근 가야산성으로 조사된 안곡산성이 위치해 있어 안야국-안라국의 중요거점으로 기능하였던 곳으로 볼 수 있다. 장지리·소포리고분군은 장지리 남산고분군, 소포리 갓먼당고분군·머정골고분군을 포함하는 대규모 고분군으로, 지표상에 채집된 유물을 통해 목곽묘와 석곽묘를 주묘제로 하는 유적으로 알려져 있다. 이밖에 영운리 지곡고분군도 지표조사에서 확인된 유물과 유구에 근거하여 목곽묘가 조영된 고분군으로 파악하고 있다.

앞서 살펴본 이희준의 삼한사회 취락분포모델에 따르면, 각 중소형고분군은 기본단위 취락(소촌)이 결집한 촌락을 대표하는 것이고, 복수로 구성된 고분군은 이들 촌락의 상위 단위인 읍락의 존재를 시사한다고 할 수 있다. 이와 관련지어 보면, 함안 일대의 각 고분군은 복수의 소촌으로 구성된 촌락을 존재를 보여주는 것이고, 복수의 중·소형고분군은 이들 촌락이 결집한 읍락이 있었음을 간접적으로 나타낸다. 한편, 삼한 취락체계에서 최상위 계층에 해당하는 국읍과 관련해서는 앞서 살펴본 박대재의 연구[36]가 주목된다. 박대재는 『삼국지』 권30[37]에 의거, 안야국에 국읍의 수장인 '주수(主帥)'가 있고, 대국의 중심지로서 국읍이 존재하였을 것으로 추정하였다. 이 국읍은 지금까지 조사된 고고자료를 통해 볼 때 함안 일대에서 유일하게 대형목곽묘가 조영된 말이산고분군 일대로 비정할 수 있다. 이상의 함안 일대 고분군 분포패턴과 기존 연구자의 견해를 종합해 보면, 취락의 공간구조는 말이산고분군으로 대표되는 수장의 거주공간으로서 국읍이 정치경제적 · 종교적 중심지로서 작용하고, 복수의 읍락이 하위에 편재된 양상을 이루었을 것으로 추정할 수 있다. 또한, 이들 읍락은 복수의 촌락과 자연촌으로 이어지는 상호작용 네트워크 또는 상호의존적 관계를 구성하고 있었을 것이다.

이러한 수직적 취락체계, 즉 수지형(樹枝形)의 공간구조는 〈그림 1 · 2〉에서 보듯이 일방향의 수직적인 구조를 보여준다. 그러나 촌락 또는 읍락 간에는 각각의 상위 취락과 연계되는 계층적 구조와는 별도로 수평적인 상호작용에 의한 관계망도 형성되어 있었을 것이다. 즉, 국지적 정치 · 경제권역을 공유하는 구조를 상정해 볼 수 있는데, 이것은 각 고분군을 중심으로 한 일상생활권의 공유관계를 통해 살펴볼 수 있다.

농경사회에서 일상생활권은 일반적으로 반경 5㎞로 설정하고 있다.[38] 여기에서는 비용거리함수에 의해 최소의 경제적 범위를 도보 1시간 정도의 거리, 즉 5㎞로 상정하였다. 이러한 공간적 범위는 농경사회의 상호작용 영역을 추정하는 연구에 보편적으로 채용되고 있으며, 일본 야요이 거점취락론에서도 거점취락을 핵으로 하는 정치 · 경제 · 의례의 기능공간으로서 '단위지역'의 범위를 반경 5㎞로 설정하고 있다. 〈그림 10 · 11〉은 이러한 반경범위를 고려하여 각 고분군으로부터 반경 5㎞의 비용－거리를 분석한 결과이다. 〈그림 10〉의 분석결과를 보면, 아라가야권역의 남부에 해당하는 고분군 일부를 제외하곤 모든 고분군이 일상생활권을 접하고 있음을 알 수 있다. 이것은 다시 말해서 각 고분군을 대표로하는 촌락이 정치경제적 활동이 이루어지는 일상생활권을 공유하고 있다는 것을 의미한다. 특히, 윤외리고분군, 장지리 · 소포리고분군, 회산리고분군 등, 읍락의 중심고분군으로 생각되는 유적에 대한 일상생활권 반경분석을 실시해 보면,

---

36) 박대제, 앞의 논문, 2018.

37) 『[illegible]』 권30, [illegible]夷傳 韓, "臣智或加優呼 臣雲遣支報 安邪踧支 濆臣離兒不例 拘邪秦支廉之號".

[illegible] Vita-Finzi, C., and E.S. Higgs, Prehistoric Economy in the Mount Carmel of Palestine: Site Catch-ment Analysis, *Proce[illegible]ngs of the Prehistoric Society* 36, 1970.

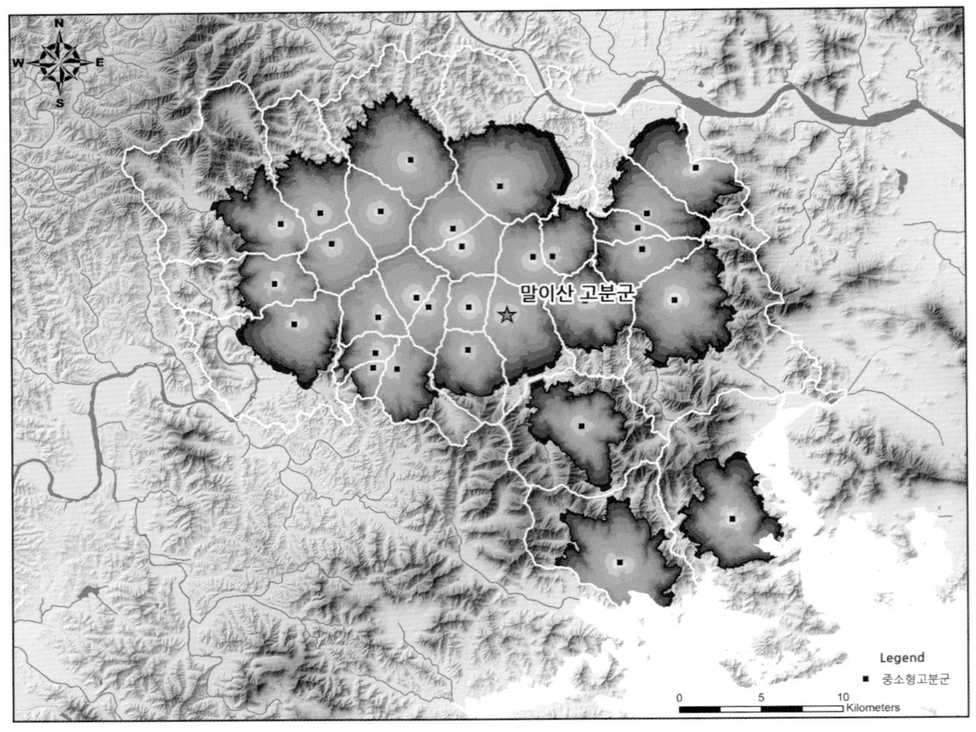

〈그림 10〉 전기고분군의 반경 5km 비용-거리분석 결과

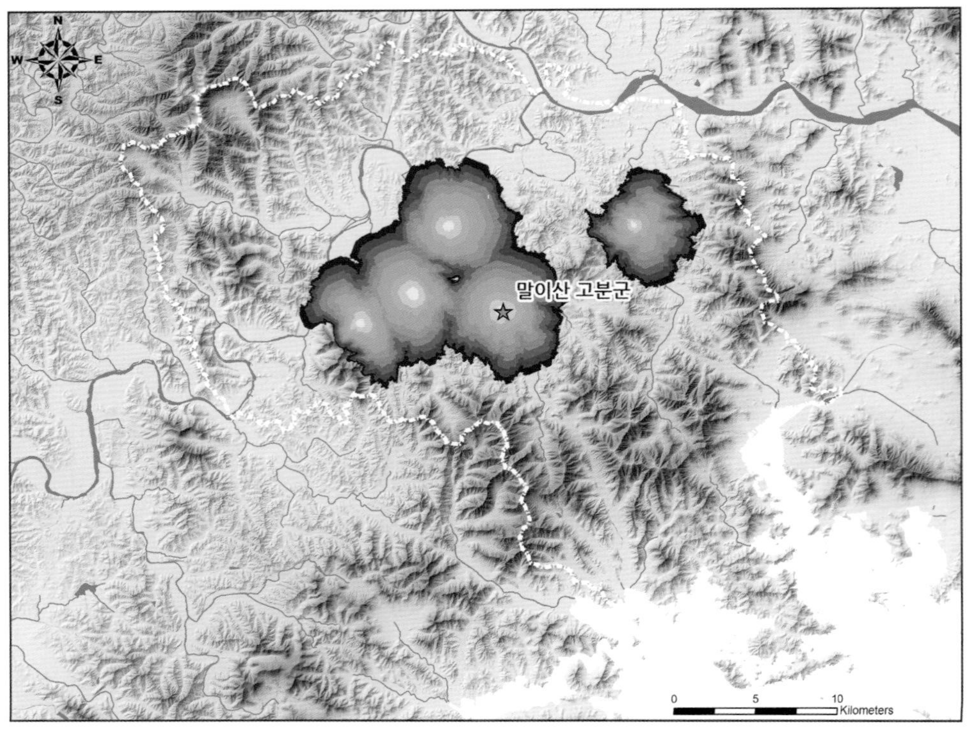

〈그림 11〉 읍락추정지의 반경 5km 비용-거리분석 결과

〈그림 11〉에서 보듯이, 동쪽에 위치한 회산리고분군을 제외한 모든 고분군들이 권역을 공유하는 양상을 볼 수 있다.

이러한 분포패턴은 목곽묘 단계 아라가야 '國'의 구조가 수직적이고 일방향적인 정치경제 지배체제를 대표하는 수지형 모델을 따르지 않을 가능성이 높다. 즉, 각 촌락 또는 읍락 상호 간에 국지적으로 정치경제적 생활권을 공유하는 수평적 상호관계도 형성되어 있었다고 볼 수 있다. 이는 국읍을 중핵으로 하는 수직적·수평적 네트워크가 작용하고 있었던 지역시스템으로서 중층적 공간구조를 이루고 있었다고 이해할 수 있다.

그러나 읍락 간에는 그 규모와 기능의 차이에 의해 동일한 수준의 국지적 정치체를 구성하지 않고, 차별적인 위상관계를 형성하고 있었던 것으로 보인다. 대표적인 예로, 윤외리고분군과 현동유적을 중심으로 하는 국지적 공동체를 들 수 있다. 이들 고분군은 아라가야 권역에 위치하는 다른 유적들과 같이 중·소형의 목곽묘를 조영한 집단이지만, 주변에서 확인되는 생산유적을 통해 볼 때, 기능적으로 차별화된 집단으로 보인다. 윤외리고분군 주변에는 고식도질토기를 생산한 토기 가마가 집중 분포한다. 아라가야 권역에서 이 시기에 해당하는 가마가 이곳에서만 확인되는데, 이는 전업적 생산체계[39]를 갖춘 수공업체제가 운영되었다는 것을 의미한다. 위에서 살펴본 취락체계를 통해 볼 때, 전업적 수공업체제를 운영·통제하였던 실질적인 주체는 말이산고분군의 대형목곽묘를 축조하였던 국읍의 수장층으로 추정된다. 윤외리고분군 조영집단은 토기의 생산과 분배를 담당하는 전문화된 분업체제를 갖춘 국지적 공동체로서 주변의 읍락과 차별화된 정치경제적 위상을 지니고 있었을 것이다.

한편 최근 조사가 진행 중인 현동유적은 4세기 후반~5세기 전반에 걸쳐 중·소형의 목곽묘가 집중 축조된 유적으로, 5세기 전반의 목곽묘에는 단야구, 무기·무구류를 중심으로 하는 다량의 철기가 부장되었으며, 4~5m급의 중형묘가 축조되었다. 이 유적의 조영집단은 인접한 지역에서 조사된 제철유구 등으로 보았을 때, 철기 생산을 기반으로 해상교역을 담당하였던 국지적 공동체로 볼 수 있다. 그런데 공반유물을 보면, 아라가야 양식의 토기가 집중적으로 부장되고 있어 위에서 언급한 토기생산체제를 기반으로 한 지역적 유통시스템이 작동하는 경제권에 포함되어 있었다고 말할 수 있다. 이 유통시스템의 생산·운영주체가 말이산고분군을 대표하는 국읍의 수장층이라는 점에서 현

39) 이성주, 앞의 책, 1998.

동유적으로 대표되는 철기의 전업적 수공업체제 역시 아라가야 권역의 최고수장층에 의해 운영·통제되었다고 생각된다.

이들 수공업체제 기반은 국읍의 외곽에 배치된 공간구조를 보인다. 〈그림 12〉에서 보듯이, 토기 가마는 말이산고분군으로부터 반경 약 5km 외곽에 분포하고, 제철유적은 반경 20km를 벗어난 지점에 위치한다. 이러한 공간적 배치구조는 입지적인 조건을 고려한 수장층의 의도된 정치경제적 전략에 따른 것으로 해석할 수 있다. 토기와 같이, 사실상 일상·의례행위에 빈번하게 소비되는 물품은 가장 효과적·효율적으로 분배·소비될 수 있는 내륙의 수계망 근접지점에 배치하여 경제적 비용의 최소화와 잉여의 획득을 극대화하는 정치적 전략을 구사하였다고 판단된다. 반면, 원거리 대외교역의 대표적인 물품인 철기의 생산과 유통 중심지는 비록 '國'의 외곽에 배치되어 있지만, 해상교통로를 이용하여 경제적 이득을 최대화할 수 있는 지점에 위치시키는 전략을 구사하였던 것이

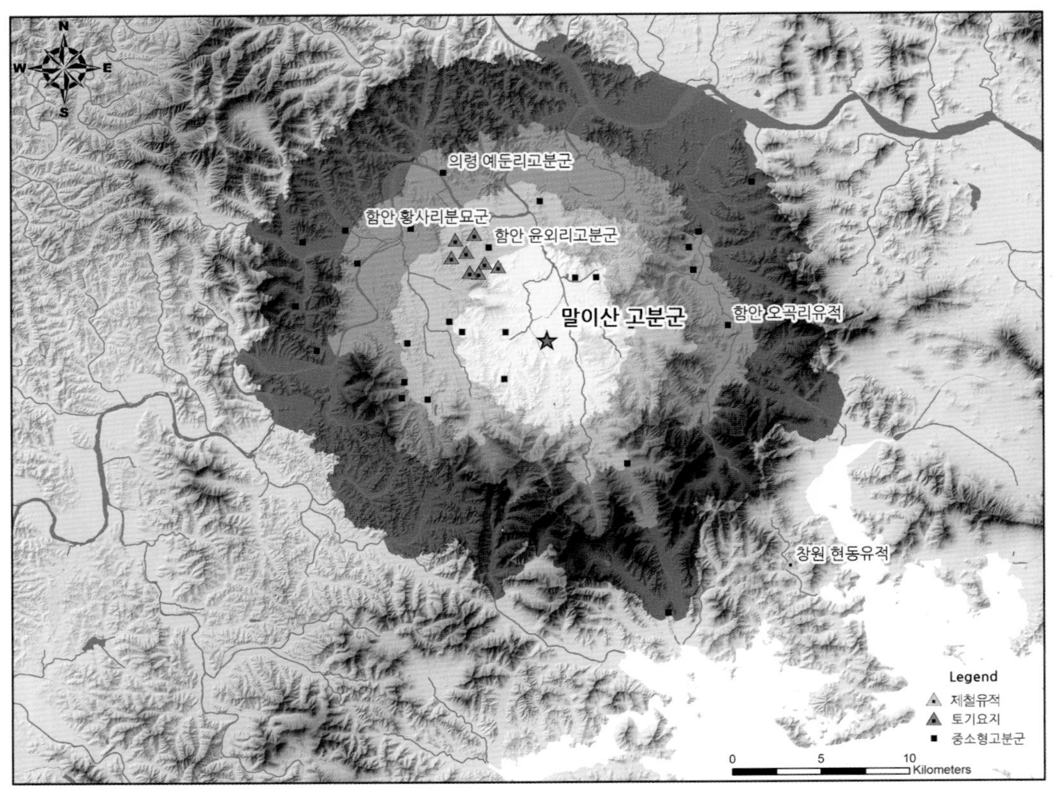

〈그림 12〉 아라가야권역의 토기·철기 생산유적 분포

다. 이것은 일반적으로 최상위－상위－하위로 이어지는 중앙집중적 사회구조를 가진 복합사회에서 경제적 잉여를 수집 · 관리하는 상위중심지가 교통의 결절지에 분포하는 양상과 일치한다.

2. 고총고분 단계의 공간구조

후기고분군에 속하는 고분군은 문화유적분포지도를 기준으로 400여 개소로 대부분 고총고분에 해당한다.[40] 〈그림 13〉은 이 고분군들의 분포를 나타낸 것인데, 사실상 아라가야 권역 전역에 분포하는 양상을 보인다. 앞으로 전기에 속하는 고분군이 더 발견

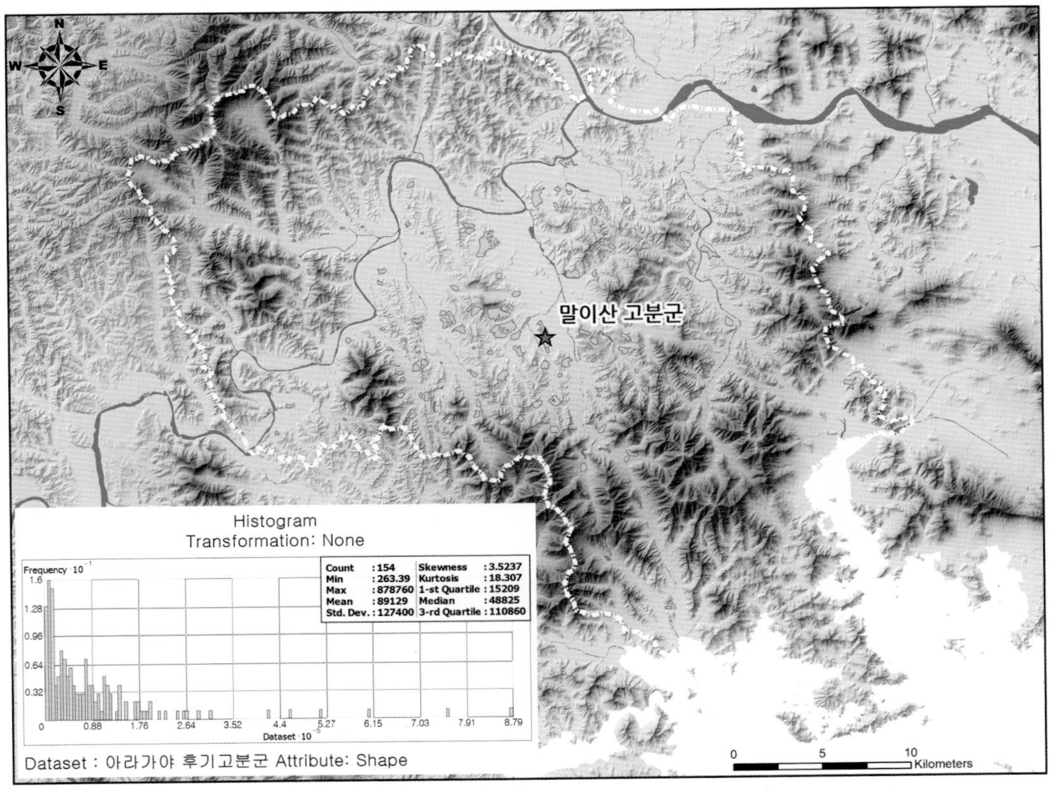

〈그림 13〉 후기고분군의 분포와 각 고분군의 면적 히스토그램

40) 유적 훼손으로 인해 봉분을 확인할 수 없는 경우도 있으나, 문화유적분포지도상에서 수혈식석곽이 확인된 것으로 알려진 고분군을 모두 후기고분군에 포함시켰다.

될 가능성이 있지만, 앞서 본 전기고분군의 분포와 비교하면, 후기고분군은 폭발적으로 증가하였음을 알 수 있다. 후기고분군은 광역지표조사를 통해 규모를 추정할 수 있다. 그림의 왼쪽 하단은 고분군의 면적에 대한 히스토그램을 작성한 것인데, 대·중·소형 규모의 고분군 간 편차가 두드러진다. 가장 규모가 큰 고분군은 윤외리고분군으로, 인접한 고분군을 모두 포함하여 범위를 추정하였기 때문에 규모가 크게 나타났다. 다음으로, 신음리고분군, 말이산고분군, 필동고분군 등이 대형에 속하는데, 이 고분군들은 모두 왕성으로 추정되는 가야리 일대에 분포하는 양상을 보인다. 현재 전기고분군의 자료가 빈약하여 시기에 따른 규모 차를 비교할 수 없지만, 후기고분군만을 대상으로 볼 때, 이 시기에는 전기에서 후기로 이어지는 지속적인 고분군의 축조 과정에서 고분의 수적 증가와 이에 따른 공간의 확장으로 인해 고분군 간 규모 차가 증가한 것으로 보인다. 이것은 국지적 단위의 정치체 간에 계층적 분화가 더욱 심화되었다는 것으로 해석할 수

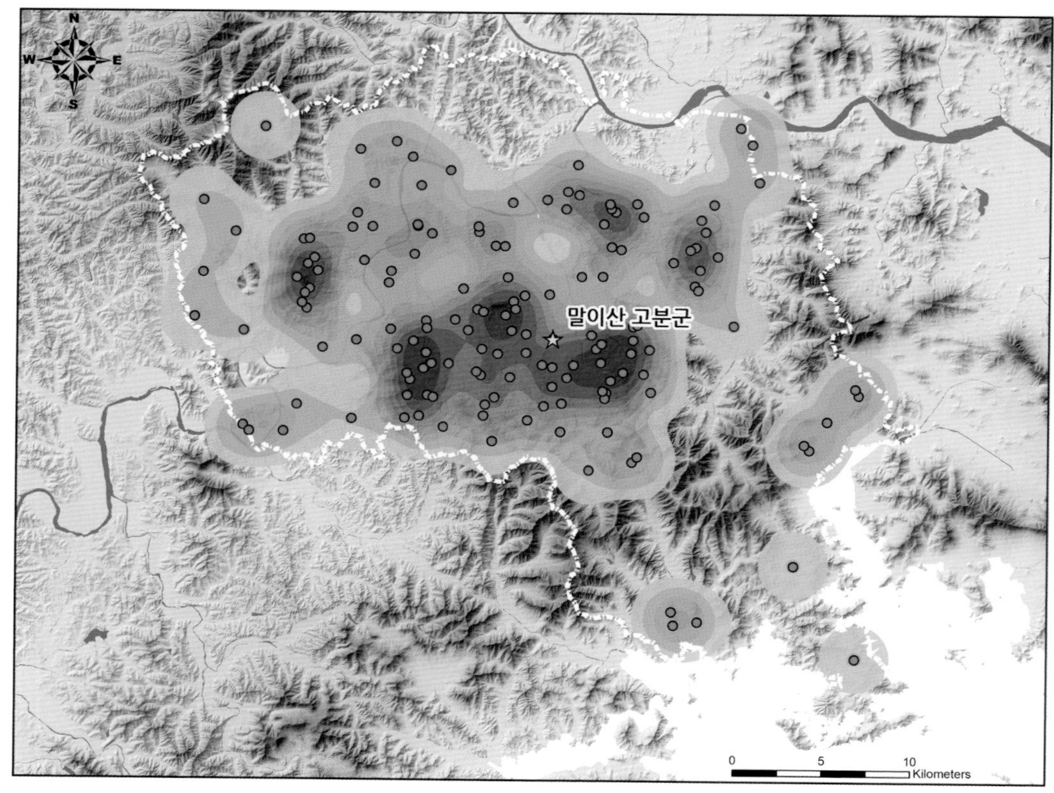

〈그림 14〉 후기고분군의 분포밀도

있으며, 취락이 분포하는 공간적 구조도 보다 복잡한 양상으로 전개되었을 가능성이 있다.

〈그림 14〉는 후기고분군의 분포밀도를 분석한 것이다. 고분군의 밀도가 높은 지점을 보면, 고밀도를 보이는 전기고분군의 분포지와 대체로 일치하는 경향을 보인다. 전기에 비해 고분군의 수가 증가하였지만, 이처럼 고밀도 지점이 동일한 현상은 촌락의 확장과 집중으로 이해할 수 있다. 앞서 제시한 바와 같이, 각 고분군이 촌락을 대표하고, 복수의 고분군 결집지를 읍락으로 가정하면, 후기에는 읍락의 확장과 각 읍락에 소속된 촌락의 결집이 이루어졌다고 설명할 수 있다.

이것은 Haggett가 지역적 차원에서 발생하는 공간조직의 구조분석 틀[41]로서 제시한 〈그림 15〉의 모델로 설명할 수 있다. 전기고분군이 축조된 시기에는 국읍을 핵으로 하여 국지적 중심지로 기능한 읍락들이 지역 네트워크 내에서 계층적 구조를 구축하고, 하나의 통합된 공간으로 특정한 영향면을 형성한 시기라고 할 수 있다. 후기고분군 축조기는 이러한 중심결절지와 영향면이 점차 공간적으로 확산하여 발전하는 공간조직체계를 이루었다고 생각된다.

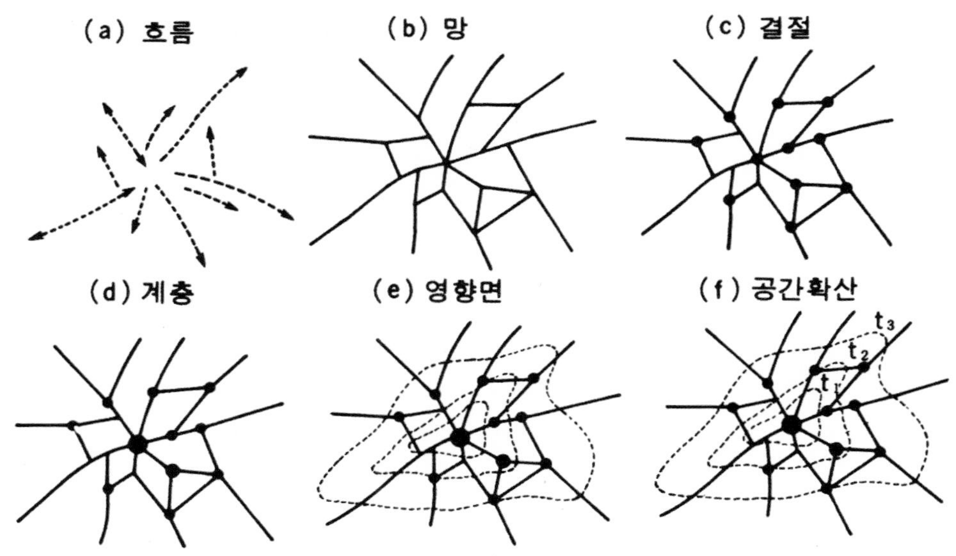

〈그림 15〉 Haggett의 지역 공간조직체계 모델

41) 김인, 「현대인문지리학－인간과 공간조직－」, 법문사, 1986.

이러한 확산 양상은 <그림 16>의 반경 5km 일상생활권 공유 관계를 통해서도 확인할 수 있다. 고분군이 사실상 아라가야권 전역에 분포하기 때문에 거의 모든 고분군은 주변의 고분군과 1개 이상의 권역을 공유하는 형태를 이룬다. 이는 각 고분군으로 대표되는 촌락들이 정치경제적으로 상호작용하며 국지적인 영향면을 형성하고, 이와 같은 국지적 단위들은 좀 더 확대된 지역적 차원에서 영향력을 주고받는 공간조직으로 발전하였던 것으로 보인다.

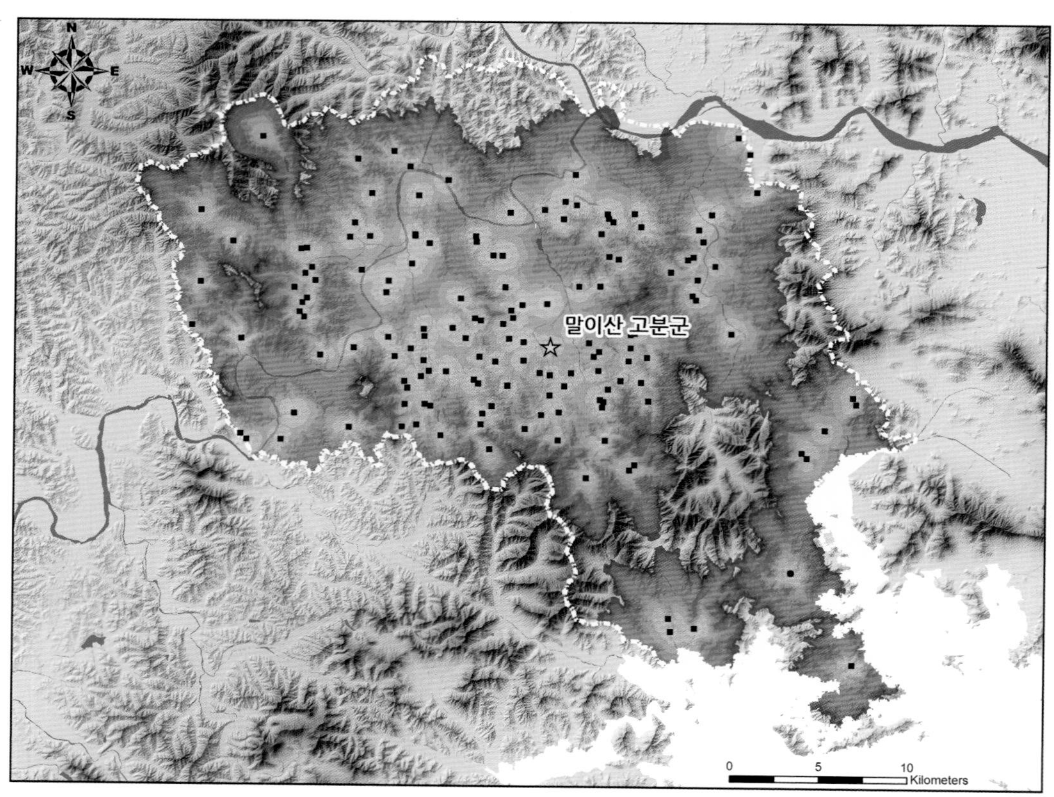

<그림 16> 각 후기고분군의 반경 5km 분석결과

3. 아라가야 '國' 공간구조의 특징과 형성배경

1) 공간구조

앞서 아라가야 '國'의 공간구조 모델로서 복합사회의 정치경제 시스템을 전제로 한 복합체계모델을 제시하였다. 전기 · 후기고분군의 분포패턴을 근거로 추정한 '國'의 촌락은 국읍을 중심으로 하여 읍락－촌락－소촌(자연촌)이 수직적 계층구조를 이루는 공간구조를 형성하고 있었음을 추론할 수 있었다. 그렇지만 이들 촌락은 지역사회에서 각기 다른 위상을 가지는 계층관계를 형성하고 있었지만, 한편으로는 각 촌락과 읍락이 국지적 · 지역적 차원에서 상호작용하는 수평적 관계도 이루고 있었다. 다시 말해서 촌락이 결합한 각 읍락이 국지적으로 중심지를 이루고, 이들 중심지가 정치경제권역을 공유하며 하나의 통합된 지역적 차원의 공간구조를 형성하는 〈그림 4〉의 오른쪽 아래 모델과 같은 다중심체모델을 따른다고 할 수 있다.

그러나 아라가야 '國'의 고분군 분포패턴을 살펴보면, 완전한 형태의 다중심체모델이 아니라는 것을 알 수 있다. 창원 진동 · 현동과 같이, 인접 촌락 또는 읍락과 직접적으로 일상생활권을 공유하지 않는 경우도 있다. 이러한 공간구조는 계층성과 네트워크가 중층적 구조를 이루는 〈그림 17〉과 같은 모델로 표현할 수 있다.[42] 이 모델에서는 읍락을 중심지로 하는 국지적 단위가 연계하여 관계망을 형성하고, 이들이 국읍과 수직적 관계를 형성하는 중층구조를 이룬다. 국읍은 국지적 차원뿐만 아니라, 지역적 차원에서도 정점이 되며, 하위 계층인 읍락은 최상위의 국읍과 수직적 관계망을 형성한다. 한편 읍락들은 직간접적으로 상호작용하는 수평적 네트워크를 구성한다. 그러나 이들 읍락은

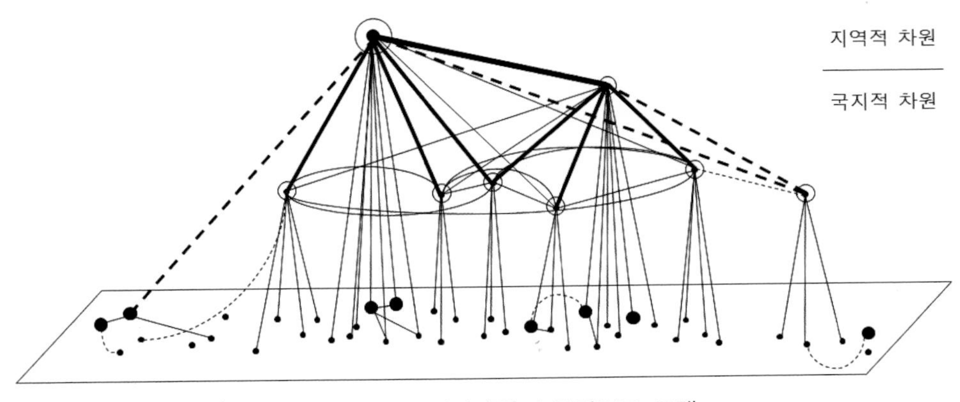

〈그림 17〉 아라가야 '國'의 공간구조 모델

42) 이것은 필자가 일본 나라지역 야요이시대 취락의 분포패턴을 기초로 설정한 모델이지만(姜東錫, 「奈良盆地の弥生中期後葉セトルメントシステムの検討一複雑社会の農業生産組織化モデルによる一」, 『日本考古学』 45, 日本考古学協会, 2018), 수직적 · 수평적 상호작용에 의한 중층적 구조를 설명하는 도식화 모델로 적용가능하다.

자체의 규모나 상호관계의 정도에 따라 각기 다른 위상을 보일 것이다. 즉, 국읍과 같은 지역적 수준의 최상위 중심지는 아니지만, 사회경제적 우위에 의해 보다 상위에 위치하는 읍락이 존재한다. 그리고 촌락은 읍락에 소속되어 직접적으로 상호관계를 형성하는 경우가 대부분이지만, 상대적으로 규모가 큰 촌락과도 상호작용한다. 촌락 중에는 읍락과 직접적인 관계의 형성 없이 국읍과 연계되는 촌락도 있었을 것이다.

2) 공간구조의 형성배경

아라가야 '國'의 공간구조는 위상이 각기 다른 중심지가 결합하여 중층적 구조를 형성하고 있는 다중심체모델로 정의할 수 있다. 여기에서 국읍과 읍락에 해당하는 각 중심지는 고분군을 대표로하는 촌락의 결집체라고 할 수 있는데, 이러한 결집양상은 전기·후기고분군에 대한 분포밀도를 통해 확인할 수 있었다. 이처럼 국지적 중심지인 국읍과 읍락 주변에 밀도가 높은 현상은 촌락의 집주(集住)로 이해된다.

이러한 상위중심지로의 집주현상은 농경을 기반으로 하는 수장사회에서 수장층이 정치권력의 기반이 되는 잉여를 효율적으로 생산하고 수집하기 위한 전략, 즉 top-down모델로 설명되고 있다. 이 모델을 따르는 복합사회는 고도의 중앙집권적 정치체로서, 수장층이 직접 대규모 농경지와 하천 주변으로 노동력을 집중시켜 잉여 생산을 극대화하는 농업생산체제를 조직·운영한다. 복합사회 연구에서는 이러한 조직체제를 검증하는 방법으로 최상위 또는 상위 중심지 주변에 농업생산력이 높은 토양이 분포하거나 대규모 노동력을 동원하여 관개시설을 설치할 수 있는 하천의 분포를 가정한다. 이 모델은 국내에서 실제 초기복합사회의 복합화 진전과 도작농경의 집약화 간의 인과관계를 설명하기 위해 적용되었다.[43)]

안야국과 안라국으로 대표되는 '國'의 성장기반 중 하나는 수도작에 의한 농업생산력으로 생각되고 있다.[44)] 앞서 말한 집주현상이 정치권력 확대를 위한 수장층의 전략에 의한 것이라고 한다면, 국읍과 읍락 주변에 높은 생산력이 가진 논토양이 분포할 것이다. 여기에서는 이를 검증하기 위해 〈그림 18〉과 같이 전·후기고분군의 고밀도 구간에 대한 논토양 분포를 확인해 보았다. 분석결과, 전체면적의 40.3%가 생산성이 보장되는

---

43) 金範哲, 앞의 책, 2010.

44) 남재우, 『안라국사』, 혜안, 2003, 67~71쪽.

논토양 1·2급지에 해당하여 수도작 생산성과 생산력이 높을 것으로 예상된다. 그런데 논토양 분포지는 함안지역에서 하성평탄지로 분류되는 지형으로 과거부터 범람이 잦은 곳에 해당된다. 따라서 수도작 생산력은 높은 반면, 생산과정에서 위험성이 수반된다고 할 수 있다. 이를 극복하기 위해서는 대규모 노동력 동원을 통한 관개시설의 설치가 필요하고, 수장층은 정치권력을 행사하여 노동력을 직접 통제하는 생산환경을 조성할 수 밖에 없는 상황이 된다. 즉, 수장층은 정치적으로 읍락 주변에 농업생산조직을 효율적으로 운용할 수 있도록 노동력 규모를 유지하는 집주전략을 구사하고, 이는 결과적으로 각 촌락을 대표하는 고분군의 밀집양상으로 나타나게 된 것으로 해석된다.

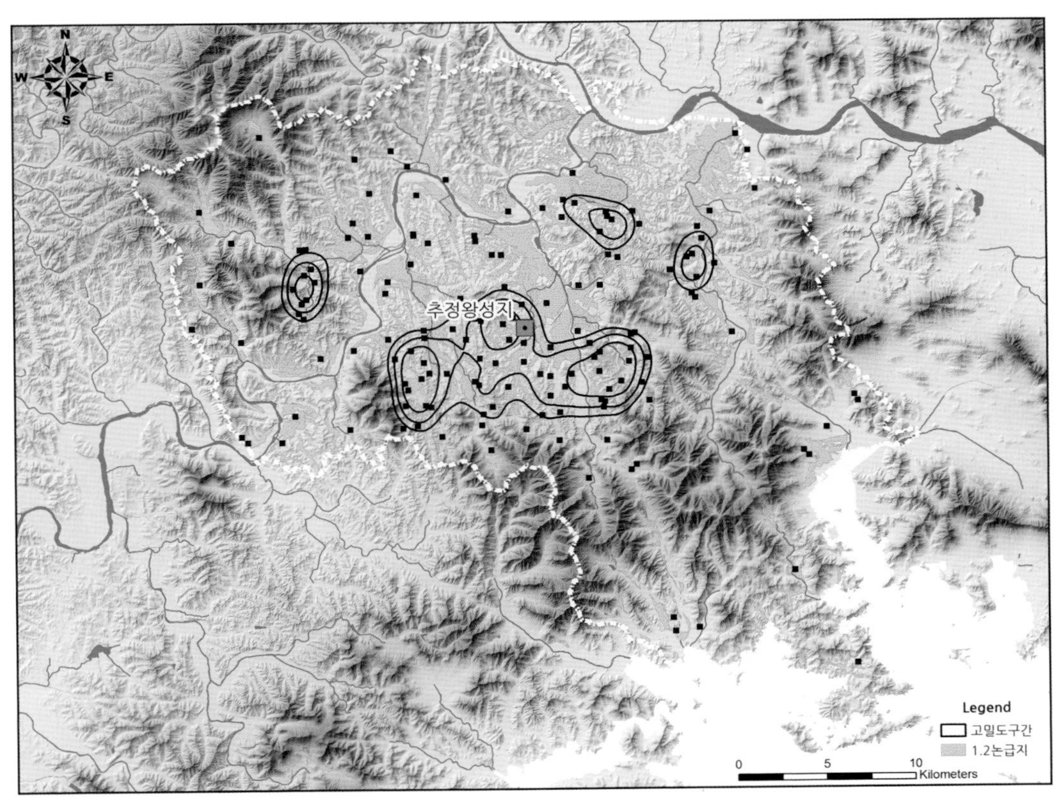

〈그림 18〉 전기고분군 밀집지의 논토양 분포 분석

특히, 〈그림 19〉는 현재 조사진행 중인 아라가야 추정왕성지로부터 반경 5㎞의 1·2급지 논토양 분포를 분석한 것인데, 전체면적의 약 51.7%가 수도작 생산성을 보장하는 토양이 분포하고 있다. 이것은 앞서 고분군 고밀도 구간보다 더 높은 수치로, 국읍의 거의 대부분이 수도 경작을 통한 잉여 확보가 가능한 환경이 갖추어져 있었다고 할 수 있다. 한편 국읍 주변은 아라가야 권역에서 대규모 고분군이 분포하는 지역이고, 고분군의 밀도도 가장 높은 지점에 해당된다. 이러한 환경조건과 고분군의 분포패턴을 종합해 보면, 국읍의 수장층은 정치권력의 기반이 되는 잉여를 효과적으로 생산·수집하기 위해 촌락들을 국읍 주변에 집주시켰고, 이것은 대규모·고밀도의 고분군 축조로 이어졌다고 설명할 수 있다. 또한, 이러한 경제적 기반에서 성장한 국지적 정치체는 아라가야 '國'에서 대형목곽묘와 고총고분을 조영한 지역적 차원의 최상위 계층으로 성장·발전하였던 것으로 보인다. 정리하면, 이와 같은 농업생산환경과 수장층의 집주를 통한 정치권력 확대전략은 아라가야 권역에서 다중심적이고 중층적인 공간구조를 형성하는 배경이 되었던 것이다.

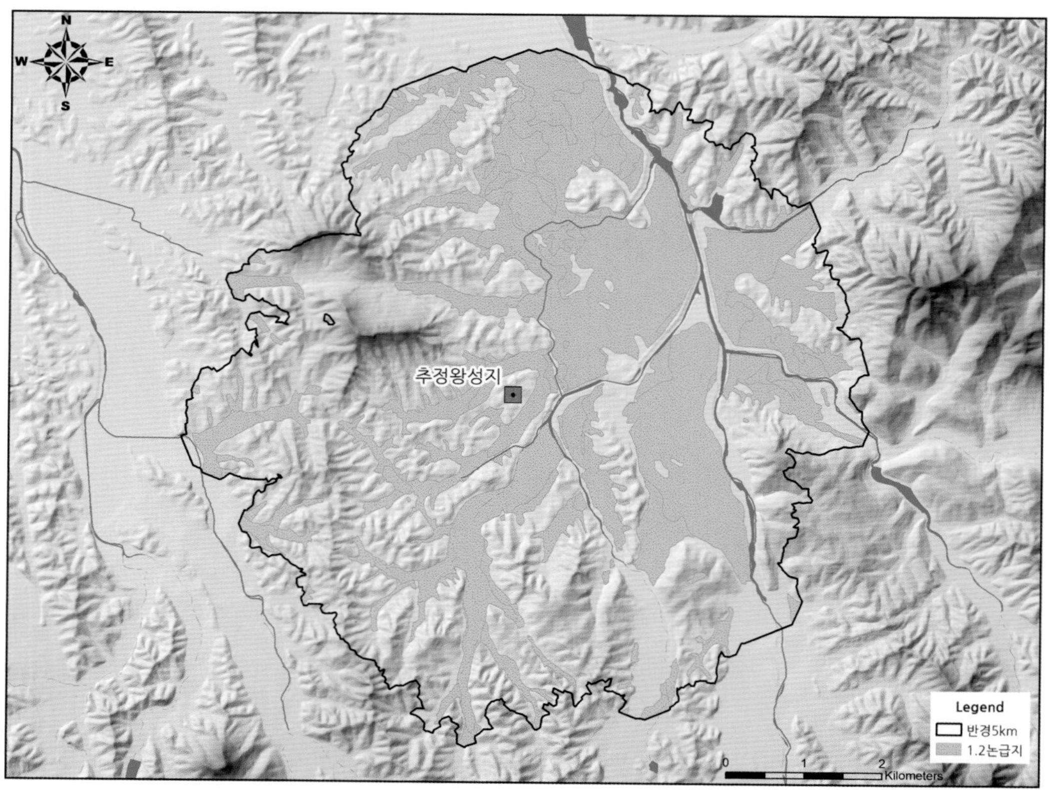

〈그림 19〉 추정왕성지 주변 논토양 분포 분석

이러한 정치경제적 배경와 별도로, 국읍과 읍락이 가지는 공간적 네트워크의 중심성은 아라가야 '國'의 공간구조를 형성하는 또 다른 배경으로 작용하였다고 생각된다. 네트워크 중심성은 각각의 결절지가 지역적 공간조직 내에서 정보나 권력을 통제하고 영향력을 발휘하는 공간적 우위성을 나타낸다. 즉, 국읍과 같은 최상위중심지는 이러한 공간적 우위를 보여주는 근접중심성이나 위계중심성이 높을 것이고, 경우에 따라서는 정보나 자원의 흐름에 대한 통제력을 나타내는 매개중심성이 높을 것이다.

〈그림 20〉은 삼각망 분석방법을 이용하여 전기·후기고분군의 네트워크를 구성한 것이다. 두 시기의 네트워크는 중첩되는 양상을 보이고, 전기고분의 확장으로 후기고분군이 조영된 점을 감안하여 여기에서는 전기고분군에 대한 네트워크 중심성을 분석해 보았다. 〈그림 21〉의 맨 위 도면은 근접중심성을 분석한 것인데, 이것은 전체 네트워크 구조 내에서 가장 중심을 의미하는 글로벌 중심성을 나타낸다. 일반적으로 근접중심성이

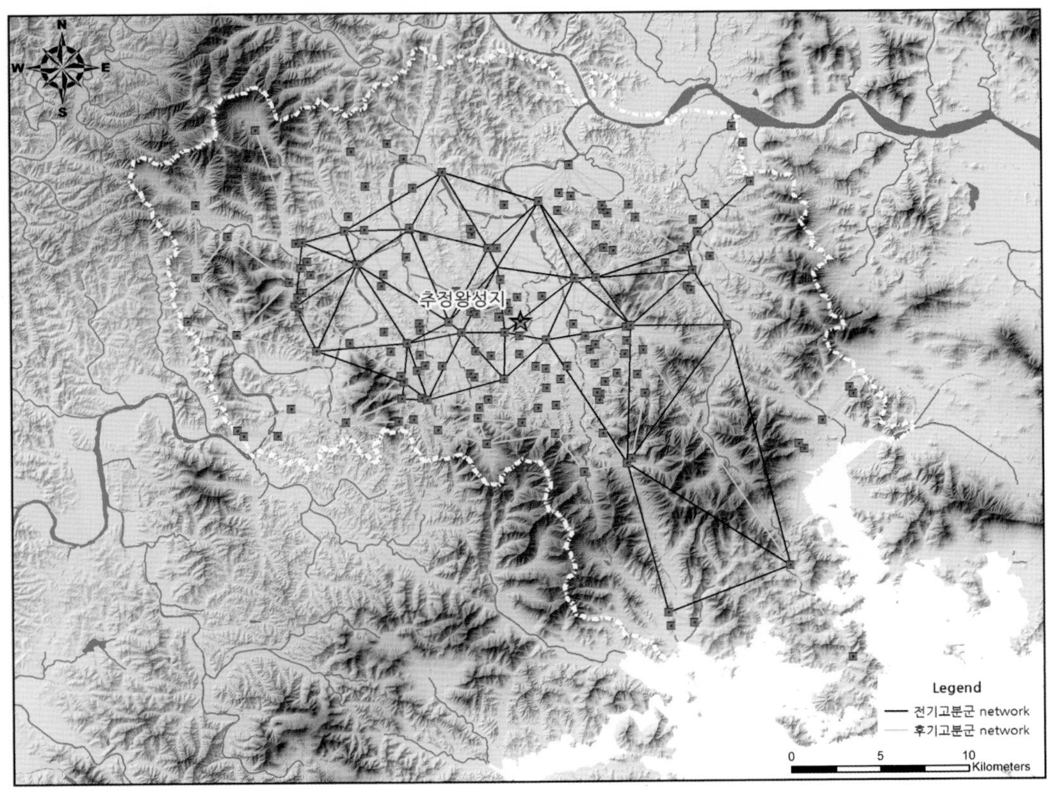

〈그림 20〉 전기·후기고분군 네트워크

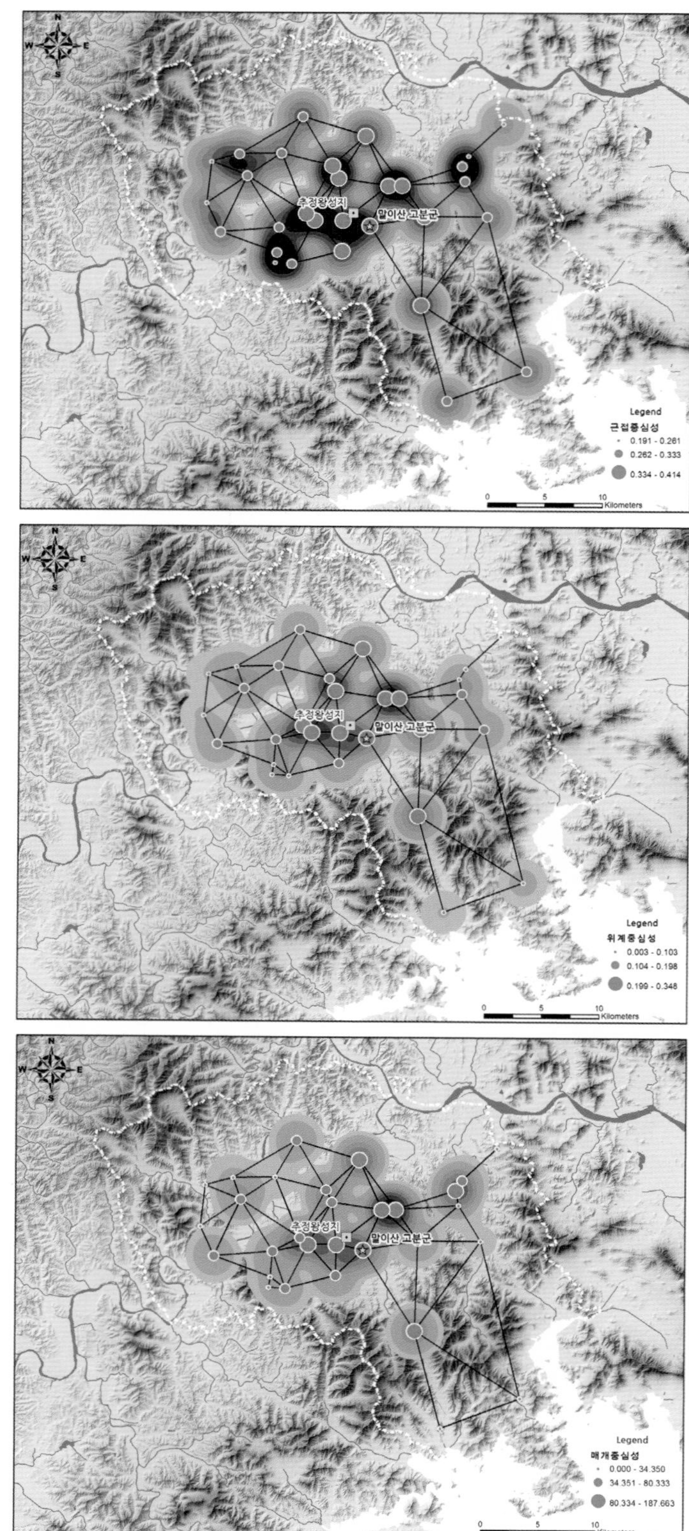

〈그림 21〉 아라가야 전기고분군의 네트워크 중심성(상: 근접중심성, 중: 위계중심성, 하: 매개중심성)

높을수록 정보, 권력, 영향력, 사회적 지위의 확보가 용이하다고 해석된다. 분석결과, 말이산고분군과 추정왕성지로 대표되는 국읍과 주변의 읍락추정지들에서 중심성이 높게 나타났다. 이것은 아라가야 권역 내에서 이들 최상위·상위중심지들이 지역적 공간구조 속에서 높은 위상을 차지하며 발전한 배경이 되었다고 생각된다. 이러한 양상은 지역사회의 통제력이나 변화의 파급력을 나타내는 위계중심성(〈그림 21〉의 중간), 정보나 물자의 중개자 역할 정도를 보여주는 매개중심성(〈그림 21〉의 아래) 분석결과에서도 나타난다. 따라서 이와 같은 네트워크 조직 내의 공간적 우위성을 배경으로 국읍과 각각의 읍락은 국지적 중심지로 성장·발전하였으며, 국읍은 지역시스템에서 영향력이나 권력 면에서 공간적 지위를 지니며 전체 네트워크를 통제하는 최상위중심지로서 작용하였던 것으로 보인다.

Ⅴ. 맺음말

이상으로 안야국-안라국으로 이어지는 아라가야 '國'의 공간구조에 대해 고분 분포패턴 분설 결과를 근거로 살펴보았다. 가야에 있어서 '國'은 고대국가 성립과 관계가 있지만, 지역적 통합과 정치권력의 집중화, 사회의 계층화로 대변되는 사회복합화 과정에 있는 지역정치체를 의미한다. 이러한 복합사회로서 가야의 특성은 한국고대사의 성립뿐만 아니라, 세계 각지에서 복합화 과정을 거치면서 성장과 발전, 쇠퇴를 반복하였던 인류사회 발달사를 엿볼 수 있는 중요한 자료가 될 수 있다. 이 글에서는 이와 같은 가야의 인류사적 위치를 고려하여 그동안 문헌사학과 고고학 연구에서 가야를 신진화론의 고대국가 프레임에서만 바라보았던 접근방법에서 벗어나 최근의 사회복합화 모델에 기초하여 공간구조적인 측면을 살펴보고자 하였다.

아라가야 '國'의 구조는 목곽묘로 대표되는 전기고분군과 수혈식석곽, 고총고분이 출현한 후기고분군을 근거로 시간적·공간적 범위를 설정하여 검토하였다. 4세기~5세기 전반의 전기고분군 축조기에는 복수의 고분군이 결합된 양상을 확인할 수 있었다. 각 고분군을 하나의 촌락으로 가정하고, 2기 이상의 고분군 결집지를 읍락으로 상정하면, 전기에는 말이산고분군의 대형목곽묘를 조영한 수장층이 거주하였던 국읍을 중심으로 읍락－촌락－소촌으로 이어지는 수직적 계층구조를 확인할 수 있었다. 그러나 이들 촌락들은 대체로 일상생활권을 공유하는 수평적인 상호관계도 형성하고 있었던 것으로 보인다. 특히, 이 시기에는 토기·철기의 전업생산체제를 '國'의 외곽에 배치하여 효과적·효율적으로 정치경제적 기반을 확보하려는 수장층의 의도적인 공간구조 형성과정도 살펴볼 수 있었다.

이처럼 지역적으로 통합된 구조는 후기에 보다 확장되어 고분군 간의 계층적 분화가 심화되고, 국읍과 읍락을 중심지로 하는 국지적·지역적 상호작용의 수준이 높아졌다. 이와 같은 공간구조는 사회적 계층성과 상호관계의 정도가 가장 높은 수준인 다중심체 모델을 따른다. 그러나 아라가야 '國'의 권역에서 최상위 중심지와 상호작용의 정도가 낮은 촌락도 있어 완전한 형태의 다중체모델이 아닌, 수직적·수평적 상호작용에 기반한 중층구조를 보였다.

이러한 다중심체적 중층구조의 형성 배경으로는 국읍과 읍락 주변에 농업생산 노동력을 결집시켜 잉여를 효과적으로 생산·관리하려는 수장층의 정치경제적 의도가 작용하였다고 생각된다. 또한, '國'을 형성하고 있는 네트워크 조직 내에서의 공간적 우위성, 즉 네트워크 중심성이 국읍과 읍락추정지에서 높게 나타나는데, 이러한 공간적 지위를 이용하여 정보나 물자의 흐름을 통제하고, 조직적인 영향력을 극대화함으로써 아라가야의 공간구조를 구축하였던 것으로 보인다.

아라가야의 공간구조는 사회복합화 진전 정도가 가장 높은 수준에 해당된다. 한국고대사에서 국가적 지위에 대한 논란이 있지만, 이와 같은 사회복합화와 관련한 연구와 해석이 아라가야뿐만 아니라, 가야의 국가적 성격을 재해석하는 기회가 되길 바란다.

【참고문헌】

권오영, 「삼한의 「국」에 대한 연구」, 서울대학교대학원 박사학위논문, 1996.

권오영, 「가야제국의 사회발전단계」에 대한 연구」, 『한국 고대사 속의 가야』, 혜안, 2001.

金範哲, 『쌀의 考古學－韓國青銅器時代 水稲作과 政治經濟－』, 민속원, 2010.

김 인, 「현대인문지리학－인간과 공간조직－」, 법문사, 1986.

김태식, 「가야의 사회발전단계」, 『한국고대국가의 형성』, 한국고대사연구회, 민음사, 1990.

남재우, 「안라국의 성장과 대외관계 연구」, 성균관대학교 박사학위논문, 1998.

남재우, 「문헌으로 본 안라국사」, 『가야 각국사의 재구성』, 혜안, 2000.

남재우, 『안라국사』, 혜안, 2003.

남재우, 「전기 가야사 연구의 성과와 과제」, 『한국고대사연구』 85, 한국고대사학회, 2017.

노중국, 「대가야의 정치 · 사회구조」, 『가야사연구』, 경상북도, 1995.

박대제, 「삼한의 국읍을 통해 본 구야국」, 『김해 봉황동유적과 고대 동아시아－가야 왕성을 탐구하다－』, 제24회 가야사국제학술회의 발표자료집, 인제대학교 가야문화연구소, 2018.

박천수, 「정치체의 상호관계 본 대가야왕권」, 『가야제국의 왕권』, 인제대가야문화연구소, 1997.

박천수, 「고고학을 자료를 통해 본 대가야」, 『고고학을 통해 본 가야』, 한국고고학회, 2000.

백승옥, 「전기 가야 소국의 성립과 발전」, 『한국 고대사 속의 가야』, 혜안, 2003.

백승충, 「가야의 지역연맹사 연구」, 부산대학교 박사학위논문, 1995.

백승충, 「가야의 정치구조: '부체제' 논의와 관련하여」, 『한국고대사연구』 17, 한국고대사학회, 2000.

이동희, 「고고학을 통해 본 안라국의 형성과정과 영역 변화」, 『아라가야의 위상과 국제관계』, 제9회 아라가야 학술회의 자료집, 2017.

李盛周, 「1-3세기 가야 정치체의 성장」, 『韓國古代史論叢』 5, 가락국사적개발연구원, 1993.

이성주, 『신라 · 가야사회의 기원과 성장』, 학연문화사, 1998.

이성주, 「고고학을 통해 본 아라가야」, 『고고학을 통해 본 가야』, 한국고고학회, 2000.

이성주, 「진변한 '국'의 형성과 변동」, 『영남고고학』 79, 영남고고학회, 2017.

이영식, 「가야제국의 국가형성문제 －'가야연맹설'의 재검토와 전쟁기사분석을 중심으로－」, 『백산학보』 32, 백산학회, 1985.

이영식, 「가야사의 문헌사적 연구 현황과 과제」, 『가야문화권 조사 · 연구 현황과 과제』, 국립가야 · 나주 · 경주문화재연구소, 2017.

이주헌, 「아라가야에 대한 고고학적 검토」, 『가야 각국사의 재구성』, 혜안, 2000.

이현혜, 「삼한의 「국읍」과 그 성장에 대하여」, 『역사학보』 69, 역사학회, 1976.

이형기, 「소가야연맹체의 성립과 그 추이」, 『민족문화논총』 17, 영남대학교 민족문화연구소, 1997.

이희준, 「토기로 본 대가야의 권역과 그 변천」, 『가야사연구』, 경상북도, 1995.

이희준, 「삼한 소국 형성 과정에 대한 고고학적 접근의 틀 -취락 분포 정형을 중심으로-」, 『한국고고학보』 43, 2000.

조영제, 「서부경남 가야제국의 성립에 대한 고고학적 연구」, 부산대학교 박사학위논문, 2006.

하승철, 「소가야지역 4~5세기 목곽묘 연구」, 『경남연구』 8, 2013.

姜東錫, 「奈良盆地の弥生中期後葉セトルメントシステムの検討一複雑社会の農業生産組織化モデルによる一」, 『日本考古学』 45, 日本考古学協会, 2018.

武田幸男, 「魏志東夷傳にみえる下戸問題」, 『古代の朝鮮』, 学生社, 1974.

Feinman, G.M., The Emergence of Inequality, *Foundations of Social Inquality*, Plenum Press, 1995.

Hare, T.S., Political Economy, Spatial Analysis, and Postclassic States in the Yautepec Valley, Mex-ico, Ph.D. diss, Department of Anthropology, State University of New York, 2001.

Mine, L. D., Monitoring Regional Market Systems in Prehistory: Models, Methods, and Metrics. *Journal of Anthropological Archaeology* 25(1), 2006.

Onsuwan-Eyre, C., Prehistoric and Proto-Historic Communities in the Eastern Upper Chao Phraya River Valley, Ph.D. diss. University of Pennsylvania, 2006.

Shanks, M. and C. Tilley, *Re-Constructing Archaeology: Theory and Practice*, Combridge University Press, 1987.

Vita-Finzi, C., and E.S. Higgs, Prehistoric Economy in the Mount Carmel of Palestine: Site Catch-ment Analysis, *Proceedings of the Prehistoric Society* 36, 1970.

Yoffee, N., *Too many chiefs? In Archaeological Theory: Who Sets the Agenda?*, Combrige University Press, 1993.

고대 왕성의 비교

아라가야와 신라를 중심으로

이은석 | 국립해양문화재연구소

Ⅰ. 머리말

한반도에서 고대국가의 탄생은 기원전후로 사료에 등장하고 있으나 실제 고고학적인 발굴에 따르면 그 시대와 부합되는 유적이 나타나지 않고 있는 것은 사실이다. 특히 신라, 가야 지역에서 고대 왕성의 등장 시기에 대해서 많은 이견이 있으며, 백제의 풍납토성의 축조 시기도 한성백제의 초기 기록과는 부합되지 않는 것이 발굴에서 확인되고 있다. 신라의 경우『삼국사기』기록에는 A.D.101년 파사이사금이 월성을 축조하였다고 하나, 1세기경에 축조한 근거는 확인되지 않고 있다. 최근 함안 가야동 일대에서 아라가야의 추정 왕궁터라고 전해지는 곳에서 대형의 성벽유적과 주거유적 등이 확인되어 관심이 집중되고 있다.

그러나 이곳에서 확인된 유적이 아라가야의 왕궁이며, 말이산 고분군 일대를 포함한 이 일대가 왕성으로 볼 수 있는 근거는 과연 무엇인가? 본 주제는 고대국가에서 통일국가로 발전한 신라와 아라가야의 발굴결과 및 사료 등에 대해 유사점과 차이점을 가늠해 보고 실질적으로 왕성이 갖추어야 하는 요소들에 대하여 구체적으로 접근해 보기로 한다.

Ⅱ. 왕성의 개념과 가야 · 신라의 유적

중국의 고대 도시계획 제도인『주례 · 고공기』에는 왕성과 궁성, 시리(市里), 도로구조 등에 대한 기본 구조를 갖추는 개념이 모두 수록되어 있다.[1)] 기본적으로 도시를 3등급으로 나누고 왕성을 1등급, 2등급은 제후의 성, 3등급은 도(都), 즉 종실과 경대부의 채읍(采邑)으로 분류하였다. 그리고 왕궁을 주변으로 대칭으로 전조후시(前朝後市), 좌조우사(左祖右社)를 배치하는 구조가 고대 도시를 이루는 기본형식이다.

신라와 백제에 있어서 이러한 도성제도[2)]는 6세기 중반대 이후에 나타나는 대표적인 도시 구조로 보고 있다. 하지만 백제의 경우 538년 사비도성으로 이전한 초기 단계의 도시 구획과 왕궁의 위치에 대해서도 현재 실체가 드러나지 않고 있는 실정이다. 신라의 경우 진흥왕이 신궁 건설을 시도하였으나 황룡사로 계획이 수정되면서 중국 도성의 개념을 도입하지만 기존의 지형에 맞추어 도시구획이 이루어졌음이 발굴을 통하여 밝혀지고 있다.

그러나 이러한 도시체계를 갖추는 단계 이전에는 어떠한 구조인가? 소위 '왕성'의 구조는 어떠한 형태를 띠고 있는가? 지배자의 거주지이면서 그 지역의 중심지라고 인정하는 곳에 대한 기본요소는 무엇인가?

첫째로 왕 혹은 지배자가 거주하는 곳의 방어시설—왕궁이 존재해야 한다. 주거와 이를 방어하는 기본적인 구조인 목책시설이나 성곽—시기가 이를 경우 판축구조의 토성이 등장해야 한다. 둘째로 왕이 직접 거주

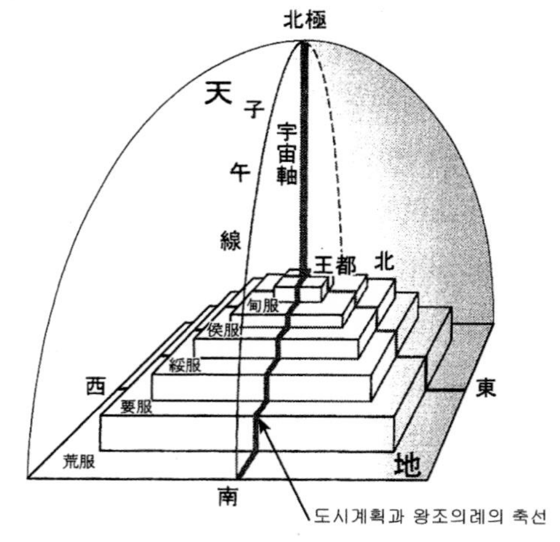

〈그림 1〉 우주의 都(妹尾達彦, 2001, 139쪽)

---

1) 중국 도성제도의 이론은 다음의 책자에서 모두 인용하였음을 밝혀 둔다. 賀業鉅 저, 윤정숙 역,『중국 도성제도의 이론』, 이회문화사, 1995.

2) '도성'이란 전근대국가에서 왕권의 소재지를 가르키며, 근대국가에서 정권의 소재지로 있는 '수도'와 구별하고 있다. 전근대국가의 도성은 초자연계(하늘과 신)의 승인을 얻음으로써 통치가 정당화된다. 그래서 전근대국가의 도성은 초자연계와 인간계를 매개하는 힘을 가지는 위정자의 도시로 조성되었고 이를 대표하는 건물이 궁전이다. 妹尾達彦,「동아시아의 도성과 궁원구조」,『古代 東亞細亞 都城과 益山 王宮城』, 國立扶餘文化財研究所, 2014.

할 수 있는 주거시설의 확인이다. 과연 주거의 구조가 어떠한 양상을 띠는지, 청동기시대 환호 집락 내부에서 나타나는 양상과 비교해 볼 때 기본적인 가옥 구조와 그 배치를 파악해야 한다. 또한 정사를 치르는 넓은 공간, 즉 정청이나 이와 관련된 건물지가 어디에 위치하는지 이를 찾아내는 것이 급선무이다. 셋째로 국가적인 제사를 지내는 제사공간과 의례공간이 배치되는 것도 중요한 요소이다. 물론 왕과 왕족의 분묘 배치 관계도 중요한 요소이다. 창원 덕천리유적과 같이 청동기시대부터 확인되는 대형의 묘역식 지석묘와 구획시설을 갖춘 구조와 비교해 볼 때, 고대국가에서도 제사 공간의 배치가 어디에, 어떻게 이루어지는지 확인해야 한다. 넷째로 수도 방어 혹은 유사시 대피할 수 있는 산성의 존재와 왕성간의 관계를 구명해야 한다.

그런데 아라가야를 비롯한 가야 왕성들의 소재지에서 이를 충족하는 유적들이 발견되지 않는 이유는 근본적으로 무엇인가? 가야시대 이후 최적의 위치인 왕궁 혹은 최상의 주거구역은 현재까지 주민들의 가장 좋은 거주구역으로 사용되어 왔기 때문에 대부분 멸실되거나 현재의 주거층 아래 위치하고 있는 것이다. 현재 김해 금관가야의 봉황토성은 발굴을 통해 조금씩 드러나고 있으나 전모를 밝힐 수 있는 유적이 쉽게 드러나지 않고 있다. 대가야의 경우 배후 산성인 주산성이 이제 발굴을 통해 드러나고 있는 양상이다.

'왕성'의 '城'이라는 개념은 백성이 같이 거주하는 큰 개념으로 인식되고 있다. 현재 가야동 유적은 조선시대 이후의 기록에서 보이는 내용이 '왕성'이 아닌 '왕궁'의 규모에 지나지 않는다는 점이다. 1587년에 작성된 『함주지』에서 언급된 내용과 같이 둘레가 1,606척이며 백사리 부존정의 북쪽에 옛나라의 터가 전해온다는 내용이나, 1656년의 『동국여지지』에도 북쪽 백사리에 옛날 고국의 유적이 있다는 내용으로 볼 때, 장소의 규모는 매우 협소하다는 것을 알 수 있다.

따라서 본 주제인 신라 도성인 경주의 유적과 비교를 진행할 수 있는 범위는 왕궁인 월성과의 비교를 중점적으로 추진해 보기로 하겠다.

1. 함안 추정왕궁지와 경주 월성

함안 가야동 일대는 왕궁지로 유력하게 추정되는 곳으로, 계속 주목받아 왔다.[3] 2018년

부터 국립가야문화재연구소가 시굴조사를 거쳐 발굴조사를 실시하면서 토성 성벽과 굴립주 건물 흔적 등이 확인되고 있다.[4)]

먼저 토성벽의 구조에 있어서 축조수법 등에 대해 두 유적에 대한 내용을 비교해 보고자 한다. 가야동 토성벽은 흙을 쌓는 과정에서 벽이 밀리지 않도록 축조 공정마다 목주를 설치하고 있으며, 판축상의 성토다짐을 하고 있다. 규모는 전체 높이가 약 10m이며, 상부 폭 20~40m 내외이다. 성벽 축조는 구지표면의 일부 삭토, 풍화암반토와 점질토를 이용한 정지면 형성, 성토다짐과 평탄지 조성 등 모두 4단계로 이루어졌다. 성벽 축조양상을 보면, 먼저 삭토는 성벽 전체 구간이 아닌 성벽 내부에 해당하는 일부 구간의 풍화암반토를 제거하였다. 이후 정지면은 풍화암반토와 점질토를 번갈아 가며 쌓아

〈그림 2〉 함안 가야동 추정 왕궁지 성벽 단면(국립가야문화재연구소 2018)

3) 추정 왕궁지에 대한 내용은 이지은, 이주헌, 하승철 등 여러 연구자가 다루었으며, 아래 자료에서 자세하게 소개되어 있어 그 내용을 인용하였음을 밝혀둔다.
이지은, 「安羅國 都城의 景觀 연구」, 경남대학교 석사학위논문, 2011; 이주헌, 「아라가야에 대한 연구동향과 향후 전망」, 『아라가야의 위상과 국제관계』, 아라가야 학술회의, 함안군, 2017; 하승철, 「아라가야의 고도, 함안」, 『한국의 고도, 현재와 미래』, 한국의 고도와 익산 학술회의, 익산시 · 마한백제문화연구소, 2017.

4) 본문의 가야동유적 내용은 발굴조사를 진행하고 있는 이춘선의 최근 발표 자료에서 모두 인용하였음을 밝혀둔다.
이춘선, 「함안 아라가야 추정 왕궁지 최신발굴성과」, 『2018 가야문화유산 최신조사성과』, 국립나주문화재연구소 · 국립가야문화재연구소, 2018.

올렸는데, 2개 구간을 나누어 각기 공정을 달리 하였다. 성벽 내부 구간에서는 풍화암반층과 성벽 사면부가 시작되는 지점에서 목주가 확인되어 성토과정에서 토사가 밀리지 않도록 고정해 주는 역할을 하였던 것으로 추정된다. 성벽 외부 구간은 사질토와 점질토로 성토하였다. 이 구간의 상면에는 목탄층이 형성되어 있는데, 나뭇가지를 깔고 불을 놓아 지면을 단단하게 한 것으로 보인다. 최상부는 점질토와 사질토를 번갈아 성토한 판축상의 성토다짐층을 조성하여 평탄면을 만들었다. 이후 판축상의 성토다짐 외벽에 정지면 조성 과정과 마찬가지로 점질토를 덧대어 사면 처리하고, 내벽부는 암반토로 성토하여 성벽내부 전체가 평탄지를 이루도록 하였다.

경주 월성의 경우 성벽은 토성으로 서성벽 내부에 소토, 숯, 벽체를 매립한 2개의 층위가 확인된다. 층위조사를 통해 성벽은 기저부 성토층(Ⅰ)→1차 성토층(Ⅱ)→2차 성토층→피복층(Ⅲ)의 순으로 4단계 성토공정이 확인되며, 기저부 성토층과 1차 성토층은 4~5세기, 2차 성토층과 피복층은 5~6세기에 축조된 것으로 확인된다.[5] 이 내용은 기존의 발표 내용을 인용한 것이다.

그러나 필자가 관찰한 결과, 경사지를 이용하여 바닥면을 정지하고, 목주로 구획하여 판축형태로 쌓아 올리면서 구획한 흔적이 보이는데, 이는 공정 과정상 차이가 있을 뿐이며, 시기별로 차이를 둘 수 없다고 판단된다. 이러한 수법은 풍납토성 축조시 중심토루에 덧대어 쌓는 방식과 동일한 기법이다. 특히 월성 성벽 축조 시 혹은 경주지역 발굴현장에서 나타나는 '불을 질러 바닥을 단단하게 한 점'은 남성벽이나 서성벽에서 모두 보이고 있다. 이는 함안 가야동 추정 왕궁지와 매우 흡사하다. 당시의 토성벽 축조 방식이 크게 차이가 없다는 점을 보여주고 있는 것이다.

이는 과연 무엇을 의미하는가?

결론부터 언급하자면, 지금 김해 봉황토성[6]과 함안의 가야동 추정 왕궁지, 경주 월성

---

5) 월성 발굴 내용은 최근 발굴된 내용을 중심으로 기술한 아래 논문에서 모두 인용하였음을 밝혀 둔다. 시기적으로 1차 성토층과 2차 성토층으로 구분하는 것은 국립경주문화재연구소가 발간한 리플렛과 이인숙이 제시한 내용이며, 결론이 내려진 사항은 아닌 것으로 판단된다. 이인숙, 「경주 월성A지구(서편지역) 출토 삼국시대 기와」, 『한국고고학의 기원론과 계통론』, 제40회 한국고고학전국대회, 2016; 박정재 · 최문정, 「경주 월성과 주변 건물지의 시기별 변천과정－월성해자 조사 성과를 중심으로－」, 『고고학』 제16-3호, 중부고고학회, 2017.

6) 이성주, 「국읍으로서 봉황동유적」, 『김해봉황동유적과 고대 동아시아－가야 왕성을 탐구하다－』, 제24회 가야사국제학술대회, 2018.

의 축조 시기가 거의 비슷한 시기인 5세기대 중후반에 조성되고 있다는 점이다.

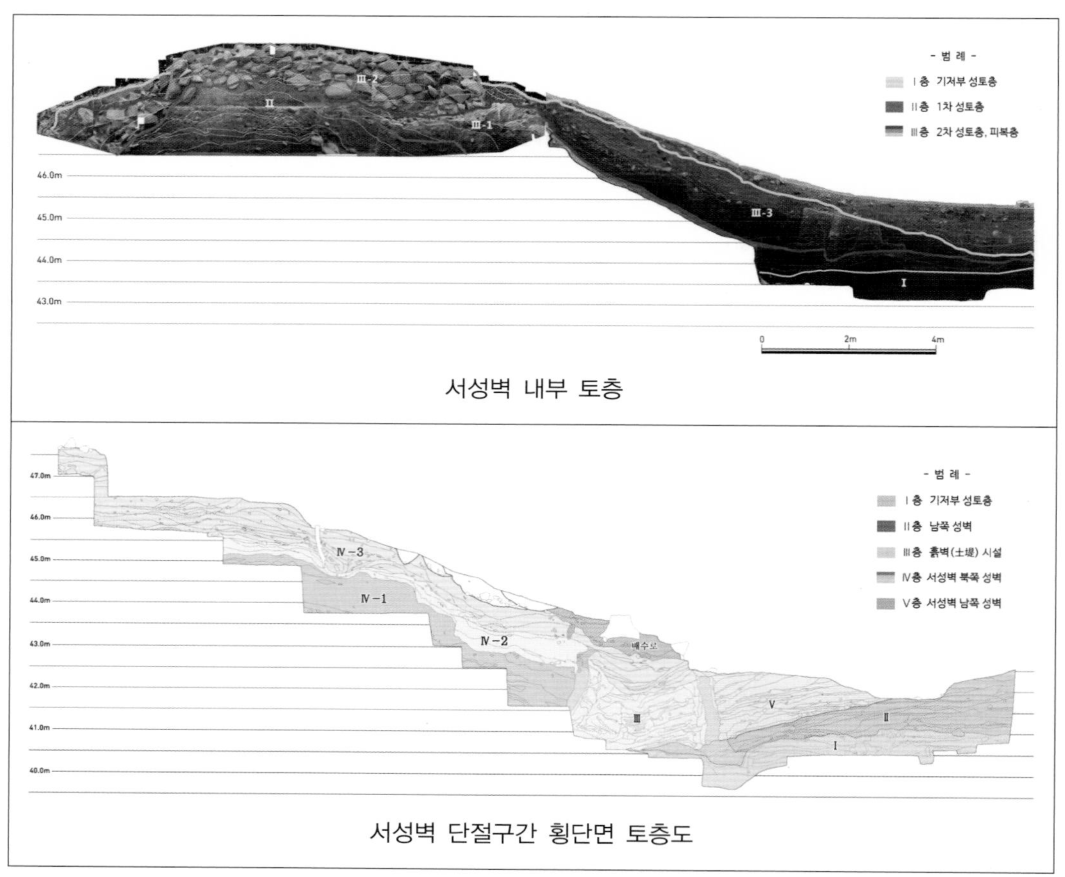

〈그림 3〉 월성 A지구 서성벽 층위 (국립경주문화재연구소 2017, 박정재 논문에서 인용)

기존의 경주 월성 해자 발굴시 이상준, 김낙중 등7)은 수혈해자의 조성 시기가 5세기 후반으로 보고 있으며, 그에 따른 출토유물 역시 5세기대 이전으로 올라 갈 수 없음을 최근의 발굴조사결과에서도 확인되고 있다. 그러나 월성 축조의 4세기 설을 주장하는 주보돈은 월성의 축조가 4세기대에 이미 이루어졌고, 5세기 후반에 수즙되는 양상을 보여주고 있다고 판단하고 있다.8)

---

7) 이상준, 「경주 월성의 변천과정에 대한 소고」, 『영남고고학』 21호, 1997; 김낙중, 「신라 월성의 성격과 변천」, 『한국상고사학보』 제27호, 1998.

8) 朱甫暾, 「月城과 垓字 출토 木簡의 의미」, 『동아시아 고대 도성의 축조의례와 월성해자 목간』, 한국

〈그림 4〉 월성 해자지구 1호 해자 층위양상 및 출토유물 (국립경주문화재연구소 2017)

〈그림 4〉에서 보는 바와 같이 가장 처음 조성된 수혈 해자에서 출토되는 토기들은 황남대총 남분단계 혹은 이전 단계의 토기가 있지만, 편년관에 있어서는 모두 5세기대 이후의 토기로 볼 수 있다. 지금 월성 내부에서 4세기대 토기 편이 출토되고 있지만, 이는 왕궁으로서의 조성 이전, 즉 대규모 해자와 성벽의 축조 단계가 아닌, 이전 주민들의 생활 흔적으로 보아야 한다.[9] 이는 바로 인접한 남천 남쪽인 월정교지 남편유적[10]에서도 하층에서 3~4세기대 유구와 유물이 출토되는, 즉 월성을 포함한 이 일대가 왕궁으로서의 역할이 아니라 신라 초기부터 일반 거주지역으로 이용되었음을 주지해야 한다. 즉

목간학회 창립 10주년 기념 국제학술회의, 국립경주문화재연구소 · 한국목간학회, 2017.

9) 이동희는 김해 봉황토성 내에서 4세기 후반 토기가 확인되고 하단 폭이 20m에 달해 4세기대 후반에 본격적인 왕성이 축조되었을 가능성을 제시하고 있다. 그러나 월성과 같이 기존의 주민들이 살았던 일반인의 생활거주지역으로 검토해야 할 것이다.
이동희, 「변한과 가야의 구분」, 『문헌과 고고자료로 본 가야』, 국립가야문화재연구소, 2018.

10) 慶州文化財硏究所, 『文化遺蹟發掘調査報告(緊急發掘調査報告書 I) - II. 월정교지 남편농지 발굴조사』, 1992.

다시 언급하면 일반거주지역에서 거주 환경이 가장 좋은 지역이었기 때문에 이후 왕궁지로 선택되었던 것이다.

그러면 왜 5세기 후반에 가야와 신라 지역의 왕성으로 보이는 토성나 산성들이 유행과 같이 전지역에 걸쳐 축조되고 있는가? 그 이유는 무엇인가? 역사적으로 가장 큰 원인은 고구려의 침입으로 475년 개로왕이 전사하고, 공주인 웅진으로 도읍을 옮긴 백제의 상황을 인식하였다고 볼 수 있다. 즉 기존의 방어시설의 구조에서는 외적의 침입을 견뎌낼 수 없다는 점이 가장 크게 인식되었을 가능성이 높다. 이전의 목책시설 혹은 해자 시설 규모 가운데 가장 큰 풍납토성도 적의 침입을 방어할 수 없다면, 더 견고한 방어책이 필요했을 것이라고 본다. 이때 신라는 금성에서 월성으로 이전하고,[11] 가야지역에서는 군건한 방어시설을 축조하는 결정적인 요소였을 것이다.

이는 왕성뿐만 아니라 전지역에서 성곽 축조의 양상도 토성에서 석성으로의 변화에도 많은 영향을 끼쳤을 것으로 판단된다.

최근 2018년도 함안 추정왕궁지에 대한 발굴 성과가 공개되었다.[12] 지금까지 소개된 내용 외에 건물지 14동이 확인되었으며, 망루, 창고, 고상건물, 수혈건물 등 군사시설로 보이는 건물지가 다수 확인되었다. 7호 건물지에서는 철촉과 소도자, 등자 등이 출토되어 창고로 추정하고 있다. 망루는 4.5×4.5m 규모이며, 고상건물지는 30×6m로 가야지역에서 가장 큰 규모이다. 다른 수혈건물지에서도 철도끼, 찰갑편, 기대편 등이 출토되어 철제무구로 무장한 군사집단이 방어를 위한 상시거주시설로 판단하고 있다. 이 건물지 유구는 토성벽 안쪽에 위치하고 있으며, 성벽 방어를 위한 군사시설로 볼 수 있다.

이러한 방어 관련시설은 경주 월성해자에서도 확인되고 있다. 월성해자와 성벽 사이의 공간에는 방어하는 시설인 굴립주건물지 23동이 발굴되었다. 이곳에서 확인되는 건물지는 1×1칸, 2×2칸 규모의 굴립주건물지가 확인되거나, 수혈 내에 주혈을 나열하듯 배치한 구조, 외부에 2열로 주혈을 배치하거나 외 1열로 주혈을 배치한 후 내부에 '井'형으로 주혈을 배치한 구조, 말각 방형을 띠는 7.3×7.5m 규모로 주혈을 촘촘히 돌려 벽체를 세우고 내부에 남북－동서 각 1칸의 대형주혈을 배치한 구조 등 다양하게 확인되고

11) 궁성의 위치나 존재 여부에 대해 여러 설이 제시되지만 필자는 지금의 경주 황성공원 일대가 초기 궁성이 있었을 것으로 판단되며 이 지역이 금성으로 보는 견해에 동의한다.

12) 추정왕궁지에 대한 발굴내용은 아래의 보도자료에서 인용하였음을 밝혀둔다.
국립가야문화재연구소, 「보도자료－함안 가야문화권 주요발굴성과 공개－」, 2018.12.18.

〈그림 5〉 함안 추정왕성지 고상 건물지(국립가야문화재연구소 2018 보도자료)

있다. 이곳은 해자 존재 시기에 방어를 목적으로 하는 시설이며, 군인들이 주거공간으로 활용하였음이 분명하다. 이 건물지들은 해자 폐기시기인 통일신라시대 단계까지 존속하였음을 보여주고 있다.13)

함안 추정왕궁지에서는 우선적으로 해자를 확인하는 작업도 필요하리라 판단된다. 토성을 구축하기 위해서는 우선적으로 해자의 흙을 퍼올려 성벽을 높게 쌓기 때문에 바깥쪽으로 해자가 남아 있을 가능성이 높다. 아울러 기둥의 각도와 넓이가 차이가 있어 30m에 이르는 한 동의 고상건물보다는 여러 채의 분할된 건물로 판단되며 주변 수혈건물지와의 시기적인 차이도 감안해야 할 것이다. 즉 기둥구멍의 배치상태를 보면 중복관계가 나타나는 것으로 판단된다.

이상에서 보면 이러한 대형규모의 방어시설이 동시기에 나타나고 있고, 축조수법의 유사점 등을 고려해 볼 때 함안 가야동유적은 왕궁지로 판단된다.

13) 국립경주문화재연구소, 『月城垓子 發掘調査報告書 Ⅱ』, 2004, 489~497쪽, 571~572쪽.

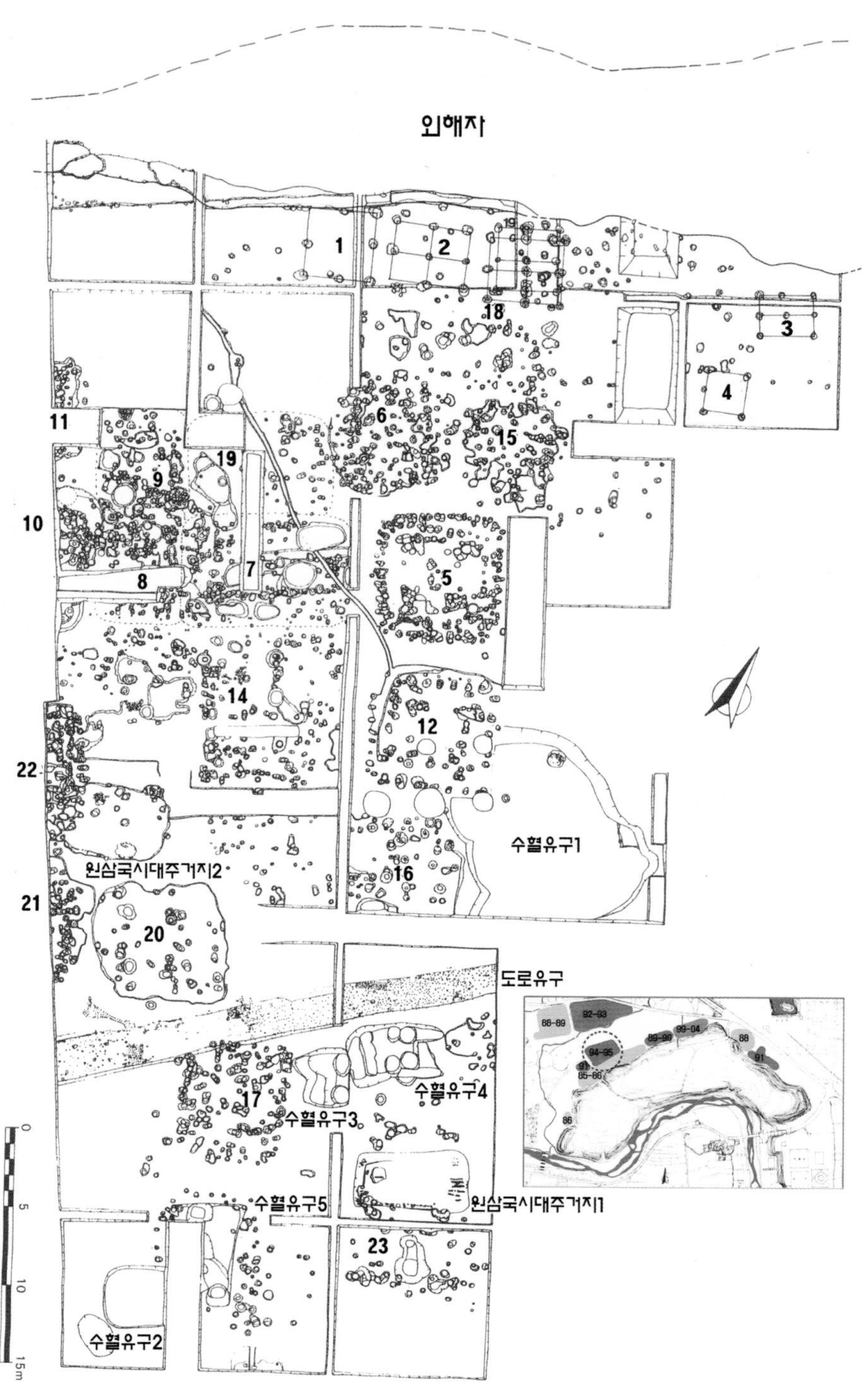

〈그림 6〉 월성해자 굴립주건물지

2. 함안 고당(高堂)과 경주 남당(南堂)

함안 가야동 추정왕궁지에 대한 중요성은 더 이상 언급할 필요가 없다고 본다. 고대 사회에 있어서 정사를 돌보는, 혹은 정치집단이 중요한 혹은 신성한 곳으로 여기는 곳에 대하여 주목해야 한다. 즉 제례공간 내지는 의례공간으로 추정되는 곳이 왕궁과 어떻게 연결되는지, 어떤 관계가 있는지 파악해 볼 필요가 있다.

이지은(2011)은 〈그림 7〉에서 보는 바와 같이 현재 발굴중인 추정 왕궁지에 대해 2개 지역으로 구분하고 아래쪽인 큰 가야동(A)이 안라국왕이 거주하는 지역, 그 위쪽인 작은 가야동(B)은 관청 등이 있었을 것으로 추정하고 있다. 아울러 그는 『일본서기』 내용[14]을 언급하면서 高堂에 대한 해석을 '사신을 접대하거나 국제적 회의를 하는 공공건물, 또는 국가적 의례 등을 거행하는 중요시설물'로 판단하고 있다. 고당이 있었다고 추정하는 곳은 현재 충의공원부지 내 유적으로 독립구릉 위의 특이한 건물지를 '高堂'으로 추정하고 있다.[15]

〈그림 7〉 추정왕궁지(이지은, 2011)

여기에서 주목할 점은 이곳이 추정왕궁지에서 약 1.4km 정동쪽에 위치한 곳으로, 검암천, 함안천과 신음천 등 3개의 하천이 만나는 곳과 사방을 모두 조망할 수 있는 구릉

---

14) 『日本書紀』 卷 17, 繼體紀 23年(529) 3月條.(이지은 논문에서 인용)
이달에 近江毛野臣을 安羅에 보내 조칙으로 新羅에 권하여 南加羅 喙己呑을 다시 건립하도록 했다. (중략) 이에 安羅는 새로이 高堂을 짓고 勅使를 인도하여 올라가는데, 國主는 뒤따라 계단을 올라갔고, 國內의 大人으로써 미리 堂에 오른 사람은 하나둘이었으며, 百濟使臣 將軍君 등은 뜰에 있음을 한스럽게 여겼다.

15) 동아세아문화재연구원, 『함안 충의공원 조성부지 내 문화유적 발굴조사보고서』, 2006.

〈그림 8〉 함안 고당 추정위치 (○)

에 위치하고 있다. 이곳은 신음천을 따라 추정왕궁지로 들어오는 길목 요충지이며, 남쪽으로는 말이산고분군을 바라볼 수 있는 위치이기도 하다. 그러면 고당의 역할은 과연 무엇인가?

이곳은 경주 남산 북쪽 끝자락에 위치한 도당산의 의미와 상통하는 부분이 있어 비교해 볼 수 있다. 사료에 등장하는 南堂(都堂)이 위치한 도당산을 살펴보기로 한다. 경주 남산 북쪽 끝자락인 도당산은 해발고도가 낮아 산이라기보다는 구릉에 가깝다. 〈그림 9〉에서 보는 바와 같이 도당산에 오르면 나정, 오릉, 월성 일대가 훤히 내려다 보이는 곳이다. 『삼국사기』에는 남당과 도당이 동일한 곳으로 인식하고 있으며, 군장(王)과 각 부의 수장들이 모여 정사를 논의하고 처리 · 집행한 곳으로 해석하기도 하고, 즉위 의례가 거행된 神宮으로 보기도 한다.[16] 최근 이 곳의 산성을 일부 발굴한 결과, 초축이 4세기

16) 이상준, 『경주 남산 GYEONGJU NAMSAN』 산성편, 국립경주문화재연구소, 2002.

〈그림 9〉 경주 월성과 도당산

대에 이루어지며 통일기 전까지 활용된 것으로 보고 있다.[17] 이곳에 남당에 해당하는

---

17) 『삼국사기』 신라본기에 기록된 '都堂' 기사는 다음의 보고서에서 인용하였으며, 성곽의 초축연대는 탄소연대측정 결과 A.D. 340~400년경으로 보고 있다.
성림문화재연구원, 『慶州 校洞 都堂山 土城遺蹟』, 2017.
〈沾解尼師今〉
三年 夏四月 倭人殺舒弗邯于老 秋七月 作南堂於宮南(南堂或云都堂),
3년(249년) 가을 7월, 궁궐의 남쪽에 남당을 지었다(혹은 도당이라고도 한다)
五年 春正月 始聽政於南堂
5년(251년) 봄 정월, 처음으로 남당에서 정무를 보았다

〈味鄒尼師今〉
七年 春夏 不雨 會群臣於南堂 親問政刑得失
7년(서기 268년) 봄과 여름에 비가 내리지 않았으므로 여러 신하들을 남당에 불러 모아 정치와 형벌 시행의 잘잘못을 친히 물었다

〈訥祇麻立干〉
七年 夏四月 養老於南堂 王親執食 賜穀帛有差

건물지 등이 아직 밝혀지지 않았지만, 기록에 보이는 정사와 관련된 사항을 처리한 곳이기 때문에 함안과 비교하기 좋은 자료라 판단된다.

함안과 경주에서 확인되는 두 유적은 모두 국가적인 행사와 관련되거나 정사를 다루는 곳으로 볼 수 있다. 지형적인 위치에 있어서는 서로 다른 부분이 있지만, 도읍을 모두 조망하는 곳에 위치하고 있다는 점은 공통적이며, 사료에서 언급된 것처럼 정치적인 부분에 중요한 위치를 차지하고 있다는 점을 감안할 때 고대국가가 지니는 중요한 요소 중 하나라고 볼 수 있다.

이외에 제사와 관련된 시설은 함안 내에서도 도심지역이나 말이산고분군 주변에 대해 발굴이 확장되면 각종 의례 시설과 관련된 유적이 더 많이 확인될 것으로 기대된다.

아울러 배후 산성의 존재에 대해서는 경주가 명활성과 남산성 등 기록에 충분히 나타나고 있고 발굴이 일부 이루어져 그 규모를 알 수 있다. 함안에서는 봉산산성과 문수산성 등을 배후 산성으로 추정하고 있지만, 드러난 것이 없어 발굴을 통해 그 실체를 구명할 필요가 있다고 판단된다.[18] 최근 안곡산성 내성 동벽에 대하 발굴조사 성과가 공개되었다.[19] 보도에 따르면 성벽 너비가 14m, 잔존 높이가 약 6m이다. 축조과정은 지표를 걷어낸 다음 10~20cm 두께로 두 차례 점토를 발라 땅을 다졌고, 점토층에는 성벽 중간쯤에 목제기둥을 박고 할석과 점토로 너비 8m에 이르는 석심을 조성한 뒤 외부를 흙으로 마감한 토석혼축성임이 밝혀졌다. 많은 할석과 점토로 석심을 조성한 축조기술은 말이산 13호분에도 적용됐다고 보고하며, 5세기 후반에서 6세기 전반까지 운영한 것으로 보고 있다. 이러한 축조 기술은 기존에 확인된 산성이나 성곽 구조와는 다른 모습이며, 신라 산성 축성방식과도 다르다는 점이 주목된다. 조사단은 아라가야의 축성 방식으로 보고 있어 전체적인 발굴이 진행되면 가야의 산성 축조기술의 특징이 드러날 수 있을 것으로 보인다.

7년(서기 423년) 여름 4월 남당에서 노인들을 접대하였는데 왕이 손수 음식을 집어 주고 곡식과 비단을 등급에 따라 내려주었다.

〈眞平王〉
七年 春三月 旱 王避正殿減常膳 御南堂親錄囚 秋七月 高僧智明入陳求法
7년(서기 585년) 봄 3월 가뭄이 들자 임금이 정전에 거처하기를 피하고 평시보다 음식을 줄였으며 남당에 나아가 몸소 죄수의 사정을 살폈다

18) 함안군 · 창원대학교 경남학연구센터, 『함안군 성곽문화재 기초현황조사보고서』, 2017.

19) 연합뉴스 보도자료, 2018.12.31., 「아라가야 산성 성벽 규모 · 축조방법 처음 드러났다」.

이 외 당시 백성들이 거주하는 생산유적 및 생활유적은 우거리 토기생산지, 묘사리 윗 장명 토기생산지, 신음리유적과 가야리 유물산포지, 윤내리 · 윤외리, 묘사리 일대 등이 있다. 왕성의 규모와 구조 등을 밝히려면 중장기적인 조사계획을 수립하여 단계적으로 진행하는 방안을 강구할 필요가 있다.

3. 7세기대 이후 함안의 중심지

신라는 6세기 중반 이후 아라가야 지역에 성산산성을 축조하고, 지역민의 효율적 관리를 위해서는 경덕왕 16년(757년)에 함안군으로 명칭을 개칭하고 현무, 의령 등 2개 현을 영현으로 삼았다. 따라서 그 중심지는 지금의 성산산성 남편 지역으로, 2009년 경전

〈그림 10〉 괴산리 도시유적 발굴위치도(남북-동서 구획의 坊 확인)

선 복선전철화 발굴지역에서 확실하게 드러났다.[20] 이곳에서는 경주와 같이 계획된 도시구획을 파악할 수 있는 도로유구, 건물지 15동, 수혈주거지 8동, 우물 등 통일신라시대의 다양한 유적이 발굴되었다. 지금도 구획된 흔적이 항공사진에서 모두 확인되고 있다. 〈그림 10 · 11〉에서 보면 현재 사용되는 남북도로는 기존의 도로로 구획되는 坊의 남북도로 위에 그대로 놓여져 있으며, 동서로 구획되는 경작지의 경계는 그 아래층에 동서도로가 위치하고 있을 것으로 판단된다.

〈그림 11〉 괴산리 도시유적 발굴전경

〈그림 12 · 13〉에서 보이는 폭 6.1m의 길이 64m에 이르는 동서 도로는 坊을 구획하는 역할을 하며, 소담장이 축조되어 가옥간의 경계를 보여주고 있다. 그 내부에서는 대형의 저택구조들이 나타나고 있다.〈그림 14〉 이곳에서는 적어도 상위층에 속하는(관료층일 가능성도 있음) 인물들의 가옥으로 볼 수 있다. 또한 하층민의 수혈주거지도 확인되었다.〈그림 15〉

20) (財)東西文物硏究院, 『咸安 槐山里遺蹟』, 2011.

〈그림 13〉 괴산리 도로유구 단면

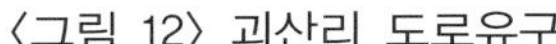

〈그림 12〉 괴산리 도로유구

〈그림 14〉 괴산리 적심 건물지 노출상태

〈그림 15〉 괴산리 수혈건물지 노출상태

앞서 언급한 바와 같이 현재 지할의 구조는 남북으로 직선도로에 동서로 가로지르는 논둑으로 보아 최소 3열 이상의 남북도로와 10열 이상의 동서도로가 잔존하고 있을 것으로 추정된다. 즉 30坊 이상 규모의 계획도시구조가 형성되어 있었다고 볼 수 있다. 이러한 양상은 함안이 통일신라시대 때 9주5소경에는 속하지는 않지만, 구획도로와 대형의 저택 내지는 관청과 같은 유구가 확인되는 것으로 보아 정치적으로 상당히 중요한 곳으로 계속 인식되었음을 알 수 있다. 이 일대의 중요성에 대해서는 성산산성 발굴에서 출토된 목간을 통해서도 계속적으로 확인되고 있다. 향후 이 지역은 현상 변경이 발생할 경우 전체적인 발굴조사가 진행되어야 할 것이다.

Ⅲ. 맺음말

이상에서 아라가야와 신라의 왕성에 대해 상호 비교하면서 공통점을 추출해 보았다. 함안의 추정 왕궁지에서 보이는 대형의 토축 성벽과 경주 월성 성벽의 축조방식의 유사함이 보이고 있다. 이는 함안의 가야동 일대가 왕궁지였음을 보여주는 증거라고 할 수 있다. 둘째로 의례시설 혹은 정사를 다루는 곳으로 추정되는 아라가야의 高堂이 현재 충의공원에 위치했다는 점은 경주 도당산과 비교해 볼 때, 정사를 다루는 장소 혹은 대외 사절의 접견장소로 추정한다면 왕궁에서 분리된 정청의 역할을 하는 곳이라는 점에서 왕성임을 보여주는 또 다른 중요한 요소라고 판단된다. 아울러 안곡산성에서 확인된, 석심으로 이루어진 성벽의 축조방식은 말이산고분에서 보이는 봉토축조방식 등과 유사하다는 점은 5~6세기대 특징적인 건축술이 아라가야에 운영되고 있었음을 보여주는 좋은 예라고 할 수 있다.

그러나 6세기대에 들면서 고구려, 신라, 백제는 제도를 정비하고 고대국가의 틀을 마련해간다. 신라는 502년 순장 금지, 520년 율령 반포와 백관의 공복을 제정, 527년 불교 공인, 532년 536년 建元 연호 사용, 544년 흥륜사, 553년 황룡사 조성 등 커다란 사회적 변화가 일어난다.

이웃나라인 백제 역시 538년 부여 천도 후 도시 체제를 갖추고 신라와 지속적으로 전쟁하며 사회변화를 진행해 나간다. 당시 중국에서는 493년 北魏의 효문제가 평성에서 낙양으로 천도하며, 502년 梁이 건국하여 504년 불교를 국교화한다. 534년 북위에서 東魏와 535년 西魏로 나누어지고 550년 東魏 멸망과 함께 北齊가 건국되고, 557년 西魏 멸망 및 北周를 건국하게 된다. 이때 梁이 멸망하고 建康을 수도로 陳이 건립된다. 이후 577년 北周가 北齊를 멸망시켰으나 결국 581년 隋가 건립하면서 北周를 멸망시키고 장안에 大興城을 건축하며, 587년과 589년 後梁과 陳을 멸망시키고 중국을 통일하게 된다.

이와 같이 6세기대 중국의 변화, 즉 20~30년을 주기로 수차례에 걸친 국가의 설립과 패망, 그리고 불교의 확산은 동북아시아를 포함하여 커다란 변혁기를 맞이하나 가야는 이러한 큰 변화를 타고 올라설 수 없었던 가장 큰 이유는 무엇일까?

가야의 풍부함과 부유함이 가장 결정적인 문제가 아니었을까 생각된다. 철의 생산과 유통, 풍부한 농산물은 6가야 세력을 강력하게 뭉치게 하는 것보다는 서로를 견제하는 상황이 되었고, 결국 통합된 고대국가로의 발돋움에 가장 큰 저해요소가 되었을 것으로 판단된다.

【참고문헌】

『三國史記』

『日本書紀』

賀業鉅저, 윤정숙역, 『중국 도성제도의 이론』, 이회문화사, 1995.

김낙중, 「신라 월성의 성격과 변천」, 『한국상고사학보』 제27호, 1998.

김병곤, 「신라 왕성의 변천과 거주 집단」, 『문헌으로 보는 신라의 왕경과 월성』, 국립경주문화재연구소, 2016.

김재홍, 「新羅 王京 출토 銘文土器의 생산과 유통」, 『韓國古代史硏究』 73, 2014.

김호상, 「新羅 王京의 宮城址 硏究」, 대구효성카톨릭대학교 석사학위논문, 1997.

박정재 · 최문정, 「경주 월성과 주변 건물지의 시기별 변천과정－월성해자 조사 성과를 중심으로－」, 『고고학』 제16-3호, 중부고고학회, 2017.

이동희, 「변한과 가야의 구분」, 『문헌과 고고자료로 본 가야』, 국립가야문화재연구소, 2018.

이상준, 「경주 월성의 변천과정에 대한 소고」, 『영남고고학』 21호, 1997.

이상준, 『경주 남산 GYEONGJU NAMSAN』 산성편, 국립경주문화재연구소, 2002.

이성주, 「국읍으로서 봉황동유적」, 『김해봉황동유적과 고대 동아시아－가야 왕성을 탐구하다－』, 제24회 가야사국제학술대회, 2018.

이은석, 「신라 왕경 발굴의 과제」, 『신라사학보』 제5호, 2005.

이은석, 「상주 복룡동 유적과 경주 왕경」, 『嶺南文化財硏究』 24, 2011.

이은석, 「황룡사 건립과 신라 왕경의 조성」, 『황룡사지 발굴조사 40주년 기념 국제학술대회 발표자료집』, 국립경주문화재연구소, 2016.

이인숙, 「경주 월성A지구(서편지역) 출토 삼국시대 기와」, 『한국고고학의 기원론과 계통론』, 제40회 한국고고학전국대회, 2016.

이주헌, 「아라가야에 대한 연구 동향과 향후 전망」, 『아라가야의 위상과 국제관계』, 아라가야 학술회의, 함안군, 2017.

이지은, 「安羅國 都城의 景觀 연구」, 경남대학교 석사학위논문, 2011.

이춘선, 「함안 아라가야 추정 왕궁지 최신발굴성과」, 『2018 가야문화유산 최신조사성과』, 국립나주문화재연구소 · 국립가야문화재연구소, 2018.

이현태, 「신라 '남궁'의 성격－'남궁지인'명 기와의 출토지 분석을 중심으로－」, 『역사와 현실』 81, 한국역사연구회, 2011.

朱甫暾, 「月城과 垓字 출토 木簡의 의미」, 『동아시아 고대 도성의 축조의례와 월성해자 목간』,

한국목간학회, 2017.

하승철, 「아라가야의 고도, 함안」, 『한국의 고도, 현재와 미래』, 한국의 고도와 익산 학술회의, 익산시 · 마한백제문화연구소, 2017.

妹尾達彦, 『長安の都市計劃』, 講談社, 2001.

妹尾達彦, 「동아시아의 도성과 궁원구조」, 『古代 東亞細亞 都城과 益山 王宮城』, 國立扶餘文化財研究所, 2014.

慶州文化財研究所, 『文化遺蹟發掘調査報告(緊急發掘調査報告書Ⅰ) －Ⅱ.월정교지 남편농지 발굴조사』, 1992.

국립경주문화재연구소, 『천룡사지 발굴조사보고서』, 1998.

국립경주문화재연구소, 『경주남산 정밀학술조사보고서』, 2004.

국립경주문화재연구소, 『月城垓子 發掘調査報告書 Ⅱ』, 2004.

국립경주문화재연구소, 『慶州 九黃洞 皇龍寺址展示館 建立敷地內遺蹟－九皇洞 苑池遺蹟－』, 2008.

국립경주박물관 · 신라문화유산연구원, 『경주 인왕동 왕경유적Ⅱ －국립경주박물관 남측부지(2차) 발굴조사－』, 2014.

(財)東西文物研究院, 『咸安 槐山里遺蹟』, 2011.

동아세아문화재연구원, 『함안 충의공원 조성부지 내 문화유적 발굴조사보고서』, 2006.

성림문화재연구원, 『慶州 校洞 都堂山 土城遺蹟』, 2017.

함안군 · 창원대학교 경남학연구센터, 『함안군 성곽문화재 기초현황조사보고서』, 2017.

중국 고대의 도성과 그 구조

웨이정(韦正) | 베이징대학 고고문박학원

번역 안순형 | 창원대학교

중국문명은 세계 문명 속에서 숭고한 지위를 가지고 있으며, 또한 매우 강한 독특함을 갖추고 있다. 도시는 문명의 집중적인 구현이고, 도성은 도시의 대표이다. 비록 고대 중국이 대단히 풍부한 문헌자료를 남겼다지만 도성은 문헌 기재의 중점이 아니었다. 도시 고고(학), 특히 도성 고고(학)는 그러므로 대단히 중요한 의의를 가진다. 서평방(徐苹芳) 선생은 "중국 고대 도시 고고(학)는 중국 고고학 중에서 대단히 중요한 지위를 차지한다. 야외의 작업 분량은 많고, 지속되는 작업 시간은 길며, 그 학술 성과가 중국 고대사 연구에 대한 영향도 학술계에 공인된 바이다."[1]라고 말하였다.

외국에서 도시는 일반적으로 건축의 범주에 들어간다. 하지만 중국과 외국의 건축사 서적에서 하나의 큰 차이점이 있는데, 중국 건축사는 도성을 단독으로 열거하고, 아울러 가장 중요한 내용으로 서술한다. 하지만 외국의 건축사는 그렇지 않으며, 적어도 중국학자가 편찬한 외국 건축사는 그렇지 않다.

이것은 중국 고대 도성이 독특한 형제(形制)와 구조를 가졌기 때문만이 아니고, 서방

1) 서평방, 『중국 고대도시 고고와 고사(古史) 연구』, 원래 『중국 고고학과 역사학의 정합(整合) 연구 토론회 논문집』에 수록되었다. 후에 서방평의 『중국 도시 고고학 논집』, 상해고적출판사, 2015, 1쪽에 수록.

의 고대 도성과 다르며, 또한 현재 이해가 비교적 많은 라틴 아메리카의 고대 성지와도 다르기 때문이다. 더욱이 중국 고대 도성은 집중적으로 중국 고대 황권정치, 우주사상, 종교의례 등 고대 사회의 주요한 측면의 특징을 구현하였기 때문이다. 중국 고대 도성의 특징을 가장 잘 반영하는 것은 명 · 청시대의 경성으로, 그것은 아래와 같은 특징을 갖추고 있다. 첫째, 방형식 성의 구조이다. 보통 주거에서 궁성의 평면에 이르기까지 모든 기본이 방형을 드러내는데, 이것으로 말미암아 또한 바둑판 형태의 도로망을 규정하게 된다. 둘째, 궁성과 황성은 절대적인 중심이다. 도시의 방어 체계, 도로 체계, 공급 체계 등 도시의 주요 기능 체계는 모두 이것을 중심으로 건설된다. 셋째, 궁성 · 황성을 중심으로 남북 방향의 중축선에 집중적이고도 질서정연하게 국가급의 성스러운 건축이 분포한다. 넷째, 궁성 · 황성 · 관부 · 묘관(廟觀) · 군영 · 작방(作坊)이 성내의 가장 중요한 구역을 점거하였으며, 황실 · 귀족 · 관료와 그들의 시종이 주요한 거주민으로 완전히 하나의 소비형 도시이다.〈그림 1〉 명 · 청시기 북경성의 이러한 특징은 중국 사회의 수천 년 발전의 결과이며, 발전의 기본 방향은 명확한 것이다. 하지만 결코 완전히 직선식의 것은 아니며, 또한 약간의 현상은 단지 묘사의 수준이지 합리적인 해석을 할 수는 없는 상태이다. 본문은 다만 중국 고대 도성과 서로 관련된 몇 가지의 중요한 문제에 대해서 대략 진술하려고 한다.

아래에서 우리는 시기에 의거하여 서술과 토론을 진행할 것이다. 이것은 중국 고대 도성의 발전이 일정한 등급성을 갖춘 것에서 결정되어지는 것이다. 중국 고대 도성 발전의 등급성은 중국 고대 사회 발전 과정의 등급성과 상응하는 것이다. 중국 고대 도성의 등급성은 약간의 다른 견해가 있는데, 각종 견해의 근거는 완전히 서로 같지는 않고, 또한 각자의 논리를 가지고 있다. 본문에서는 중국 고대 도성의 발전사를 신석기시대 만기 전후의 고대시대, 하 · 상 · 주 3대의 왕국시대, 진 · 한 및 이후의 제국(帝國)시대의 3단계로 나눌 것이다. 나누는 주요한 기준은 도성 신성(神性)의 등급성 하락이다. 고대시대의 도성은 신성(神聖) 건축과 제단의 성질을 아울러 갖춘 능묘를 중심으로 하고, 왕국시대의 도성 중에는 종묘와 왕궁이 함께 중시되고, 제국시대는 궁성이 절대적인 중심이 된다. 3단계 사이의 차이는 하루아침에 형성된 것이 아니라 하 · 상(夏商)은 제1, 제2 단계 사이의 과도적 단계로 볼 수 있으며, 진 · 한 도성은 비교적 많은 제2, 제3 단계 사이의 과도적 특징을 구현하였다.

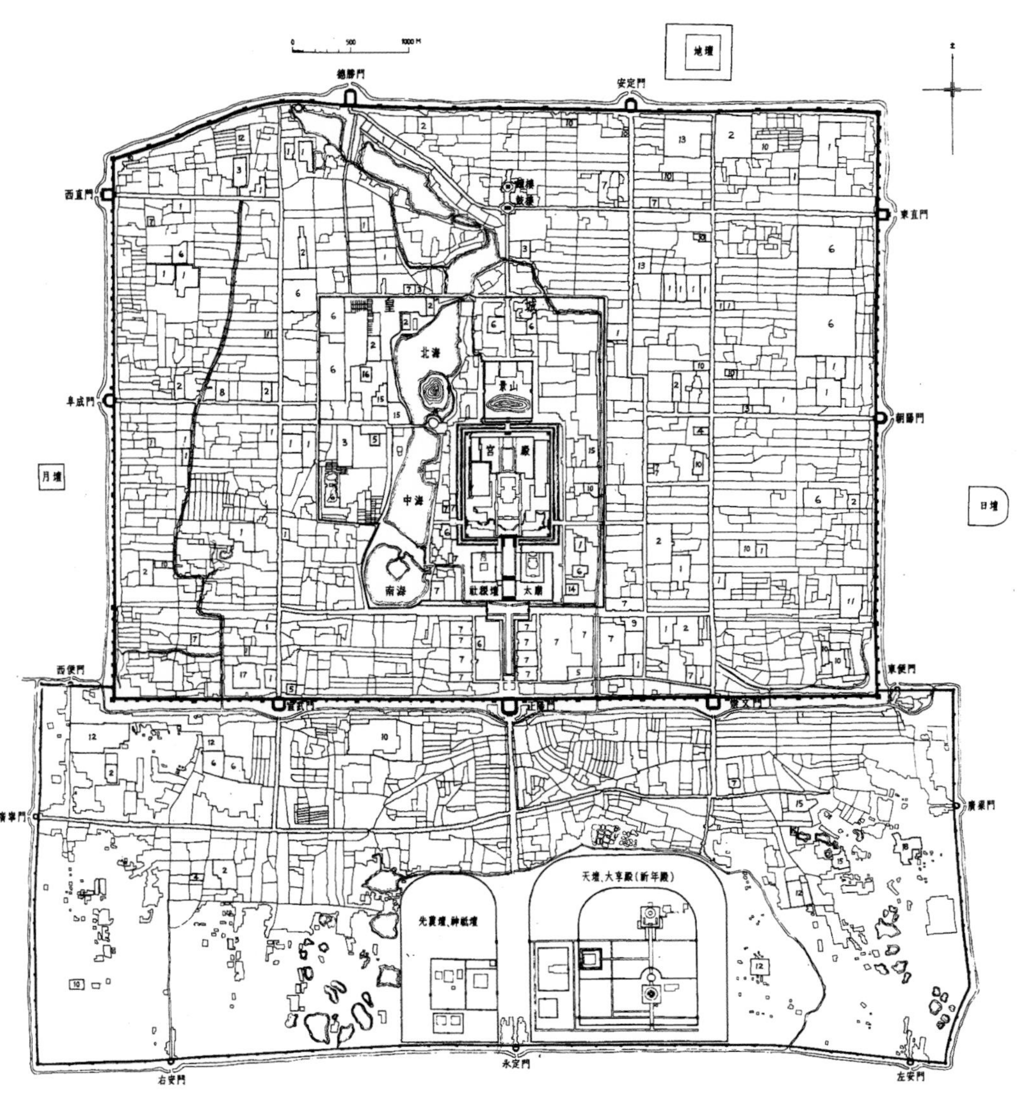

〈그림 1〉 청나라 북경성 평면도

Ⅰ. 제1 단계: '신(神)'의 도성

고국(古國)시기의 도성은 섬서성 신목현(神木縣)의 석묘성(石峁城), 절강성 여항구(余杭區)의 양저성(良渚城), 요녕성 능원시(凌源市) 우하량 유적이 대표적이다. 이 몇 곳 고성(古城)의 시대는 중국 고사(古史) 전설 중의 5제(五帝)시기에 해당한다.

이 몇 곳 고성의 규모, 구조와 출토 유물은 모두 당시의 사회 권력이 소수의 사람 내지 개별 사람들의 수중에 집중되었고, 그(들)는 전체 사회를 지배하는 권력을 가지고 있어 아마 후대의 '왕'에 근접했을 것이라고 표명된다. 그(들)가 지배를 실현한 수단은 주로 신권으로, 어떤 사람은 직접 '신'의 명의로 통치를 실현한다고 말하는데, 이로 말미암아 이들의 성(城)은 '신'의 도성이 된다고 말할 수 있다.

석묘성은 용산(龍山)시대 만기에서 하왕조 조기의 성지(城址)로, 면적은 400만㎡ 이상이다. 성지는 황성대(皇城臺), 내성, 외성의 3부분으로 구성되어 있으며, 내·외성의 면적은 엇비슷하다. "'황성대'는 사방의 둘레에 쌓아 다진 층계 형태로 언덕을 보호하는 대성이다. 내성은 '황성대'를 중심으로 산세를 따라서 쌓아 다진 돌담장[石墻]으로, 하나의 폐쇄된 공간을 형성한다. 외성은 내성 동남부의 담장 몸체[墻體]에 의지하여 하나의 불규칙한 활모양[弧形]의 돌담장을 만든 것으로, 내성 동남의 담장과 결합이 상대적으로 독립된 외성구역을 구성한다."[2] 〈그림 2〉 "'황성대'는 대형 궁전 및 고급 건축의 기초를 핵심으로 하는 궁성구역이다. 대개 9층에 달하는 산을 파고 쌓은 언덕을 보호하는 돌담장의 속은 피라미드 같은 대체(臺體)를 이루는데, 높고 크게 우뚝 솟아나서 금성탕지(金城湯池)처럼 견고하다."[3] 황성대 유적은 적지 않은 청동칼, 청동(화살)촉 및 돌거푸집[石范]이 출토되었으며, 문지(門址)의 광장에는 기초를 잡는 활동에 사용한 옥도끼[玉鉞]가 있었다. 황성대는 석묘성의 핵심구역이다. 정상부에는 일찍이 직경 약 80cm의 굵은 말뚝이 여러 개 발견되었고, 과거의 조사 때에는 또한 직경 1.5m의 원병(圓餅) 모양의 큰 돌덩이가 발견되었으며, 또한 '통와(筒瓦)'와 유사한 잔편이 발견되었다. 보아하니 황성대의 위에는 일찍이 대형 건축이 있었다.[4] 외성 동문(東門) 바깥 문지 옹성의 돌담장이 무너진 퇴적 속에서 옥으로 된 대패[玉鏟] 등의 옥기가 발견되었다. 원래는 담장 몸체의 속에 있었는데, 석묘성에서 흩어진 옥기는 수백여 건이 된다고 전한다. 옛날의 조사에서 또한 적지 않은 석조(石雕), 혹은 석각의 인상이 발견되었는데,[5] 역시 석묘

[2] 섬서 상 고고연구원(陝西商考古研究院), 「섬서 신목현 석묘 유지(陝西神木县石峁遗址)」, 『고고』 2013년 7월.

[3] 섬서성 고고 연구원 등, 「석묘 유지 : 2016년 고고 기사(紀事)」, 『중국문물보』 2017년 6월 30일 제5판.

[4] 섬서성 고고 연구원 등, 「석묘 유지 : 2016년 고고 기사(紀事)」, 『중국문물보』 2017년 6월 30일 제5판.

[5] 라굉재(羅宏才)의 「섬서 신목(현) 석묘 유지 석조상군의 조사와 연구」는 그의 『중앙아시아에서 장안

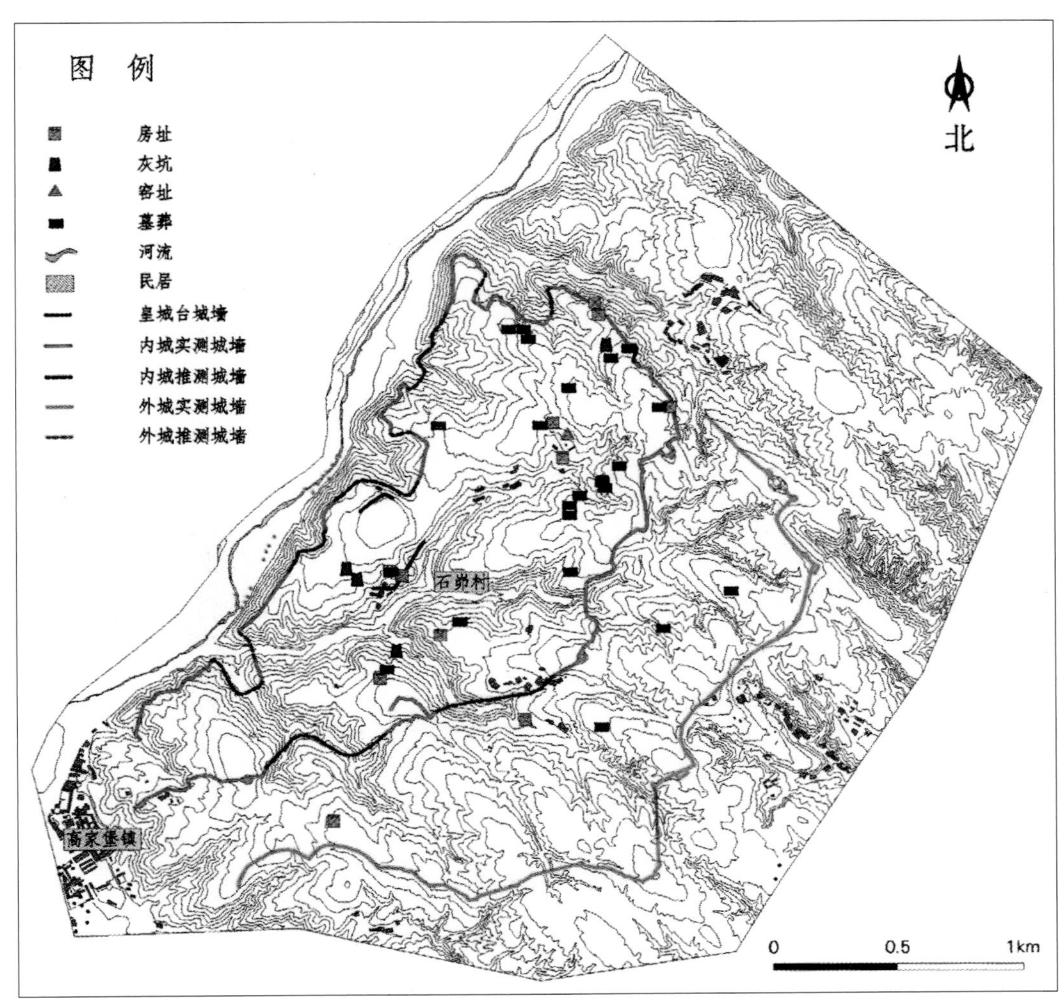

〈그림 2〉 섬서성 신목 석묘성 평면도

성의 독특한 점을 나타낸다.

양저 고성의 면적은 290만m² 이상이다. "이 도시의 체계는 중심에서 밖으로 차례대로 궁전과 묘장구역, 성벽과 해자, 외곽, 주위의 홍수방지 수리 조직 등 여러 층의 구조를 가진다."[6] 〈그림 3〉 궁전구역은 막각산(莫角山)에 위치하는데, 이곳은 자연 지세를 이용

까지』(상해대학출판사, 2011)에 수록되었다. 석각인 형상은 섬서성 고고연구원 진열실 60주년 전시회에 전시되었는데, 필자는 참관해서 보았다.

6) 왕녕원(王寧遠), 『촌거(村居)에서 왕성까지』, 항주출판사, 2013, 155쪽.

하여 주로 인공으로 쌓아 만든 장방형 대기(臺基) 유적이다. 길이는 약 670m이고, 폭은 약 450m인데, 이 위에 대(大)막간산, 소(小)막간산과 오구산(烏龜山) 3곳의 토대(土臺)가 있다. 소막각산의 남측에서는 일찍이 간란식(干闌式) 건축의 간란 부분을 위한 3줄의 동서 배열로, 줄 간격 1.5m의 대형 기둥 구멍[柱洞] 유적이 발견되었다. 기둥 구덩이 내에 기둥 흔적의 직경은 0.5~0.9m로, 일반 주택의 수요를 훨씬 초월하는 것으로 간란 부분의 위쪽 건축 규모가 매우 방대했다는 것을 알 수 있다. 반산(反山)은 하나의 묘장구역으로, 흙 언덕[土壟]을 통해 막각산과 서로 연결된다. 반산 묘지는 길이가 약 90m이고,

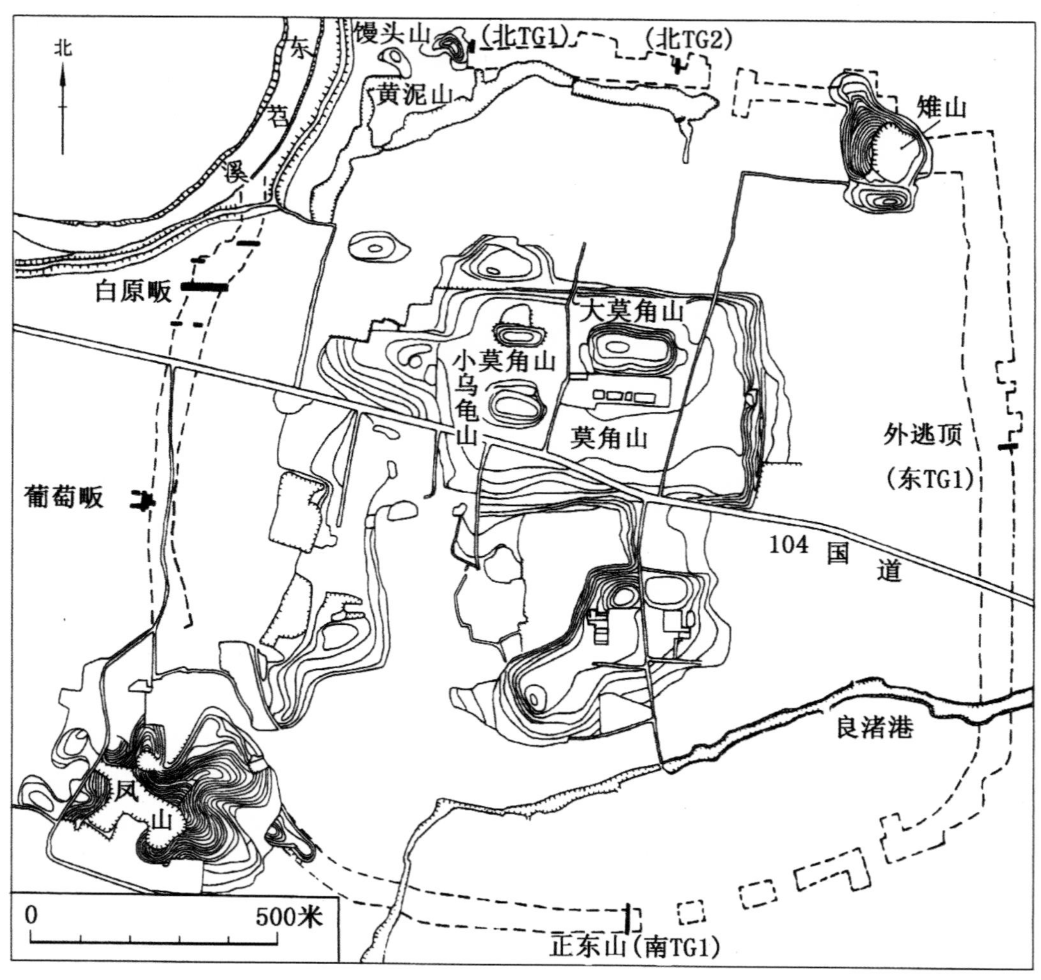

〈그림 3〉 절강성 여항 양저성 평면도

폭이 60m이며, 높이는 약 6m로 전체 양저문화 중에서 등급이 가장 높은 묘지로 왕릉급에 해당한다. 묘지의 서부에는 1986년의 발굴 때, 대형 고분 11곳에서 대량의 옥기, 석기 등의 진귀한 문물이 출토되었는데, "수장품이 거의 1,200여 건이나 되었다. 그중에 도기 37건, 석기 54건, 옥기 1,100여 건이다. 종(琮)·벽(璧)·월(鉞)·주형기(柱形器)·환탁(環鐲)·관상기(冠狀器)·삼차형기(三叉形器)·추형기(錐形器)·반원형식(半圓形飾)·황(璜)·대구(帶鉤)·관(管)·주(珠)·새·물고기·거북이·매미 및 대량의 상감 옥편(玉片)·옥립(玉粒) 등이다. (이것은) 모든 양저문화 유적 중에서 출토된 옥기 수량이 가장 많고, 종류가 가장 풍부하며, 가장 정교하고 아름답게 조각된 묘지이다." 어떤 사람은 곧바로 반산 묘지가 '양저 왕릉이다'[7]고 한다. 반산의 묘주(墓主)는 막각산 건축 주인과 분명히 동일한 무리의 사람으로, 그들은 생전과 사후에 모두 고대(高臺)를 활동 중심으로 하였다. 또한, 대량의 의례성(儀禮性) 옥기가 있어 사용과 부장에 제공되었는데, 이들은 마땅히 제사 겸 '왕'으로 천지와 소통하는 것이 그들의 특수한 능력이고, 양저 사회를 통제하는 주요한 수단이었다.

요녕성 건평과 능원 두 현의 교계에 위치한 우하량(牛河梁) 유적는 양저와 석묘처럼 명확한 성곽이 발견된 것이 없기 때문에, 오늘에 이르러 그것을 도시로 보는 학자는 없다. 실제로, 석곽의 유무가 결코 도시가 되는가의 주요 기준은 아니며, 더구나 우하량 유적은 오늘날까지 아직 성벽 혹은 환호에 대한 자세한 답사와 탐사 작업이 진행된 적이 없다. 설사 석곽 혹은 해자, 혹은 인공 울타리가 없을지라도 여전히 특정 범위의 내를 도시로 인정할 수 있고 그 외는 아니라면, 우하량 유적은 의심할 것 없이 이 조건에 부합하는 것으로, 또한 우하량 유적을 도시로 보는 것은 결코 타당하지 않음이 없다. 우하량 일대는 이미 수십 곳에서 홍산(紅山)문화 만기의 의례성 유적이 발견되었으며, 분포 범위의 면적은 약 50㎢이다.〈그림 4〉 이 방대한 유적군 중에서 발굴자가 제일 중요한 지점이라 여기는 곳은 특수한 성질을 갖추 '묘대(廟臺)'유적이다. 그 주요 부분은 한 변의 길이가 약 200m인 장방형의 평대(平臺)이다. "안에는 크기가 다른 약간의 토대가 있고, 점토질의 홍도(紅陶) 토기 조각과 붉게 불탄[紅燒] 흙덩이 등의 유물이 산견된다. 평대의 동쪽 벽 60m 동쪽에……장방형의 구덩이가 하나 있는데, 구덩이의 상부에는 100건 이상의 점토질 홍도 통형기(筒形器)의 잔편이 쌓여져 있다. 평대의 남쪽 가장자리 18m

7) 국가문물국 주편, 『중국고고 60년(1949~2009), 문물출판사, 2009, 255~256쪽.

남측에 하나의 반지하식 건축이 있다.……내부에는 대량의 붉게 불탄 흙덩이를 메웠는데, 점토질 건축 부재의 조각, 니소[泥塑, 진흙으로 만든] 조상의 조각과 도기, 혹은 도기의 잔편이 나온다. 니소는 사람과 동물의 형상이 있고, 많은 방 구덩이의 북부에서 출토된 옥으로 된 눈동자[玉睛] 니소의 인면상은 우하량 유적군 중의 세상에 보기 드문 진품이다.……사람 형태의 니소 조각으로 볼 때, 분별할 수 있는 5~6개의 개체는 대부분 여성에 속한다. 이들 유적은 산꼭대기 평대의 남쪽 비탈에 있고, 또한 대량의 제사 용품이 출토되고 있기 때문에 발굴자들은 이들 건축을 직접 '여신묘(女神廟)'라고 부른다. 알고 있는 것에 의하면, 평대의 북측에도 여신묘와 유사한 건축이 있는데, 평대의 주위에는 또한 약간의 재구덩이가 산포해 있다. 이렇게 여신묘와 평대로 조성된 '묘대(廟臺)' 건축군도 곧 자연스럽게 우하량의 제일 중요한 지점의 표지물이 된다. 현재, 학계에서는 모두 이곳이 마땅히 홍산문화 만기의 규격 최고의 제사지(祭祀址)라고 여긴다."[8] "우하량

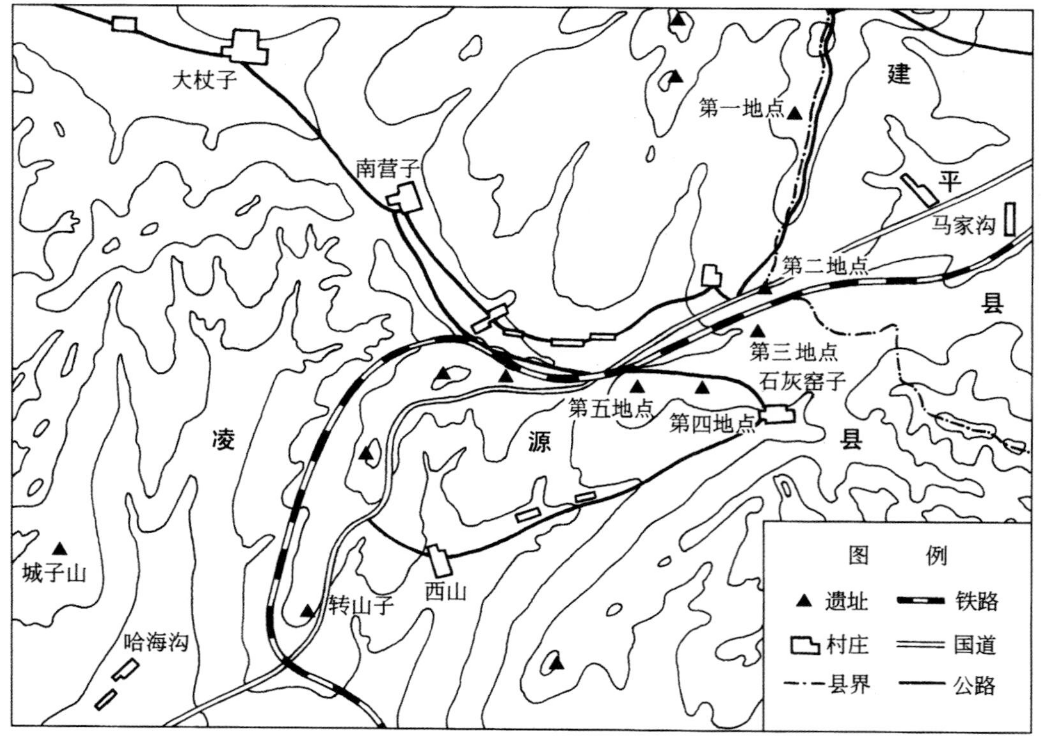

〈그림 4〉 요녕성 능원 우하량 유적 평면도

8) 중국사회과학원 고고연구소, 『중국 고고학(신석기시대권)』, 중국사회과학출판사, 2010, 351~353쪽.

유적의 융합력[彙聚力]에 대해서 말하자면, 우하량 여신묘는 그 자체의 구조와 여신 군상을 위주로 하는 풍부하고 복잡한 내용이 이미 종묘의 초기 형태를 갖춘 것 외에, 하나의 중요한 현상은 바로 묘구(廟區)의 내외에 100㎢ 이상의 범위에 단지 제사와 관련 있는 부속 건축 유적이 분포할 뿐이고, 어떤 거주 유적의 흔적도 보이지 않는다. 이것은 당시의 우하량 여신묘의 제사 등급은……생활 주거와 멀리 떨어진 전적으로 독립적인 묘우(廟宇)를 만든 묘구(廟區)이고, 하나의 규모가 웅장한 제사 중심의 장소를 형성했던 것을 표명한다.……분명히, 이 묘구, 무덤 제단[冢壇] 및 피라미드식의 초대형 건축 등의 몇 가지 건축군으로 말미암아 조성된 대범위의 유적 집합체는 이미 절대로 씨족, 심지어 부락이 능히 가질 수 있는 것이 아니고, 다만 홍산문화 이 문화 공동체가 공동으로 사용한 조상을 숭배하는 성지(聖地)이다."[9] 이 인식은 적확한 것이지만 유물의 근본 성질과는 서로 격차가 있는 것 같다. 이들 제사 지점의 주변은 곧 경작할 수 있는 완만한 비탈 혹은 평지로, 그 당시 사람들이 머문 곳은 반듯이 또한 부근에 있다. 더욱 심각한 것은 적석총과 제사터는 뒤섞여 산꼭대기에 분포하는데, 발굴을 한 적석총은 우하량 제2, 제3, 제5 지점과 성자산(城子山) 등 모두 4개 지점이다. 예를 들어 "제3지점은 산꼭대기를 점거한 하나의 원형 적석총으로, 주위는 한 바퀴의 검은 흙 띠가 둘러싸고 있다. 적석총의 중심은 하나의 장방형 얕은 구덩이고, 구덩이 벽은 돌을 겹쳐 쌓고, 구덩이 위는 역시 돌담장이 있다. 구덩이 옆에는 비교적 많은 옥기가 출토된 성인 남성의 단인묘(單人墓) M7이 있고, 무덤 내에는 또한 6개의 석관묘가 있으며, 모두 중심 구덩이와 M7의 주위를 둘러싸고 있다."[10] 적석총과 제사터의 사이에는 보완 관계가 존재하는데, 완전히 양저 고성 중의 막각산 토대와 반산 묘지와 같다. 적석총 주인은 생전에 아마도 다른 한 산꼭대기에서 제사 활동을 집행한 무자(巫者)로 '하늘과 땅의 소통을 단절[絕地天通, 즉 정교합일]'하는 신직(神職)의 인원이고, 그중의 대무(大巫)는 아마 왕에 해당할 것이다. 우하량에는 기타 유형 혹은 규격이 더욱 높은 제사터와 고분이 없으며, 홍산문화 분포의 범위 내에서 우하량은 또한 등급이 최고의 제사와 고분의 지점이다. 이로 인하여, 우리들은 양저와 석묘와 같이 우하량 유적군의 전체 혹은 일부분은 홍산 '고국'의 도성을 구성하고, 이 도성 운영의 주요한 동력은 신력(神力)에 의지한다고 여긴다.

---

9) 요녕성 고고연구소 편, 『우하량 홍산문화 유지와 옥기 정수(精粹)』, 문물출판사, 1997, 40~41쪽.

10) 중국사회과학원 고고연구소, 『중국 고고학(신석기시대권)』, 중국사회과학출판사, 2010, 353쪽.

우하량, 석묘, 양저는 각기 중국 동북, 서북, 동남지구의 대표적인 신석기시대 만기의 고성이다. 3곳에 이미 발견한 성지(城址)의 수량은 대단히 많고, 아울러 분명한 등급의 차이를 드러낸다. 세 성은 모두 본 지구 성지들의 최상급에 위치하는데, 이로 인하여 모두 도성의 성질을 갖추고 있다. "무릇 읍에 종묘와 선군의 위패가 있으며 도(都)라 말하고, 없으면 읍(邑)이라 말한다."[11]는 것은 춘추시기 도성에 대한 정의이다. 이런 정의의 방식을 원용하여 신석기시대 만기를 말한다면, "무릇 읍에 능묘, 종묘와 선군의 위패가 있으면 도읍이라 말한다"고 서술할 수 있다. 또한 지적이 필요한 것은 세 성은 각자의 지구에서 모두 사회 발전의 가장 선두를 차지하는 것으로, 이것은 일정한 단계로 발전한 상징이다. 바꾸어 말하면, 세 성의 신성(神性)이 대단히 두드러짐에도 불구하고 다음 등급의 중심 도시는 보통의 취락에 이르는 것으로, 대개 더욱 몽매한 원시단계에 처해 있다.

우하량·석묘·양저처럼 이렇게 광역 범위 내의 중심 도시는 서남 지구에서 출현한 시간은 조금 늦으나 신성은 더욱 명확한 것으로, 바로 광한(廣漢) 삼성퇴(三星堆) 고성이다.〈그림 5〉 삼성퇴 고성의 북쪽 담장은 하류에 손상되어져서 현존하는 면적은 대략 3.6㎢이다. 성지의 중축선 위에 삼성퇴·월량만(月亮灣)·진무궁(眞武宮)·서감천(西坎泉) 4곳의 대지(臺地)가 분포되어 있고, 대지 위의 문화 퇴적은 매우 풍부하다. 1929년에 발견한 옥석갱(玉石坑), 1986년에 발굴한 1호, 2호의 기물갱(器物坑)은 모두 이 중축선 위에 자리한다. 성지의 남부에 자리한 삼성퇴는 3개의 기복이 서로 잇따른 흙더미로 조성된 것으로, "1956년 조사 때 세로 길이는 약 400m였고, 융기한 정상부는 타원형으로 최고 높은 곳은 주위 지면보다 약 10m 높이 솟았다. 1984~1985년에 흙더미를 분석할 때, 인공으로 언덕을 쌓아 만든 것이 발견되었고, 흙더미 내에는 단지 삼성퇴 문화 조기의 도편이 보였다. 이 3개의 흙더미는 제사 혹은 봉선 용도의 제단이라고 여긴다."[12] 삼성퇴 1호, 2호 제사갱 속에 출토된 청동 인물 두상, 인물 입상, 청동 신수(神樹) 및 대량의 옥기, 금기(金器)는 널리 사람들에게 알려져 있다.[13] 삼성퇴 성벽의 밑부분 넓이는 40m이고, 정상의 넓이는 20m이며, 현존하는 최고 높은 곳은 8m이다. 성벽은 담장의 몸체와

11) 『좌전·장공(莊公) 28년』.

12) 중국사회과학원 고고연구소, 『중국 고고학(하상권)』, 중국사회과학출판사, 2003, 495~496쪽.

13) 사천성 문물고고 연구소, 『삼성토 제사갱』, 문물출판사, 1999.

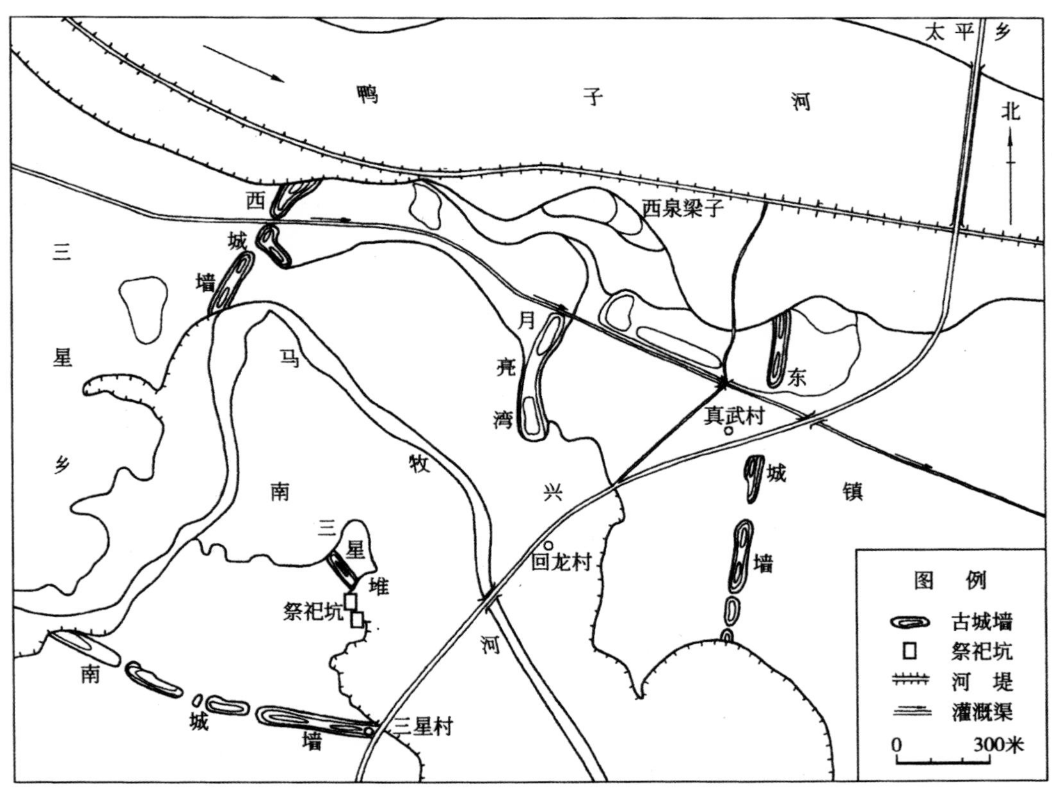

〈그림 5〉 사천성 광한 삼성퇴 고성 평면도

내 · 외의 축대 3부분으로 조성되었다. "삼성퇴 성벽은 물론 높고 크며 단단하고 두텁지만, 내외의 양면은 오히려 모두 경사진 언덕으로 횡단면은 사다리꼴을 드러낸다. 이런 형상과 구조[形制]는 근본적으로 전쟁 방어에 적합할 수 없으며, 게다가 그 지방의 지형으로부터 분석해 보아도 홍수를 방지하는 작용을 하기 어렵다. 이것은 단지 삼성퇴가 아마 종교의례의 성질을 갖추고, 신권 상징성의 산물이다는 것을 나타낸다."[14] 이 관점은 루이스 멈퍼드(lewis murnford)의 『도시 발전사－기원, 변천과 전망』 중의 종교적 요소가 도시 기원과 발전을 결정한다는 이론의 깊은 영향을 받았는데, 비교적 강한 설득력을 가지고 있다.

삼성퇴 고성의 연대는 중원의 하 · 상시기에 해당한다. 중원의 하 · 상시기는 삼성퇴와

14) 성일농(成一農), 『유라시아 대륙상의 도시－일부 생명사』, 상무인서관, 2015, 14~15쪽에서 재인용.

유사한 성지가 발견되지 않았으며, 게다가 삼성퇴의 상당히 많은 출토물의 형태는 중원지구와 다르다. 특히, 인물의 용모는 매우 특색이 있는데, 어떤 학자들은 이 문화가 외래문화라고 의심하지만 이런 추측은 맞은 것 같지만 아니다. 앞의 양저 · 석묘 · 우하량 성지에 대한 분석에 근거하면, 신성이 두드러진 것은 고국시대 도성의 기본 특징이다. 삼성퇴는 이 점에서 어떤 특별한 곳이 없다. 삼성퇴의 시대가 조금 늦은 것은 서남지구의 문명 경과가 약간 낙후된 것을 나타낼 뿐이다. 삼성퇴 문화의 적지 않은 특징이 중원지구와 구별이 있을지라도, 마찬가지로 기타 지구에서도 근원을 찾을 수 없다. 이 문화는 주로 그 지역에서 형성되고 발전한 것으로, 기타 지구 문화의 영향을 받았다는 것이 아마 비교적 역사의 원형에 가까울 것이다. 이 의의상에서 삼성퇴 문화는 여전히 고대 중국문화 중의 하나이며, 비교적 늦은 단계까지 지역적 특색을 유지했을 따름이다. 고대 중국 역사에 융합해 들어가는 시간이 약간 뒤쳐졌지만, 고국시대 도시의 공통점 — 신성을 강조하는 현상은 사람들의 주목을 끈다.

Ⅱ. 제2 단계: 조상(祖上)의 도읍

서주의 도성은 지금까지 고고학 방면에서 중대한 발전은 없었지만, 관련된 문헌자료가 비교적 많아 그 부족한 것을 보충할 수 있다. 종묘는 서주 도성 건설 중에서 가장 중요한 일이다. 『시경 · 대아 · 면(緜)』에는 주나라 사람들이 기산(岐山)에 이르러 궁실을 만들 때 정황을 “이에 (집짓는 일을 맡은) 사공을 부르시고, 이에 (백성을 다스리는) 사도를 불러서, 집을 세우도록 하셨다. (땅은) 그 먹줄을 따라 곧아지고, 판을 묶어 (흙을) 넣어서, 장엄한 종묘를 만들었다.……이에 바깥문을 세워서, 바깥문이 우뚝하다. 이에 정문을 세워서, 정문이 반듯하다. 이에 총사(冢社, 토지신에게 제사 지내는 사당)를 세워서, 나쁜 오랑캐를 물리친다.”고 기록한다. 집의 중에 가장 중요한 것이 바로 종묘이다. 좌천영치(佐川英治)는 이것을 “종묘를 중심으로 하는 도성 사상”[15]이라고 말한다. 그가 열거한 종묘의 중요한 지위를 부각시킨 주요한 문헌자료로는, 1. 『묵자 · 명귀(明

15) 좌천영치(佐川英治), 『중국 고대 도성의 설계와 사상』, 면성(勉誠)출판사, 2016, 31쪽.

鬼)편』의 "옛날에 하 · 상 · 주 3대의 성왕(聖王)은 그들이 처음 나라를 세우고 도읍을 경영할 때, 반듯이 나라의 정중앙을 선택하여 종묘를 설치하였다.", 2. 『여씨춘추 · 신세(愼勢)편』의 "옛날의 임금은 천하의 중앙을 선택하여 나라를 세우고, 나라의 중앙을 선택하여 궁궐을 세우고, 궁궐의 중앙을 선택하여 종묘를 세웠다.", 3. 『예기 · 곡례 하』의 "군자가 궁실을 경영할 때 종묘를 먼저하고, 관청은 다음이고, 머무는 곳은 마지막이다."라고 있다. 양관(楊寬) 선생은 "주족(周族)의 습관은 묘당과 능침을 한 곳에 만들었던 것으로, 묘당은 능침의 앞쪽에 만들었다. 이것은 춘추시기에도 여전히 이와 같았다. 예를 들면 '자대숙(子大叔)의 묘당은 길의 남쪽에 있고, 그 능침은 길의 북쪽에 있다(『좌전 · 소공 18년』).' 묘당이 모두 남향의 것이면 능침은 이미 그 북쪽에 있고, 또한 바로 능침은 묘당의 뒤에 있다. 옛날 사람들이 묘당을 살아있는 사람의 침전과 한곳에 만들려고 했던 것은 그들이 묘당은 역대 종주(宗主)의 주택이고, 침전은 현재 종주의 주택으로, 둘은 반듯이 밀접한 연계가 있다고 여겼기 때문이다. 옛날 사람들은 묘당은 조상들이 머무는 궁실로 여기고, 종종 묘당을 궁이라 불렀다. 예를 들면 노국(魯國)의 '환궁(桓宮)'은 환공의 묘당이고, '양궁(煬宮)'은 양제(煬帝)의 묘당으로, 이런 유형의 호칭은 대단히 보편적이다. 묘당은 또한 실(室)이라고도 부르는데, 예를 들면 노나라 백금(伯禽)의 묘당은 '태실(太室)' 혹은 '세실(世室)'이라고 불렀다(『공양전』과 『곡량전』의 문공 13년).

묘당은 또한 침(寢)이라고 불렀는데, 예를 들면 『주례 · 하관(夏官) · 예복(隸僕)』에 언급한 5침(五寢) · 소침(小寢) · 대침(大寢)은 모두 묘당을 지칭한다. 또한, 묘당은 대전(大典)을 거행하고, 대사(大事)를 선포하는 장소로 조정과 마찬가지이기 때문에 역시 조(朝)라고 부르는데, 묘당은 바로 이것으로 이름을 얻게 된 것이다."[16]고 말하였다. 종묘는 조상들에게 제사를 지내는 곳이고, 대단히 많은 중대한 활동도 모두 이곳에서 진행되었는데, 그 작용은 후대의 조당(朝堂)과 매우 유사하였다. 양관 선생은 성년 남자의 '관례'와 '사혼례(士昏禮)'를 거행했던 것 외에, 또한 "정치상의 대전도 반듯이 종묘에서 이것을 거행한다. 『상서 · 고명(顧命)』은 바로 태자 교[釗, 강왕(康王)]는 선왕의 묘당에서 성왕(成王)의 유명을 받아 즉위했던 일을 기재한다.……국군(國君)의 즉위는 묘당에서 배알해야 하고, 경 · 대부가 새로운 관직에 취임을 해도 '묘당에 고해야 하며'……. 제후가 천자를 조견(朝見)하는 '근례(覲禮)', 경 · 대부가 이웃 국가의 국군을 회견하는 '빙

16) 양관, 『서주사』, 상해인민출판사, 2003, 427~428쪽.

례(聘禮)'는 모두 반듯이 조상의 묘당에서 거행해야 한다. 천자가 신하에 대한 관직을 임명하는 의식, 혹은 상을 주는 '책명(策命)'의 의식은 대개 모두 천자의 조묘(祖廟)에서 거행하였다. 일부는 신하의 종묘에서 거행하였는데, 서주 금문 중에는 이런 유형의 기재가 대단히 많다. 춘추시기에 이르러서도 여전히 이와 같다.……조묘는 또한 나라 안의 맹약을 체결하는 장소가 된다.……종주는 큰일이 있으면 종묘에 이르러 가르침을 청하고 보고해야 한다. 만약에 출행(出行)하고자 한다면, 일련의 예절로 종묘에서 거행해야만 한다. '무릇 [노환(魯桓)]공이 출행할 때 종묘에 고하고, 돌아와서는 술자리를 베풀고 자신도 마시며 공훈이 있는 사람들을 간책에 적었는데, 예(禮)이다.'고 말한다(『좌전 · 환공 2년』).……만약에 중대한 사고나 재난이 있어도 조상들에게 보고해야만 하고,……만약에 국가에 위급이 있어도 또한 묘당에서 곡(哭)을 거행해야만 한다.……당시 국가의 가장 중요한 대사는 군사인데, 모든 군사 행동은 예(禮)에 비추어 모두 조상에게 가르침을 청하고 보고해야 한다.……종묘는 종족들 중에서 또한 예당(禮堂)의 성격을 갖추고 있다."라고 말하였다. 종묘가 이처럼 중요한 원인에 대해서 양관 선생은 "종주(宗主)는 종족의 우두머리일 뿐 아니라, 게다가 정치상의 군주와 군사상의 통솔자이기 때문이다. 이처럼 종묘에서 전례를 거행하고, 가르침을 청하고 보고하는 것은 조상에게 명령을 따르고, 조상을 존경하며 아울러 조상의 보호를 받고 신력의 지지를 얻기를 바라는 것이다. 그 목적은 바로 이것을 빌어 종족의 단결을 공고히 하고, 군신의 관계를 공고히 하며, 귀족의 행동을 통일함으로써 귀족의 전투 역량과 통치 역량을 강화하는데 있다."고 깊은 설명을 주었다.[17)]

동주 왕국의 도성 발견은 대단히 많은데, 주로 낙양 왕성, 후마(侯馬)의 진국(晉國) 고성, 신정(新鄭)의 정한(鄭韓) 고성, 한단(邯鄲)의 조(趙) 왕성, 안읍(安邑)의 위국(魏國) 도성, 이현(易縣)의 연(燕) 하도(下都), 평산(平山)의 중산국(中山國) 영수성(靈壽城), 임치(臨淄)의 제(齊) 고성, 곡부(曲阜)의 노(魯) 고성, 봉상(鳳翔)의 진(秦) 옹성(雍城)(〈그림 6〉), 형주의 초(楚) 기남성(紀南城)이 있다. 이들 도성의 소성(小城) 중에는 대개 수많은 땅을 다진 대기(臺基)가 분포하는데, 당시 궁전 건축의 기초 부분이 된다. 궁전 건축의 중에는 이미 봉상 진나라 옹성의 마가장(馬家莊) 1호 유적처럼 종묘를 구분하였다. "이것은 보존이 비교적 완정한 종묘 유적의 한곳으로 북쪽에 자리 잡고 남쪽을 향하

17) 양관, 『서주사』, 상해인민출판사, 2003, 431~433쪽.

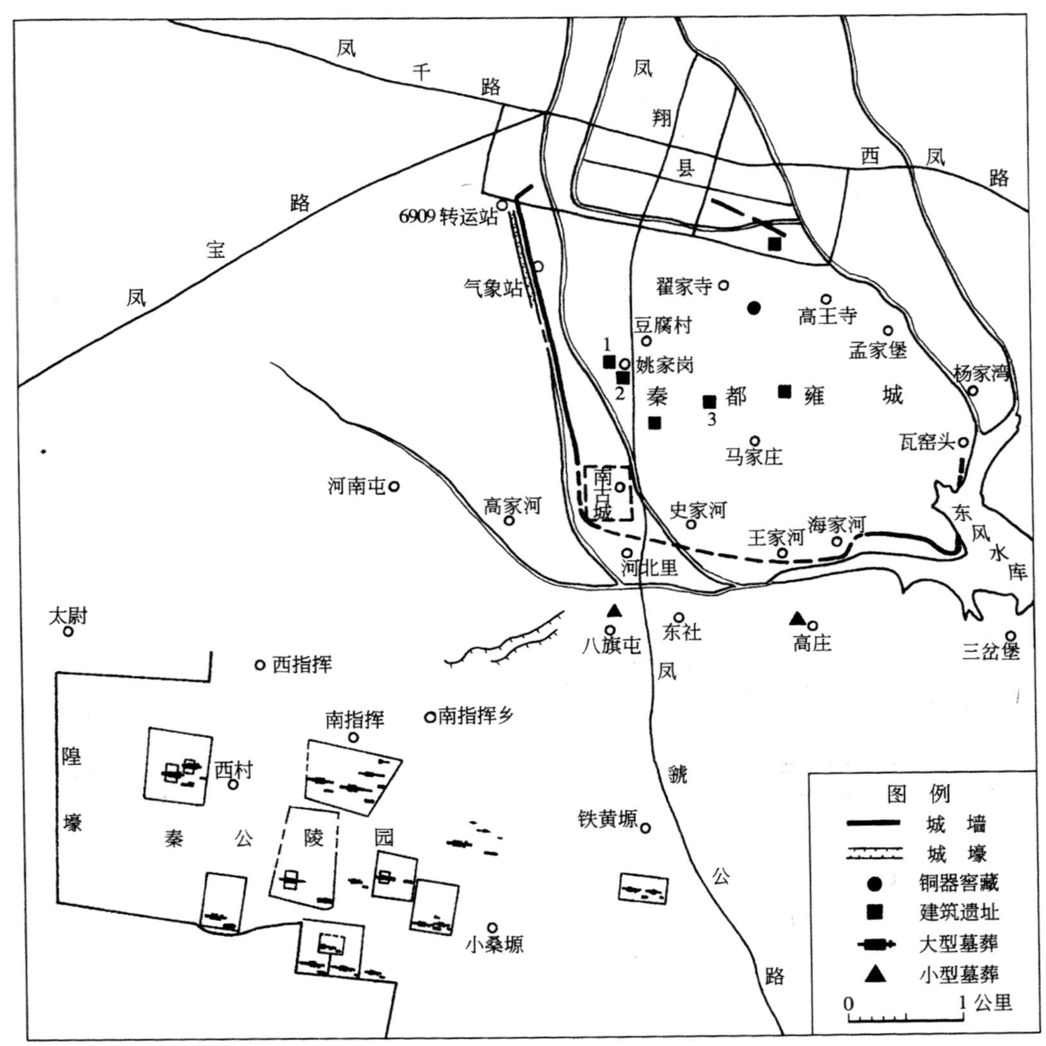

〈그림 6〉 섬서성 봉상 진나라 옹성 평면도

며, 사방에는 벽으로 둘러 싸여 있다. 벽의 내부 건축은 북부 정중앙의 조묘(祖廟), 동부의 소묘(昭廟, 즉 6대조 · 고조 · 조), 서부의 목묘(穆廟, 즉 5대조 · 증조 · 부), 남부의 문숙[門塾, 즉 가숙(家塾)] 및 중정(中庭)의 5부로 조성된다. 조묘는 북쪽에 자리 잡고 남쪽을 향하며, 평면은 '요(凹)'자 형태를 드러낸다. 폭은 20.8m이고, 길이는 13.9m이며, 앞에는 조정이 있고 뒤에는 침전이 있으며, 동서에는 협실(夾室)이 있다." 조묘의 뒤에는 하나의 돈대식의 건축이 있다.〈그림 7〉 소묘 · 목묘의 평면 형식은 조묘와 동일하다. "중정과 조묘의 협실 내에는 각 유형의 제사갱이 181개 발견되었다. 그중에 우갱(牛坑)이 86개, 양갱(羊坑)이 55개, 우·양이 함께 있는 갱이 1개, 인갱(人坑)이 8개, 인·양이 함께 있는 갱이 1개, 차갱(車坑)이 2개이다. 제갱(祭坑, 즉 제사 구덩이) 사이에는 복잡한 파괴의 관계가 존재하는데, 마땅히 여러 차례 제사의 결과이다."[18] 특수한 건축 배치는 대량의 제사갱으로, 모두 문헌 기재 중의 종묘와 서로 비교할 수 있다. 마가장 1호 건축을 진(秦)나라 종묘로 추정하는 것은 합리적인 것으로, 이것은 궁전과 묘당이 서로 연결된 중요한 예증이다. 그러나 옹성 유적의 수많은 건축 토대 중에서 마가장 1호 종묘 토대가 유일한 발견인데, 궁전과 묘당은 분리되어 있을 뿐만 아니라, 게다가 궁전의 면적

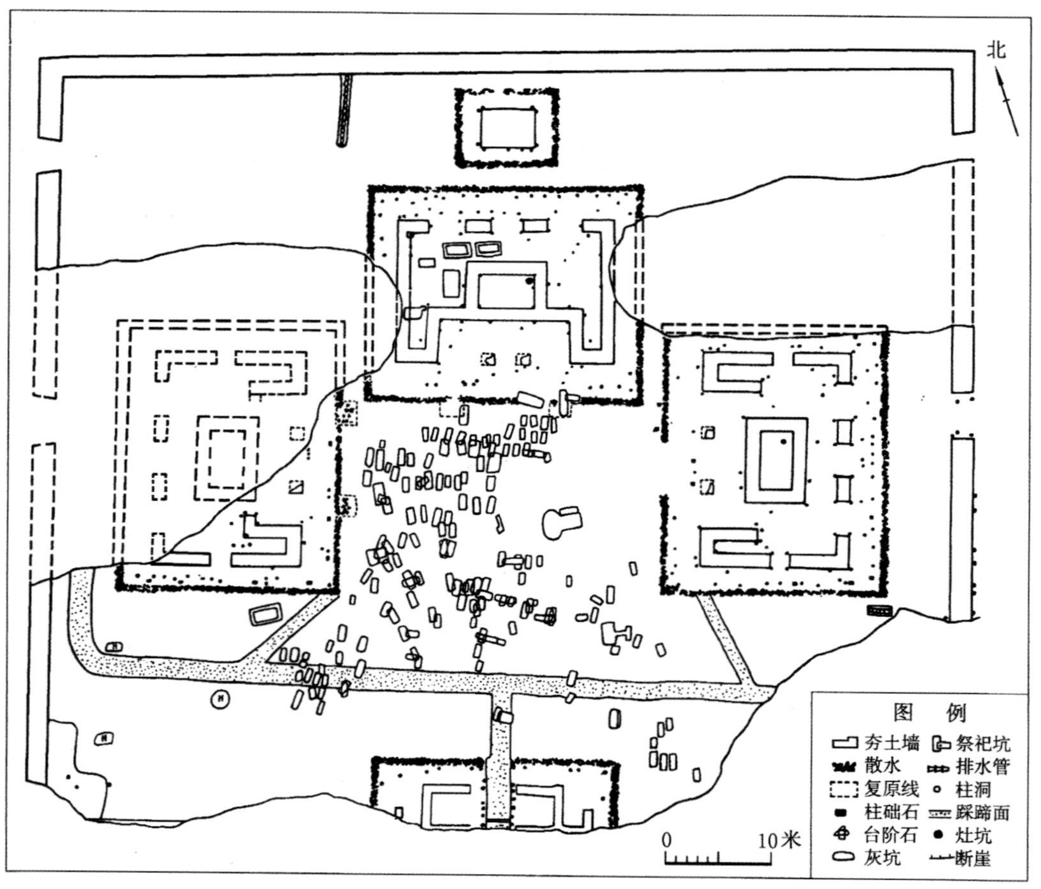

〈그림 7〉 섬서성 봉상 진나라 옹성 마가장 종묘 유적 평면도

18) 중국사회과학원 고고연구소, 『중국고고학(양주권)』, 중국사회과학출판사, 2004, 257쪽.

은 종묘보다 훨씬 크다. 문헌 중에 궁전의 중요성 증가에 대한 기재는 더욱 많다. 호궤개(虎簋蓋)·물정(曶鼎) 등의 많은 금문 재료에 의하면 종주(宗周)와 성주(成周)는 모두 주나라 종묘가 있었고, 대신(大臣)은 항상 이곳에서 주왕을 배알하였다. 국가 사무의 증대, 국가 기구의 팽창, 정무 군정(軍情)의 긴급으로 말미암아 동주시기의 국군은 반듯이 대형의 고정적인 궁전이 있어야 했다. 종묘의 규모는 이미 그 용도가 부족하며, 원래 종묘에서 거행한 대형의 활동은 반듯이 궁전으로 옮겨져서 거행되고, 종묘의 정치생활 중에서의 지위는 하강되기 시작하였다. "우리는 전국시대 조국(趙國)을 예로 들면, 그들은 '대조(大朝)'를 거행하는데 편의의 용도로 신궁(信宮)을 건립하였다. 무령왕 원년 '양(梁) 양왕(襄王)과 태자 사(嗣), 한(韓) 선왕(宣王)과 태자 창(倉)이 신궁에 내조(來朝)한 것'처럼 다른 나라 군신의 조견(朝見)을 받는데 사용할 수 있었다. 또한, 춘정월에 무령왕 19년(BCE 307) '춘정월에 신궁에서 대조(大朝)하여 비의(肥義)를 불러 천하(의 일을) 논의하고, 5일이 지나 마쳤다.'는 것처럼 '대조'를 거행하는 곳이다. 또한 동궁(東宮)도 '대조'를 거행하는 곳이다. 예를 들면, 무령왕 27년(BCE 299) '5월 무신(戊申)에 동궁에서 대조를 열어 나라를 전하고, 왕자 하(何)를 세워 왕으로 하였다. 왕은 묘당을 배알하는 예를 마치고 나와서 조정에 임하니, 대부들이 모두 신(臣)이라 하였다'는 것은, 당시 국군이 태자에게 전위하는 것도 하나의 '대조'의 의례이고, '대조'의 장면이 대단히 컸던 것으로 입조한 사람은 군신과 종실을 포함했던 것을 설명한다. 예를 들어, 혜문왕(惠文王) 4년(BCE 295)에 '군신이 조회하고, 안양군(安陽君) 역시 와서 모이니, 주부(主父, 즉 무령왕을 지칭)는 왕에게 조회를 허락하고, 자신은 옆에서 군신·종실의 예를 엿보았다.'"[19]

이 기초 위에 하·상의 도성이 과도적 특징을 드러낸다는 것을 분명하게 간파할 수 있다. 언사(堰師) 이리두(里里頭) 유적은 연대에 대해서는 비록 다른 의견이 있지만, 하대 혹은 하대 특징을 간직한 상(商) 조기 도시로 보는 것에는 의문이 없다.[20] 규모와 출토물에서 볼 때, 이리두 유적은 도성으로서도 문제가 없다. 비록 수십 년의 발굴을 했지만 이리두 유적의 전체 배치는 지금까지도 여전히 분명하지 않고, 성벽을 발견하지 못했으며, 유적의 사방 경계는 아직 분명하지 않고, 대형의 묘장구역도 찾지 못하였으나,

19) 양관, 『중국 고대 도성제도사 연구』, 상해고적출판사, 1993, 89쪽.

20) 관련한 토론의 종합 서술과 분석은 손경위(孫慶偉)의 『추적 삼대』, 상해고적출판사, 2015년과 『정택우적(鼎宅禹迹) —하대 신사(信史)의 고고학 증건』, 삼련출판사, 2018년을 참고할 수 있다.

이것이 도성으로서의 지위에 지장을 주지는 않는다. 이것은 이미 발굴한 부분이 이리두 유적의 핵심구역에 속한다고 할 수 있기 때문이다. 이미 진행된 발굴 작업은 가장자리 길이[邊長] 약 1,400m의 구역 범위 내에 집중되어 있고, 궁전 구역은 중부에서 동쪽과 북쪽으로 치우쳐 집중되어 있다. 궁전 구역의 북쪽에서 서북 일대까지 제사와 서로 관련된 건축 토대와 묘장[그중의 건축 토대는 지표에서 높이 튀어나오고, 직경 수 미터인 '단(壇)'이 있으며, 또한 수 미터에서 20~30m에 이르는 장방형 반지혈식의 '선(墠)'도 있다.]이 집중적으로 분포되어 있다. 궁전 구역의 남측은 녹송석(綠松石) 작방과 주동(鑄銅) 작방이 있으며, 궁전 구역의 주변에는 동기 · 옥기가 출토된 중형의 묘장이 집중적으로 발견되었다.〈그림 8〉 가장 주요한 발견은 두 곳의 궁전 토대, 즉 1호 · 2호의 궁전 토대이다. 1호의 토대는 방형에 가깝고, 동북부는 안으로 꺾여 있다. 동서는 107m이고, 남북은 99m로 4면에는 회랑이 있고, 앞쪽 부분에는 원락(院落, 즉 뜰)이 있으며, 남문은

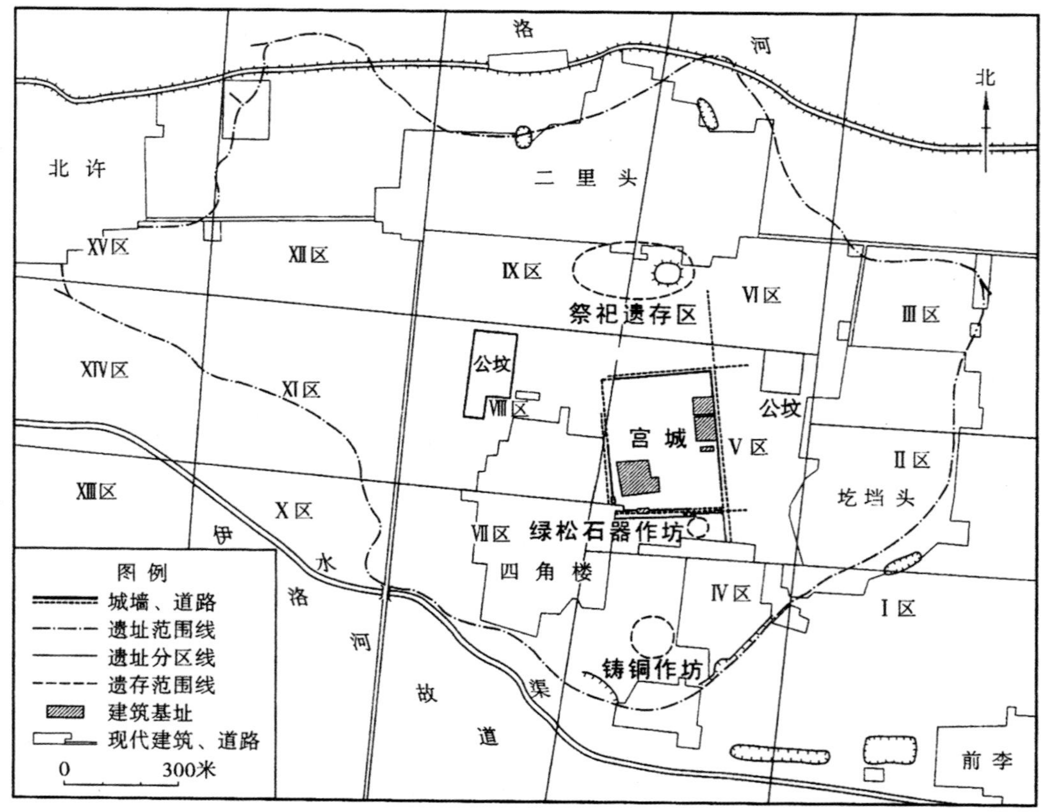

〈그림 8〉 하남성 낙양 언사 이리두 유적 평면도

'1문 3도(一門三道)'의 대형 건축이다. 주전(主殿)은 동서가 36m이고, 남북이 25m이며, 넓이 8칸, 길이 3칸으로 복원할 수 있다. 주전의 북측 · 서측부와 동남측은 모두 인생(人牲)이 발견되었다. 2호 토대는 1호 토대에서 150m 떨어져 있으며, 장방형이다. 남북이 72.8m이고, 동서가 57.5~58m로 회랑으로 둘러 싸 만들어진 건축이며, 문도(門道) · 정원 · 주전으로 조성되어져 있다. 문도는 '1문 2숙(一門二塾)'으로 주전은 동서가 33m이고, 남북이 12m이며, 3칸이다. 주전의 북측, 북랑(北廊)의 사이에 대형 묘장이 1곳 발견되었다. "일반적으로 2호 궁전은 당시 최고 통치자가 선왕을 제사한 장소, 즉 종묘라고 여긴다. 우리는 대전(大殿) 뒷면의 대묘가, 그 개구부(開口部) 길이가 약 5.3m이고, 폭이 약 4.3m이나, 그 바닥 부분은 오히려 단지 길이 1.85m에 폭이 1.3m라는 것에 주의한다. 묘의 밑바닥 부분의 규모에서 볼 때, 이리두 유적에서는 설사 중형 무덤이라 하더라도 그 길이도 2m 이상이고, 폭은 일반적으로 1m를 초과하기 때문에 그곳에는 여러 개의 관곽을 채우기는 대단히 어렵다. 제왕의 능묘로서 이 묘의 묘실이 단지 1.85m라는 것은 분명히 정상이 아닌 것이다. 우리는 만약에 확실히 묘장이라 한다면, 아마 천골장(遷骨葬)이거나, 혹은 단지 하나의 '의관총'이고, 묘 속에 장사 지낸 것은 당시 통치자의 시조, 혹은 고조(유고, 혹은 그 상징물)라고 추측한다. 이것은 바로 2호 궁전이 조상을 제사지낸 묘당이라 설명하는 것과 같다."[21] 비록 위의 서술과 분석에 모호한 곳이 적지 않지만, 이리두 유적 핵심구역의 특수성은 매우 두드러진 것이고, 유사한 흔적은 기타 시대의 도성 중에서 드물게 발견되는 것으로, 이리두 유적의 궁전과 묘당은 강렬한 종교성으로 사람들의 눈길을 끄는 것과 떨어질 수 없다. 동주 왕국시대의 대부분 도성의 내에는 이미 묘장이 없다. 연나라의 하도(下都), 평산의 중산국 영수(靈壽) 고성 내와 같이 소수의 도성은 모두 완전한 묘장 구역은 있지만, 모두 이리두처럼 이렇게 궁총(宮冢)이 나뉘지 않고, 단선(壇墠)이 뒤섞여 있지는 않다.

상대 도성은 이미 4곳이 발견되었다. 현재 있는 고고 재료로는 여전히 정주(鄭州) 상성(商城)의 외성 벽을 연결할 수는 없지만, 이미 발견한 외성과 내성 사이의 거리로 볼 때 대개 정주의 상성은 원북(洹北)의 상성과 마찬가지로 모두 크고 작은 성 세트의 배치이다. 은허는 지금까지 성벽이 발견되지 않았으나 궁전 구역, 왕릉 구역은 명확하여 잘못이 없고, 은허에서 발견된 건축의 토대, 묘장의 분포 범위는 모두 궁전 구역과 왕릉

21) 중국사회과학원 고고연구소, 『중국 고고학(하상권)』, 중국사회과학출판사, 2003, 129쪽.

구역보다 훨씬 크다. 만약 성벽 혹은 해자를 둘러 서로 감싼다면 대개가 또한 크고 작은 세트의 배치이다.〈그림 9〉 언사 상성의 정황은 비교적 복잡한데, 각종 발표의 평면도상에는 소성(小城)이 대성의 한 모퉁이에 배치되어 있고, 후대의 대·소성이 서로 의지한 배치에 유사하다. 그러나 고고 발굴은 대성이 소성의 기초 위에 확장하여 만들어졌다고 표명하며, "그것(소성)의 북쪽 벽과 동쪽 벽의 대부분은 대성 완성이 이루어진 후에 하나의 성벽으로 일정한 시간 남겨졌는가는 아직 구명을 기다린다."[22]〈그림 10〉 이렇게 언사 상성을 대·소성이 서로 의지하는 것으로 여겨서, 상대에 이미 출현한 예

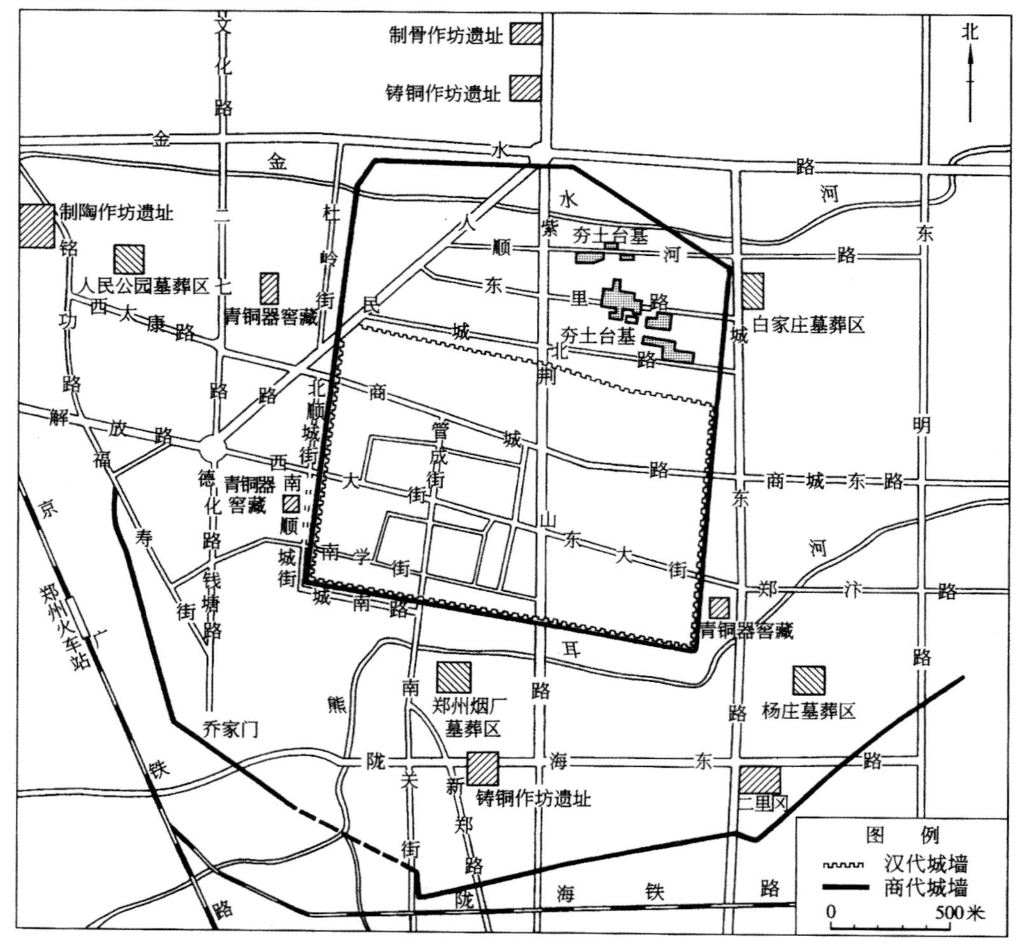

〈그림 9〉 하남성 정주 상성 평면도

22) 중국사회과학원 고고연구소, 『중국 고고학(하상권)』, 중국사회과학출판사, 2003, 129쪽.

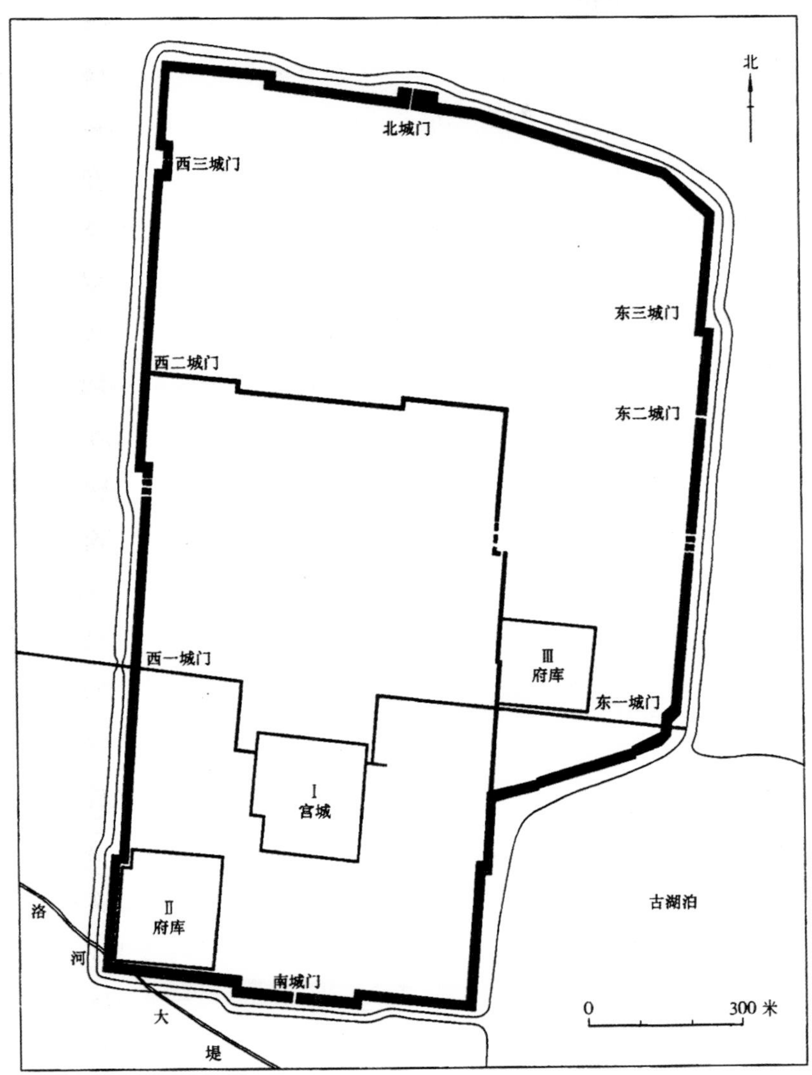

〈그림 10〉 하남성 언사 상성 평면도

증으로 삼는 것은 신중히 처리해야 한다. 설사 언사 상성이 대 · 소성의 서로 의지하는 배치라고 하더라도, 또한 4곳의 상성 중에서 단지 이 1곳뿐이고, 상대 도성의 주류 배치는 여전히 마땅히 대 · 소성 세트이다.

은허는 대량의 작업을 통해서, "일정한 정도상에서 은허는 소둔(小屯)의 종묘 · 궁전 구역을 중심으로 하고, 주위에 수많은 족읍(族邑) 거주지가 분포하고 있는 대형의 읍취

(邑聚)라고 볼 수 있다."[23]〈그림 11〉 수공업 작방에 관해서는 "작방의 분포에서 볼 때, 약간의 작방은 아마 은허에 거주하는 각 족읍에 분속했을 것이다. 상왕은 곧 모종의 방식을 통해 간접으로 이들 작방을 통제하였다. 개별 작방은 왕실에 속하며, 상왕이 직접 소유하였다."[24] 묘장에 관해서는 "은허의 묘장은 절대 다수가 모두 씨족과 가족을 단위로 무리를 이루며 분포하였다."[25] 은허의 취락 내부 분포는 결코 한번 이루어진 후에

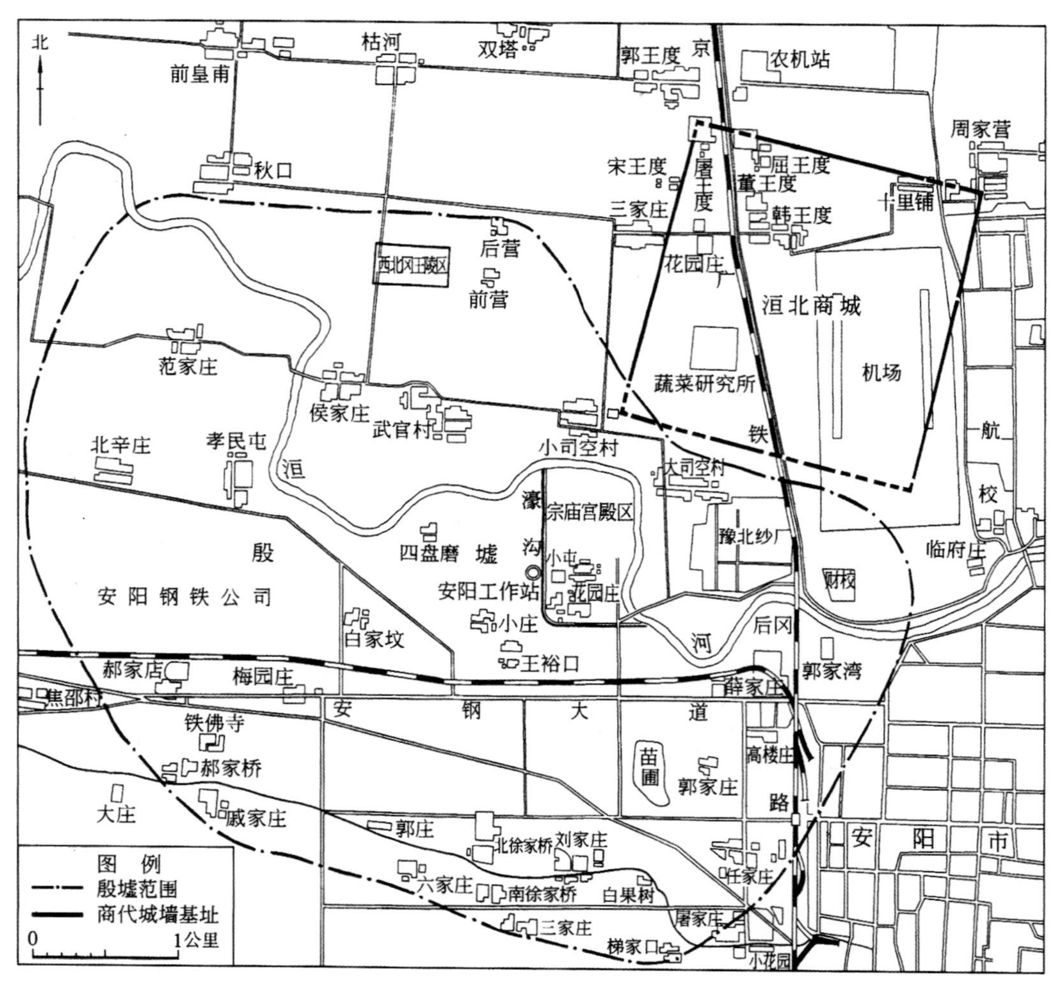

〈그림 11〉 하남성 안양 은허 유적 평면도

23) 중국사회과학원 고고연구소, 『중국 고고학(하상권)』, 중국사회과학출판사, 2003, 298쪽.

24) 중국사회과학원 고고연구소, 『중국 고고학(하상권)』, 중국사회과학출판사, 2003, 299쪽.

25) 중국사회과학원 고고연구소, 『중국 고고학(하상권)』, 중국사회과학출판사, 2003, 303쪽.

변화하지 않은 것은 아니다. 예를 들어 "은허 문화 제1기 때는 소둔의 서북쪽에 겨우 동쪽의 구역에 의지하여 소량의 집을 짓고, 소량의 움[窖穴]을 형성하였다. 은허 문화 제2기 때는 정주지가 서쪽으로 이동하고, 원래의 구역은 중요한 묘지로 변화했는데, 유명한 M15[부호묘(婦好墓)], M18이 바로 이곳에서 발견되었다. 은허 문화 제3기 때는 이곳에 거주하는 인구가 두드러지게 증가하여 집의 토대, 움, 재구덩이가 모두 대량으로 증가하고, 거주 유적의 분포 범위가 확대된 것을 나타낸다. 은허 문화 제4기 때는 집터, 움, 재구덩이가 더욱 밀접하고, 그중에 약간의 양식 저장용의 움 속에는 또한 곡물의 흔적이 발견되었다."[26] 이런 정황은 우리들에게 후세의 견해로 은허를 보아서는 안 된다는 것을 상기시킨다. 그것은 수많은 족읍(族邑)의 결합체이고, 게다가 족읍의 흥폐는 무상했으며, 이것이 반영하는 것은 일종의 역동적이고, 원시 형태의 도시 양식이다. 정주의 상성은 은허처럼 그렇게 자유롭게 작업을 펼칠 수 없으나, 또한 은허와 유사한 족읍 집합체 형식을 뚜렷이 드러낸다. 민간에 관해서는 "이미 발견된 소형 집은 주로 성벽 내부, 성벽과 외성 벽의 사이에 분포하며",[27] 묘장도 이와 마찬가지이다. "정주 상성의 묘장은 주로 내성의 주위, 혹은 내성과 외곽성의 사이에 분포하며,……정주 상성에는 전문적인 묘지는 보이지 않는다. 이미 발견된 묘장은 대부분 유적 구역에 혼잡하며, 묘갱은 종종 비교적 이른 문화층을 파괴하고, 또한 왕왕 비교적 늦은 문화층에 파괴되거나 혹은 겹겹이 눌려지고 있다. 약간의 지점에서 묘장은 부분으로 나뉘어 분포한다.……이것은 당시의 묘장이 일정한 질서가 있지만 묘지의 계속 사용한 시간이 비교적 짧은 것을 설명한다."[28] 언사 상성의 연대는 전반적으로 은허보다 빠르며, 이렇게 은허와 유사한 거주지[居址]와 묘장 사이의 대응 관계는 사람들로 하여 정주 상성도 족읍 집합체라고 여기도록 하였다. 이것은 사람들에게 자연히 언사 상성과 가까운 지척에 있는 이리두 유적을 연상케 하는데, 그것은 마치 또한 거주지와 묘장이 서로 짝지은 족읍 집합체인 것으로 한다.

비록 은허의 민가와 보통 묘장은 변동해서 고정되지 않았지만, 종묘 · 궁전 구역의 위치는 전혀 미동도 하지 않았다. 게다가 은허 발굴을 진행한 가장 초기의 학자들은 바로

26) 중국사회과학원 고고연구소, 『중국 고고학(하상권)』, 중국사회과학출판사, 2003, 303쪽.
27) 중국사회과학원 고고연구소, 『중국 고고학(하상권)』, 중국사회과학출판사, 2003, 225쪽.
28) 중국사회과학원 고고연구소, 『중국 고고학(하상권)』, 중국사회과학출판사, 2003, 227쪽.

'종묘 · 궁전'으로 소둔에서 발견한 대량의 건축 토대를 명명하려고 하였다. "20세기 30년대 발굴한 53곳의 토대는 일찍이 북쪽에서 남쪽으로 갑 · 을 · 병의 3조로 나누어졌는데, 그 범위는 남북의 길이가 305m이고, 동서의 폭이 100m 정도였다. 발굴자의 추측에 의하면, 갑조는 15곳으로, '사람이 머물렀던 곳일 것'으로 연대가 가장 빠르다. 을조는 21곳으로, '종묘일 것'이고, 연대는 그 다음이다. 병조는 17곳으로, '상당히 단(壇)의 형식처럼 보이며', 연대는 가장 늦다." 현대의 학자들은 당시의 인식에 대해 조정한 것이 있으나, 전반적으로는 결코 실질적인 변화는 없었다. "소둔의 종묘 · 궁전 구역 내의 흙을 다진 토대의 성질은 단일한 것이지 않다. 을조의 토대는 종묘 · 궁전의 소재지이나, 결코 전부가 궁전 혹은 종묘이지는 않다. 병조도 완전히 '단'은 아니다. 비교 가능한 것은 궁전의 것으로, 20세기 80년대 말에 발굴한 '요(凹)'자형 토대 및 30년대 발굴의 을조 20곳 토대가 있다. 비교 가능한 것은 종묘의 것으로, 을7, 을8의 두 조의 토대가 있다. 그리고 병3, 병4, 병5, 병6의 토대는 아마 제단 같은 건축이 된다. 1970년대 말과 1980년대에 소둔의 서북쪽에서 발견된 토대 중에 어떤 것은 또한 제사 건축 유형에 속할 수도 있다. 그 나머지 토대 중에 사람이 머무는 집의 토대가 응당 대다수를 차지한다. 그밖에 또한 어떤 토대는 수공업 작방과 관계가 있고, 어떤 것은 창고가 된다."[29] 거듭 분석한 후의 종묘단(宗廟壇) 같은 종교성 건축은 은허 중심 건축 구역 중에서 여전히 비교적 큰 부분을 차지한다. 게다가, "소둔의 만상(晩商) 종묘 · 궁전 구역의 범위 내에서 일찍이 중상(中商)시기의 묘장과 재구덩이를 발견하였다."[30] 이것은 마치 또한 이리두 유적 2호의 궁전 및 묘장의 발견과 서로 비슷하다.

종묘가 하 · 상의 도성에서 두드러진 지위를 차지하는 것은 이미 상술한 것과 같다. 무엇 때문에 종묘가 이와 같이 중요한 지위와 작용을 갖는가? 하 · 상의 정황은 명확하지 않으나, 서주시기는 곧 적장장 계승을 시행하는 종법제도와 대단히 큰 관계가 있다. 적장자가 아닌 계승제는 세계(世系)가 다른 것을 의미하고, 또한 바로 다른 종묘의 존재를 의미하는 것이다. 적장자 계승제 아래에서 종묘는 유일한 것이고, 종묘의 신성성은 절정에 달하여 현실 왕권의 유일한 권력의 근원이 되며, 그 지위는 자연히 숭고함이 비할 것이 없다. 그럼, 하 · 상시기 종묘의 지위와 작용은 어떠한가? 마땅히 서주시기와 같

29) 중국사회과학원 고고연구소, 『중국 고고학(하상권)』, 중국사회과학출판사, 2003, 297~298쪽.
30) 중국사회과학원 고고연구소, 『중국 고고학(하상권)』, 중국사회과학출판사, 2003, 298쪽.

지 않으나, 차이가 크지는 않다. 비록 하 · 상은 엄격한 적장자 계승제를 세우지 않았지만, 조상의 숭배는 중국문화의 핵심 부분이고, 하 · 상시기는 이 제한을 벗어날 수 없으며, 적장자 계승제는 조상 숭배의 최후 산물이다. 기타 계승제도는 비록 적장자 계승제의 엄밀함과 철저함에는 미치지는 못하나, 조상의 숭배에 대해서는 한결같은 것이다. 이 때문에 조상 숭배활동을 거행하는 가장 중요한 장소 — 종묘의 중요성은 이로 말미암아 삭감이 지나치게 클 수는 없다. 이에 또한 하 · 상 · 서주가 사전(史前)시대 및 동주시기와 다르다는 것을 알 수 있다. 신석기시대 만기의 고국(古國)은 비록 신직(神職) 인원과 종교 활동이 매우 많았고, 아울러 대체로 왕이 출현하였다. 하지만 왕위는 하나의 성(姓)에 고정되지 않았으므로, 당시는 단지 신묘(神廟)가 있고 종묘는 없었기 때문에 고도의 중심은 신묘이지 종묘는 아니다. 고국시기의 세상사는 결코 많지 않았고, 아울러 관습법이 사회의 운전(運轉)을 밀고 나갔으며, 신묘는 비교적 순수한 사람과 신이 소통하는 장소였다. 하 · 상 · 서주시기에 중요한 인간 세상사는 조상신의 감시하에서 진행된 것으로, 종묘의 지위는 자연히 숭고함을 비할 곳이 없었다. 동주, 특별히 전국시기에는 왕의 할 일은 매우 바쁘고 번거로웠고 군사 업무는 분주하였으며, 허다하게 번거롭고 불필요한 예법은 따를 수가 없었다. 특별히 중대한 사정으로 종묘에 가야할 것을 제외하고, 대부분의 사정은 바로 조당에서 결정하였다. 게다가 이성의 향상도 조상의 신성(神性)을 떨어뜨렸으며, 종묘의 지위와 중요성은 자연히 낮추어지게 되었다. 전반적으로 볼 때, 하 · 상 · 주 삼대의 도읍은 조상의 도읍이다.

Ⅲ. 제3 단계: 사람, 신[人神] 분리의 도읍

진 · 한제국 건립의 후, 제국의 필요에 적응하기 위하여 도성의 양식은 명 · 청(시대) 북경성으로 전환의 여정을 시작하였다. 명 · 청의 북경성과 배치상에서 유사한 도성으로 가장 빠른 것은 조위의 낙양성까지 소급할 수 있다. 전국상(錢國祥)의 최신 연구에는 조위 낙양성은 단일의 궁성제가 되는데,〈그림 12〉 이렇게 본문의 첫머리에 지적한 명 · 청 북경성의 3가지 주요한 특징은 조위 낙양성에서 모두 기본적으로 갖추어졌다고 표명한다. 이로 말미암아, 조위의 낙양성에서 명 · 청의 북경성 기간까지의 중국 도성은

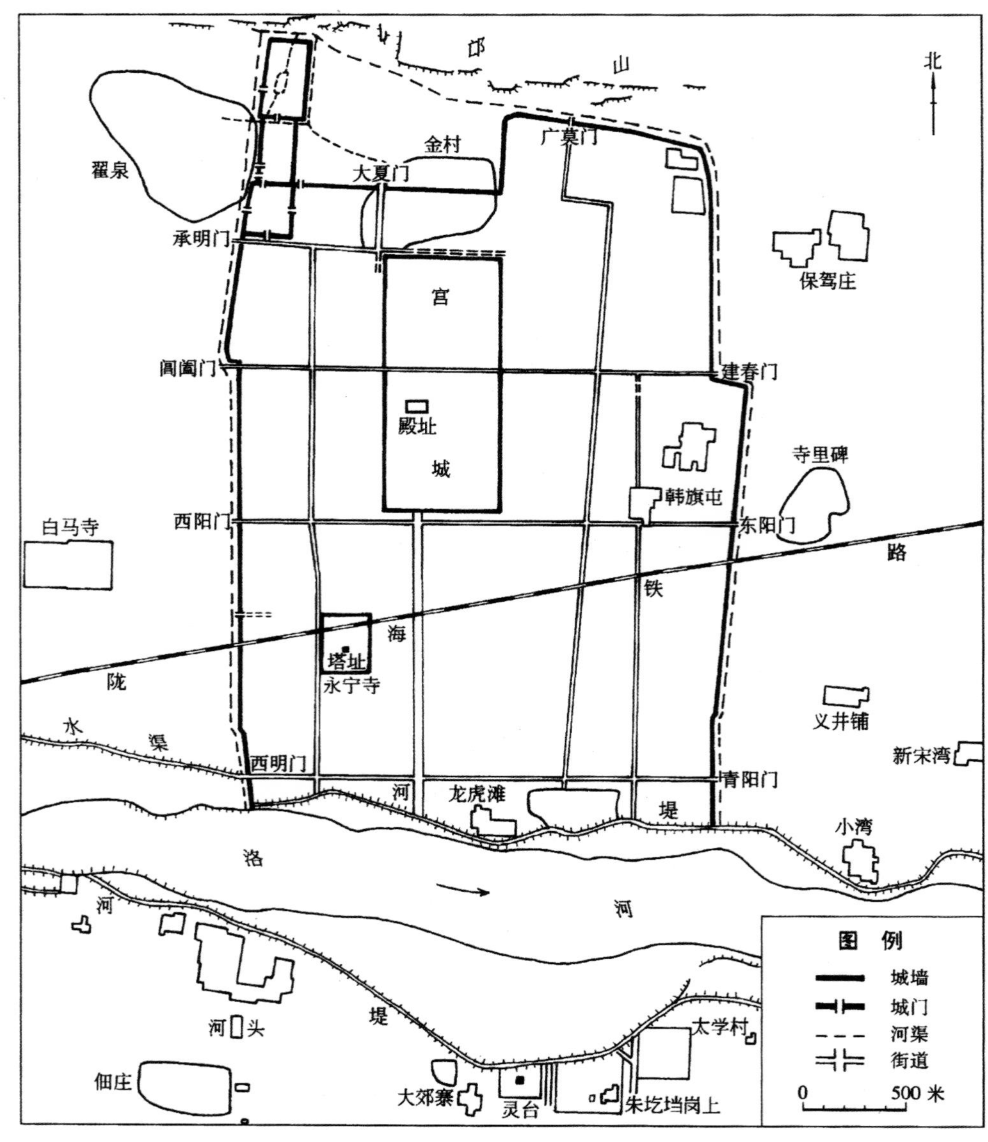

〈그림 12〉 하남성 낙양 조위 낙양성 평면도

설령 정연한 봉폐적(封閉的)인 북조·수·당의 이방제(里坊制), 개방적인 배치의 송대 이후의 도시처럼 변화가 적지 않았지만, 모두 동일한 단계 내의 차이에 속하는 것으로, 본문에서는 논술을 전개하지 않을 것이다. 우리가 주목할 만한 것은 조위 낙양성에서 명·청 북경성까지 이런 유형이 형성될 수 있었던 원인과 과정이다. 바로 이 의의상에서 우리는 진·한 도성이 과도성을 갖는다고 여긴다.(〈그림 13〉, 〈그림 14〉) 그럼, 과도성의 구체적인 표현은 어느 곳에 있는가?

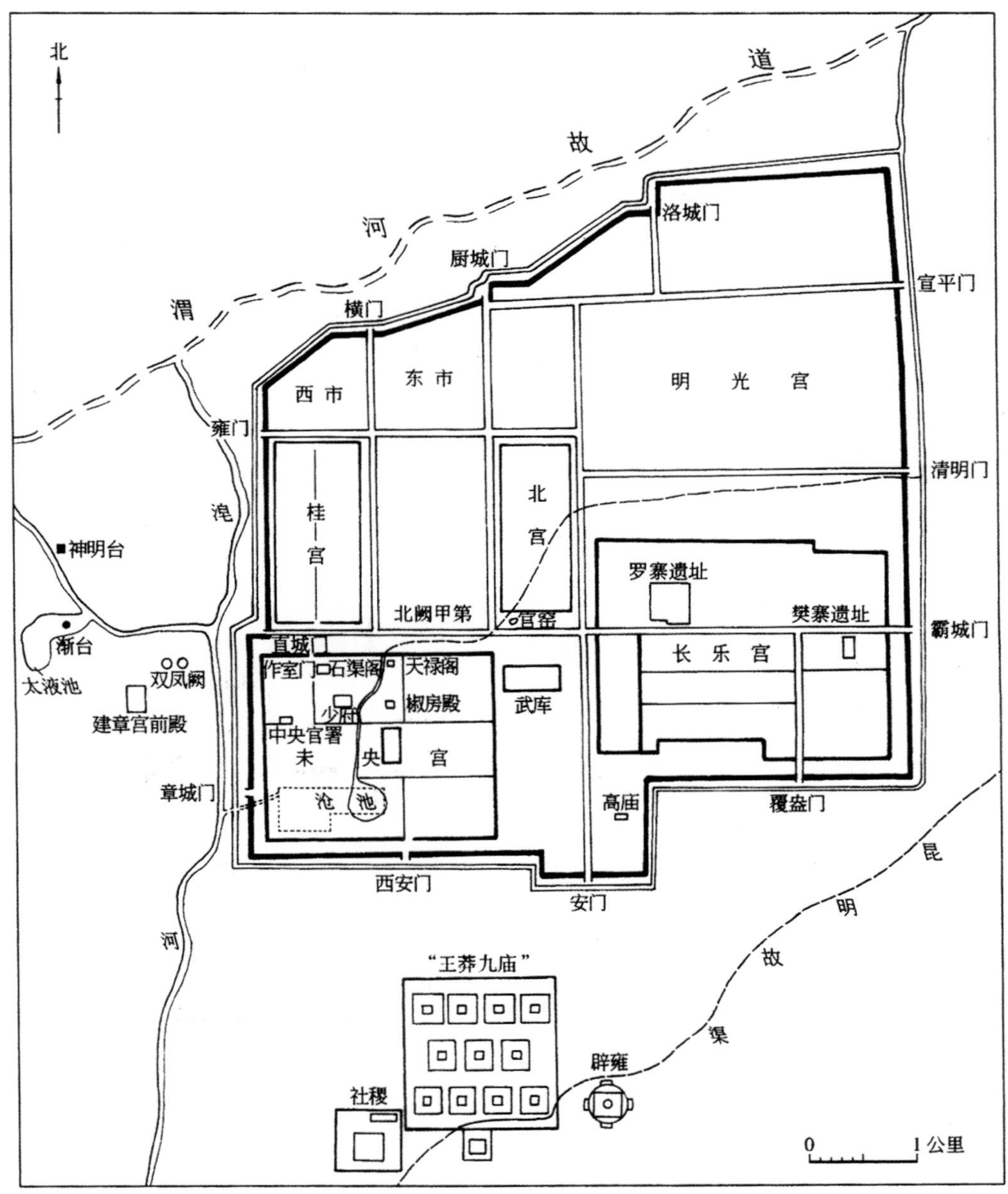

〈그림 13〉 섬서성 서안 전한 장안성 평면

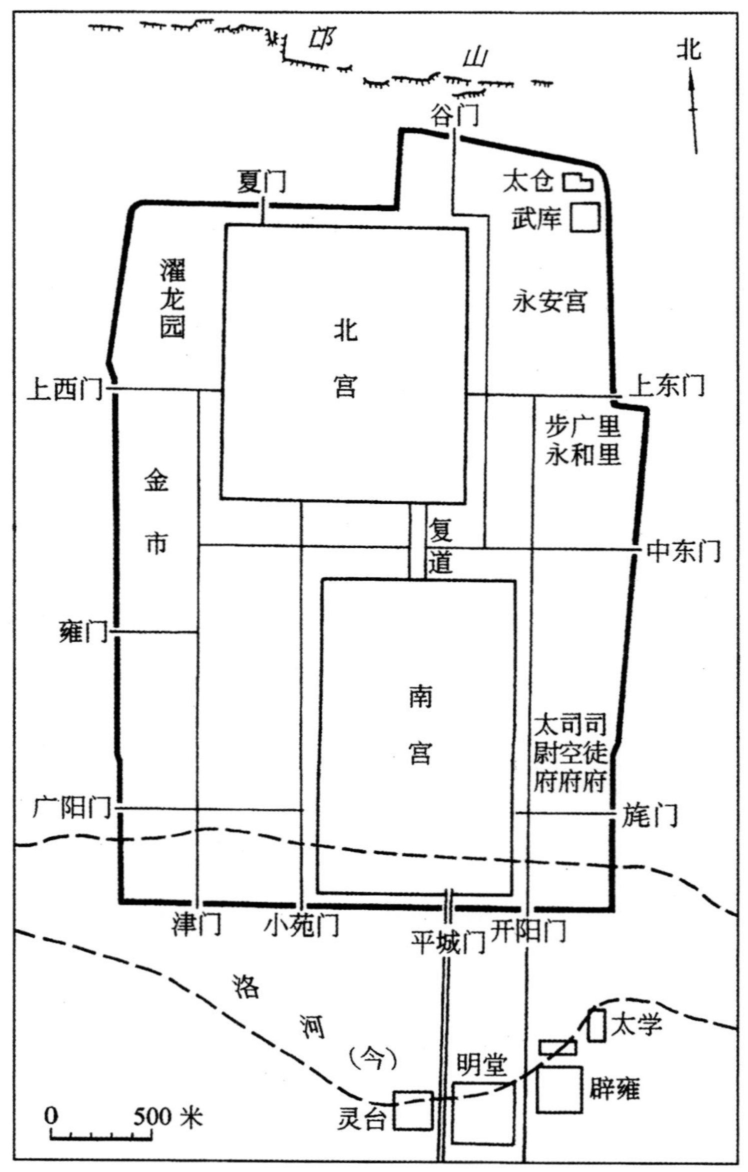

〈그림 14〉 하남성 낙양 후한 낙양성 평면도

먼저, 종묘의 위치와 지위의 조정에서 표현된다. 위의 문장에서 좌천영치(佐川英治)가 일찍이 『묵자 · 명귀편』과 『여씨춘추』에서 종묘 지위의 혁혁함을 설명했던 관련 기록을 인용했던 것을 지적하였다. 우리는 거듭 인용문을 읽어 볼 수 있는데, 『묵자 · 명귀

편』에는 "옛날에 하 · 상 · 주 3대의 성왕(聖王)은 그들이 처음 나라를 세우고 도읍을 경영할 때, 반듯이 나라의 정중앙을 선택하여 종묘를 설치하였다."고 말한다. 『여씨춘추 · 신세(愼勢)편』은 "옛날의 임금은 천하의 중앙을 선택하여 나라를 세우고, 나라의 중앙을 선택하여 궁궐을 세우고, 궁궐의 중앙을 선택하여 종묘를 세웠다."고 말한다. 종묘의 지위가 혁혁한 것은 명백한 사실이나 묵자와 여불위는 고대로부터 이미 멀리 떨어져 있다. 상고시대에 이와 같은 방식으로 종묘를 건립했는가는 상세하지 않으며, 완전히 이것에 따라 처리한 것은 진시황이다. 『사기 · 진시황본기』에는 "27년에 시황이 농서(隴西) · 북지(北地)를 순행하고, 계두산(鷄頭山)을 가로 질러 회중궁(回中宮)을 지났다. 이에 위남(渭南)에 신궁(信宮)을 만들고, 이미 다시 신궁을 극묘(極廟)로 한다고 명했는데, 천극(天極, 즉 북극성)을 본받은 것이다."고 기록한다. 궁 · 묘는 병칭되었는데, 이것은 상고의 전통이며, 또한 위로 천극에 응하도록 하여 궁묘합일(宮廟合一)의 제도를 극치로 발전시킨 것이다. 그러나 얼마 지나지 않아 종묘의 지위는 곧 위기에 직면하였다. 이 문제에 관해서 많은 학자들이 서로 비슷한 논술을 했었지만, 가장 빨랐던 사람은 양관 선생이다. 양관은 "원래 한 고조의 묘(廟)는 전통의 예제에 따라 국도인 장안성 안에 만들었다. 『삼보황도(三輔黃圖)』에는 '고조의 묘는 장안성 안의 서안문(西安門) 내에 동태상가(東太常街) 남쪽에 있다[필자 보주: 유경주(劉慶柱)는 고조의 묘를 안문대가(安門大街)의 동부, 장락궁(長樂宮)의 서남에 있었다고 추정한다. 상세한 것은 『중국 고대 도성 고고 발견과 연구』, p.692 참고].'고 말한다. 전한 초기 고조의 묘는 장안성 내에 있었는데, '침(寢)'과 한곳에 만든 것은 아니다. 고조의 '침'은 미앙궁(未央宮) 이북의 계궁(桂宮) 북면에 만들어졌다. 『한서 · 숙손통(叔孫通)전』의 안주(顔注)에는 진작(晋灼)이 '『황도』(『삼보황도』를 지칭)에 고조의 묘는 장안 성문 도로의 동쪽에 있으며, 침은 계궁의 북쪽에 있다.'고 말한 것을 인용하고 있다. '침'과 '묘'를 분리한 것이다."고 말하였다. '침'과 '묘'의 분리는 이미 상고의 제도를 위반했던 것이나, 상황은 여전히 끝나지 않았다. 양관 선생은 계속하여 "당시의 제사 의식에 따르면 매월 고조의 묘에 제사 지내는 날, 고조의 의관을 '침'에서 모셔 나와서 고조의 묘 안에 이르러 통로를 통해 한번 두루 돌아다녀야만 하였다. 당시 여태후(고조의 황후)는 장락궁에 머물렀고, 한 혜제(고조의 아들)는 미앙궁에 머물렀다. 혜제가 모친을 찾아보러 갈 때 왕래 중에 다른 사람과의 접촉을 피하기 위하여 미앙궁과 장락궁의 사이의 무고(武庫) 이남에 '복도(複道, 즉 도로

위에 떠 있는 통도)'를 만들었다. 이 '복도'는 공교롭게도 매월 고조의 의관이 '침'에서 고조 묘에 두루 돌아다니는 통도 위에 있었다. 예제를 중시한 숙손통은 자손들이 '종묘의 길 위를 다니지' 말아야 한다고 진언을 드렸다. 뒤에 혜제는 숙손통의 건의에 따라 원래 장안성 안에서 고제의 의관을 매월 '침'에서 고조의 묘에 두루 돌아다니던 예제를 폐지하고, 위수의 이북에 고조의 묘를 다시 만들어 '원묘(原廟)'라고 불렀다. '원(原)'은 바로 '되풀이하다[重]'는 의미이다. 숙손통이 이 건의를 제출하려 한 이유는 위수 이북에 '원묘'를 다시 건립하는 것으로, 바로 이 고조의 묘를 고조의 능침인 장릉(長陵)에 가깝게 하여 고조의 영혼이 능침에서 종묘의 안에 이르러 제향을 받기에 편하도록 하기 위한 것이다.……혜제가 고조의 장릉 이북에 '원묘'를 건립한 이후부터, 전한시대에는 '능방입묘(陵旁立廟, 능의 옆에 묘를 세우는 것)의 예제가 확립되어졌다."[31]고 말하였다. 종묘는 살아있는 사람과 짝하던 것에서 주로 죽은 사람과 짝하는 것으로 변화하였다. 그 뒤로, 종묘의 지위는 더욱 쇠락을 드러내었다. 양관 선생은 계속해서 "후한 명제는 상릉례(上陵禮)를 실행하여 조배(朝拜)와 제사를 주요 내용으로 하는 능침제도를 확립하는 것과 동시에, 또한 종묘제도를 개혁하였다. 명제는 임종 때에 조서를 내려서 절약과 검소함을 위해 침묘(寢廟)를 세우지 말고, 신주를 광무묘 안의 광열황후(光烈皇后, 명제의 어머니)의 갱의실 안에 보관하도록 명하였다. 절약과 검소함을 말한 것은 구실에 불과하였고, 주요 원인은 상릉례를 실행한 후로 종묘는 이미 중요한 작용을 잃었기 때문이다. 명제의 종묘제도에 대한 개혁은 서한시기 '능방입묘'의 제도를 폐지한 것이고, 매 조상들을 위해 하나씩 묘를 건립하는 방식을 폐지한 것이며, 더욱이 오랫동안 황제의 조묘(祖廟)에서 '천자 7묘(天子七廟)'의 제도를 시행하던 것을 폐지한 것이다. 이로부터 수많은 조상의 신주가 하나의 조묘[태묘(太廟)]에서 모셔지고, '동당이실(同堂異室)'의 모시는 방식이 실행되었다."[32]고 논술한다. 양관 선생은 아울러 (남)송 주희의 의논을 인용했는데, 그 문장은 아래와 같다.

"후한 명제는 또한 검소함을 좇아 스스로를 억제하고자 조서를 남겨서 침묘를 세우지 말고, 그 신주를 광무묘 안의 갱의(更衣)하는 별실에 보관하도록 하였다. 그 후에 장제가 또한 다시 이와 같이 하였다. 후세에 마침내 더하지 못하고, 공사(公私)의 묘는 모두

---

31) 양관, 『중국능침제도사연구』, 상해인민출판사, 2003, 22~23쪽.

32) 양관, 『중국능침제도사연구』, 상해인민출판사, 2003, 42~43쪽.

'동당이실'의 제도를 따랐다. 이때부터 다시 위 · 진을 거치고, 아래로 수 · 당에 이르렀어도,……모두 바로 잡혀질 수가 없었다. 그 폐해는 태조의 위(位)를 아래로 자손과 같게 하고, 더욱이 한쪽 구석에 방치하여 그것이 '7묘의 존귀'함이 되는 것을 드러낼 수 없게 하였다. 여러 묘의 신은 또한 위로는 조부와 아버지를 누르고, 스스로 한 묘의 주인이 될 수 없게 하였다. 인정으로 논하면 살아서는 천자로 장엄하고 화려함을 다했지만, 죽어서는 작은 1칸의 방에서 제사를 받는다. 심지어 정조(鼎俎) 등의 제기를 놓을 공간도 없어 그 숫자를 슬그머니 줄이니, 효성스럽고 순종하는 자손들의 마음이 이에 마땅히 또한 불안한 것이다."(『주자대전』 권69 「체협의(禘祫議)」)

상술한 조정을 통하여 조상신의 도성 안에서의 지위는 더할 수 없는 지경으로 하락하였다. 도성의 중심은 논쟁할 것도 없이 황제가 일상정무를 처리하는 왕궁으로 전이(轉移)되어졌다. 이러한 일진일퇴의 움직임은 도성을 신의 도시에서 실제로 사람의 도시로 변화시켰는데, 중국 고대 도시와 이성(理性)의 이중적인 질적 변화이다.

그 다음, 진 · 한의 과도성은 도성의 형태와 기능의 조정에서 표현된다. 전한의 장안성은 중국 고대 도시 중에 의문점이 가장 많은 도시인데, 그것은 왜 이런 형상을 드러내는가? 도대체 외곽성이 있는가? 미앙궁 · 장락궁의 면적은 무엇 때문에 그렇게 큰가? 후한의 낙양성도 이해하기 쉽지 않은데, 왜 남북 양궁은 몇몇 학자들을 곤혹스럽게 했는가? 양관과 유경주 선생은 일찍이 한대 장안성에 대해 여러 차례 문장의 발표로 논변했지만 최종적으로 상대방을 설득시키지는 못 하였다. 오늘날 보건대, 장안성의 문제를 만약 좀 더 넓은 시간과 공간의 배경 아래에 놓고 고려한다면, 일부 문제는 문제가 되지 않으며, 일부 중요한 문제는 당시에 결코 언급되지 않았다. 여기서는 단지 도성의 형태와 기능의 조정에 대한 문제만 대략 설명한다.

(먼저) 장안성의 형태에 관한 문제이다. 장안성을 궁성으로 보면, 외면에는 또한 성벽이 없는 하나의 외곽성이 있어야 한다. 이것이 중국 고대 도성 발전의 역사적 맥락에서 볼 때, 그 합리성이 있는 것이다. 그러나 문제는 문헌자료든, 고고 발굴이든, 모두 외곽성의 존재를 증명할 수 없다. 문헌기재에 의하면, 장안성의 160개 리(里)의 면적은 비록 크지 않지만, 충분히 대량 인구의 거주 요구를 만족시킬 수 있다고 여기지만, 이것도 희망성의 추측이다. 실제로, 만약에 완전히 기존의 도성 지식에 제한받지 않고, 역동적인 시각으로 장안성을 본다면, 아마 문제는 그렇게 엄중하지 않을 것이다. 장안성은 최후

의 형태가 정해진 것이 없는 도시로 진나라 함양성이 그 선례(先例)이고, 명나라 북경성이 가정(嘉靖) 연간에 인구의 압박과 왜구의 압력으로 확장된 것이 그 후례(後例)이다. 장안 성벽을 건설한 전한 혜제(惠帝)시기의 국력은 여전히 대단히 미약하였고, 주요 궁전을 성벽으로 둘러싸는 것이 쉽지 않았다. 전한 경제의 발전에 따라 장안 인구의 증가와 외래 인구의 장안 진입은 마땅히 장안성의 확장을 요구할 수 있었으나, 실제로 확장은 결코 출현하지 않았다. 그 원인을 추측해 보면, 최소한 두 가지가 있다. 하나는 전한 능읍(陵邑)제도의 건립은 상당히 많은 부분의 인구 압력을 소멸시켰다. 다른 하나는, 장안성의 인구 팽창이 아마 상상한 것처럼 그렇게 크지 않았다. 이것은 전한이 비록 군국(郡國) · 왕국을 함께 삭번(削藩)하여 왕후(王侯)들의 나라를 작게 하고, 힘을 약화시켜서 전한 후기에 군현제도를 국가의 기본제도로 하였기 때문이다. 그러나 전한의 군현은 자치성이 대단히 강하고, 중앙 정부의 규모는 결코 그다지 증가하지 않았다. 문헌과 고고에서 모두 장안 성벽 범위 밖에 중요한 관서를 설립한 것이 발견되지 않았고, 혜제 시기에 정해진 도시와 건축의 규모는 전한의 멸망 때까지 유지되어졌다.

미앙궁 · 장락궁의 면적이 왜 그렇게 큰가를 단지 한의 장안에서만 원인을 찾을 수는 없으며, 진나라 아방궁이 하나의 시각을 제공해 준다. 아방궁 전전(前殿) 유적은 이미 밝혀냈는데, 현존하는 흙을 다진 토대는 동서가 1,270m이고, 남북이 426m이며, 지면보다 12m나 높다. 『사기 · 진시황본기』에는 아방궁 전전을 “동서가 500보이고, 남북이 50장이며, 위에는 1만 명의 사람이 앉을 수 있고, 아래에는 5장 높이의 기(旗)를 세울 수 있다.”고 기재한다. 미앙궁 전전은 남북이 400m이고, 동서가 200m이다. 아방궁 전전의 면적은 미앙궁 전정의 7배에 가깝다. 만약 이 비례에 따라 미앙궁을 완전히 완성한다면 아방궁은 미앙궁보다 몇 배는 크다. 이렇게 본다면, 미앙궁은 결코 크지 않으며, 장락궁도 크지 않다. 진시황이 아방궁을 건설한 원인은 매우 명확한 것으로, 함양성은 ‘사람이 많’으나 ‘궁전은 작’고, 대일통(大一統) 제국의 도성 규모에 대한 요구는 대단히 크고, 현실적인 것이었다. 진시황은 분봉제를 폐지하고 군현제를 시행했으며, 제국 중앙정부의 규모는 군국 병행과 무위(無爲)의 통치를 널리 시행했던 전한 조기에 비하여 훨씬 컸다. 전체 장안성 및 미앙궁은 진시황이 계획한 위남(渭南) 도성과 아방궁과 서로 비교해도 모두 함께 비교할 수 없다. 다른 한 측면에서, 미앙궁과 장락궁의 규모는 확실히 매우 큰 것으로, 그 길이와 폭은 2,250m와 2,150m로 나누어진다. 전국시대 제나라 임치(臨淄)

서남의 소성(小城)의 길이와 폭은 2,190m와 1,402m이고, 조나라 한단(邯鄲) 서남의 3개 소성의 면적은 미앙궁의 1배 이상이다. 임치와 한단 서남의 소성은 제국(齊國)·조국(趙國)의 궁성으로, 만약 장안성 내의 미앙궁·장락궁·계궁(桂宮)·북궁(北宮)·명광궁(明光宮)의 면적을 모두 함께 합친다면 제국·조국 궁성의 협소함은 더욱 분명한 것이고, 미앙궁의 상대적인 크기도 더욱 두드러진다. 그럼, 왜 이렇게 커야했는가의 가장 합리적 이유도 실제의 필요로부터 시작하여 고려해야 하고, 고고 발견은 관찰의 관점을 제공하였다. 장락궁·계궁·북궁·명광궁은 태후·후비 등의 궁이고, 황실의 행정 사무는 모두 미앙궁에서 처리한 것이다. 미앙궁 안에는 전전·천록각(天祿閣)·석거각(石渠閣)·초방전(椒房殿) 외에도, 소부(小府) 혹은 그것이 관할한 관청 유적[유적에서 출토된 '탕관음감장(湯官飮監章)'의 봉니(封泥)는 성질을 추정하는 중요한 증거이다.]이 발견되었는데, 중앙정부 문서를 보관하는 것이라 여겨졌지만, 궁노(弓弩) 등의 무기를 수선하고 저장하는 소부의 약노(若盧)·상방(商方)·고공실(考工室) 등의 전문 작방 유적일 가능성이 더욱 크다.[33] 소부는 9경의 하나이지만 9경 중에 기구가 가장 크고, 궁실의 생활과 사산(私産)을 관리하는 것을 책임진다. 기구가 방대하고, 속관이 많아서 국가 재정을 장악하는 대사농을 능가한다. 소부는 미앙궁의 안에 자리하는데, 미앙궁은 결코 위진 이후 황제의 의정(議政)과 기거(起居)만을 제공하는 황궁과 다르다는 것을 볼 수 있다. 소부의 기구와 다수의 기능은 위진 이후에 분산되거나 혹은 황성 밖으로 옮겨지면서 황궁의 규모는 이로 말미암아 대단히 작아졌다. 소부를 미앙궁의 안에 두는 것은 한대에 만들어진 것이 아니라 마땅히 선진시대로부터 계승된 것이다. 비록 선진시대 도성은 명확한 소부의 유적을 발견할 수 없으나, 선진시대 도성의 소성 안에는 빈번하게 주조·제골(制骨) 등의 작방이 발견되는데, 그 성질은 미앙궁 안의 발견과 서로 비슷하다. 그러나 전한 황실의 재원은 풍부하고 실력이 충분하여 절대 선진시대 여러 나라들과 비교할 수 있는 것이 아니다. 상림원(上林園) 등의 황가 원림 외에 군국의 수입도 황실이 부유하고, 국가가 빈곤하게 되는 국면을 이루도록 비율에 따라 일정 부분을 황실에 귀속하여야 했다. 전한 무제가 흉노를 공격하는 비용을 보충하는 것으로 황실의 재원을 낸

---

33) 발굴과 보고 정리자는 중앙정부의 문서를 보관하는 곳이라는 견해이고, 작부(作府)는 우지용(于志勇)의 관점이다. 「한 장안성 미앙궁 유적 출토의 골첨(骨簽)의 명물고(名物考)」, 『고고와 문물』 2007년 2기 참고. 아울러 허위홍(許衛紅)·장연니(張娟妮), 「궁미초고(弓弭初考)」, 『문박(文博)』 2017년 2기 참고.

그 직접적인 출처는 소부에서 유래한다. 소부의 기능이 방대한 것은 전통적인 특징이 되는데, 미앙궁도 부득이하게 그것을 따라 커졌다. 장락궁의 면적이 큰 이유도 이것과 서로 비슷하다. 한대에는 태후의 권력이 크고, 황권과 서로 보완하게 되어, 황제의 폐위는 항상 태후의 뜻에서 나왔다. 태후의 권력이 크면 외척의 세력도 자연히 번성하게 되고, 태후와 외척이 서로 뒷배가 되어 거의 황실에 대적할 수 있게 되니, 재력이 자연히 커지고, 사무가 자연히 번성하게 되니, 장락궁의 면적은 커지지 않을 수 없었다. 장락궁과 미앙궁이 함께 존재하고 중시된 것은 서한에서 시작된 것이 아니라 선진(先秦)부터 계승된 것이라 의심되는데, 문헌과 고고학에서 모두 약간의 근거가 있다. 선진의 왕후(王后)는 국군(國君)의 능묘와 대개 별도로 조성되었는데, 서한도 여전히 이와 같았다. 혼인과 상장(喪葬)의 관념 외에, 선진의 왕후는 다른 나라에서 와서 쉽게 국군에게 경시되지 않은 것이 대개 중요한 원인이다. 진(秦)나라 선(宣)태후 · 조(趙)태후는 선진의 왕후들 중에 국사를 결정했던 뛰어난 왕후[名后]였다. 후한의 남북 양궁의 배치는 선진 · 전한에서 계승한 것이라 여기는데,[34] 아마 또한 미앙궁과 장락궁에서 계승한 것이라 여기는 것이 더욱 좋을 것이다. 조위 이후는 모두 단일 궁성제이고, 황후 및 태후의 지위의 하락도 이것과 병행하는 것이다.

다음으로, 진한의 과도적인 성격은 중축선의 점차적인 확립과 예의 건축 위치의 고정에서 표현된다. 이것은 진 · 한 이후의 도성이 인신(人神) 분리의 도읍으로 변하는 중요한 표현이다. 고국시대의 도성은 신의 도읍이지만, 신의 성질은 정확이 지적하기 어렵고, 조상신은 대개 여러 신의 하나이다. 조상신이 반듯이 인류인 것은 아니며, 동 · 식물의 토템신일 수도 있다. 이 외에 또한 마땅히 각종 자연신이 있다. 삼대부터 조상신이 가장 중요한 위치를 차지하기 시작하였으나, 기타 신은 결코 소실되지 않았다. 문헌에는 선진 때 초나라는 귀신을 중시하고, 음사(淫祀)를 좋아했다고 기록하는데, 사실 기타 각국도 이와 같았다. 유감스러운 것은 고고 발굴과 고고학의 연구에서 이에 대해 아직까지 충분한 관심이 주어지지 않은 것이다. 진 · 한부터 시작하여 조상과 종묘의 지위는 하락하였고, 기타 신령도 사람들의 주의력을 끌기 시작하였다. 음양오행설의 유행은 또한 사람들로 하여 천지(天地) · 일월(日月) · 사방(四方) 등의 대신들에 대해 특별한 관심을 기울이도록 하였다. 대일통의 새로운 국면하에서 이런 신령들을 어떻게 국가 제사의

34) 유경주(劉慶柱) 주편, 『중국 고대 도성 고고 발견과 연구(상)』, 사회과학문헌출판사, 2016, 313쪽.

범주에 속하도록 안배하는가가 진 · 한시기의 대사(大事)이고, 아울러 도성 중축선의 변화와 밀접한 관계가 있다.[35)]

충분히 사람과 신의 분리를 설명하는 고고학적 재료는 주로 장안성 남교의 예제 건축의 발견이다. 주로 사직 유적, 벽옹 유적과 '왕망 9묘' 유적이 있는데, 발굴자는 이들 유적의 연대를 전한의 만기로 추정한다. 유서(劉瑞)는 진일보하여 이들 유적을 원시(元始) 관사(官社), 원시 명당, 지황(地皇) 신묘(新廟)로 나누어 고정(考訂)하였다. 이로 인해 이들 유적의 연대는 전한 만기의 기초를 더욱 견고하게 만들었다. 조묘(祖廟)는 이미 능묘의 부근으로 배치되어졌고, 남교의 예제 건축은 단지 중대한 명절의 때만 비로소 황제의 방문을 맞았다. 조묘와 예제 건축은 장안성과 모두 높은 성벽으로 격리되어졌고, 장안성 내에는 이미 몇몇 신의 흔적도 보이지 않아 사람과 신의 세계는 기본적으로 분리가 이루어졌다. 평일에 황제는 모두 미앙궁에서 방해를 받지 않고 인간의 일을 처리하고 있었다. 궁성은 도성의 절대 중심이 되었고, 예제 건축은 황제의 합법성을 설명하고 보호하기 위하여 존재하는 것이었다.

그러나 상술한 예제 건축이 상징하는 여러 신을 남교에 집중하는 것은 오히려 한차례 고심하도록 하였다. 고조시기에 여러 신은 곧 궁정에 있었는데, 『사기 · 봉선서』에는 "(즉위) 4년 후에 천하는 이미 평정되자, 어사에게 조서를 내려서 풍현(豐縣)에 삼가 분유사(枌楡社)를 고치도록 하고, 항상 4시(時)로 (제사함에) 봄에 양과 돼지로 이것을 제사지내도록 하였다. 축관(祝官)에게 장안에 치우(蚩尤)의 사당을 세우도록 하였다. 장안에 제사 지내는 축관 · 여무(女巫)를 두었다. 그 양나라 무[梁巫]는 하늘 · 땅 · 천사(天社) · 천수(天水) · 방중(房中) · 당상(堂上)의 부류에 제사 지낸다. 진나라 무[晋巫]는 오제(五帝) · 동군(東君) · 운중(雲中) · 사명(司命) · 무사(巫社) · 무사(巫祠) · 족인(族人) · 선취(先炊)의 부류에 제사 지낸다. 진나라 무[秦巫]는 사주(社主) · 무보(巫保) · 족루(族累)의 부류에 제사 지낸다. 형나라 무[荊巫]는 당하(堂下) · 무선(巫先) · 사명(司命) · 시미(施糜)의 부류에 제사 지낸다. 구천의 무[九天]는 구천을 제사 지낸다."라고 기재한다. 마지막

35) 이러한 문제에 관해서 양관 · 강파(姜波) · 유서(劉瑞) · 전천(田天)이 비교적 체계적이고 깊은 연구가 있었다. 구체적인 것은 양관의 『중국 고대 도성제도사 연구』, 상해고적출판사, 1993년의 상편 10장 1절의 "좌서조동(坐西朝東)의 장락궁과 미앙궁"; 강파의 『한당 도성 예제 건축 연구』, 문물출판사, 2003년의 제2장 "서한 장안성 예제 건축", 제8장 "한당 도성 예제 건축의 발전과 변천"; 유서의 『한 장안성의 방향, 축선과 남교 예제 건축』, 중국사회과학출판사, 2011; 전천의 『진한 국가 제사사고(祭祀史稿)』, 삼련출판사, 2015년을 참고.

문장이 대단히 중요한데, 곧 “모두 세시(歲時)로 궁중에서 제사 지낸다”는 것이다. 하늘·땅에서부터 방중·선취에 이르기까지, 대신과 잡신을 궁중에서 함께 제사 지내니, 궁중은 정말로 사람과 신이 병존하는 세계이다. 궁중은 반듯이 신을 위하여 적지 않은 곳을 남겨두었는데, 미앙궁 유적 중에도 당연히 적지 않은 유물이 남아 있으니, 앞으로 고고 작업은 이것에 대해서 마땅히 관심을 두어야 한다. 전한 초기의 사람과 신의 병존은 당연히 유방이 만든 것은 아니고, 마땅히 선진시기로부터 계승한 것이다. 이리두 유적, 은허 종묘 궁전 구역에서 발견한 단(壇)·선(墠) 등의 유적은 거의 또한 멀리서 서로 호응한다. 전한 문제시기의 중대한 조치는 음양오행설에 따라 특별히 5제의 제사를 중시한 것이다. 이것은 전한 조기의 음사에 대한 정돈이고, 또한 한대 제사 대상에 집중을 더하는 선례를 열었다. 무제는 문제가 중점적인 제사 대상을 선택한 생각을 계승했는데, 그가 관심을 가진 것은 주로 감천궁 태치(泰畤)와 분음(汾陰) 후토(后土)의 제사이다. 그들은 5제에 비해 더욱 높은 신지(神祇, 즉 천신과 지신으로 신명을 의미)이다. 태치의 제사도 홀로 진행되는 것이 아니라, “5제단이 그 아래를 둘러싸고, 또한 군신(群神)의 단이 있다.” 전천(田天)은 일리아드의 ‘중심 상징 체계’의 이론을 응용하여, “무제가 경영에 주력한 감천궁은 바로 이러 상징적 의의를 갖춘 하나의 중심이다. 감천궁은 제천의 장소가 되고, 통천대(通天臺)는 신과 소통하는 축이다. 감천궁 내에는 모든 신이 모여 있으며, 무제는 무당을 두어 하신(下神)하게 하고, 벽에 신을 본뜬 그림을 그리는 등의 조치로 신명(神明)과 소통하였다.……감천궁의 건축군은 무제가 새롭게 지은 ‘신성한 중심’이고, 태치는 바로 그중에 가장 핵심의 건축이다.”[36]고 여긴다. 태일신(泰一神)의 혁혁함은 감천궁에 두어지는 것에서 비롯되지 않고, 이보다 수년 전의 원정(元鼎)원년(BCE 116)에 “박인(亳人) 류기(謬忌)가 태일방(泰一方)을 제사 지낼 것을 아뢰었는데……천자가 태축에게 그 사당을 장안성 동남쪽 교외에 세우도록 하였다.” 양관이 전한 장안성의 조기에 동쪽으로 향했다[朝東]는 것을 제기한 뒤를 이어, 유서(劉瑞)는 장안성 문궐(門闕)의 규모, 장락궁의 규모, 한 무제 능의 방향 등의 요소에 근거하여 강력히 장안성이 동쪽으로 향했다는 것이 잘못이 없음을 증명하였다. 한대는 오른쪽을 숭상했던 것으로, 장안성 동남방의 태일사가 바로 당시 장안성에서 가장 혁혁한 위치였다. 문제는 태일신으로 군신(群神)들을 통할한다는 생각은 대단히 분명하였다. 제사 대상을 돋보이게

36) 전천(田天), 『진한 국가 제사사고』, 삼련출판사, 2015, 167쪽.

하는 것은 대일통 제국 황권의 부각에 부합하며, 여러 신을 한곳에 모아서 장안성의 밖에 두는 것은 황권의 확장에 유리하다. 장안성의 축선을 남북 방향으로 바꾸고, 여러 신들을 상대적으로 장안성의 남교에 집중시킨 것은 단지 문제 · 무제 조치의 연장에 불과하고, 당연히 유생들이 이론상에서 진행한 설명, 왕망의 심혈을 기울인 계획은 모두 커다란 공헌이 되었다. 성제시기의 승상 광형(匡衡), 어사대부 장담(張譚)은 바로 "제왕의 일에 하늘의 질서를 받드는 것보다 큰 것이 없고, 하늘의 질서를 받드는 것은 교사(郊祀)보다 중요한 것이 없으므로, 성왕(聖王)은 진심(盡心)으로 그 제도를 세우는 것을 염려하여야 한다. 남교에서 하늘에 제사 지내는 것은 바로 양(陽)의 법도이고, 북교에서 땅에 제사 지내는 것은 곧 음(陰)의 도리이다."[37]고 아뢰었다. 왕망은 유흠의 협조 아래에 『주례』를 이용하여 마침내 "천지를 모두 남향이 되도록 하는 것"[38]을 현실이 되도록 하였다. 이와 같을 뿐 아니라, 왕망은 장안성 밖을 5치(畤)로 나누어 배열하였다.

"군신(群神)을 비슷한 것으로 나누어 5부로 하였다. 천지에 드러난 신을 구별하면, 중앙의 제(帝) 황영 후지치(黃靈后墜畤) 및 일묘(日廟) · 북진(北辰) · 북두(北斗) · 전성(塡星) · 중수(中宿)는 중간에서 장안성의 미지조(未墜兆)를 둘러싼다. 동방의 제(帝) 태호 청령 구망치(太昊靑靈勾芒畤) 및 뇌공(雷公) · 풍백묘(風伯廟) · 세성(歲星) · 동수(東宿)는 동쪽에서 동교조(東郊兆)를 둘러싼다. 남방의 제(帝) 적령 축융치(赤靈祝融畤) 및 형혹성(熒惑星) · 남수(南宿)는 남쪽에서 남교조(南郊兆)를 둘러싼다. 서방의 제(帝) 소호 백령 욕수치(少皞白靈蓐收畤) 및 태백성 · 서수(西宿)는 서쪽에서 서교조(西郊兆)를 둘러싼다. 북방의 제(帝) 전욱 흑령 현명치(顓頊黑靈玄冥畤) 및 월묘(月廟) · 우사묘(雨師廟) · 진성(辰星) · 북수(北宿)는 북쪽에서 북교조(北郊兆)를 둘러싼다."[39] 크고 작은 군신(群神)들은 이것에서 각기 그 합당한 자리를 얻었고, 경전에 부합하였고, 또한 중국의 남쪽은 덥고 북쪽은 더운 지리와 기후 조건과 조화를 이루었다. 이 신위(神位) 체계와 공간 법칙은 이후 2000년의 봉건왕조가 서로 답습하며 바꾸지 않았다.

---

37) 『한서 · 교사지 하』.
38) 『한서 · 교사지 하』.
39) 『한서 · 교사지 하』.

中国古代都城和其结构

韦正 | 北京大学考古文博学院

中国文明在世界文明之林中既具有崇高的地位，也具有很强的独特性。城市是文明的集中体现，都城则是城市的代表。虽然古代中国留下了浩如烟海的文献资料，但都城不是文献记载的重点，城市考古特别是都城考古因而具有非常重要的意义，徐苹芳先生说："中国古代城市考古在中国考古学中占有很重要的地位，田野工作量大，持续工作时间长，其学术成果对中国古代史研究之影响，也是被学术界所公认的。"[1)]

城市在国外一般被纳入建筑范畴，但中外建筑史书籍一个很大的不同是，中国建筑史无不将都城单列并作为最重要的内容加以叙述，外国建筑史则不然，至少中国学者编写的外国建筑史不是这样。这不仅是因为中国古代都城具有独特的形制和结构，不仅与西方古代都城不同，也与现在了解较多的拉美古代城址不一样。更因为中国古代都城集中体现了中国古代皇权政治、宇宙思想、宗教礼仪等古代社会主要方面的特征。最能反映中国古代都城特点的是明清北京城，它具有以下特点：1，方形套城结构，从普通住宅到宫城的平面都基本呈方形，由此也规定出棋盘状的路网；2，宫城和皇城是绝对中心，城防系统、道路系统、供应系统等城市的主要职能系统皆以此为中心而建；3，以宫城皇城为中心的南北向中轴线集中有次序地分布了国家级的神圣建筑；4，宫城、皇城、官府、庙观、军营、作坊占据了城内最主要的区域，皇室、贵族、官僚和他们的侍从是主要居民，完全是一座消费型城市。(图一)明清北京城的这些特点是中国社会数千年发展的结果，发展的基本方向是明确的，但并非完全是直线式的，也还有一些现象还只能处于描述阶段而无法给予合理解释。本文只能就与中国古代都城相关的几个重要问题略作铺陈。

下面我们将按阶段进行叙述和讨论，这是中国古代都城的发展具有一定的阶段性所决定的。中国古代都城发展的阶段性是与中国古代社会发展过程的阶段性相应的。中国古

---

1) 徐苹芳：《中国古代城市考古与古史研究》，原载《中国考古学与历史学整合研讨会论文集》，后收入徐苹芳《中国城市考古学论集》，页1，上海古籍出版社，2015年。

代都城的阶段性有若干不同看法，各种看法的立足点不尽相同，且有各自的道理。本文将中国古代都城的发展史划分为三个阶段：新石器时代晚期前后的古国时代、夏商周三代的的王国时代、秦汉及以后的帝国时代。划分的主要指标是都城神性的阶段性降落。古国时代的都城以神圣建筑和兼具祭坛性质的陵墓为中心，王国时代都城中宗庙与王宫并重，帝国时代宫城为绝对中心。三个阶段之间的差别不是一夜之间形成的，夏商可视为第一、二阶段之间的过段阶段，秦汉都城体现出较多的第二、三阶段之间的过渡特性。

一、第一阶段："神"之都

古国时期的都城可以陕西神木石峁城、浙江余杭良渚城、辽宁凌源牛河梁遗址为代表。这几座古城的时代相当于中国古史传说中的五帝时期。这几座古城的规模、结构和出土遗物都表明，当时的社会权力集中在少数人乃至个别人手中，他(们)拥有支配整个社会的权力，可能接近后代的"王"，他(们)实现支配的手段则主要是神权，或者说，是直接以"神"的名义实现统治，因此，这些城可称之为"神"之都。

石峁城是龙山时代晚期到夏早期的城址，面积400万平方米以上。城址由皇城台、内城、外城三部分构成，内外城面积相当。"'皇城台'是四周砌筑层阶状护坡的台城；内城以'皇城台'为中心，沿山势砌筑石墙，形成一个封闭的空间；外城则依托内城东南部的墙体修筑一道不规则的弧形石墙，与内城东南墙结合构成相对独立的外城区域。"[2](图二)"'皇城台'是以大型宫殿及高等级建筑基址为核心的宫城区，多达九级的堑山而砌的护坡石墙裹着状若'金字塔'般的台体，高大巍峨，固若金汤。"[3]皇城台遗址出土不少铜刀、铜镞以及石范，门址广场有奠基活动用的玉钺。皇城台是石峁城的核心区域，顶部曾发现多个直径约80厘米的粗木桩，以往调查时还发现直径1.5米的圆饼形大石块，还发现类似"筒瓦"的残片，看来，皇城台上曾有大型建筑。[4]外城东门外门址瓮城石墙倒塌堆积中发现玉铲等玉器，原本在墙体之中，传说从石峁城流散出去的玉器有数百件之多。在往年的调查中还发

2) 陕西商考古研究院：《陕西神木县石峁遗址》，《考古》2013年7期。

3) 陕西省考古研究院等：《石峁遗址：2016年考古纪事》，《中国文物报》2017年6月30日第5版。

4) 陕西省考古研究院等：《石峁遗址：2016年考古纪事》，《中国文物报》2017年6月30日第5版。

现不少石雕或石刻人像[5]，也显示石峁城的与众不同之处。

良渚古城面积290万平方米以上。“这个城市体系从中心向外，依次有宫殿与墓葬区、城墙和城河、外郭、外围防洪水利系统等多重结构。”[6](图三)宫殿区位于莫角山，这是一座利用自然地势而主要由人工堆筑的长方形台基遗址，长约670米、宽约450米，在此之上，有大莫角山、小莫角山和乌龟山3座土台。小莫角山南侧曾发现3排东西排列、排间距1.5米的大型柱洞遗迹，为干阑式建筑的干阑部分；柱坑内柱痕直径0.5–0.9米，远超一般住宅之需，可见干阑部分之上的建筑规模非常庞大。反山是一片墓葬区，通过土垄与莫角山相连。反山墓地长约90米、宽60米，高约6米，是整个良渚文化中级别最高的墓地，相当于王陵一级。墓地西部在1986年时发掘，有大型墓葬11座，出土大量的玉器、石器等珍贵文物，“随葬品多达1200余件(组)。其中陶器37件；石器54件；玉器1100余件(组)，有琮、璧、钺、柱形器、环镯、冠状器、三叉形器、锥形器、半圆形饰、璜、带钩、管、珠、鸟、鱼、龟、蝉及大量镶嵌玉片、玉粒等，是所有良渚文化遗址出土玉器数量最多、品种最丰富、雕琢最精美的一处墓地。”有人径直称反山墓地为“良渚王陵”[7]。反山墓主与莫角山建筑主人显然是同一批人，他们生前死后都以高台为活动中心，又有大量的礼仪性玉器供使用和陪葬，这些人当是祭司兼“王”者，与天地沟通是他们的特殊本领，是控制良渚社会的主要手段。

位于辽宁建平、凌源两县交界处的牛河梁遗址没有像良渚和石峁那样发现明确的城圈，所以迄今没有学者将其视为城市。其实，有无城圈并不是是否为城市的主要标准，何况牛河梁遗址迄今尚没有开展对城墙或环壕的仔细踏查勘探工作。即使没有城圈或壕沟或人工围栏，仍然可以认定某一范围之内为城市，其外则否，牛河梁遗址无疑是符合这个条件的，也即将牛河梁遗址视为城市并无不妥。牛河梁一带已发现数十处红山文化晚期礼仪性遗址，分布范围的面积约50平方公里，(图四)在这个庞大的遗址群中，发掘者认为第一地点是具有特殊性质的“庙台”遗址，其主体是一边长约200米的长方形平台，“内有大小不等的若干基址，散见泥质红陶陶片、红烧土块等遗物。平台东墙以东60米处，有一……长方形坑，坑的上部堆放着上百件泥质红陶筒形器的残片。平台南缘以南18米处，有一组半

---

5) 罗宏才：《陕西神木石峁遗址石雕像群组的调查和研究》，载罗宏才著，《从中亚到长安》，上海大学出版社，2011年。石刻人像见陕西省考古研究院陈列室60周年展览，笔者参观所见。

6) 王宁远：《从村居到王城》，页155，杭州出版社，2013年。

7) 国家文物局主编：《中国考古60年(1949–2009)》，页255–256，文物出版社，2009年。

地穴式建筑。……内填大量的红烧土块，出有泥质建筑构件残块、泥塑造像残块和陶器或陶器残片。泥塑有人和动物形象，从多室地穴的北部出土的一件玉睛泥塑人面像，系牛河梁遗址群中的稀世珍品。……从人形泥塑残块看，能够辨认的五六个个体多属女性。由于此组遗迹在山顶平台的南坡，又出有大量的祭祀用品，所以发掘者将这组建筑径称为'女神庙'。据了解，在平台的北侧，也有着与女神庙类似的建筑，平台周围还散布着一些灰坑。这样，以女神庙和平台组成的'庙台'建筑群也就自然成为牛河梁第一地点的标志物。目前，学界一致认为这里应是红山文化晚期规格最高的祭祀址。"[8]"就牛河梁遗址的汇聚力来说，牛河梁女神庙除了本身的结构和以女神群像为主的丰富而复杂的内容已具宗庙雏形外，一个很重要的现象就是在庙区内外上百平方公里范围，只分布有与祭祀有关的附属建筑遗迹，而不见任何居住遗址迹象，这表明当时的牛河梁女神庙的祭祀级别……是远离生活住地专门营建独立庙宇的庙区，形成了一个规模宏大的祭祀中心场所。……显然，这个由庙区、冢坛以及金字塔式巨型建筑等几组建筑群共同组成的大范围的遗址群体，已绝非氏族、甚至部落所能拥有，而只能是红山文化这一文化共同体共同使用的崇拜先祖的圣地。"[9]这个认识是中肯的，但与遗存的根本性质犹相隔一间。这些祭祀点的周边即是可以耕作的缓坡或平地，时人的居址必然也就在附近。更有甚者，积石冢与祭祀址相间分布于山顶，经过发掘的积石冢有牛河梁第二、第三、第五地点和城子山共4个地点，如"第三地点为占据山顶的一个圆形积石冢，周围环绕一圈黑土带，积石冢中心是一个长方形浅坑，坑壁砌石，坑上亦有石墙，坑旁有伴出较多玉器的成年男性单人墓M7，冢内尚有6座石棺墓，皆围绕在中心坑与M7的周围。"[10]积石冢与祭祀址之间存在互补关系，正如良渚古城中的莫角山土台与反山墓地。积石冢主人生前可能就是在另一个山头执行祭祀活动的巫者，是"绝地天通"的神职人员，其中的大巫则可能相当于王者。在牛河梁没有其他类型或规格更高的祭祀址和墓葬，在红山文化分布的范围内，牛河梁又是级别最高的祭祀与墓葬地点。因此，我们认为，像良渚和石峁一样，牛河梁遗址群的全体或一部分构成红山"古国"的都城，这个都城赖以运转的主要动力为神权。

牛河梁、石峁、良渚分别是中国东北、西北、东南地区代表性的新石器时代晚期古

---

8) 中国社会科学院考古研究所：《中国考古学：新石器时代卷》，页351－353，中国社会科学出版社，2010年。

9) 辽宁省考古研究所编：《牛河梁红山文化遗址与玉器精粹》，页40、41，文物出版社，1997年。

10) 中国社会科学院考古研究所：《中国考古学：新石器时代卷》，页353，中国社会科学出版社，2010年。

城。三地已发现的城址数量很多，并呈现出鲜明的等级差异，三城都位居本地区城址群的顶端，因此都具有都城性质。“凡邑，有宗庙先君之主曰都，无曰邑。”[11]是春秋时期对都城的定义，将这个定义方式套用到新石器时代晚期的话，可表述为“凡邑，有陵墓、宗庙先君之主曰都”。还需要指出的是，三城在各自地区都居于社会发展的前沿，这是发展到一定阶段的标志，也就是说，尽管三城的神性异常突出，次一级中心城市直至普通聚落大概处于更加蒙昧的原始阶段。

像牛河梁、石峁、良渚这样广域范围内的中心都市，在西南地区出现的时间要略晚，但神性更加明确，那就是广汉三星堆古城。(图五)三星堆古城北墙被河流冲毁，现存面积约3.6平方公里。在城址的中轴线上，分布有三星堆、月亮湾、真武宫、西坎泉四处台地，台地上的文化堆积非常丰富。1929年发现的玉石坑、1986年发掘的一号、二号器物坑都位于这一中轴线上。位于城址南部的三星堆由三个起伏相连的土堆组成，“1956年调查时纵长大约400米，隆起的顶部为椭圆形，最高处高出周围地面约10米，1984—1985年解剖土堆时，发现是人工堆筑而成，土堆内仅见三星堆文化早期陶片，或认为这个三个土堆为祭祀或封禅用的祭坛。”[12]三星堆一号、二号祭祀坑里出土的青铜人物头像、人物立像、青铜神树以及大量的玉器、金器广为人知[13]。三星堆城墙底宽40米，顶宽20米，现存最高处8米。城墙由墙体和内、外护坡三个部分组成。“三星堆城墙固然高大坚厚，但内外两面却都是斜坡，横断面呈梯形，这种形制根本不可能适用于战争防御，而且从当地地形分析，也难以起到防洪的作用，这只能表明三星堆可能具有宗教礼仪性质，是神权象征性的产物。”[14]这一观点受到刘易斯　芒福德《城市发展史——起源、演变和前景》中的宗教因素决定城市起源和发展理论的深刻影响，具有较强的说服力。

三星堆古城的年代相当于中原夏商时期。中原夏商时期没有发现与三星堆类似的城址，而且三星堆很多出土物的形态与中原地区不同，特别是人物的面貌很有特色，有学者怀疑这一文化为外来文化，这种推测似是而非。根据前面对良渚、石峁、牛河梁城址的分析，突出神性是古国时代都城的基本特点，三星堆在这一点上没有什么特别之处。三星堆的时代略晚，表明西南地区文明进程略滞后而已。三星堆文化尽管不少特点与中原地区有

11) 《左传·庄公二十八年》。

12) 中国社会科学院考古研究所：《中国考古学：夏商卷》，页495—496，中国社会科学出版社，2003年。

13) 四川省文物考古研究所：《三星堆祭祀坑》，文物出版社，1999年。

14) 转自成一农：《欧亚大陆上的城市——一部生命史》，页14、15，商务印书馆，2105年。

别，但同样在其他地区也找不到源头，这一文化主要是在当地形成和发展的，期间受到了其他地区文化的影响，可能比较接近历史原貌。在这个意义上，三星堆文化仍然是古代中国文化中的一支，不过较晚阶段还保持着地域特色，融入古代中国大家庭的时间略微滞后而已，但古国时代都城的共性——强调神性的现象十分引人注目。

二、第二阶段：祖先之都

西周都城迄今考古学方面无重大进展，但相关文献资料较多，可弥补其不足。宗庙是西周都城建设中首要之事。《诗经·大雅·緜》记载周人初到岐山营建宫室的情况："乃召司空，乃召司徒，俾立家室；其绳则直，缩版以载，作庙翼翼。……乃立皋门，皋门有伉。乃立应门，应门将将。乃立冢社，戎丑攸行。"家室之中首要的就是庙。佐川英治称之为"以宗庙为中心的都城思想"[15]，他所列举的凸显宗庙重要地位的主要文献材料有，1,《墨子·明鬼篇》："昔者虞夏商周三代之圣王、其始建国营都，曰必择国之正坛，置以为宗庙。"2,《吕氏春秋》"慎势篇"："古之王者，择天下之中而立国，择国之中而立宫，择宫之中而立庙。"3,《礼记·曲礼下》："君子将营宫室，宗庙为先，厩库为次，居室为后。"杨宽先生说："周族的习惯，庙和寝造在一起，庙造在寝的前面，这到春秋时还是如此，例如'子大叔之庙在道南，其寝在道北'(《左传·昭公十八年》)，庙都是南向的，寝既在其北，也就是寝在庙后了。古人所以要把庙和活人的寝造在一起，因为他们认为庙是历代宗主的住宅，寝是现任宗主的住宅，两者必须密切联系的。……因为古人认为庙是祖先住的宫室，常常把庙称为宫，例如鲁国的'桓宫'即桓公庙，'炀宫'即炀帝庙，这类称呼很是普遍。庙也称为室，如鲁的伯禽庙称为'太室'或'世室'(《公羊传》和《谷梁传》的《文公十三年》)。庙又称为寝，如《周礼·夏官·隶仆》所谈到的五寝、小寝、大寝，都是指庙。又因为庙堂是举行大典和宣布大事的场所，如同朝廷一样，亦称为朝，庙就是由此得名。"[16]宗庙不仅是祭祀祖先之所，许多重大的活动也都在此进行，其作用很类似后代的朝堂。杨宽先生列举了成年男子的"冠礼"和"士昏礼"外，还说："政治上的大典，也必须在宗庙行之。《尚书·顾命》就是记载

15) 佐川英治：《中国古代都城の设计と思想》，页31，勉诚出版社，2016年。

16) 杨宽：《西周史》，页427、428，上海人民出版社，2003年。

太子钊(康王)在先王庙中接受成王遗命而即位的事。……不仅国君即位要朝于庙，卿大夫就任新的官职也要'告庙'……。诸侯朝见天子的'觐礼'，卿大夫会见邻国国君的'聘礼'，都必须在祖庙举行，……。天子对臣下任命官职或赏赐的'策命'之礼，多数都在天子的祖庙举行，少数在臣下的宗庙举行，西周金文中这类记载很多。到春秋也还如此。……祖庙还成为国中结盟的地方。……宗主有大事，需要到宗庙请示和报告。如果要出行，有一系列的礼节要在宗庙举行。所谓'凡公行，告于宗庙；反行，饮至、舍爵策勋，礼也。'(《左传·桓公二年》)……如果有重大事故或灾难，也要向祖先报告，……如果国家有危急，还有哭庙之举。……当时国家最重要的大事是军事，所有军事行动，照礼都要向祖先请示和报告。……宗庙在宗族中还具有礼堂的性质。"对于宗庙之所以如此重要的原因，杨宽先生给予了深刻说明："因为宗主不仅是宗族之长，而且是政治上的君主和军事上的统帅。这样在宗庙举行典礼和请示报告，无非表示听命于祖先，尊敬祖先，并希望得到祖先的保佑，得到神力的支持。其目的，就在于借此巩固宗族的团结，巩固君臣的关系，统一贵族的行动，从而加强贵族的战斗力量和统治力量。"[17]

东周王国都城发现甚多，主要有洛阳王城、侯马晋国故城、新郑郑韩故城、邯郸赵王城、安邑魏国都城、易县燕下都、平山中山国灵寿城、临淄齐故城、曲阜鲁故城、凤翔秦雍城(图六)、荆州楚纪南城。这些都城的小城之中多分布众多的夯土台基，为当时宫殿建筑的基础部分。在宫殿建筑之中已经区别出了宗庙如凤翔秦雍城的马家庄一号遗址，"这是一座保存比较完整的宗庙遗址，坐北朝南，四周有围墙环绕。墙内建筑由北部正中的祖庙，东部的昭庙，西部的穆庙，南部的门塾以及中庭五部分组成。祖庙坐北朝南，平面呈'凹'字形，面阔20.8米，进深13.9米，前朝后寝，有东西夹室。"祖庙之后有一亭台式建筑。(图七)昭庙、穆庙的平面形式同祖庙。"在中庭和祖庙夹室内共发现各类祭祀坑181个，其中牛坑86个、羊坑55个，牛羊同坑1个，人坑8个，人羊同坑1个，车坑2个。祭坑之间存在复杂的打破关系，应是多次祭祀的结果。"[18]特殊的建筑布局，大量的祭祀坑，都可以与文献记载中的宗庙相比附，将马家庄一号建筑推定为秦宗庙是合理的，这是宫庙相连的重要例证。不过，在雍城遗址众多的建筑基址中，马家庄一号宗庙基址是唯一的发现，宫、庙不仅分离，而且宫殿的面积远大于宗庙。文献中对于宫殿重要性增加的记载更多。根据

17) 杨宽：《西周史》，页431－433，上海人民出版社，2003年。

18) 中国社会科学院考古研究所：《中国考古学：两周卷》，页257，中国社会科学出版社，2004年。

虎簋盖、曶鼎等很多金文材料，宗周和成周都有周宗庙，大臣常在此朝见周王。由于国家事务的增多，国家机构的膨胀，政务军情的紧急，东周时期的国君必须有大型、固定的宫殿，宗庙的规模已不敷其用，原来在宗庙中举行的大型活动必须转移到宫殿中进行，宗庙在政治生活中的地位开始下降。"我们以战国时代赵国为例，它建有信宫以便举行'大朝'之用，既可以用来接受别国君臣的朝见，如武灵王元年'梁襄王与太子嗣、韩宣王与太子仓来朝信宫'，又是春正月举行'大朝'的地方，如武灵王十九年'春正月，大朝信宫，召肥义与议天下，五日而毕。'又有东宫也是举行'大朝'的地方，如武灵王二十七年'五月戊申，大朝于东宫，传国，立王子何以为王。王庙见礼毕，出临朝，大夫悉为臣。'说明当时国君传位给太子，也有一套'大朝'的礼仪、'大朝'的场面很大，上朝的人要包括群臣和宗室在内。如惠文王四年'朝群臣，安阳君亦来会，主父令王听朝，而自从旁观窥群臣宗室之礼。(以上都见《史记 赵世家》)'。"[19]

在此基础上可以清楚看出夏商都城呈现出过渡特征。偃师二里头遗址的年代虽然有不同意见，但作为夏代或保留了夏代特点的商早期城市没有疑问[20]；从规模和出土物来看，二里头遗址作为都城也没有问题。虽然经过了数十年的发掘，二里头遗址的整体布局至今还不清楚，没有发现城墙，遗址的四界尚不明，大型墓葬区也没有找到，但这不妨碍其作为都城的地位，这是因为已经发掘的部分可以肯定属于二里头遗址的核心区。已进行的发掘工作集中在边长约1400米的区域范围内，宫殿区集中在中部偏东偏北的地方，宫殿区的北面至西北一带集中分布与祭祀相关的建筑基址和墓葬(其中建筑基址有高出地表、直径数米的"坛"，也有数米至二三十米的长方形半地穴式"墠")，宫殿区的南侧有绿松石作坊和铸铜作坊，在宫殿区的周围还集中发现了出土铜器、玉器的中型墓葬。(图八)最主要的发现是两座宫殿基址，即一号、二号宫殿基址。一号基址近方形，东北部内折，东西107米，南北99米，系四面有回廊、前部有院落、南门为 "一门三道"的大型建筑。主殿东西36、南北25米，可复原为面阔8间、进深3间。主殿北侧、西侧部和东南侧都发现人牲。二号基址距一号基址150米，为长方形，南北72.8米，东西57.5－58米，也为回廊围合而成的建筑，由门道、庭院、主殿组成。门道为"一门二塾"，主殿东西33米、南北12米，3开间。在

19) 杨宽：《中国古代都城制度史研究》，页89，上海古籍出版社，1993年。

20) 对有关讨论的综述和分析，可参见孙庆伟的两本著作，《追迹三代》，上海古籍出版社，2015年《鼏宅禹迹——夏代信史的考古学重建》，三联出版社，2018年。

主殿之北、北廊之间发现大型墓葬一座。“一般认为， 二号宫殿是当时最高统治者祭祀先王的场所，即宗庙。我们注意到，大殿后面的大墓，其开口长约5.3米、宽约4.3米，而其底部却只有1.85米长、1.3米宽。从墓底部的规模来看，它很难盛放得下一具多重的棺椁，因为在二里头遗址，即便是中型墓葬，其长度也在2米以上，宽一般超过1米。作为帝王的陵墓，该墓墓室只有1.85米，显然是不正常的。我们推测，若确为墓葬，则可能是迁骨葬，或只是一座‘衣冠冢’，墓中所葬是当时统治者的始祖或高祖(遗骸或其象征物)，这似乎正好说明二号宫殿是祭祀祖先的庙堂。”[21]尽管上述叙述和分析有不少模糊之处，但二里头遗址核心区域的特殊性是很显著的，类似的迹象在其他时代都城中鲜有发现，二里头遗址宫庙不分和强烈的宗教性引人瞩目。东周王国时代大部分都城之中已没有墓葬，少数都城如燕下都、平山中山国灵寿故城内都有完整的墓葬区，但都不像二里头这样宫冢不分、坛墠杂处。

商代都城已经发现了4座。现有考古材料还无法使郑州商城的外城墙闭合起来， 但从已经发现的外城与内城之间的距离看，大概郑州商城像洹北商城一样，都是大小城相套的布局。殷墟迄今没有发现城墙，但宫殿区、王陵区明确无误，在殷墟发现的建筑基址、墓葬的分布范围都远大于宫殿区和王陵区，如果以城墙或围壕相绕的话，多半也是大小相套的布局。(图九)偃师商城的情况较为复杂，各种发表的平面图上是小城位于大城一隅的布局，类似于后代的大小城相依的布局，但考古发掘表明，大城是在小城基础上扩建而成，“它(小城)的北墙和东墙大部在大城建成之后，是否作为一重城墙保留了一段时间，尚待究明。”[22](图十)这样，以偃师商城作为大小城相依在商代已经出现的例证需谨慎对待。即使偃师商城为大小城相依布局，也在四座商城中仅此一座而已，商代都城的主流布局还应是大小城相套。

殷墟经过了大量工作，“在一定程度上，殷墟可以看成是以小屯宗庙宫殿区为中心，周围分布着众多族邑居址的大型邑聚”[23]。(图十一)关于手工业作坊，“从作坊的分布看， 一些作坊可能分属于居住在殷墟的各个族邑。商王则通过某种方式间接控制这些作坊。个别作坊属于王室，为商王直接拥有。”[24]关于墓葬，“殷墟的墓葬，绝大多数都是以氏族和家族

---

21) 中国社会科学院考古研究所：《中国考古学：夏商卷》，页129，中国社会科学出版社，2003年。
22) 中国社会科学院考古研究所：《中国考古学：夏商卷》，页129，中国社会科学出版社，2003年。
23) 中国社会科学院考古研究所：《中国考古学：夏商卷》，页298，中国社会科学出版社，2003年。
24) 中国社会科学院考古研究所：《中国考古学：夏商卷》，页299，中国社会科学出版社，2003年。

为单位成片分布的。”[25]殷墟的聚落内部布局并非一成不变，如“殷墟文化第一期时，小屯西北地仅在靠东的地段盖有少量房子，形成少量窖穴。殷墟文化第二期时，定居点西移，原地段变成一处重要墓地，著名的M5(妇好墓)、M18即发现于此。殷墟文化第二期偏晚阶段，墓地开始被废弃，出现打破墓葬的房基与窖穴。殷墟文化第三期时，居住在这里的人口显然增多，表现为房屋基址、窖穴、灰坑均大量增加，居住遗迹分布范围扩大。殷墟文化第四期时，房址、窖穴、灰坑更为密集，其中一些贮粮用的窖穴中还发现谷物痕迹。”[26]这个情况提醒我们不能以后世的眼光看待殷墟，它是众多族邑的结合体，而且族邑兴废无常，这体现的是一种动态的、原始形态的城市样式。郑州商城无法像殷墟那样自如开展工作，但也显示出与殷墟类似的族邑集合体形式。关于民居，“已经发现的小型房屋主要分布于城墙内侧和城墙与外城墙之间”[27]，墓葬也同样如此，“郑州商城的墓葬主要分布于内城的周围，或内城与外郭城之间，……郑州商城未见专门的墓地。已发现的墓葬多混杂于遗址区，墓坑常常打破较早的文化层，又往往被较晚的文化层所打破或这叠压。在有些地点，墓葬是分片分布的。……这说明当时的墓葬是有一定秩序的，只是墓地的沿用时间较短。”[28]偃师商城的年代总体上早于殷墟，这种与殷墟类似的居址与墓葬之间的对应关系，让人倾向于认为郑州商城也是族邑集合体。这让人不由得联想到与偃师商城近在咫尺的二里头遗址，它似乎也可能是一个居址与墓葬相配的族邑集合体。

虽然殷墟的民居和普通墓葬变动不居，但宗庙宫殿区的位置则岿然不动，而且进行殷墟发掘的最早一批学者就以“宗庙宫殿”来命名在小屯发现的大批建筑基址。“20世纪30年代发掘的53座基址曾经自北而南被划分为甲、乙、丙三组，其范围南北长350米，东西宽100米左右。据发掘者推测，甲组有15座，‘可能是住人的’，年代最早；乙组有21座，‘可能是宗庙’，年代次之；丙组有17座，‘颇似坛的形式’，年代最晚。”现代学者对当时的认识有所调整，但总体上并无实质性变化，“小屯宗庙宫殿区内夯土基址的性质不是单一的。乙组基址是宗庙宫殿所在地，但并不全是宫殿或宗庙。丙组也不全是‘坛’。比较可能是宫殿的，或有20世纪80年代末发掘的‘凹’字形基址及30年代发掘的乙二十基址。比较可能是宗庙的，有乙七、乙八两组基址。而丙三、丙四、丙五、丙六基址，或为祭坛一类的建筑。70年代

25) 中国社会科学院考古研究所：《中国考古学：夏商卷》，页303，中国社会科学出版社，2003年。
26) 中国社会科学院考古研究所：《中国考古学：夏商卷》，页303，中国社会科学出版社，2003年。
27) 中国社会科学院考古研究所：《中国考古学：夏商卷》，页225，中国社会科学出版社，2003年。
28) 中国社会科学院考古研究所：《中国考古学：夏商卷》，页227，中国社会科学出版社，2003年。

末和80年代于小屯西北地发现的基址中，有的也可能属祭祀建筑一类。其余基址中，住人的房屋基址应该占大多数。另外还有的基址与手工作坊有关，有的或为储藏间。"[29]重新分析之后的宗庙坛类宗教性建筑在殷墟中心建筑区中仍占有较大比例。而且，"在小屯晚商宗庙宫殿区范围内，曾发现中商时期的墓葬和灰坑。"[30]这似乎又与二里头遗址二号宫殿及墓葬的发现相似。

宗庙在夏商都城中占据突出地位已如上述。为什么宗庙具有如此重要的地位和作用？夏商情况不明，西周时期则与推行嫡长子继承的宗法制度有很大关系。非嫡长子继承制意味着世系的不同，也就意味着不同宗庙的存在；嫡长子继承制下，宗庙是唯一的，宗庙的神圣性无以复加，成为现实王权的唯一权力来源，其地位自然崇高无比。那么，夏商时期宗庙的地位和作用如何？应该不如西周时期，但相去应该不远。虽然夏商没有建立严格的嫡长子继承制，但祖先崇拜是中国文化的核心部分，夏商时期不能跳出这个限定，嫡长子继承制是祖先崇拜的终极产物，其他继承制度虽不及嫡长子继承制严密彻底，但对祖先的崇拜则是如一的，因此，举行祖先崇拜活动的最重要场所－－宗庙的重要性不会因此而削减太多。于此也可见得夏商西周与史前时代及东周时期的不同。新石器时代晚期的古国虽然不乏神职人员和宗教活动，并几乎出现了王者，但由于王位不定于一姓，所以当时只有神庙而没有宗庙，古都的中心是神庙而不是宗庙。古国时期的事务并不多，并有习惯法推动社会的运转，神庙是比较纯粹的人神沟通之所；夏商西周时期，重要的人间事务是在祖先神的监视下进行的，宗庙的地位自然无比崇高；东周特别是战国时期王事鞅掌、戎马倥偬，许多繁文缛节无法遵从，除非特别重大的事情需去宗庙外，大部分事情就在朝堂上决定了，而且理性的提高，也使祖先的神性下降了，宗庙的地位和重要性自然有所降低，但总体上来看，夏商周三代之都为祖先之都。

三、第三阶段：人、神分离之都

秦汉帝国建立后，为适应帝国需求，都城样式开启了向明清北京城转变的进程。与明清

29) 中国社会科学院考古研究所：《中国考古学：夏商卷》，页297、298，中国社会科学出版社，2003年。

30) 中国社会科学院考古研究所：《中国考古学：夏商卷》，页298，中国社会科学出版社，2003年。

北京城在布局上近似的都城向前最早可追溯到曹魏洛阳城。钱国祥的最新研究表明，曹魏洛阳城为单一宫城制(图十二)，这样，本文开头指出的明清北京城的三个主要特征曹魏洛阳城都基本具备了。因此，从曹魏洛阳城到明清北京城期间的中国都城虽然不乏变化，如规整封闭的北朝隋唐里坊制、开放布局的宋代以后都市，但都属于同一阶段内的差异，本文不拟展开论述。值得我们关注的是从曹魏洛阳城到明清北京城的这种格局得以形成的原因和过程，正是在这个意义上，我们认为秦汉都城具有过渡性(图十三、十四)。那么，过渡性具体表现在哪些地方呢？

首先表现在宗庙的位置和地位的调整。上文指出佐川英治曾引《墨子 · 明鬼篇》和《吕氏春秋》的有关记载以说明宗庙地位的显赫。我们不妨重读引文，《墨子 · 明鬼篇》说："昔者虞夏商周三代之圣王、其始建国营都，曰必择国之正坛，置以为宗庙。"《吕氏春秋》"慎势篇"说："古之王者，择天下之中而立国，择国之中而立宫，择宫之中而立庙。"宗庙地位显赫为显然事实，但墨子和吕不韦去古已远，上古时代是否以如此方式建立宗庙则不详，完全照此办理的是秦始皇，《史记 · 秦始皇本纪》："二十七年，始皇巡陇西北地，出鸡头山，过回中。焉作信宫渭南，已更命信宫为极庙，象天极。"宫、庙并称，这是上古的传统，并且上应天极，将宫庙合一之制发展到了极致，但为时不久，宗庙的地位就面临危机了。关于这个问题，不少学者作过相近的论述，但最早者当为杨宽先生。杨宽说："原来汉高祖的庙依照传统的礼制，建造在国都长安城中。《三辅黄图》说：'高祖庙在长安城中西安门内、东太常街南。(笔者补注：刘庆柱将高庙推定在安门大街东部，长乐宫西南。详见《中国古代都城考古发现与研究》页692。)'西汉初年高祖庙在长安城内，不和'寝'造在一起。高祖的'寝'造在未央宫以北的桂宫北面。《汉书 叔孙通传》颜注引晋灼说：'《黄图》(指《三辅黄图》)：高庙在长安城门街东，寝在桂宫北。'寝'和'庙'是分离的。"'寝'和'庙'的分离已经背离了上古之制，但事情还没有结束。杨宽先生接着说："按照当时的祭祀仪式，每月祭祀高庙的日期，要把高祖的衣冠从'寝'中运出，通过一条通道到高庙中去游历一番。当时吕太后(高祖的皇后)住在长乐宫，汉惠帝(高祖之子)住在未央宫，惠帝为了去见母亲，避免往来中和他人接触，在未央宫和长乐宫之间的武库以南造了'复道'(道路上架空的通道)。这条'复道'正好在每月高祖衣冠从'寝'游历到高庙的通道上，讲究礼制的叔孙通进谏，认为子孙不应该在'宗庙道上行'(祖先衣冠游历的道上行)，后来惠帝听从叔孙通的建议，废除原来在长安城内把高祖衣冠每月从'寝'游历到高庙的礼制，在渭水以北重复建造一座高庙，叫做

'原庙'。'原'就是'重'的意思。叔孙通之所以要提出这个建议，在渭水以北重建'原庙'，就是为了使这所高庙靠近高祖的陵寝长陵，便于高祖的灵魂从陵寝赶到宗庙中接受祭享。……自从惠帝在高祖的长陵以北建立'原庙'以后，西汉一代'陵旁立庙'的礼制就确立了。"[31]宗庙从与活人为伴变为主要与死人为伴了。之后，宗庙的地位更形衰落，杨宽先生续有论述："东汉明帝在推行上陵礼和确立以朝拜祭祀为主要内容的陵寝制度的同时，又改革了宗庙制度。明帝临终下遗诏，说是为了节俭不起寝庙，把神主藏到光武庙中光烈皇后(明帝之母)的更衣室中。所说节俭不过是个借口，主要原因还是由于推行上陵礼后，宗庙已失去了重要作用。明帝对宗庙制度的改革，不但废除了西汉时期在'陵旁立庙'的制度，取消了为每个祖先建立一庙的办法，而且破坏了长期以来皇帝祖庙实行'天子七庙'之制，从此把许多祖先的神主供奉在一个祖庙(太庙)里，实行'同堂异室'的供奉办法。"[32]杨宽先生并引宋朱熹的议论，其文如下："后汉明帝又欲遵俭自抑制，遗诏毋起寝庙，但藏其主于光武庙中更衣别室。其后章帝又复如之。后世遂不敢加，而公私之庙皆为同堂异室之制。自是以来，更历魏晋，下及隋唐，……皆不能有所裁正。其弊至使太祖之位下同子孙，而更僻处于一隅，既无以见其为七庙之尊；群庙之神则又上压祖考，而不得自为一庙之主。以人情而论，则生居九重，穷极壮丽，而没祭一室，不过寻丈之间，甚或无地以容鼎俎而阴损其数，孝子顺孙之心于此宜亦有所不安矣。"(《朱子大全》卷六十九《禘祫议》)

经过上述调整，祖先神在都城中的地位下降到无以复加的地步了。都城的中心无可争议地转移到皇帝处理日常政务的宫城上来。这样的一进一退，使都城从神的城市真正转变为人的城市，是中国古代城市和理性的双重质变。

其次，秦汉的过渡性表现在都城形态和职能的调整。西汉长安城是中国古代都城中谜团最多的城市，它为什么呈现出这个形状？究竟有无外郭城？未央宫、长乐宫的面积为什么那么大？东汉洛阳城也不好理解，为什么是南北两宫就困惑了多少学人。杨宽和刘庆柱先生曾就汉长安城数次发文论辩，但最终没有说服对方。今日看来，长安城的问题如果放在更广阔的时空背景下来考虑，有些问题则不是问题，有些重要的问题当时并未涉及，这里仅就都城形态与职能调整问题略作阐发。

关于长安城的形态问题。将长安城看作宫城，外面还有一圈没有城墙的外郭城，这从中

---

31) 杨宽：《中国陵寝制度史研究》，页22、23，上海人民出版社，2003年。

32) 杨宽：《中国陵寝制度史研究》，页42、43，上海人民出版社，2003年。

国古代都城演进的历史脉络看是有其合理性的，但问题是无论文献资料还是考古发掘都不能证明外郭城的存在。根据文献记载，认为长安城的160个里的面积虽不大，但能够满足大量人口的居住要求，这也是一厢情愿式的推测。实际上，如果不是完全受制于已有的都城知识，而是以动态的眼光看待长安城，可能问题就没那么严重。长安城是一座没有最终定型的城市，秦咸阳城是其先例，明北京城在嘉靖年间迫于人口和倭寇压力而扩建是其后例。修建长安城墙的汉惠帝时期的西汉国力依然十分薄弱，将主要的宫殿用城墙圈起来已属不易。随着西汉经济的发展，长安人口的增殖和外来人口进入长安本对长安城的扩张会提出要求，但扩张在事实上并没有出现。推其原因，至少有二。其一，西汉陵邑制度的建立，抵消了相当大部分的人口压力。其二，长安城的人口膨胀可能没有想象的那么大。这是因为，西汉虽然经过郡国、王国并行到削藩而使王侯国小力弱，郡县制度在西汉后期成为国家的基本制度。但西汉郡县的自治性很大，中央政府的体量并没有增加多大，文献和考古都没有发现在长安城墙圈外设立重要官署，惠帝时期奠定的城市和建筑的规模支撑到了西汉的灭亡。

未央宫、长乐宫的面积为什么那么大，不能只在汉长安找原因，秦阿房宫提供了一个视角。阿房宫前殿遗址已经究明，现存夯土基址东西1270米、南北426米，高出现在地面12米。《史记·秦始皇本纪》记载阿房宫前殿“东西五百步，南北五十丈，上可以坐万人，下可以建五丈旗。”未央宫前殿南北400米，东西200米。阿房宫前殿面积近乎未央宫前殿的7倍。如果按照这个比例将未央宫完全建成的话，阿房宫要比未央宫大好多倍。这样看来，未央宫并不大，长乐宫也不大。秦始皇建设阿房宫的原因很明确，咸阳城“人多”而“宫廷小”，大一统帝国对都城体量的要求是很大、很现实的。秦始皇废分封行郡县，帝国中央政府的规模比推行郡国并行和无为而治的汉早期要大得多，整个长安城以及未央宫与秦始皇规划中的渭南都城和阿房宫相比都是不可同日而语的。在另一方面，未央宫和长乐宫的规模确实是很可观的，其长宽分别为2250、2150米，战国齐临淄西南小城的长宽分别为2195、1402米，赵邯郸西南三个小城的面积之和为未央宫的1倍多点。临淄和邯郸西南小城是齐国、赵国的宫城，如果将长安城内的未央宫、长乐宫、桂宫、北宫、明光宫的面积都加在一起，那么，齐国、赵国的宫城的狭小是更显眼的，未央宫的相对之大也更显眼，那么，为什么要这么大，最合理的理由也得从实际需求出发进行考虑，考古发现则提供了观察的角度。长乐宫、桂宫、北宫、明光宫是太后、后妃等人之宫，皇室的行政事务都是在未央宫处理的。未央宫中除前殿、天禄阁、石渠阁、椒房殿外，还发现了少府或其所辖官署遗址(遗址出土“汤官饮监章”封泥是推定性质的重要依据)、被认为是贮藏中央政府档案但更可能是修缮、贮储弓弩等军械的少府若卢、尚方、考工室等专门作府遗址[33]。少府为九卿之一，但在九卿中机构最大，负责管理皇室生活和私产，机构庞大、属官众多，超过掌握国家财政的大司农。少府位于未央宫之中，可见未央宫绝不同于魏晋以后只供皇帝议政和起居的皇宫。少府的机构和多数职能魏晋以后被疏解或被移到皇城之外，皇宫的体量因此而很小。将少府置于未央宫之中不是汉代的发明，而应继承自先秦。虽然先秦都城未能发现明确的少府遗址，但先秦都城的小城之中经常发现铸造、制骨等作坊，其性质与未央宫中的发现相同。不过，西汉皇室财源滚滚、实力雄厚，绝非先秦诸国可比，上林苑等皇家园林之外，郡国收入也要按比例划一部分归皇室，以致形成皇室富裕而国家贫困的局面，汉武帝出皇室之财以补攻击匈奴之用，其直接的出处来自少府。少府机构庞大为传统特点，未央宫也不能不随之而大。长乐宫面积之大，理由与此相似。汉代太后权重，与皇权互为补充，乃至皇帝废立常出于太后之意。太后权重，外戚势力自然炽盛，太后外戚互为奥援，几可敌皇室，财力自然不能不重，事务自然不能不繁，长乐宫的面积就不能不大了。长乐宫和未央宫并存并重颇疑不是始于西汉，而是继自先秦，文献和考古上均有若干依据。先秦王后与国君陵墓多分别营建，西汉犹如此，婚姻和丧葬观念之外，先秦王后来自别国，不易为国君轻视，大概是重要原因，秦宣太后、赵太后则是先秦王后中决定国事的名后。东汉南北两宫的布局或以为继承自先秦西汉[34]，可能还不如以为继承自西汉未央宫与长乐宫。曹魏以后都是单一宫城制，而皇后及太后地位的下降是与此并行的。

再次，秦汉的过渡性表现中轴线的逐步确立和礼仪建筑位置的固定，这是秦汉以后都城变为人神分离之都的重要表现。古国时代的都城是神之都，但神的性质难以确指，祖先神大概只是诸神之一。祖先神未必是人类，而可能是动植物图腾神。此外还应有各种自然神。三代开始祖先神占据最重要的位置，但其他神并未消失，文献记载先秦楚国重鬼神、好淫祀，其实其他各国无不如此，遗憾的是，考古发掘和考古学的研究上，对此尚未予充

33) 贮藏中央政府档案之所系发掘和报告整理者意见，作府为于志勇观点，见《汉长安城未央宫遗址出土骨签之名物考》,《考古与文物》2007年2期。并见许卫红、张娟妮：《弓弭初考》,《文博》2017年2期。

34) 刘庆柱主编：《中国古代都城考古发现与研究(上)》，页313，社会科学文献出版社，2016年。

分关注。从秦汉开始，祖先和宗庙的地位下降，其他神灵又开始吸引人的注意力。阴阳五行说的流行，又使得人们对天地日月四方等大神格外关注，如何在大一统的新局面下安排这些神灵属于国家祭祀的范畴，是秦汉时期的大事，并且与都城中轴线的变化有密切关系[35]。

能够说明人、神分离之考古材料主要为长安城南郊礼制建筑之发现，主要有社稷遗址、辟雍遗址和"王莽九庙"遗址，发掘者将这些遗址的年代推定在西汉晚期，刘瑞进一步将这些遗址分别考订为元始官社、元始明堂、地皇新庙，因此，这些遗址的年代为西汉晚期的基础愈益坚实。祖庙已经被安排到陵墓附近，南郊的礼制建筑只有在重大节日的时候才能迎来皇帝的光顾。祖庙和礼制建筑与长安城都被高大的城墙所隔离，长安城中已经不见多少神的痕迹，人与神的世界基本实现了分离，平日皇帝都在未央宫中不受干扰地处理着人间事务。宫城成为都城的绝对中心，礼制建筑是为了说明和保护皇帝的合法性而存在的。

但是，将上述礼制建筑所象征的诸神集中到南郊却颇费了一番周折。高祖时期，诸神就在宫中，《史记 · 封禅书》记载到："后四岁，天下已定，诏御史，令丰谨治枌榆社，常以四时春以羊彘祠之。令祝官立蚩尤之祠于长安。长安置祠祝官、女巫。其梁巫，祠天、地、天社、天水、房中、堂上之属。晋巫，祠五帝、东君、云中、司命、巫社、巫祠、族人、先炊之属。秦巫，祠社主、巫保、族累之属。荆巫，祠堂下、巫先、司命、施糜之属。九天巫，祠九天。"最后一句话至为重要，即"皆以岁时祠宫中"，从天、地到房中、先炊，大神与杂神并祠于宫中，宫中真是一个人、神并存的世界，宫中必须为神留出不少地方，未央宫遗址中也当留下不少遗存，今后考古工作对此应予关注。汉初的人神并存当不是刘邦的发明，而应继承自先秦，二里头遗址、殷墟宗庙宫殿区发现的坛、墠等遗迹似乎也遥相呼应。汉文帝时期的重大举措是按照阴阳五行之说特别重视五帝祭祀，这是对汉早期淫祀的整顿，也开汉代祭祀对象加以集中的先例。武帝继承文帝选择重点祭祀对象的思路，他所关注的主要是甘泉泰畤和汾阴后土祠，他们是比五帝更高的神祇。泰畤祭祀也不是孤

35) 关于这些问题，杨宽、姜波、刘瑞、田天有比较系统深入的研究，具体见杨宽《中国古代都城制度史研究》上编十之1："坐东朝西的长乐宫和未央宫"，上海古籍出版社，1993年；姜波：《汉唐都城礼制建筑研究》之第二章"西汉长安城礼制建筑"、第八章"汉唐都城礼制建筑的发展与演变"，文物出版社，2003年；刘瑞：《汉长安城的朝向、轴线与南郊礼制建筑》，中国社会科学出版社，2011年；田天：《秦汉国家祭祀史稿》，三联出版社，2015年。

立进行,“五帝坛周环其下,又有群神之坛”。田天运用伊利亚德的“中心象征体系”理论,认为:“武帝着力经营的甘泉宫,就是一个具有这种象征意义的中心:甘泉宫为祭天之所,通天台是通神之轴, 甘泉宫内百神毕集, 武帝以置神巫下神、绘壁画象神等举措交接神明。……甘泉宫建筑群是武帝新营建的‘神圣的中心’,泰畤就是其中最为核心的建筑。”[36] 泰一神的显赫不始于被置于甘泉宫,此前数年的元鼎元年,“亳人谬忌奏祠泰一方,……天子令太祝立其祠长安城东南郊。”继杨宽提出汉长安城早期朝东之后, 刘瑞根据长安城门阙的规模、长乐宫的规模、汉帝陵的朝向等因素,有力地证明了长安城朝东无误。汉代尚右,长安城东南方的泰一祠正是当时长安城最显赫的位置。武帝以泰一神统辖群神的思路异常清晰。突出祭祀对象符合大一统帝国皇权的高涨,将诸神集中到一起并置于长安城外,有利于皇权的舒展。将长安城的轴线改为南北向,将诸神相对集中对长安城南郊不过是文帝、武帝举措的延续,当然,儒生从理论上进行的说明,王莽的精心策划都功不可没。成帝时期丞相匡衡、御史大夫张谭就奏言:“帝王之事莫大乎承天之序,承天之序莫重于郊祀,故圣王尽心极虑以建其制。祭天于南郊,就阳之义也;瘗地于北郊,即阴之象也。”[37]王莽在刘歆的协助下, 利用《周礼》, 终于使“天地为皆南向”[38]化为现实。不仅如此,王莽还在长安城外分列五畤:“分群神以类相从为五部,兆天地之别神:中央帝黄灵后土畤及日庙、北辰、北斗、填星、中宿中宫于长安城之未墬兆;东方帝太昊青灵勾芒畤及雷公、风伯庙、岁星、东宿东宫于东郊兆;南方炎帝赤灵祝融畤及荧惑星、南宿南宫于南郊兆;西方帝少皞白灵蓐收畤及太白星、西宿西宫于西郊兆;北方帝颛顼黑灵玄冥畤及月庙、雨师庙、辰星、北宿北宫于北郊兆。”[39]大小群神从此各得其所,既符合经典,也与中国南热北寒的地理和气候条件协调起来。这个神位系统和空间法则为以后两千年的封建王朝相沿不替。

[36] 田天:《秦汉国家祭祀史稿》,页167,三联出版社,2015年。
[37]《汉书 郊祀志下》。
[38]《汉书 郊祀志下》。
[39]《汉书 郊祀志下》。

일본의 율령국가 형성기의 도성

시게미 야스시(重見泰) | 나라현립 카시하라고고학연구소 부속 박물관

번역 김영숙 | 창원대학교

Ⅰ. 들어가며

일본에서 율령이 国制(국제)의 골격으로서 중요한 위치를 차지하는 국가체제가 성립되는 것은 『大宝律令(대보율령)』[1]의 성립과 唐長安城(당 장안성)을 본뜬 平城宮(평성궁)의 완성에 의해서이다. 都城(도성)은 율령제가 기능을 하기 위한 무대이며, 7세기경에 그 기초가 형성되었다. 그중에 예전의 왕궁 구조인 飛鳥浄御原宮(아스카키요미하라궁)에서 본격적인 도성인 藤原宮(후지와라궁)으로의 구조 변화는 율령 국가의 형성과정을 규명하는 데 있어서 매우 중요하다.

飛鳥浄御原宮(아스카키요미하라궁)을 포함한 7세기경의 4개의 왕궁이 중복되어 있는 것이 飛鳥(아스카) 궁터이다. 飛鳥(아스카) 궁터의 유구 변천은 거의 정설이 되어 있지만,[2] 최근의 검토에 의해 변천이 재검토되고 있다. 본고에서는 飛鳥(아스카) 궁터의 변천을 고대궁도(宮都)의 전개 속에서 재차 자리매김함으로써, 기존 연구와는 다른 관점

1) 701년에 제정된 일본의 율령. 율6권, 령11권 전17권으로 일본사상 처음으로 율과 령이 갖추어져 성립한 본격적인 율령.

2) 小澤 毅, 「伝承板蓋宮跡の発掘と飛鳥の諸宮」, 『日本古代宮都構造の研究』, 青木書店, 2003; 林部 均, 「伝承飛鳥板蓋宮跡の年代と宮名」, 『古代宮都形成過程の研究』, 青木書店, 2001.

에서 율령제 도성의 성립 과정을 서술하고자 한다.

덧붙여 본고의 상세한 내용은 시게미(重見) 2018을 참조하기 바란다.

Ⅱ. 飛鳥(아스카) 궁터의 변천

飛鳥宮跡(아스카 궁터)에서는 I~III기의 유구 변천이 확인되고 있다.〈그림 1〉 I기가 舒明(서명)[3]천황의 飛鳥岡本宮(아스카오카모토궁), II기가 皇極(황극)[4]천황의 飛鳥板蓋宮(아스카이타부키궁)이라 생각되지만, III기와 중복되기 때문에 일부만 확인된 것에 지나지 않는다.

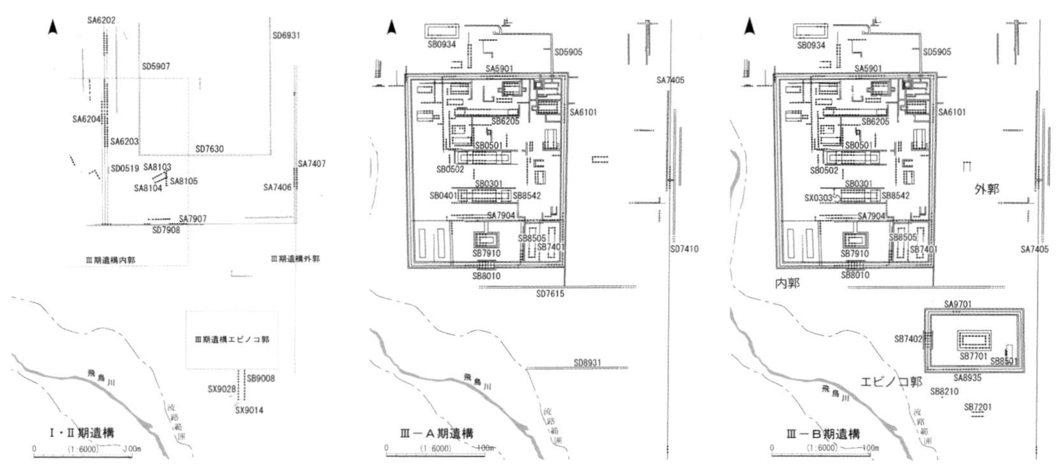

〈그림 1〉 기존의 아스카궁터 유구변천

* 林部 均, 「「아스카궁」과 「아스카경」의 형성」, 『아스카경터』 Ⅲ, 나라현립카시 하라고고학연구소, 2008, 그림 107~109.

최상층인 III기 유구는 내곽, 외곽, 에비노코곽으로 구성되어 에비노코곽 조성 이전을 III-A기, 조성 후를 III-B기로 구분하고 있었지만, 유구의 변천과 출토유물의 재검토[5]에

3) 서명천황(舒明天皇) 在位 629~641年.

4) 황극천황(皇極天皇) 在位 642~645年.

서 III기 유구는 後飛鳥岡本宮(노치노아스카오카모토궁)인 III-a기와 飛鳥浄御原宮(아스카키요미하라궁)인 III-b · c기의 3기로 구분된다.〈그림 2〉

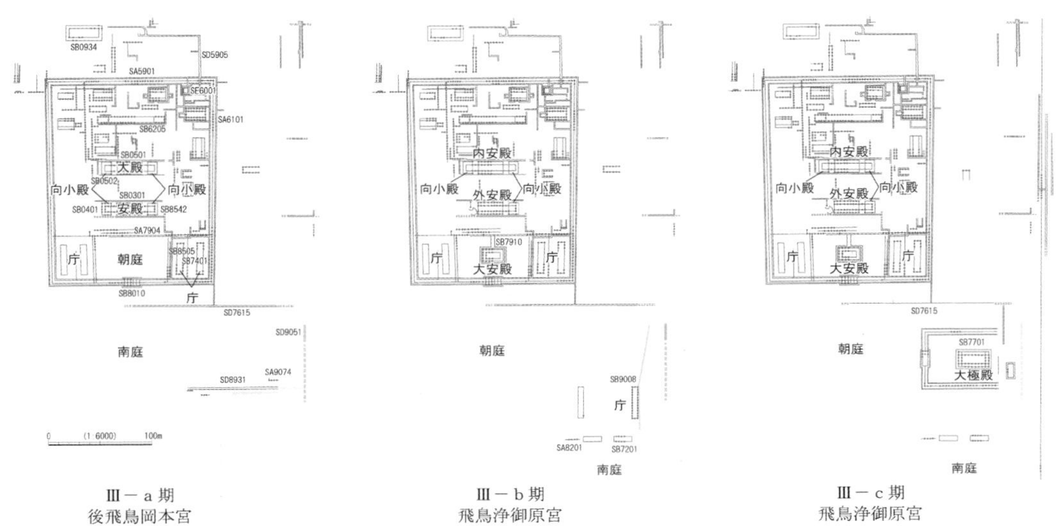

〈그림 2〉 재검토 후 아스카 궁터 유구변천

* 重見, 「後飛鳥岡本宮の構造と飛鳥浄御原宮の成立」, 『ヒストリア』第249号, 大阪歴史学会, 2015.

이 3기 변천에서 중요한 것은, 内郭前殿(내곽전전) SB7910이 後飛鳥岡本宮(노치노아스카오카모토궁)의 단계에는 존재하지 않고, 飛鳥浄御原宮(아스카키요미하라궁)의 단계에서 조성된 것과, 에비노코곽의 조성이 天武(천무)[6] 원년(673)보다 훨씬 이후인 것이다. 이것으로 직전의 難波長柄豊碕宮(나니와노나가라노토요사키궁)으로부터의 계승 관계와 직후의 藤原宮(후지와라궁)으로의 계승 관계가 문제로 부각된다.〈그림 3 · 4〉

---

5) 重見 泰, 「後飛鳥岡本宮と飛鳥浄御原宮—宮殿構造の変遷と「大極殿」出現過程の再検討—」, 『ヒストリア』第244号, 大阪歴史学会, 2014; 重見 泰, 「後飛鳥岡本宮の構造と飛鳥浄御原宮の成立」, 『ヒストリア』第249号, 大阪歴史学会, 2015.

6) 천무천황(天武天皇) 在位 673년~686년.

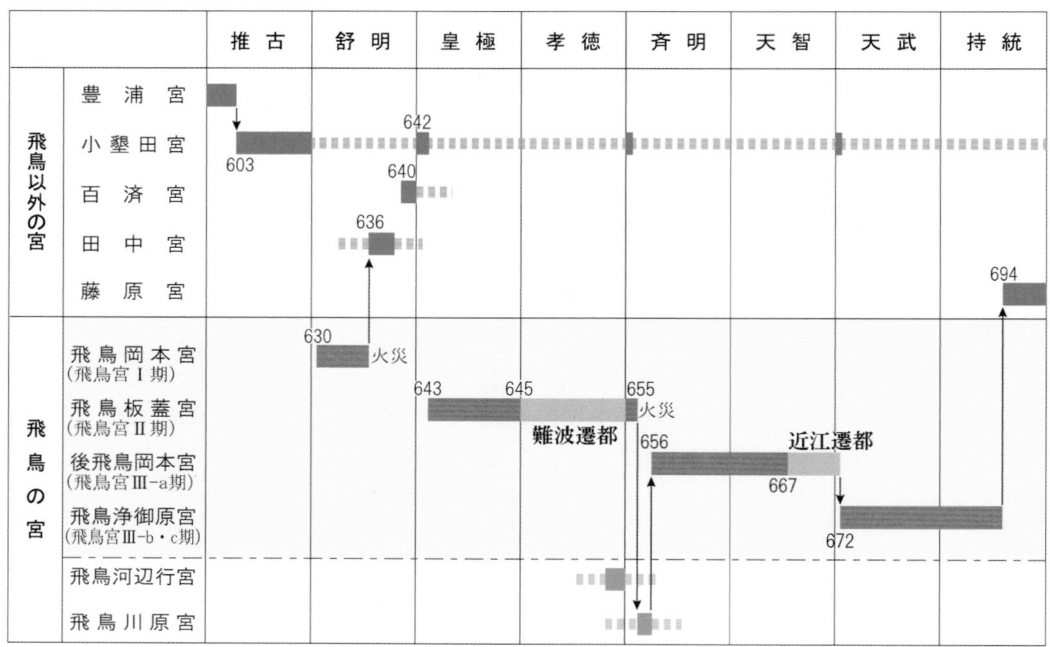

〈그림 3〉 7세기경 왕궁변천

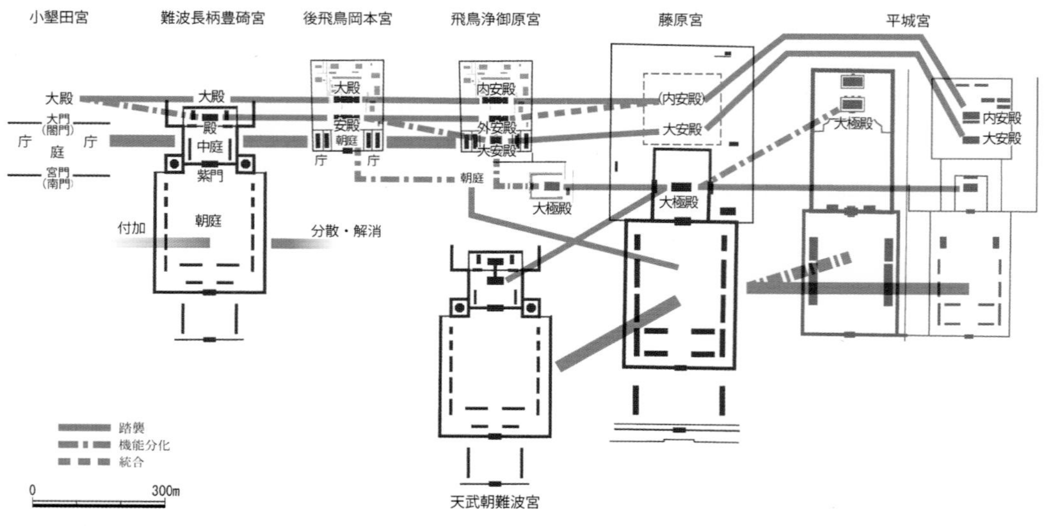

〈그림 4〉 궁중추부 계승관계

Ⅲ. 難波長柄豊碕宮(나니와노나가라노토요사키궁)에서 後飛鳥岡本宮(노치노아스카오카모토궁)으로

孝徳朝(효덕왕조)[7]의 難波長柄豊碕宮(나니와노나가라노토요사키궁)으로 여겨지는 전기 難波宮(나니와궁)은, 광대한 마당에 14동 이상의 廳(청)을 배치하는 「朝堂院(조당원)[8]」과 内裏(다이리)[9]로 구성되는 것으로, 藤原宮(후지와라궁)의 모델이라고 보여 지고 있다. 〈그림 5〉 内裏(다이리)에는 軒廊(회랑)으로 연결된 内裏前殿(다이리 전전)과 後

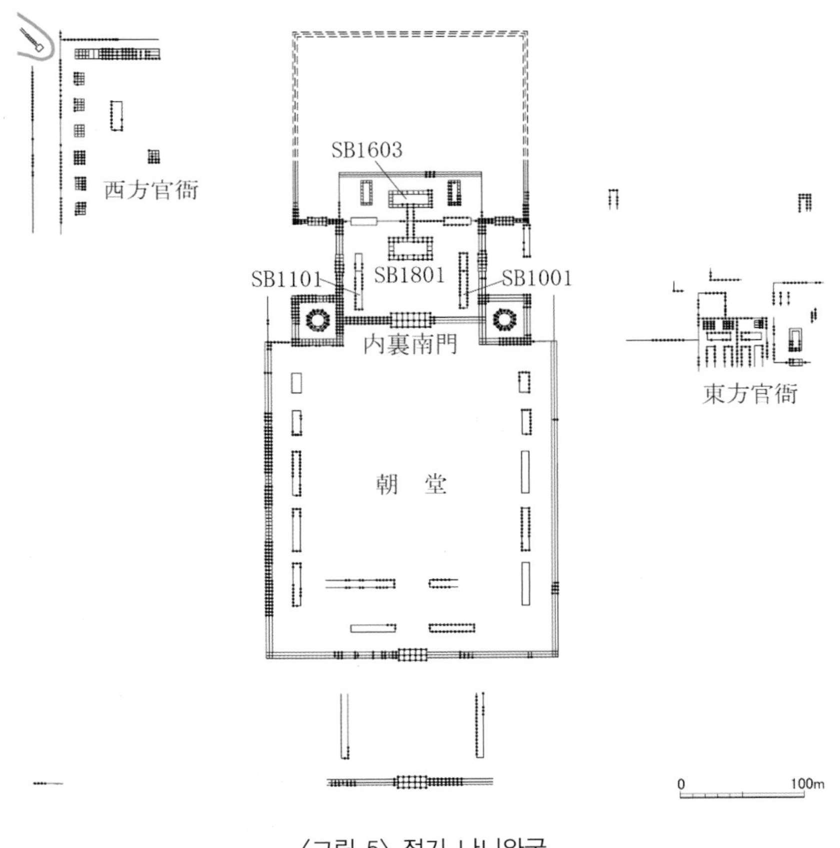

〈그림 5〉 전기 나니와궁

7) 효덕천황(孝徳天皇) 在位 645년~654년.

8) 일본고대(아스카시대 · 나라시대 · 헤이안시대) 도성에 두는 궁의 정청(正廳).

9) 임금의 거주 공간.

殿(후전)이 있고, 内裏(다이리) 전전은 藤原宮(후지와라궁) 大極殿(대극전)의 祖型(조형)으로 보여지고 있다. 그리고 아스카(飛鳥) 궁터 III기의 内郭前殿(내곽전전)이 전기 難波宮(나니와궁)의 内裏前殿(다이리 전전)과 藤原宮(후지와라궁) 大極殿(대극전)을 잇는 중요한 전사(殿舍)로 자리 잡고 있었다. 그러나 아스카(飛鳥) 궁터 III-a기에는 内郭前殿(내곽전전)은 존재하지 않고, 後飛鳥岡本宮(노치노아스카오카모토궁)의 다음 왕궁인 近江大津宮(오미 오오츠궁)으로 생각되는 시가현(滋賀県) 大津市(오오츠시)의 錦織(니시코오리) 유적에도 内郭前殿(내곽전전)에 해당하는 전사(殿舍)는 존재하지 않는다.

거기서, 재차 전기 難波宮(나니와궁)의 内裏(다이리)의 유구를 검토하면, 内裏(다이리)前殿区(전전구)에는 공간을 확보하기 위한 특수한 개축이 인정되기 때문에(〈그림6〉), 内裏前殿(다이리 전전)은 후에 증축되었을 가능성이 높은 것을 확인했다.

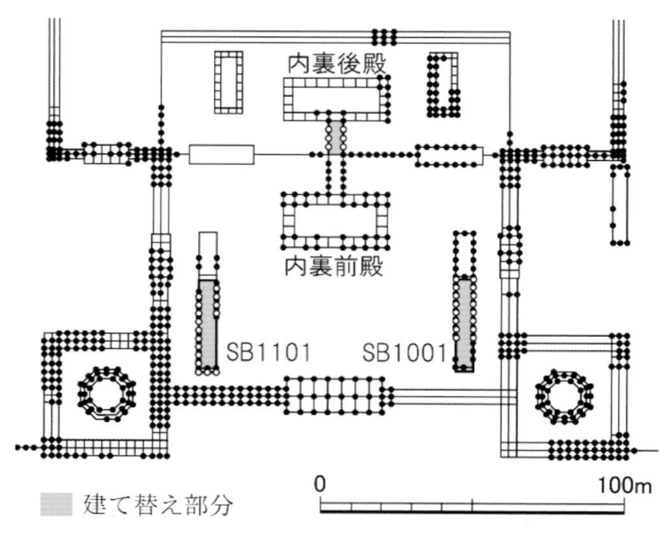

〈그림 6〉 전기 나니와궁 다이리 전전 주변 개축

또, 白雉(백치) 원년(650) 2월 갑신[15일]조의 白雉献上(백치헌상) 기사에 의하면, 「朝庭(조정)」으로부터 「紫門(자문)[10]」을 들어가면 「中庭(중정)」이 있어, 그 안에 천황이 출어하는 「殿(전)」이 위치하는 모습을 알 수 있다. 藤原宮(후지와라궁)에 있어서 원년 朝賀(조하)[11]나 영접에서는, 천황이 출어하는 大極殿院(대극전원)의 남문을 사이에 둔 「朝庭(조정)」에 百官(백관)이나 외국 사절이 줄지어 서 있는 것과 천황이 참석자에게 직접 대면하는 것은 平城宮(평성궁)부터라는 지적[12]이 있는 것에서, 백관과 외국사절이 열립하는 「中庭(중정)」에, 천황이 출어하는 「殿(전)」이 직면했다고는 생각할 수 없고, 「殿(전)」과 「中庭(중정)」

10) 궁내의 건축물 신축과 수리, 공작을 담당하고 있는 관청.

11) 경축일에 모든 신하가 임금에게 배하.

12) 樋笠逸人, 「高御座の成立—八世紀における登壇儀礼の再検討—」, 『日本史研究』 第623号, 日本史研究会, 2014.

은 다른 공간에 있다고 보아야 한다.

이 구조를 전기 難波宮(나니와궁)과 대응시키면 「朝庭(조정)」은 소위 朝堂院(조당원), 「紫門(자문)」은 内裏(다이리) 남문, 「中庭(중정)」은 内裏(다이리) 前殿区(전전구)의 마당에 해당한다. 전술한 바와 같이 이 「中庭(중정)」에 천황이 출어하는 「殿(전)」이 있었다고 상정할 수 없기 때문에, 이 단계에서는 内裏前殿(다이리 전전)은 존재하지 않는 것으로 생각해야 하고, 「中庭(중정)」과는 구별 지어진 内裏後殿(다이리 후전) SB1603이 殿(전)에 해당하는 것으로 생각된다. 「殿(전)」은 천황이 출어하는 殿舎(전사)이자 内裏(다이리) 前殿区(전전구)의 中庭(중정)」에 열립한 백관이나 외국 사절을 위한 공적인 正殿(정전)이다. SB1603이 있는 内裏(다이리) 後殿区(후전구)의 북쪽은 3개의 동서벽으로 나뉘어져 있으며 그 북쪽에 사적 殿舎(전사)인 「正寝(정침)」이 위치한 것으로 보인다. 따라서 難波長柄豊碕宮(나니와노나가라노토요사키궁)의 구조는, 남문 SB4501－넓은 朝庭(조정)・廳(청)－紫門(자문) SB3301－中庭(중정)・廳(청) SB1001・1101－殿(전) SB1603－正寝(정침) 大殿(대전)으로 복원된다. 그리고 内裏(다이리) 後殿区(후전구)에서 안쪽 북측이 기본적으로 大王(오오키미)[13]이 전유하는 공간이며, 内裏(다이리) 前殿区(전전구)에서 남측이 신하들의 공간에 해당한다.

따라서 後飛鳥岡本宮(노치노아스카오카모토궁)은 難波長柄豊碕宮(나니와노나가라노토요사키궁)의 紫門(자문)에서 북쪽의 구조만을 계승한 것이 된다.

Ⅳ. 小墾田宮(오하리다궁)에서 難波長柄豊碕宮(나니와노나가라노토요사키궁)으로

1. 小墾田宮(오하리다궁)

推古(추고) 11년(603)에 推古(추고)천황이 궁을 옮긴 小墾田宮(오하리다궁)은 구조를 복원할 수 있는 가장 오래된 왕궁이다. 遺構(유구)는 확인되지 않고 있지만 『日本書紀

13) 고대일본의 천황, 황자, 황녀에 대한 존칭.

(일본서기)』의 서술에서 南門(남문)－庭(마당)·廳(청)－大門(대문)(閤門(합문)－大殿(대전)이라는 구조를 복원할 수 있고, 의례가 있는 庭(마당) 및 廳(청)으로 구성되는 신하들의 공간과 천황이 거주하는 「大殿(대전)」이 있는 공간으로 구성되어 있다.

『일본서기』 用明(용명) 2년(587) 4월 병오[2일]조에 따르면 用明(용명) 천황의 池辺双槻宮(이케노베노나미츠키궁)도 같은 구조로 추측할 수 있기 때문에 小墾田宮(오하리다궁)의 구조는 대왕궁의 기본적인 구조로 계승되었을 가능성이 높다.

2. 飛鳥板蓋宮(아스카이타부키궁)

『일본서기』 皇極(황극) 4년(645) 6월 무신[12일]조 기사에 의하면, 飛鳥板蓋宮(아스카이타부키궁) 内裏(다이리)에는 三韓(삼한)의 表文奏上(표문주상)시에 천황이 출어한 大極殿(대극전)이 등장한다. 이 대극전은 文飾(장식어)로 보이지만, 이 殿舎(전사)가 大極殿(대극전)이 된 것은 공적 기능을 중심으로 하는 전사였기 때문일 것이다. 蘇我入鹿(소가노이루카)[14] 참살 후 천왕이 틀어박힌 殿中(전중)이 별도로 존재했을 가능성이 있으며, 内裏(다이리) 공간이 사적 전사 「大殿(대전)」과 공적 전사의 이중구조로 분화되었던 것으로 추측된다.

또, 皇極(황극) 2년(643) 9월 기유[3일]조에, 「饗賜群臣伴造於朝堂庭。而議授位之事。」라는 서술에 있어서는 飛鳥板蓋宮(아스카이타부키궁)에도 신하가 모이는 朝堂(조당)의 「庭(마당)」이 있다는 것을 알 수 있다. 따라서 대전의 기능분화는 엿볼 수 있지만, 飛鳥板蓋宮(아스카이타부키궁)의 기본 구조는 小墾田宮(오하리다궁)을 계승한 것으로 생각된다.

3. 小郡宮(오고리궁)의 예법과 難波長柄豊碕宮(나니와노나가라노토요사키궁)

乙巳の変(을사변) 이후, 大化(대화) 3년(647)에는 難波(나니와)의 小郡(오고리)을 부숴 小郡宮(오고리궁)을 조성해 예법을 정했다.(『일본서기』 大化(대화) 3년(647) 是歳条). 이

14) 아스카(飛鳥)시대의 호족. 소가(蘇價)의 아들. 대신으로서 야마토 조정의 유력자였지만, 을사의 변으로 토벌된 후 소가는 쇠락하는 계기가 되었다.

예법은 小郡宮(오고리궁)과 병행해서 조성된 難波長柄豊碕宮(나니와노나가라노토요사키궁)에서 실시하는 것을 전제로 정해진 것으로 보인다. 이 기사에서 小郡宮(오고리궁)의 구조는 南門(남문)－庭(마당)・廳(청)－紫門(자문)－中庭(중정)－殿(전)－大殿(대전)으로 복원되어, 「中庭(중정)」보다 안쪽이 小墾田宮(오하리다궁)의 기본 구조와 일치하는 기존의 왕궁에 해당된다. 「中庭(중정)」은 일부 신하가 待候(대후)하여 의논하는 공간이라고 생각되지만, 그 남쪽에 새롭게 有位者(유위자)가 모여 政務(정무)를 보기 위한 공간을 부가한 구조로 되어 있고, 이 구조는 孝徳朝(효덕왕조)의 難波長柄豊碕宮(나니와노나가라노토요사키궁)과 공통된다. 有位者(유위자)가 朝参(조참)・朝政(조정)하기 위한 朝堂(조당)의 창출이야 말로 전대까지 아스카의 궁과의 최대 차이점이다.

대왕(大王)을 상징하는 「紫門(자문)」앞에 배치된 넓은 朝堂(조당)은, 거기에 朝参(조참)・朝政(조정)하는 대상이 「有位者(유위자)」인 것과 같이, 주군과 신하의 거리를 표시하는 위계를 전제로 한 장소이고, 대왕(大王) 앞에 열립시킴으로써 군신의 관계 및 서열을 물리적인 거리로서 구현화하는 공간[15]이라 할 수 있다. 즉, 그 자리에 모인 백관들에게 군신질서를 확인시키는 場(장)으로서 기능했다고 생각할 수 있다.

Ⅴ. 飛鳥(아스카) 궁터 Ⅲ기의 위상

1. 後飛鳥岡本宮(노치노아스카오카모토궁) (아스카 궁터 Ⅲ-a기)

難波長柄豊碕宮(나니와노나가라노토요사키궁)에서 飛鳥(아스카)로 되돌아와서, 斉明(제명)천황이 조성한 왕궁이다. 광대한 朝堂(조당)을 계승하지 않고, 기존의 구조를 채용했다. 아스카 환도(飛鳥還都)는 孝徳朝(효덕왕조)의 주된 정책이었던 군신질서의 구축에 대한 강한 반발에 대응한 것으로, 군사적인 행위 없이 쿠데타로 단행되었다. 따라서 기존의 궁처(宮処)와 왕궁 구조로의 회귀(回帰)에는, 효덕왕조를 부정하려는 의도가 있었다고 보여 진다.

15) 早川庄八, 「前期難波宮と古代官僚制」, 『日本古代官僚制の研究』, 岩波書店, 1986.

쿠데타에 의해 성립한 제명왕조(斉明朝)는 그 황통을 정당화할 필요가 있다. 이것을 염두에 두면, 제명왕조(斉明朝)에게 특징적인 대토목 사업은, 그것을 위한 환경정비로서 이해할 수 있다.

왕궁과 일체적으로 조성된 酒船石(사카후네이시) 유적은 신성시된 飛鳥岡(아스카오카)에서 용수를 끌어오는 도수시설(導水施設)을 중심으로 한 유적이다. 이것은 수원을 지배하는 사제자(司祭者)를 연출하는 무대로 여겨지며, 천황의 덕을 높여서 왕권강화에 이용한 것으로 추측된다. 또, 왕궁과 접하여 조성되고 영접에 이용되었다고 여겨지는 飛鳥京跡苑池(아스카 경내 연못)도 그 일환일 것이다.

왕궁과 동시기에 飛鳥(아스카)에서 떨어져 조성된 吉野宮(요시노궁)은, 宮滝(미야타키) 유적이 유력 후보이다. 천황 지배의 상징으로서 異郷(타향)에서 조성된 것으로, 異郷(타향) 사람들(国巣(구즈))이 천황에 복속되는 것을 연출해, 왕화사상(王化思想)에 입각한 천황의 정통성을 주장하는 무대라고 보여 진다.

또한 飛鳥(아스카)의 북쪽 입구에 만들어진 水落(미즈오치) 유적은 누각설치 시설로 추정된다. 조정 정각제의 실현을 목표로 한 것으로 생각되고 대왕(大王)의 권력 집중을 도모하는 것이라고 이해할 수 있다.

더욱이 斉明(제명) 천황은 황통을 정통화하기 위해 비다츠천황 릉(敏達陵)을 기점으로 하는 묘역(陵墓域)을 정비해 이용했다.[16)]

2. 飛鳥浄御原宮(아스카키요미하라궁)·전기 (아스카 궁터 III-b기)

황위 계승자 싸움인 壬申の乱(진신의 난)에서 승리한 天武(천무)천황이 조성한 왕궁. 天武(천무) 천황은 역대의 천궁을 중단하고 後飛鳥岡本宮(노치노아스카오카모토궁)을 계승해 内郭前殿(내곽전전)의 증축과 朝堂【=朝庭・庁】(조당[=조정과 청])의 정비를 해서 자신의 왕궁으로 삼았다. 内郭前殿(내곽전전)은, 신하의 공간인 조정에 설치된 천황이 출어하는 전사이고, 천황이 신하들 보다 위에 있는 것을 시각화해서 인식시키기 위한 장치로 생각된다. 또, 정비된 朝庭(조정)에서는 천황에 대한 拝礼(배례), 朝貢(조공),

16) 重見 泰, 「「今城」の創出と飛鳥の陵墓群 -「中尾山」出土の土器群とその性格-」, 『古代学研究』 第213号, 古代学研究会, 2017b.

服属儀礼(복속의례)가 이루어졌으며, 천황과의 군신관계를 확인하는 공간으로 기능했다.

3. 飛鳥浄御原宮(아스카키요미하라궁)·후기 (아스카 궁터 III-c기)

天武(천무) 10년(682)경 내곽 동남쪽에 공적 공간인 에비노코곽을 조성했다. 에비노코곽은 朝庭(조정)을 향해 정문이 서쪽으로 열려 있고, 朝庭(조정)에 대한 正殿(정전)으로 자리 잡았다. 그리고 에비노코곽 正殿(정전)은 飛鳥宮(아스카궁) 전체의 正殿(정전)이라 할 수 있는 규모이며, 天武朝(천무왕조)의 「大極殿(대극전)」이라 생각된다. 天武(천무) 천황은 내곽에서 독립된 공적인 正殿(정전)을 조정에 배치함으로써 신하들을 포함한 모든 피지배자층에 대해 천왕이 지배체계의 정점에 있음을 구현했다.

우주의 중심을 상징하는 天帝(천제)의 常居(상거)를 의미하는 太極(태극)에서 유래한 「大極殿(대극전)」의 채용과 군신관계를 확인하는 조정의 正殿(정전)의 창출은 藤原宮(후지와라궁) 이후에 朝堂(조당)의 正殿(정전)으로 「大極殿(대극전)」이 성립하기 위한 기반이 되었다. 飛鳥浄御原宮(아스카키요미하라궁)은 율령 체제하에 궁 구조의 기초를 만들어 낸 궁으로 평가할 수 있다.

Ⅵ. 藤原宮(후지와라궁)의 성립

즉위 후 곧 天武(천무) 천황은 飛鳥浄御原宮(아스카키요미하라궁)과는 별도로 새로운 도읍지 조성에도 착수한다. 「新城(니이키)」으로 불리는 条坊道路(조방 도로)[17]에 의한 구획(街区)을 시공하고 天武(천무) 5년(676)에는 「將都新城。…然遂不都矣。」(이 「都」는 宮処【=王宮】(궁처[=왕궁])를 의미한다)라는 기록에서, 이 新城(니이키)에 왕궁 조성을 계획하지만 중단되었다. 天武(천무) 11년(682) 3월, 드디어 왕궁 조성에 착수하여 왕궁

17) 고대의 도성의 시가구획. 일본에서는 당나라 장안성에 따라 주작대로(朱雀大路)를 사이에 두고 좌우 양경을 남북으로 달리는 대로에 따라 사방(四坊)으로 나누고, 동서로 달리는 대로에 따라 구조로 나눈 도로. 평성경(平城京)·평안경(平安京) 등에서 보인다.

과 街区(가구)[18]를 합하여 「京師(미야코)」라고 불리게 되었다. 그리고 天武(천무)13년 3월에 왕궁의 중추부 (内裏(다이리) · 大極殿(대극전) · 朝堂院(조당원))인 「宮室(오오미야)」의 땅이 결정됨에 따라 「新益京(신야쿠쿄)」라 불렸다. 이 왕궁이 藤原宮(후지와라궁)이다. 朱鳥(주조) 원년 (685)에 天武(천무) 천황이 승하하고 조성은 일시 중단이 되었지만, 持統(지통)[19] 천황이 이어 완성시켜, 持統(지통) 8년(694) 12월에 천도했다. 이것을 일반적으로는 藤原京(후지와라경)이라 부르고 있다.〈그림 7〉

天武(천무) 5년(676)에 왕궁의 조성 계획이 실현되지 않고, 天武(천무) 11년(682)이 되어 착수된 것은, 동시에 진행되고 있던 飛鳥浄御原宮(아스카키요미하라궁)의 구조개혁을 토대로 할 필요가 있었기 때문이라고 생각된다. 藤原宮(후지와라궁) 중앙에는 천황의 전유공간인 大極殿院(대극전원)이 있고 관인들이 모이는 朝堂(조당)의 正殿(정전)으로 大極殿(대극전)이 배치되어 있다. 바로 천황을 중심으로 한 지배체계를 나타내는 구조이며, 이를 구현화하기 위해서는 飛鳥浄御原宮(아스카키요미하라궁)에 있어서 단계적인 구조개혁이 필요했던 것이다.

또한 天武(천무) 10년(681)에는 飛鳥浄御原宮(아스카키요미하라궁)의 大極殿(대극전)에서 율령의 편찬 명령이 내려졌다. 天武(천무) 천황은 천황을 정점으로 하는 지배체계를 실현하기 위해 제도를 정비하는 동시에 신하들을 납득시키는 궁전구조(宮殿構造)를 창출함으로써 율령국가의 기초를 마련했다고 할 수 있다.

---

18) 번지를 정리하기 위해 작게 나눈 시가지의 구획.

19) 지통천황(持統天皇) 在位 690~697년.

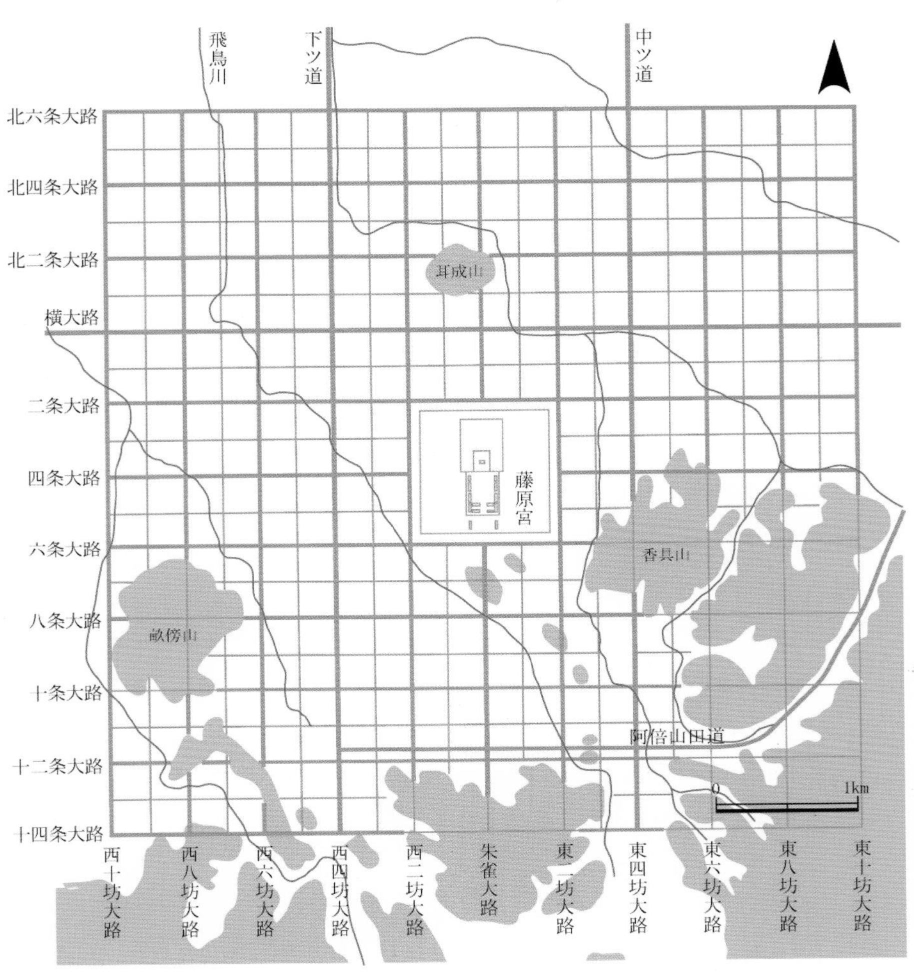
飛鳥川
下ツ道
中ツ道
北六条大路
北四条大路
北二条大路
耳成山
横大路
二条大路
四条大路
藤原宮
六条大路
香具山
八条大路
畝傍山
十条大路
阿倍山田道
十二条大路
0
1km
十四条大路
西十坊大路
西八坊大路
西六坊大路
西四坊大路
西二坊大路
朱雀大路
東二坊大路
東四坊大路
東六坊大路
東八坊大路
東十坊大路

〈그림 7〉 후지와라궁

【참고문헌】

小澤 毅, 「伝承板蓋宮跡の発掘と飛鳥の諸宮」, 『日本古代宮都構造の研究』, 青木書店, 2003.

重見 泰, 「後飛鳥岡本宮と飛鳥浄御原宮—宮殿構造の変遷と「大極殿」出現過程の再検討—」, 『ヒストリア』第244号, 大阪歴史学会, 2014.

重見 泰, 「後飛鳥岡本宮の構造と飛鳥浄御原宮の成立」, 『ヒストリア』第249号, 大阪歴史学会, 2015.

重見 泰, 「新城の造営計画と藤原京の造営」, 『考古学論攷』第40冊, 奈良県立橿原考古学研究所, 2017a.

重見 泰, 「「今城」の創出と飛鳥の陵墓群－「中尾山」出土の土器群とその性格－」, 『古代学研究』第213号, 古代学研究会, 2017b.

重見 泰, 「難波長柄豊崎宮から後飛鳥岡本宮へ」, 『橿原考古学研究所論集』第17集, 八木書店, 2018a.

重見 泰, 「律令制都城の形成」, 『考古学論攷』第41冊, 奈良県立橿原考古学研究所, 2018b.

早川庄八, 「前期難波宮と古代官僚制」, 『日本古代官僚制の研究』, 岩波書店, 1986.

林部 均, 「伝承飛鳥板蓋宮跡の年代と宮名」, 『古代宮都形成過程の研究』, 青木書店, 2001.

樋笠逸人, 「高御座の成立—八世紀における登壇儀礼の再検討—」, 『日本史研究』第623号, 日本史研究会, 2014.

日本における律令国家形成の都城

重見 泰 | 奈良県立橿原考古学研究所附属博物館

Ⅰ. はじめに

日本では、『大宝律令』の成立と唐長安城を模した平城京の完成によって、律令が国制の骨格として重要な位置を占める国家体制が成立する。都城は律令制が機能するための舞台であり、7世紀代にその礎が形成されていった。そのなかにおいて、旧来の王宮構造である飛鳥浄御原宮から本格的都城の藤原宮への構造変化は、律令国家の形成過程を解明する上できわめて重要である。

飛鳥浄御原宮を含む7世紀代の4つの王宮が重複しているのが飛鳥宮跡である。飛鳥宮跡の遺構変遷はほぼ定説となっていたが(小澤2003、林部2001)、近年の検討によって変遷が見直されている。本発表では、飛鳥宮跡の変遷を古代宮都の展開のなかに改めて位置づけることによって、従来とは異なる視点から律令制都城の成立過程を述べたい。

なお、本発表の詳細は重見2018を参照されたい。

Ⅱ. 飛鳥宮跡の変遷

飛鳥宮跡ではⅠ~Ⅲ期の遺構変遷が確認されている(図1)。Ⅰ期が舒明の飛鳥岡本宮、Ⅱ期が皇極の飛鳥板蓋宮と考えられるが、Ⅲ期と重複するためごく一部が確認されたにすぎない。

最上層のⅢ期遺構は内郭、外郭、エビノコ郭から構成され、エビノコ郭の造営以前をⅢ—A期、造営後をⅢ—B期と区分していたが、遺構の変遷と出土遺物の再検討(重見

2014・2015)から、Ⅲ期遺構は後飛鳥岡本宮であるⅢ—a期と飛鳥浄御原宮であるⅢ—b・c期の3期に区分される(図2)。

この3期変遷で重要なことは、内郭前殿SB7910が後飛鳥岡本宮の段階には存在せず、飛鳥浄御原宮の段階で造営されたことと、エビノコ郭の造営が天武元年よりもずっと降ることである。これにより直前の難波長柄豊碕宮からの継承関係と、直後の藤原宮への継承関係が問題となる(図3・4)。

Ⅲ. 難波長柄豊碕宮から後飛鳥岡本宮へ

孝徳朝の難波長柄豊碕宮とされる前期難波宮は、広大な庭に14棟以上の庁を配置する「朝堂院」と内裏とで構成されるもので、藤原宮のモデルと考えられている(図5)。内裏には軒廊で繋がれた内裏前殿と後殿があり、内裏前殿は藤原宮大極殿の祖型とみられていた。そして、飛鳥宮跡Ⅲ期の内郭前殿が前期難波宮の内裏前殿と藤原宮大極殿をつなぐ重要な殿舎として位置づけられていた。しかし、飛鳥宮跡Ⅲ—a期には内郭前殿は存在せず、後飛鳥岡本宮の次の王宮である近江大津宮と考えられている滋賀県大津市の錦織遺跡でも内郭前殿にあたる殿舎は存在しない。

そこで、改めて前期難波宮の内裏の遺構を検討すると、内裏前殿区には空間を確保するための特殊な建て替えが認められることから(図6)、内裏前殿は後に増築された可能性が高いことを確認した。

また、白雉元年(650)2月甲申[15日]条の白雉献上の記事によると、「朝庭」から「紫門」を入ると「中庭」があり、その先に天皇が出御する「殿」が位置するようすがわかる。藤原宮における元日朝賀や迎接では、天皇が出御する大極殿院の南門を隔てた朝庭に百官や外国使節が列立していることや、天皇が参列者に直接対面するのは平城宮からだという指摘(樋笠2014)があることから、百官と外国使節が列立する「中庭」に、天皇出御の「殿」が直面していたとは考えられず、「殿」と「中庭」は異なる空間にあるとみるべきである。

この構造を前期難波宮と対応させると、「朝庭」はいわゆる朝堂院、「紫門」は内裏南門、「中庭」は内裏前殿区の庭にあたる。上述したように、この「中庭」に天皇出御の「殿」

があったと想定することはできないから、この段階では内裏前殿は存在しないと考えるべきであり、「中庭」とは区切られた内裏後殿SB1603が殿にあたるものと考えられる。「殿」は天皇が出御する殿舎であり、内裏前殿区の「中庭」に列立した百官や外国使節に対するための公的な正殿である。SB1603のある内裏後殿区の北側は3条の東西塀で区切られており、その北側に私的殿舎である「正寝」が位置するものと考えられる。したがって、難波長柄豊碕宮の構造は、南門SB4501—広い朝庭・庁—紫門SB3301—中庭・庁SB1001・1101—殿SB1603—正寝(大殿)と復原される。そして、内裏後殿区から奥の北側が、基本的に大王が専有する空間であり、内裏前殿区から南側が群臣らの空間にあたる。

したがって、後飛鳥岡本宮は、難波長柄豊碕宮の紫門から北側の構造のみを継承したことになる。

Ⅳ. 小墾田宮から難波長柄豊碕宮へ

1. 小墾田宮

推古11年(603)に推古天皇が遷宮した小墾田宮は、構造が復原できる最も古い王宮である。遺構は確認されていないが、『日本書紀』の記述から南門—庭・庁—大門(閤門)—大殿という構造が復元でき、儀礼がおこなわれる「庭」および「庁」で構成される群臣の場と天皇の居住する「大殿」のある空間で構成されている。

『日本書紀』用明2年(587)4月丙午[2日]条によると、用明天皇の池辺双槻宮も同じ構造と推測できることから、小墾田宮の構造は大王宮の基本的な構造として継承されてきた可能性が高い。

2. 飛鳥板蓋宮

『日本書紀』皇極4年(645)6月戊申[12日]条の記事によると、飛鳥板蓋宮の内裏には三韓の表文奏上に際して天皇が出御した「大極殿」が登場する。この「大極殿」は文飾とみられるが、この殿舎が「大極殿」とされたのは公的機能を中心とする殿舎だったからであろう。蘇我入鹿斬殺後に天皇が引きこもった「殿中」が別に存在した可能性があり、内裏空間が私的殿舎「大殿」と公的殿舎の二重構造へと分化していたものと推測される。

また、皇極2年(643)10月己酉[3日]条に「饗賜群臣伴造於朝堂庭。而議授位之事。」とあって、飛鳥板蓋宮にも群臣が集議する朝堂の「庭」があることがわかる。したがって、大殿の機能分化はうかがえるものの、飛鳥板蓋宮の基本構造は小墾田宮を継承したものと考えられる。

3. 小郡宮の礼法と難波長柄豊碕宮

乙巳の変の後の大化3年(647)には難波の小郡を壊して小郡宮を造り、礼法を定めている(『日本書紀』大化3年是歳条)。この礼法は、小郡宮と並行して造営されていた難波長柄豊碕宮で実施することを前提に定められたものと考えられる。この記事から、小郡宮の構造は、南門—庭・庁—(紫門)—中庭—(殿)—(大殿)と復原され、「中庭」より奥が小墾田宮の基本構造と一致する従来の王宮にあたる。「中庭」は一部の群臣が待候し合議を行う空間と考えられるが、その南側に新たに有位者が参集し政務するための空間を付加した構造となっており、この構造は孝徳朝難波長柄豊碕宮と共通する。有位者が朝参・朝政するための朝堂の創出こそ、前代までの飛鳥の宮との最大の違いである。

大王を象徴する「紫門」の前に配置された広い朝堂は、そこに朝参、朝政する対象が「有位者」であるように、君と臣との距離を表示する位階を前提にした場であり、大王の前に列立することによって君臣関係および位次を物理的な距離として具現化する空間(早川1986)といえる。すなわち、参集した百官らに君臣秩序を確認させる場として機能したものと考えることができる。

Ⅴ．飛鳥宮跡Ⅲ期の位置づけ

1. 後飛鳥岡本宮(飛鳥宮跡Ⅲ―a期)

難波長柄豊碕宮から飛鳥へ戻り、斉明天皇が造営した王宮である。広大な朝堂を継承せず、旧来の構造を採用している。飛鳥還都は孝徳朝の主政策であった君臣秩序の構築に対する強い反発を受けたものであり、武力行使のない言わばクーデターによって断行された。したがって、旧来の宮処と王宮構造への回帰には、孝徳朝を否定する意図があったと考えられる。

クーデターによって成立した斉明朝はその皇統を正当化する必要がある。このことを念頭におくと、斉明朝に特徴的な大土木事業はそのための環境整備として理解できる。

王宮と一体的に造営された酒船石遺跡は、神聖視された飛鳥岡からの湧水を引く導水施設を中心にした遺跡である。これは水源を支配する司祭者を演出する舞台と考えられ、天皇の徳を高めて王権強化に利用したものと推測される。また、王宮に接して造営され、迎接に利用されたと考えられる飛鳥京跡苑池もその一環であろう。

王宮と同時期に飛鳥から離れて造営された吉野宮は、宮滝遺跡が有力候補である。天皇支配の象徴として異郷に造営されたものであり、異郷の人々(国巣)が天皇に服属することを演出し、王化思想に基づく天皇の正統性を主張する舞台だと考えられる。

また、飛鳥の北の入口に造られた水落遺跡は、漏刻の設置施設と考えられている。朝政定刻制の実現を目指したものと考えられ、大王への権力集中を図るものと理解できる。

さらに、斉明は皇統を正統化するために、敏達陵を起点とする陵墓域を整備し利用した(重見2017b)。

2. 飛鳥浄御原宮·前期(飛鳥宮跡Ⅲ―b期)

皇位継承争いである壬申の乱に勝利した天武天皇が造営した王宮である。天武は歴代遷宮を止めて後飛鳥岡本宮を継承し、内郭前殿の増築と朝堂(朝庭と庁)の整備を行って自身の王宮とした。内郭前殿は、群臣の場である朝庭に設置された天皇出御の殿舎であり、天皇が群臣の上位にいることを視覚化し、認識させるための装置と考えられる。また、整備された朝庭では天皇への拝礼、朝貢、服属儀礼が行われ、天皇との君臣関係を確認する空間として機能した。

3. 飛鳥浄御原宮·後期(飛鳥宮跡Ⅲ—c期)

天武10年頃、内郭の東南に公的空間のエビノコ郭を造営した。エビノコ郭は、朝庭に面して正門が西に開いており、朝庭に対する正殿と位置づけられる。そして、エビノコ郭正殿は飛鳥宮全体の正殿といえる規模であり、天武朝の「大極殿」と考えられる。天武は、内郭から独立した公的な正殿を朝庭に配置することで、群臣を含むすべての被支配者層に対して、天皇が支配体系の頂点にいることを具現化した。

宇宙の中心を象徴する天帝の常居を意味する太極に由来する「大極殿」の採用と、君臣関係を確認する朝庭の正殿の創出は、藤原宮以降に朝堂の正殿として大極殿が成立するための基盤となった。飛鳥浄御原宮は、律令体制下における宮構造の基礎を作り上げた宮として評価できる。

Ⅵ. 藤原宮の成立

即位後まもなく、天武は飛鳥浄御原宮とは別に新しい都の造営にも着手する。「新城」と呼ばれる条坊道路による街区を施工し、天武5年(676)には「將都新城。…然遂不都矣。」(この「都」は宮処(王宮)を意味する)とあって、この新城に王宮造営を計画するが中断している。天武11年(682)3月、ようやく王宮の造営に着手し、王宮と街区をあわせて「京師」と呼ばれるようになった。そして、天武13年3月に王宮の中枢部(内裏・大極殿・朝堂院)である「宮室」の地が決定したことを受けて「新益京」と呼ばれた。この王宮が藤原宮である。朱鳥元年(685)に天武が崩御して造営は一時中断するが、持統天皇が引き継いで完成させ、持統8年(694)12月に遷都した。これを一般的には藤原京と呼んでいる(図7)。

天武5年に王宮の造営計画が実現されず、天武11年になって着手されたのは、同時に進められていた飛鳥浄御原宮の構造改革を踏まえる必要があったからだと考えられる。藤原宮の中央には、天皇の専有空間である大極殿院があり、官人らが参集する朝堂の正殿として大極殿が配置されている。まさに天皇を中心とした支配体系を示す構造であり、これを具現化するためには、飛鳥浄御原宮における段階的な構造改革が必要だったのである。

また、天武10年(681)には、飛鳥浄御原宮の大極殿で律令の編纂が命じられている。天武は、天皇を頂点とする支配体系を実現するために、制度を整備するとともに、群臣らを納得させる宮殿構造を創出することによって律令国家の基礎を築いたといえる。

【参考文献】

小澤 毅, 2003,「伝承板蓋宮跡の発掘と飛鳥の諸宮」,『日本古代宮都構造の研究』, 青木書店.

重見 泰, 2014,「後飛鳥岡本宮と飛鳥浄御原宮—宮殿構造の変遷と「大極殿」出現過程の再検討—」,『ヒストリア』第244号, 大阪歴史学会.

重見 泰, 2015,「後飛鳥岡本宮の構造と飛鳥浄御原宮の成立」,『ヒストリア』第249号, 大阪歴史学会.

重見 泰, 2017a,「新城の造営計画と藤原京の造営」,『考古学論攷』第40冊, 奈良県立橿原考古学研究所.

重見 泰, 2017b,「「今城」の創出と飛鳥の陵墓群－「中尾山」出土の土器群とその性格－」,『古代学研究』第213号, 古代学研究会.

重見 泰, 2018a,「難波長柄豊崎宮から後飛鳥岡本宮へ」,『橿原考古学研究所論集』第17集, 八木書店.

重見 泰, 2018b,「律令制都城の形成」,『考古学論攷』第41冊, 奈良県立橿原考古学研究所.

早川庄八, 1986,「前期難波宮と古代官僚制」,『日本古代官僚制の研究』, 岩波書店.

林部 均, 2001,「伝承飛鳥板蓋宮跡の年代と宮名」,『古代宮都形成過程の研究』, 青木書店.

樋笠逸人, 2014,「高御座の成立—八世紀における登壇儀礼の再検討—」,『日本史研究』第623号, 日本史研究会.

부 록

Ⅰ. 아라가야 관련 문헌 참고목록

1. 문헌사료

『경상도읍지(慶尙道邑誌)』

『경상도지리지(慶尙道地理志)』

『고려사(高麗史)』

『고사기(古事記)』

『교남지(嶠南誌)』

『구당서(舊唐書)』

『남제서(南齊書)』

『대동여지도(大東輿地圖)』

『대동지지(大東地志)』

『동국지리지(東國地理誌)』

『동사략(東史約)』

『사기(史記)』

『삼국사기(三國史記)』

『삼국유사(三國遺事)』

『삼국지(三國志)』

『세종실록지리지(世宗實錄地理志)』

『송서(宋書)』

『수서(隋書)』

『신증동국여지승람(新增東國輿地勝覽)』

『신찬성씨록(新撰姓氏錄)』

『아방강역고(我邦疆域考)』

『일본서기(日本書紀)』
『여지도서(輿地圖書)』
『영남읍지(嶺南邑誌)』
『진서(晉書)』
『칠원읍지(漆原邑誌)』
『칠원현읍지(漆原縣邑誌)』
『한서(漢書)』
『함주지(咸州誌)』
『후한서(後漢書)』

2. 보고서

경남문화재연구원,『함안 군북 00부대 이전사업부지 내 5－1.3구역 함안 군북 소포리유적』, 2016.
경남발전연구원 역사문화센터,「함안명덕고등학교 다목적교실 신축예정지내 유적 발굴조사 약보고서」, 2003.
경남발전연구원 역사문화센터,「함안 고인돌공원 조성부지내 유적 시굴조사 약보고서」, 2004.
경남발전연구원 역사문화센터,『함안 말산리 451-1유적』, 2004.
경남발전연구원 역사문화센터,『함안 봉성동유적』, 2005.
경남발전연구원 역사문화센터,『함안 소포리유적Ⅰ』, 2006.
경남발전연구원 역사문화센터,『함안 소포리유적Ⅱ』, 2007.
경남발전연구원 역사문화센터,『함안 군북면 ○○부대 이전부지(5구역 3구간 라지구) 내 함안 소포리 가야 취락』, 2016.
경남발전연구원 역사문화센터,『함안 남문외고분군 11호분』, 2017.
경남발전연구원 역사문화센터,『함안 말이산 21호분』, 2017.
경남발전연구원 역사문화센터 · 함안군,『함안 말이산 100 · 101호분』, 2016.
경북대학교박물관,『伽倻文化遺蹟保存 및 自然資源開發計劃』, 1986.
경상대학교박물관,『함안 황사리 분묘군』, 1994.
경상문화재연구원,『함안 도항리고분군－도항리428-1번지 일원』, 2011.
경상문화재연구원,『함안 소포리(배양골, 오당골, 국실)유적』, 2016.
국립가야문화재연구소,『아라가야문화권 유적 정밀지표조사보고(함안군의 선사, 고대유적)』, 1995.
국립가야문화재연구소,『함안 암각화고분』, 1996.

국립가야문화재연구소, 『함안윤외리분묘군』, 1996.
국립가야문화재연구소, 『함안 도항리 고분군Ⅰ』, 1997.
국립가야문화재연구소, 『함안 도항리 고분군Ⅱ』, 1999.
국립가야문화재연구소, 『함안 도항리 고분군Ⅲ』, 2000.
국립가야문화재연구소, 『함안 도항리 고분군Ⅳ』, 2001.
국립가야문화재연구소, 『함안 마갑총』, 2002.
국립가야문화재연구소, 『함안 도항리 고분군Ⅴ』, 2004.
국립가야문화재연구소, 『가야무덤Ⅰ』, 2007.
국립가야문화재연구소, 『가야무덤Ⅱ』, 2007.
국립가야문화재연구소, 『2013 가야고분 입지·환경 연구용역』, 2013.
국립가야문화재연구소, 「아라가야 추정 왕궁지 유적 긴급발굴조사 자료」, 2018.
국립김해박물관, 『함안 월촌리 야철지 시굴조사보고서』, 2004.
국립김해박물관, 『함안 우거리 토기생산유적』, 2007.
국립김해박물관, 『함안 말이산 4호분(구 34호분)』, 2017.
국립중앙박물관, 『유리원판 목록집Ⅰ』, 1997.
국립중앙박물관, 『유리원판 목록집Ⅱ』, 1998.
국립중앙박물관, 『유리원판 목록집Ⅲ』, 1999.
국립중앙박물관, 『유리원판 목록집Ⅳ』, 2000.
국립중앙박물관, 『유리원판 목록집Ⅴ』, 2001.
기호문화재연구원, 『함안 봉성리 청동기시대 무덤군(Ⅱ)』, 2015.
동서문물연구원, 『함안 덕대리 유적－함안 군북 도시계획도로 개설부지내 유적－』, 2009.
동서문물연구원, 『함안 스포츠타운 조성부지내 유적』, 2009.
동서문물연구원, 『함안 신음리 유적－함안 경주마 조련시설부지내 유적－』, 2009.
동서문물연구원, 『함안 괴산리유적-경전선(함안－진주) 복선전철화 사업구간내 유적－』, 2011.
동서문물연구원, 『함안 대산리 도림유적 경전선 복선전철화 사업구간내(함안－진주)유적－도림 유물산포지』, 2013.
동서문물연구원, 『함안 예곡리유적－함안 예곡리(주)경인테크 공장신축부지내 유적－』, 2013.
동서문물연구원, 『함안 소포리유적Ⅰ－함안 군북면 ○○부대이전부지(6구역 2구간 나지구)내 유적－』, 2014.
동서문물연구원, 『함안 소포리유적Ⅱ－함안 군북면 ○○부대이전부지(6구역 3구간 다지구)내 유적－』, 2015.

동서문물연구원,『함안 소포리유적Ⅲ－함안 군북면 ○○부대이전부지(5-3구역 가지구)내 유적－』, 2016.
동아대학교박물관,『낙동강 · 남해안의 문화유산』, 2005.
동아세아문화재연구원,『함안 충의공원 조성부지 내 문화유적 발굴조사보고서』, 2006.
동아세아문화재연구원,『함안 도항리6호분』, 2008.
동아세아문화재연구원,『함안 도항리고분군－함안도항리6-1호분』, 2008.
두류문화연구원,『함안 소포리 유적』, 2015.
마산대학교박물관,『伽倻文化圈遺蹟精密調査報告書(咸安郡)』, 1984.
삼강문화재연구원,『도항리 · 말산리 유적』, 2000.
우리문화재연구원,『함안 엘엔피아파트 신축부지 내 함안 오곡리87번지 유적 8』, 2008.
우리문화재연구원,『함안 오곡리 도시계획시설예정부지내 함안 오곡리 28번지유적』, 2008.
우리문화재연구원,『함안 가야리 제방유적』, 2010.
우리문화재연구원,『함안 가야리 제방유적Ⅱ』, 2013.
우리문화재연구원,『함안 도항리 527번지 유적』, 2018.
우리문화재연구원,『함안 말이산 고분군 제25 · 26호분』, 2018.
조선총독부,『慶尙北道善山郡 · 達城郡 · 高靈郡 · 星州郡 · 金泉郡 · 慶尙南道咸安郡 · 昌寧郡調査報告(大正六年度古蹟調査報告)』, 1920.
조선총독부,『古蹟及遺物登錄臺帳抄錄』, 1924.
조선총독부박물관,『朝鮮寶物古蹟調査資料』, 1942.
창원대학교박물관,『함안 아라가야의 고분군Ⅰ－도항리 · 말산리 고분군 정밀조사 보고－』, 1992.
창원대학교박물관,『함안 오곡리유적』, 1995.
창원대학교박물관,『경전선 함안－진주간 복선전철 민간투자 시설사업 문화재지표조사 결과보고』, 2006.
함안군,『함안 말이산고분군 정밀 지표조사보고서』, 경남발전연구원, 2014.
함안군 · 경남문화재연구원,『함안 묘사리 윗장명 토기가마 유적』, 2002.
함안군 · 창원대학교박물관,『문화유적분포지도－함안군』, 2006.
해동문화재연구원,『함안 군북면 ○○군부대 이전부지(5-3구역 다지구)내 유적』, 2016.
해동문화재연구원,『함안장지리 유적II－함안 군북 장지일반산업단지 조성부지 내 유적－』, 2016.

3. 단행본

가락국사적개발연구원 한국고대사회연구소 편, 『역주 한국고대금석문(신라1 · 가야편)』, 1992.

가야고분군 세계유산등재 추진단, 『가야고분군 세계유산등재를 위한 국제학술대회』, 2018.

경남발전연구원 역사문화센터, 『경남의 가야고분과 동아시아』, 학연문화사, 2011.

경남발전연구원 역사문화센터, 『고고학을 통해 본 아라가야와 주변제국』, 학연문화사, 2013.

경상남도, 『가야유적의 역사적 위상과 세계유산 가치연구』, 2012.

경상남도, 『가야유적 유네스코 세계문화유산 등재추진 학술연구』, 2013.

경상남도, 『김해 · 함안 가야고분군』, 2013.

경상남도, 『김해 · 함안의 가야고분군 세계문화유산 등재를 위한 학술심포지엄』, 2013.

경상북도 · 계명대 한국학연구원, 『세계유산등재과정과 가야고분군의 탁월한 보편적 가치』, 2014.

계명대학교 한국학연구원, 『가야역사문화지구 세계유산등재를 위한 학술심포지엄』, 2011.

고준환, 『4국時代 신비왕國家야』, 우리출판사, 1993.

국립가야문화재연구소, 『고대 함안의 사회와 문화』, 2002.

국립가야문화재연구소, 『(아라가야)함안의 문화유산 제대로 알기』, 2008.

국립가야문화재연구소, 『가야고분 축조기법Ⅰ』, 2012.

국립가야문화재연구소, 『가야이야기－가야의 역사, 그리고 우리』, 2016.

국립중앙박물관, 『伽倻 : 神秘의 古代王國』, 국립중앙박물관, 1991.

국립창원문화재연구소, 『가야와 그 전환기의 고분문화』, 2006.

국사편찬위원회, 『韓國古代金石文資料集 2－新羅.伽耶篇』, 國史編纂委員會, 1995.

권주현, 『가야인의 삶과 문화』, 혜안, 2004.

김세기 외, 『대가야와 주변제국』, 고령군대가야박물관 · 계명대한국학연구원, 2002.

김시우, 『교과서에 반영된 가야사』, 가락국사적개발연구원, 1993.

김태식, 『加耶聯盟史』, 일조각, 1993.

김태식, 『미완의 문명 7백년 가야사』 1, 2, 3, 푸른역사, 2002.

김태식 외, 『가야사 사료집성』, 가락국사적개발연구원, 1992.

김태식 외, 『(譯註) 加耶史史料集成』, 가락국사적개발연구원 한국고대사회연구소, 2004.

김태식 외, 『한국 고대 사국의 국경선』, 서경문화사, 2008.

남재우, 『安羅國史』, 혜안, 2003.

남재우, 『아라가야 역사읽기』, 경남문화, 2007.

남재우, 『가야 그리고 사람들』, 선인, 2011.

남재우 외, 『가야인의 삶, 그리고 흔적』, 선인, 2011.
남재우, 안성현, 김재현, 홍성우, 안홍좌, 『아라가야의 산성』, 선인, 2018.
노중국 외, 『진 · 변한사연구』, 계명대학교 한국학연구원, 2002.
류창환, 『가야마구의 연구』, 서경문화사, 2012.
문창로, 『삼한시대의 읍락과 사회』, 신서원, 2000.
박천수, 『새로 쓰는 고대 한일교섭사』, 서울, 2007.
박천수, 『가야토기－가야의 역사와 문화』, 진인진, 2010.
박천수, 『가야문명사』, 진인진, 2018.
박천수 외, 『加耶의 遺蹟과 遺物』, 학연문화사, 2003.
배덕환, 『한국 청동기시대 주거지 집성－경상남도』, 춘추각, 2004.
백산자료원, 『백제 · 전기신라 및 가야사 4』, 백산자료원, 1997.
백승옥, 『가야 각국사 연구』, 혜안, 2003.
백승옥 · 이주헌 · 이동희 · 하승철 · 다나카 도시아키, 『안라(아라가야)의 위상과 국제관계』, 학연문화사, 2018.
복천박물관, 『한국의 고대갑주』, 2010.
부산경남역사연구소 엮음, 『시민을 위한 가야사』, 집문당, 1996.
부산대학교 한국민족문화연구소 편, 『가야 각국사의 재구성』, 혜안, 2000.
부산대학교 한국민족문화연구소 편, 『한국 고대사 속의 가야』, 혜안, 2001.
부산대학교 한국민족문화연구소 편, 『가야 고고학의 새로운 조명』, 혜안, 2003.
부산대학교 한국민족문화연구소 편, 『가야, 잊혀진 이름 빛나는 유산』, 혜안, 2004.
(사)ICOMOS-KOREA, 『가야고분군 세계유산 등재 비교연구』, 2016.
(사)ICOMOS-KOREA, 『2017 가야고분군 세계유산 가치 비교연구』, 2017.
아라가야향토사연구회, 『안라국고성』, 1996.
아라가야향토사연구회, 『안라고분군』, 유적답사자료 총서3집, 1998.
이성주, 『新羅 · 加耶社會의 起源과 成長』, 학연문화사, 1998.
이영식, 『加耶諸國と任那日本府』, 吉川弘文館, 1993.
이영식, 『(이야기로 떠나는)가야 역사여행』, 지식산업사, 2009.
이영식, 『가야제국사연구』, 생각과 종이, 2016.
이현혜, 『삼한사회 형성과정 연구』, 일조각, 1984.
인제대가야문화연구소 편, 『가야제국의 鐵』, 신서원, 1995.
인제대가야문화연구소 편, 『加耶諸國의 王權』, 신서원, 1997.

임영선, 『성곽 답사 여행 - 성곽이 지켜낸 역사를 따라 걷는 길』, 주류성, 2015.
정중환, 『加羅史研究』, 혜안, 2000.
조원영, 『가야, 그 끝나지 않은 신화』, 혜안, 2008.
조희승, 『가야사 연구』, 사회과학출판사, 1994.
조희승, 『가야사』, 과학백과사전종합출판사, 2001.
주보돈, 『가야사 새로 읽기』, 주류성, 2017.
중앙문화재연구원, 『가야고고학개론』, 진인진, 2016.
창원문화재연구소, 『가야연구논저목록』, 1991.
천관우, 『가야사연구』, 일조각, 1991.
최근영 외 역, 『일본 육국사 한국관계기사(원문 · 역주)』, 가락국사적개발연구원, 1994.
土屋隆史, 『古墳時代の日朝交流と金工品』, 雄山閣, 2018.
한국고고학회 편, 『고고학을 통해 본 가야』, 韓國考古學會, 2000.
한국고대사연구소, 『가야사의 제문제』 2, 駕洛國史蹟開發研究院, 1991.
한국고대사연구회 편, 『삼한의 사회와 문화』, 신서원, 1995.
한국고대사연구회, 『加耶史의 새로운 이해』, 한국고대사연구회, 1996.
한국고대사학, 『가야사 연구의 현황과 전망』, 주류성, 2018.
한극학회, 『한국지명총람』 9, 1980.
함안군, 『아라가야의 위상과 국제관계』, 한국산업관계연구원, 2017.
함안군 · 부산대학교 한국민족문화연구소, 『안라국(=아라가야)과 임나일본부－경상남도 함안군 아라가야 왕조 계보정리를 위한 제2차 학술대회 발표자료집』, 2014.
함안문화원, 『국역 함주지』, 2009.
함안박물관, 『말이산』, 2013.
홍성화, 『한일 고대사유적 답사기』, 삼인, 2008.

4. 논문

가야통신편집부, 「傳咸安郡 伽倻面 沙內里 出土 倣製鏡」, 『부산대학교박물관신문』(12월호), 부산대학교박물관, 1983.
강병훈, 「咸安地方 出土 高杯에 關한 研究」, 단국대학교 박사학위논문, 1995.
강봉원, 「加耶諸國의 形成 및 彊域에 關한 研究」, 경희대학교 석사학위논문, 1984.
강지혜, 「3 · 4世紀 伽耶의 對倭交易」, 한국정신문화연구원 석사학위논문, 2002.

권오영, 「삼한의 國에 대한 연구」, 서울대학교 박사학위논문, 1996.
권주현, 「阿羅加耶에 對한 一考察」, 계명대학교 석사학위논문, 1990.
권주현, 「阿羅加耶의 成立과 發展」, 『계명사학』 4, 계명사학회, 1993.
권주현, 「안야국에 대하여－3세기를 중심으로－」, 『대구사학』 50, 대구사학회, 1995.
권주현, 「가야사논저목록」, 『한국고대사논총』 8, 가락국사적개발연구원 한국고대사회연구소, 1996.
권주현, 「加耶文化史 硏究」, 계명대학교 박사학위논문, 1998.
권주현, 「「왕후사」와 가야의 불교전래문제－가야사회의 신앙체계와 관련하여－」, 『대구사학』 95, 대구사학회, 2009.
권학수, 「가야제국의 상호관계와 연맹구조」, 『한국고고학보』 31, 한국고고학회, 1994.
김다빈, 「금관가야와 아라가야 목곽묘 사회 비교 연구」, 동아대학교 석사학위논문, 2016.
김대성, 「함안 도항리 47호 횡혈식석실분 발굴조사개보」, 『연보』, 국립창원문화재연구소, 1995.
김두철, 「고구려군의 南征과 가야」, 『가야와 광개토대왕』, 김해시, 2003.
김두철, 「棺床과 전기가야의 묘제」, 『한국고고학보』 75, 한국고고학회, 2010.
김병섭, 「영남지역 청동기시대 농경유적 제고」, 『경남연구』 8, 2013.
김보숙, 「咸安 道項里古墳群 出土 5~6世紀 土器 硏究」, 동아대학교 석사학위논문, 2009.
김세기, 「墓制를 통해 본 安羅國」, 『지역과 역사』 14, 부경역사연구소, 2004.
김세기, 「가야지역 고분자료와 묘제의 지역성 고찰」, 『영남학』 13, 경북대학교 영남문화연구원, 2008.
김세기, 「阿羅伽耶 성립기반과 영역의 변천」, 『대구사학』 106, 대구사학회, 2012.
김수환, 「阿羅加耶의 殉葬－대형 순장묘를 중심으로－」, 『영남고고학』 55, 영남고고학회, 2010.
김애경, 「6세기 百濟의 加耶進出과 그 성격」, 이화여자대학교 석사학위논문, 1998.
김애경, 「6세기 百濟의 加耶긴출과 그 성격」, 『이화사학연구』 27, 이화여자대학교 사학연구소, 2000.
김양미, 「함안 도항리 54호 수혈식석곽분 발굴조사개보」, 『연보』, 국립창원문화재연구소, 1995.
김양옥, 「韓國 鐵器時代 土器 硏究」, 숙명여자대학교 박사학위논문, 1994.
김양훈, 「4~5세기 남부가야제국과 백제의 교섭 추이」, 부산대학교 석사학위논문, 2007.
김재철, 「경상도의 고대 토기가마 연구」, 『계명사학』 15, 계명사학회, 2004.
김재현, 「咸安 道項里 8號墳의 埋葬프로세스」, 『고고역사학지』 17·18, 동아대박물관, 2002.
김정완, 「咸安圈域 陶質土器의 編年과 分布變化」, 『가야고고학논총』 3, 가야문화연구소, 2000.
김정학, 「가야의 기원과 발전」, 『가야사의 재조명』, 김해시, 1991.
김정학, 「가야사 연구의 현황」, 『가야사론』, 고려대학교 한국학연구소, 1993.

김종일, 「가야고분군의 경관적 특징과 의의」, 『가야고분군 세계유산등재를 위한 국제학술대회』, 가야고분군 세계유산등재 추진단, 2018.

김태식, 「후기가야제국의 성장기반 고찰」, 『역사와 경계』 11, 부산경남사학회, 1986.

김태식, 「6세기 전반 가야남부제국의 소멸과정 고찰」, 『한국고대사연구』 1, 한국고대사연구회, 1988.

김태식, 「후기가야연맹의 성장과 쇠퇴」, 『한국고대사론』, 한길사, 1988.

김태식, 「가야사 연구의 시간적 · 공간적 범위」, 『한국고대사논총』 2, 가락국사적개발연구원 한국고대사회연구소, 1991.

김태식, 「6세기 중엽 가야의 멸망에 대한 연구」, 『한국고대사논총』 2, 가락국사적개발연구원 한국고대사회연구소, 1992.

김태식, 「加耶諸國聯盟의 成立과 變遷」, 서울대학교 박사학위논문, 1992.

김태식, 「전기가야연맹의 해체」, 『역사비평』 26, 역사문제연구소, 1994.

김태식, 「咸安 安羅國의 成長과 變遷」, 『한국사연구』 86, 한국사연구회, 1994.

김태식, 「가야연맹의 제개념 비교」, 『가야제국의 왕권』, 혜안, 1997.

김태식, 「후기 가야연맹체의 성립과 발전」, 『한국 고대사 속의 가야』, 혜안, 2001.

김태식, 「한국 고대제국의 대외교역－가야(加耶)를 중심으로－」, 『진단학보』 101, 진단학회, 2006.

김태식, 「新羅와 前期 加耶의 關係史」, 『한국고대사연구』 57, 한국고대사학회, 2010.

김현구, 「「신공기」가야칠국 평정기사에 관한 일고찰」, 『사총』 39, 고려대사학회, 1991.

김형곤, 「함안일원 고분출토 토기류」, 『가야통신』 19 · 20, 가야통신 편집부, 1990.

김형곤, 「阿羅伽倻의 形成過程 硏究－考古學的 資料를 중심으로－」, 『가라문화』 12, 경남대학교 가라문화연구소, 1995.

김훈희, 「함안 말이산고분군 출토 유자이기의 변천과 의미」, 『영남고고학』 82, 영남고고학회, 2018.

남재우, 「가야사에서의 '연맹'의 의미」, 『창원사학』 2, 창원대사학회, 1995.

남재우, 「「廣開土王碑文」에서의 '安羅人戍兵'과 安羅國」, 『성대사림』 12 · 13, 성균관대학교 사학회, 1997.

남재우, 「安羅國의 成長과 對外關係 硏究」, 성균관대학교 박사학위논문, 1998.

남재우, 「安邪國의 성장조건과 발전」, 『지역과 역사』 5, 부경역사연구소, 1999.

남재우, 「문헌으로 본 안라국사」, 『가야 각국사의 재구성』, 부산대학교 한국민족문화연구소, 2000.

남재우, 「6세기대 安羅國과 百濟와의 관계」, 『백산학보』 60, 백산학회, 2001.

남재우, 「가락국의 건국신화와 제의」, 『역사와 경계』 67, 부산경남사학회, 2008.

남재우, 「칠포국의 성립과 변천」, 『한국상고사학보』 61, 한국상고사학회, 2008.

남재우, 「식민사관에 의한 가야사연구와 그 극복」, 『한국고대사연구』 61, 한국고대사학회, 2011.

남재우, 「「廣開土王碑文」과 『宋書』로 본 倭의 加耶認識과 '任那日本府'」, 『지역과 역사』 35, 부경역사연구소, 2014.

남재우, 「기록으로 본 가야문화의 성격」, 『구결연구』 34, 구결학회, 2015.

남재우, 「安邪國에서 安羅로의 변천」, 『사림』 58, 수선사학회, 2016.

남재우, 「전기 가야사 연구의 성과와 과제」, 『한국고대사연구』 85, 한국고대사연구회, 2017.

노중국, 「한국 고대의 읍락의 구조와 성격－국가형성과정과 관련하여」, 『대구사학』 38, 1989.

노중국, 「가야사연구의 어제와 오늘」, 『한국고대사 속의 가야』, 혜안, 2001.

문창로, 「'변한과 가야' 연구의 동향과 과제」, 『한국고대사연구』 89, 한국고대사학회, 2018.

박광춘, 「가야토기의 지역색 연구」, 『한국상고사학보』 24, 한국상고사학회, 1997.

박광춘, 「아라가야 토기의 편년적 연구」, 『함안 도항리 6호분』, 동아세아문화재연구원, 2008.

박대재, 「三韓의 '國邑'에 대한 재인식」, 『한국고대사연구』 91, 한국고대사연구회, 2018.

박상언, 「洛東江流域의 古式陶質土器 硏究」, 경남대학교 석사학위논문, 2007.

박승규, 「가야토기의 지역상에 관한 연구」, 『가야문화』 11, 가야문화연구원, 1998.

박승규, 「加耶土器의 轉換期 變動과 樣式構造」, 『가야문화』 19, 가야문화연구원, 2006.

박승규, 「加耶土器 樣式 硏究」, 동아대학교 박사학위논문, 2010.

박윤미, 「加耶古墳의 銹着織物에 관한 硏究」, 경상대학교 박사학위논문, 2002.

박윤미 · 정복남, 「阿羅伽耶와 大伽耶 古墳群의 銹着織物－도항리 · 지산동 고분군을 중심으로」, 『服飾文化硏究』 9-5, 복식문화학회, 2001.

박재용, 「『일본서기』의 '任那'와 '任那日本府', 그리고 '任那의 調'」, 『지역과 역사』 35, 부경역사연구소, 2014.

박정혜, 「昌寧 余草里와 咸安 法守里 窯址에서 出土된 4－5世紀 伽倻地域 土器의 自然科學的 分析」, 중앙대학교 석사학위논문, 2011.

박천수, 「가야와 왜의 교섭」, 『가야문화』 13, 가야문화연구원, 2001.

박천수, 「지역간 병행관계로 본 가야고분의 편년」, 『가야고고학의 새로운 조명』, 혜안, 2003.

박천수, 「아라가야와 대가야」, 『고고학을 통해 본 아라가야와 주변제국』, 경남발전연구원, 2013.

박천수, 「가야사 연구 서설－소국에서 영역국가로－」, 『가야고고학개론』, 진인진, 2016.

박천수, 「考古學으로 본 古代 東亞細亞 王陵」, 『한국상고사학보』 98, 한국상고사학회, 2017.

朴喜寅 외, 「慶南 咸安—郡北地域의 銅鑛化作用에 關한 硏究」, 『자원환경지질』 18-2, 대한자원환경지질학회, 1985.

방수영, 「일본 역사 탐방기－아라가야 왕자와 일본의 대운하」, 『한국논단』 232, 한국논단, 2009.

백승옥, 「加耶 各國의 成長과 發展에 관한 硏究」, 부산대학교 박사학위논문, 2001.

백승옥, 「가라국과 주변 가라제국」, 『대가야와 주변제국』, 학술문화사, 2002.

백승옥, 「'安羅高堂會議'의 성격과 安羅國의 위상」, 『지역과 역사』 14, 부경역사연구소, 2004.

백승옥, 「4~6세기 安羅國의 領域과 '國內大人'－칠원지역 古代史 復元의 一段－」, 『부대사학 제30집－석헌 정징원교수 정년기념논총』, 부산대학교사학회, 2006.

백승옥, 「加耶諸國의 내부구조 연구를 위한 예비적 검토－安羅國과 加羅國을 중심으로」, 『한국고대사연구』 48, 한국고대사학회, 2007.

백승옥, 「한과 가야의 역인」, 『역사교육논집－동아시아해 문명의 갈등과 교류－』 42, 역사교육학회, 2009.

백승옥, 「변·진한 및 가야·신라의 경계」, 『한국고대사연구』 58, 한국고대사학회, 2010.

백승옥, 「加耶諸國의 존재형태와 '加耶地域國家論'」, 『지역과 역사』 35, 부경역사연구소, 2014.

백승옥, 「'任那日本府'의 所在와 등장배경」, 『지역과 역사』 36, 부경역사연구소, 2015.

백승옥, 「加耶史 연구의 흐름과 安羅國史」, 『지역과 역사』 42, 부경역사연구소, 2018.

백승옥, 「가야의 왕릉급 고분에 대한 역사적 해석」, 『한국고대사연구』 88, 한국고대사학회, 2017.

백승충, 「1~3세기 가야세력의 성격과 그 추이－수로집단의 등장과 포상팔국의 난을 중심으로－」, 『부대사학』 13, 부산대학사학회, 1989.

백승충, 「3~4세기 남부지방의 제세력 동향」, 『부산사학』 19, 부산사학회, 1990.

백승충, 「'가야'의 용례 및 시기별 분포상황－'가야연맹체' 개념의 적용과 관련하여」, 『부산사학』 22, 부산사학회, 1992.

백승충, 「'임나부흥회의'의 전개와 그 성격」, 『부대사학』 17, 부산대학교 사학회, 1993.

백승충, 「加耶의 地域聯盟史 硏究」, 부산대학교 박사학위논문, 1995.

백승충, 「安羅의 移那斯·麻都에 대한 검토」, 『지역과 역사』 2, 부산경남역사연구소, 1996.

백승충, 「安羅·加羅의 멸망과정에 대한 검토」, 『지역과 역사』 4, 부경역사연구소, 1997.

백승충, 「6세기 전반 백제의 가야진출과정」, 『백제연구』 31, 충남대학교 백제연구소, 2000.

백승충, 「가야의 정치구조－'부체제'논의와 관련하여－」, 『한국고대사연구』 17, 한국고대사학회, 2000.

백승충, 「加耶의 地域聯盟論」, 『지역과 역사』 17, 부경역사연구소, 2005.

백승충, 「가야문화권의 성립과 그 의미」, 『영남학』 13, 경북대학교 영남문화연구원, 2008.

백승충, 「'임나일본부'의 용례와 범주」, 『지역과 역사』 24, 부경역사연구소, 2009.

백승충, 「'任那日本府'의 파견주체 재론－百濟 및 諸倭 파견설에 대한 비판적 검토를 중심으로－」,

『한국민족문화』 37, 부산대학교 한국민족문화연구소, 2010.
백승충, 「安羅・新羅의 '接境'과 '耕種' 문제-'任那日本府' 출현배경의 한 측면-」, 『지역과 역사』 27, 부산경남역사연구소, 2010.
백승충, 「안라국과 '임나일본부', 그리고 백제」, 『지역과 역사』 35, 부경역사연구소, 2014.
백승충, 「안라국의 대외관계사 연구의 제문제」, 『한국민족문화』 51, 부산대학교 한국민족문화연구소, 2014.
백승충, 「『日本書紀』에 보이는 阿羅斯等의 정체와 그의 외교활동」, 『한국민족문화』 51, 부산대학교 한국민족문화연구소, 2014.
백승충, 「『일본서기』 민달~추고기의 '紀氏'와 '임나'」, 『지역과 역사』 38, 부경역사연구소, 2016.
백승충, 「'阿利斯等' 사료의 기초적 검토」, 『지역과 역사』 43, 부경역사연구소, 2018.
백진재, 「加耶諸國의 對倭交涉과 浦上八國戰爭」, 『지역과 역사』 37, 부경역사연구소, 2015.
濱田 耕策, 「日本における"任那日本府"研究の動向 -1990年以降を中心に-」, 『지역과 역사』 35, 부경역사연구소, 2014.
서보경, 「『日本書記』한반도 관계 기사 검토」, 고려대학교 박사학위논문, 2004.
서정석, 「경상도지역의 산성 유적 분포도를 활용한 영남지역 삼국시대 교통로와 방어체계 검토」, 『지역과 역사』 26, 부경역사연구소, 2010.
선석열, 「고대의 낙동강-신라와 가야의 경계」, 『동남어문논집』 22, 동남어문학회, 2006.
선석열, 「浦上八國의 阿羅加耶 侵入에 관한 考察-6세기 중엽 남부가야제국 동향과 관련하여-」, 『가라문화』 14, 경남대학교 가라문화연구소, 1997.
송계현, 「加耶・新羅의 文字와 記號遺物」, 『한국고대의 문자와 기호유물』 국립청주박물관 특별전 도록, 2001.
신경철, 「加耶古墳文化の研究 : 古墳の出現(墓制)・土器・馬具・甲冑を中心に」, 筑波大學 박사학위논문, 1993.
안재호・송계현, 「古式陶質土器에 관한 약간의 考察」, 『영남고고학』 1, 영남고고학회, 1986.
안춘배, 「加耶土器와 그 領域의 研究」, 동아대학교 박사학위논문, 1993.
여호규, 「삼국형성기 문헌사와 고고학의 접점」, 『한국상고사학보』 100, 한국상고사학회, 2018.
우지남, 「咸安地域 出土 陶質土器」, 『道項里・末山里遺蹟』, 경남고고학연구소, 2000.
위광철, 「咸安 道項里 出土 말갑옷(馬甲)의 科學的 保存處理」, 『보존과학연구』 8, 국립문화재연구소, 1996.
위양근, 「경남지역 가야시대 주거지에 대한 연구」, 경상대학교 석사학위논문, 2016.
유영도, 「安羅國의 成長과 加耶聯盟의 性格」, 국민대학교 석사학위논문, 1996.

유우창, 「『일본서기』신공기의 가야 인식과 '임나일본부'」, 『지역과 역사』 35, 부경역사연구소, 2014.

유우창, 「4세기 후반 가야－백제－왜 동맹의 결성 －칠지도와 관련하여－」, 『지역과 역사』 36, 부경역사연구소, 2015.

윤석효, 「伽耶發展史에 관한 硏究」, 경희대학교 박사학위논문, 1988.

윤석효, 「阿羅伽耶에 關한 硏究」, 『가야문화』 7, 가야문화연구원, 1994.

윤석효, 「阿羅伽耶에 關한 硏究」, 『한성사학』 8, 한성사학회, 1996.

윤석효, 「아라가야의 성장과 정치구조의 발전」, 『한성사학』 23, 한성사학회, 2002.

윤온식, 「4세기대 함안 지역 토기의 변천과 영남지방 토기의 「樣式」論」, 『국립박물관 동원학술논문집』 8, 한국고고미술연구소, 2006.

은영자, 「伽倻地域의 裝身具 硏究」, 경북대학교 박사학위논문, 1989.

이기동, 「가야사연구의 제문제」, 『가야사의 재조명』, 김해시, 1991.

이도학, 「고구려의 낙동강 유역 진출과 신라 · 가야 경영」, 『국학연구』 2, 연세대학교 국학연구원, 1988.

이동희, 「후기가야 고고학연구의 성과와 과제」, 『한국고대사연구』 85, 한국고대사연구회, 2017.

이동희, 「고고학을 통해 본 안라국의 형성과정과 영역 변화」, 『지역과 역사』 42, 부경역사연구소, 2018.

이상목, 「가야의 미술과 정신세계 : 암각화」, 『퇴계학과 유교문화』 46, 경북대학교 퇴계학연구소, 2010.

이성주, 「1~3세기 가야정치체의 성장」, 『한국고대사논총』 5, 가락국사적개발연구원 한국고대사회연구소, 1993.

이성주, 「新羅 · 伽耶社會의 政治 · 經濟的 起源과 成長」, 서울대학교 박사학위논문, 1998.

이성주, 「考古學을 통해 본 阿羅加耶」, 『고고학을 통해 본 加耶』, 한국고고학회 학술총서1, 2000.

이성주, 「4~5세기 가야사회에 대한 고고학 연구」, 『한국고대사연구』 24, 한국고대사학회, 2001.

이성주, 「삼국 고분군의 전개와 가야 고분군」, 『경남의 가야고분군 동아시아』, 제2회 한중일 국제학술대회, 경남발전연구원, 2010.

이성주, 「가야고분군 형성과정과 경관의 특징」, 『가야고분군 세계유산 등재추진 학술대회』, 경남발전연구원, 2017.

이성주, 「辰弁韓 '國'의 形成과 變動」, 『영남고고학』 79, 영남고고학회, 2017.

이성주 · 김석주 · 김석환 · 석재은, 「阿羅伽耶 中心古墳群의 編年과 性格」, 『한국상고사학보』 10, 한국상고사학회, 1992.

이연심, 「임나일본부의 성격 재론」, 『지역과 역사』 14, 부경역사연구소, 2004.
이연심, 「'왜계가야관료'를 매개로 한 안라국과 왜」, 『한일관계사연구』 31, 한일관계사학회, 2008.
이연심, 「6세기 전반 가야·백제에서 활동한 '왜계관료'의 성격」, 『한국고대사연구』 58, 한국고대사학회, 2010.
이연심, 「'임나일본부'의 활동과 안라국」, 『지역과 역사』 35, 부경역사연구소, 2014.
이연심, 「안라국의 대왜교역로에 관한 검토」, 『한국민족문화』 51, 부산대학교 한국민족문화연구소, 2014.
이영식, 「加耶諸國의 國家形成問題 : 加耶聯盟說의 再檢討와 戰爭記事分析을 中心으로」, 고려대학교 석사학위논문, 1983.
이영식, 「5세기 왜국왕의 작호에 보이는 한남부제국명」, 『사총』 34, 고려대학교 역사연구소, 1988.
이영식, 「6세기 중엽의 가야와 왜」, 『가야사론』, 고려대학교 한국학연구소, 1993.
이영식, 「임나일본부관련 씨족연구」, 『선사와 고대』 4, 한국고대학회, 1993.
이영식, 「六世紀 安羅國史 硏究」, 『국사관논총』 62, 국사편찬위원회, 1995.
이영식, 「백제의 가야진출과정」, 『한국고대사논총』 7, 가락국사적개발연구원, 1995.
이영식, 「安羅國과 倭國의 交流史 硏究」, 『사학연구』 74, 한국사학회, 2004.
이영식, 「고대 加耶와 吉備의 교류 양상」, 『동아시아고대학』 18, 동아시아고대학회, 2008.
이영식, 「대한해협을 건넌 가야의 부뚜막신앙」, 『동아시아국제관계사』, 아연출판부, 2010.
이영식, 「가야제국의 발전단계와 초기고대국가론」, 『한국고대사연구』 89, 한국고대사학회, 2018.
이용현, 「6세기 전반경 가야의 멸망과정」, 고려대학교 석사학위논문, 1988.
이재석, 「『日本書紀』를 통해 본 안라국과 주변제국－특히 왜를 중심으로－」, 『한국민족문화』 51, 부산대학교 한국민족문화연구소, 2014.
이재현, 「변·진한사회의 고고학적 연구」, 부산대학교 박사학위논문, 2003.
이정근, 「咸安 于巨里土器窯止 發掘調査」, 『동원학술논문집』 7, 한국고고미술연구소, 2005.
이정근, 「咸安地域 古式陶質土器의 生産과 流通」, 영남대학교 석사학위논문, 2006.
이정근, 「咸安과 창녕지역 토기생산의 특징」, 『석심정영화교수 정년퇴임기념논총』, 2007.
이정근, 「三國時代 土器 재임방법에 대한 檢討」, 『영남고고학』 60, 영남고고학회, 2012.
이주헌, 「三韓의 木棺墓에 대하여; 嶺南地方出土 資料를 中心으로」, 『고문화』 44, 한국대학박물관협회, 1994.
이주헌, 「阿羅加耶에 대한 考古學的 檢討」, 『가야 각국사의 재구성』, 부산대학교 한국민족문화연구소, 2000.

이주헌, 「道項里木棺墓와 安邪國」, 『문화재』 37, 국립문화재연구소, 2004.

이주헌, 「함안지역 도질토기의 연구와 토기문화」, 『고대 함안의 사회와 문화』, 2011년 아라가야 역사학술토론회, 2011.

이주헌, 「가야지역 왜계고분의 피장자와 임나일본부」, 『안라국(=아라가야)과 임나일본부』, 함안군·부산대학교 한국민족문화연구소, 2014.

이주헌, 「아라가야에 대한 연구 동향과 향후 전망」, 『지역과 역사』 42, 부경역사연구소, 2018.

이준희, 「加耶 建築에 관한 硏究 : 住居址 遺蹟과 家形土器를 중심으로」, 고려대학교 석사학위논문, 1999.

이지은, 「安羅國 都城의 景觀 硏究」, 경남대학교 석사학위논문, 2012.

이초롱, 「內陸樣式 古式陶質土器의 硏究」, 부산대학교 석사학위논문, 2011.

이춘선, 「함안 아라가야 추정 왕궁지 발굴조사 성과」, 『2018 가야문화유산 최신조사성과』, 국립나주문화재연구소·국립가야문화재연구소, 2018.

이현정, 「咸安 道項里 古墳」, 『경남향토사논총Ⅵ』, 경남향토사연구협의회, 1997.

이현혜, 「4세기 가야사회의 교역체계의 변천」, 『한국고대사연구』 1, 한국고대사연구회, 1988.

이현혜, 「철기보급과 정치권력의 성장－長弁韓지역 정치집단을 중심으로－」, 『가야제국의 철』, 인제대가야문화연구소, 1995.

이형기, 「阿羅伽耶聯盟體의 成立과 그 推移」, 『사학연구』 57, 한국사학회, 1999.

이형기, 「安羅會議의 展開와 倭의 대응」, 『지역과 역사』 29, 부경역사연구소, 2011.

이희준, 「삼한 소국 형성 과정에 대한 고고학적 접근의 틀」, 『한국고고학보』 43, 한국고고학회, 2000.

이희진, 「광개토왕비문에 나타난 임나가라 정벌 배경과 영향」, 『한국고대사연구』 10, 한국고대사학회, 1995.

이희진, 「백제세력의 가야진출과 가야의 대응」, 『군사』 33, 국방군사연구소, 1996.

임범식, 「4-5世紀 伽耶 對外關係의 性格에 關한 硏究」, 한성대학교 석사학위논문, 1995.

임범식, 「4~5世紀 伽耶 對外關係의 性格에 關한 硏究」, 『한성사학』 8, 한성사학회, 1996.

임평섭, 「신라 진흥왕대 가야 진출과 '창녕비'－가야방면 재지사회의 재편과 관련하여」, 『대구사학』 127, 대구사학회, 2017.

장상갑, 「後期加耶 實戰用鐵촉의 所有樣相에 대한 一考察」, 경상대학교 석사학위논문, 2009.

장정남, 「伽耶(실은 야)古墳의 槨室配置에 대한 硏究」, 영남대학교 석사학위논문, 1987.

전귀향, 「洛東江 以西地域 三國時代 住居址의 展開樣相」, 부산대학교 석사학위논문, 2012.

전길희, 「가야묘제의 연구」, 이화여자대학교 석사학위논문, 1961.

전덕재, 「삼국시대 낙동강 수로를 둘러싼 신라와 가야세력의 동향 – 낙동강 중류지역을 중심으로」, 『대구사학』 93, 대구사학회, 2008.

定森秀夫, 「陶質土器からみた倭と阿羅加耶」, 『지역과 역사』 35, 부경역사연구소, 2014.

정우현, 「경남지역 삼국시대 방형계 수혈주거지 연구」, 동아대학교 석사학위논문, 2013.

정우현, 「경남지역 삼국시대 방형계 수혈주거지의 변천과 전개」, 『문물연구』 23, 동아시아문물연구학술재단, 2013.

정주희, 「咸安樣式 古式陶質土器의 分布定型과 意味」, 『한국고고학보』 73, 한국고고학회, 2009.

정주희, 「고식도질토기의 지역분화와 의미」, 『신라와 가야의 분화와 비교』 영남고고학회 제24회 정기학술발표회, 2015.

정주희, 「가야의 토기」, 『가야고고학개론』, 중앙문화재연구원, 2016.

정징원, 「慶南地方의 靑銅器遺蹟과 遺物」, 『한국고고학보』 12, 서울대학교박물관, 1982.

정현광, 「咸安 梧谷里遺蹟 竪穴式石槨墓에 관한 硏究」, 동아대학교 석사학위논문, 2006.

조성원, 「삼국시대 영남지역 도질토기 생산체계와 유통」, 『생산과 유통』영남고고학회 · 구주고고학회 제10회 합동고고학대회, 2012.

조수현, 「咸安地域 古墳文化 展開樣相」, 『동아문화』 창간호, 동아세아문화재연구원, 2005.

조수현, 「古墳資料로 본 阿羅加耶」, 경주대학교 박사학위논문, 2017.

조영제, 「考古資料를 통해 본 安羅國(阿羅加耶)의 成立에 대한 硏究」, 『지역과 역사』 14, 부경역사연구소, 2004.

조영제, 「西部慶南 加耶諸國의 成立에 대한 考古學的 硏究」, 부산대학교 박사학위논문, 2006.

조영제, 「型式 亂立期의 加耶土器에 대하여」, 『고고광장』 2, 부산고고학연구회, 2008.

조영제, 「阿羅加耶의 考古學」, 『고고학을 통해 본 아라가야와 주변제국』, 학연문화사, 2013.

조인성, 「6世紀 阿羅加耶(安羅國)의 支配勢力의 動向과 政治形態」, 『가라문화』 13, 경남대학교 가라문화연구소, 1996.

조효식, 「경상도지역의 산성 유적 분포도를 활용한 영남지역 삼국시대 교통로와 방어체계 검토」, 『지역과 역사』 26, 부경역사연구소, 2010.

주보돈, 「서설－加耶史의 새로운 정립을 위하여」, 『가야사연구』, 경상북도, 1995.

최경규, 「아라가야 수혈식석곽묘의 유형화를 통해 본 신분질서」, 『문물연구』 22, 동아시아문물연구학술재단, 2012.

최경규, 「가야 수혈식석곽묘 연구」, 동아대학교 박사학위논문, 2013.

최종규 · 우지남, 「咸安郡 郡北面 사도리出土品 紹介」, 『부산시립박물관연보』 5, 부산직할시립박물관, 1982.

최헌섭, 「咸安 道項里 先史遺蹟」, 『한국상고사학보』 10, 한국상고학회, 1992.

추연식, 「咸安 道項里 伽耶古墳群 發掘調査 豫報」, 『영남고고학』 3, 영남고고학회, 1987.

하승철, 「아라가야의 고도, 함안」, 『한국의 고도, 현재와 미래』, 한국의 고도와 익산 학술회의, 익산시 · 마한백제문화연구소, 2017.

하승철, 「고고자료를 통해 본 아라가야의 대외관계」, 『지역과 역사』 42, 부경역사연구소, 2018.

하승철, 「아라가야의 고분문화」, 『안라(아라가야)의 위상과 국제관계』, 학연문화사, 2018.

하승철, 「유물을 통해 본 아라가야와 왜의 교섭」, 『중앙고고연구』 25, 중앙문화재연구소, 2018.

하승철, 「함안 말이산고분군의 묘제와 출토유물」, 『가야고분군Ⅰ』, 가야고분군연구총서 2권, 가야고분군세계유산등재추진단, 2018.

한영희, 「國立晋州博物館 新收品(1984~85)紹介－慶南地方出土 靑銅器時代遺物－」, 『영남고고학』 1, 영남고고학회, 1986.

홍보식, 「토기로 본 가야고분의 전환기적 양상」, 『가야와 그 전환기의 고분문화』, 국립창원문화재연구소, 2006.

홍보식, 「문물로 본 가야와 백제의 교섭과 교역」, 『호서고고학』 18, 호서고고학회, 2008.

홍보식, 「4세기의 아라가야와 금관가야」, 『고고학을 통해 본 아라가야와 주변제국』, 2012경남발전연구원 역사문화센터 · 고분문화연구회 학술대회, 2012.

홍보식, 「전기가야의 고고학적 연구 쟁점과 전망」, 『한국고대사연구』 85, 한국고대사학회, 2017.

홍성빈 · 박종익 · 조희경, 「함안 성산산성 발굴조사개보(제1차)」, 『한국상고사학보』 10, 한국상고사학회, 1992.

홍성화, 「古代 韓日關係史 硏究 : 韓半島 南部 經營論 批判을 중심으로」, 고려대학교 박사학위논문, 2009.

Ⅱ. 기록으로 본 아라가야사 연표

내용 년도	아라가야 관련사건	가야사 중요사건
42		가락국 건국(『삼국유사』)
44		수로왕이 탈해를 계림으로 쫒아냄(『삼국유사』)
48		허황옥과 수로왕 혼인(『삼국유사』 가락국기)
77		침략한 신라 아찬 길문(吉門)과 황산진(黃山津)에서 전쟁(『삼국사기』)
94		가야군 신라의 마두성을 포위하고 공격(『삼국사기』)
96		가야군 신라의 남쪽 변경 공격. 가성주(加城主) 장세(長世) 살해(『삼국사기』)
97		신라의 공격에 신라에 사신 보냄(『삼국사기』)
102		수로왕이 신라 요청으로 신라에서 음즙벌국과 실직곡국 영역 분쟁을 중재. 신라의 한기부 촌장 보제(保齊) 죽임(『삼국사기』)
106		신라 마두성주(馬頭城主) 가야 공격(『삼국사기』)
115		가야 신라 남쪽 변경 공격(『삼국사기』) 신라의 황산하(黃山河) 공격을 격퇴(『삼국사기』)
116		신라 정병 1만 명 공격 막아냄(『삼국사기』)
189		허왕후 157세로 돌아감(『삼국유사』)
199		수로왕 158세로 돌아감(『삼국유사』)
201		가야 신라에 화친 요청(『삼국사기』)
209	포상팔국이 연합해 아라가야 공격. 신라에 구원군 요청. 팔국 패배 (『삼국사기』 물계자전)	포상팔국이 연합해 가야 공격. 신라에 구원군 요청. 팔국 패배 (『삼국사기』)
212		왕자를 볼모로 신라에 보냄(『삼국사기』)

		보라국 · 고자국 · 사물국 등 8국이 신라 변경을 공격했으나, 패함(『삼국유사』 물계자전) 골포 · 칠포 · 고사포 3국이 신라 갈화성(竭火城) 공격하였으나 패함(『삼국사기』 물계자전)
215		골포국 등 3국이 신라 갈화(竭火)를 공격하였으나 패함(『삼국유사』 물계자전)
246 (기년 조정 366)		백제가 탁순국에 왜와의 교역 요청(『일본서기』)
249 (기년 조정 369)	왜군이 백제와 함께 탁순국에 모여 신라와 아라가야를 비롯한 가야 7국 평정(『일본서기』)	
400	고구려 전쟁에 아라가야 참전(「광개토왕비문」)	광개토왕 남정군 임나가라 종발성까지 진출(「광개토왕비문」)
452		금관가야 왕후사(王后寺) 건립(『삼국유사』)
479		대가야 남제(南齊)에 사신 파견(『남제서』)
481		고구려와 말갈의 신라 북쪽 변경 공격을 신라 · 백제 · 가야 연합군이 격퇴(『삼국사기』)
487		임나가 백제를 공격했으나 막힘(『일본서기』)
513	백제 저미문귀(姐彌文貴) 장군과 신라 문득지(汶得至), 아라가야 신이해(辛已奚)와 분파위좌(賁巴委佐), 대가야 기전해(旣殿奚)와 죽문지(竹汶至)가 참여한 자리에서 기문(己汶)과 대사(滯沙)가 백제에 귀속(『일본서기』)	임나 4현(上哆唎 · 下多唎 · 娑陀 · 牟婁)이 백제에 귀속(『일본서기』)
514		신라가 가야 아시촌(阿尸村)에 소경 설치하고 6부와 남쪽 지역민 이주시킴(『삼국사기』) 대가야가 여러 지역에 성을 쌓고 봉수와 군창을 설치(『일본서기』)
515		대가야 대사강(帶沙江)을 경계로 함(『일본서기』)
522		대가야 요청에 신라 이찬 비조부(比助夫) 누이와 대가야왕 혼인(『삼국사기』)

524		신라왕의 남쪽 순행에 가야국왕 방문(『삼국사기』)
527		신라에 멸망당한 남가라(南加羅) · 탁기탄(㖨己呑) 재건 노력(『일본서기』)
529	아라가야가 신라, 백제, 왜와 고당회의 개최(『일본서기』)	신라가 3천의 군대로 임나 4촌을 공격(『일본서기』)
532		금관가야 김구해(金仇亥) 신라에 항복(『삼국사기』)
537		신라가 임나를 공격하자, 왜 원병이 도움을 줌(『일본서기』)
541	아라가야와 대가야를 포함한 여러 가야국들 제1차 사비회의 참석(『일본서기』) 아라가야와 신라 공모에 백제 견제(『일본서기』)	백제가 가야국들에 사신 보냄(『일본서기』)
543		백제 군령(郡令)과 성주(城主)가 가야국에 상주(『일본서기』) 백제가 사신을 보내 임라와 일본부의 집사(執事)를 불렀으나, 거부(『일본서기』)
544	왜와 아라가야, 대가야를 비롯한 가야국들 제2차 사비회의 참석(『일본서기』)	백제가 2차례나 사신을 보내 임라와 일본부의 집사(執事)를 불렀으나, 거부(『일본서기』)
		백제가 사신을 보내 오(吳)의 물건을 나누어 줌(『일본서기』)
548	아라가야의 요청으로 고구려가 백제 마진성(馬津城) 등 공격(『일본서기』)	
551		신라왕이 하림궁(河臨宮)에서 우륵(于勒)과 그의 제자 이문(尼文) 연주 들음(『삼국사기』) 백제 · 신라 · 임나 연합군이 고구려를 공격해 한강유역 회복(『일본서기』)
552		고구려와 신라가 화친 맺음(『일본서기』)
553	고구려 · 신라 연합군이 백제와 아라가야를 비롯한 가야국과 대립(『일본서기』)	
554	아라가야를 비롯한 가야국들이 백제와 함께 신라 관산성(管山城)을 공격했으나, 패배(『삼국사기』)	

560	아라가야 멸망. 신라가 아라 파사산에 성을 쌓고 왜 공격 대비(『일본서기』)	
562	신라가 아라가야, 대가야를 비롯한 10국 멸망시킴(『일본서기』)	신라 장군 이사부(異斯夫)와 사다함(斯多含)에 대가야 멸망(『삼국사기』)

Ⅲ. 기록속의 아라가야

1. 한국역사서

1) 고려시대 이전

◈ 『광개토왕비문』 10년 경자조(廣開土王陵碑文 十年庚子條)

10년 경자에 교서로써 보병과 기병 5만을 보내어 신라를 구하게 하였다. 남거성(男居城)을 따라 신라성에 이르니 왜가 그중에 가득했으나 관군이 이르니 왜적이 퇴각하였다. 왜의 뒤를 급히 추격하여 임나가라 종발성에 이르니 성이 즉시 항복하였다. 안라인수병이 신□성, 염성을 공략하니 왜구가 크게 무너지고 성안의 십중의 구가 왜에 따르는 것을 거부하니, 안라인수병이…을 잡아서…나머지 왜가 역시 안라인수병에 따랐다. (十年庚子 敎遣步騎五萬 往救新羅 從男居城至新羅城 倭滿其中 官軍方至 倭賊退□ 自倭背急追至任那加羅從拔城 城卽歸服 安羅人戍兵 拔新□城 鹽城 倭寇大潰 城內十九盡拒隨倭 安羅人戍兵 捕□□□□ 其□□□□□□□□言 □□□□□□□□□□□□□□□□□□□□□□□□□□□□□□辭□□□□□□□□□□□□□殘倭潰 亦以隨□安羅人戍兵)

◈ 『삼국사기』 권48 열전8 물계자(『三國史記』 卷48 列傳8 勿稽子)

물계자는 나해이사금 때 사람이다. 집안이 미미했지만 사람됨이 활발하고 젊어서 장한 뜻이 있었다. 이때 포상(浦上)의 8국이 함께 모의하여 아라국(阿羅國)을 치니, 아라의 사신이 와서 구원을 청하였다. 이사금(尼師今)이 왕손(王孫) 나음(奈音)으로 하여금 가까운 군(郡)과 6부의 군사를 거느리고 가서 구원케 하여 드디어 8국 군사를 패퇴시켰다.

그 후 3년에 골포(骨浦: 창원) · 칠포(柒浦: 칠원) · 고사포(古史浦: 고성)의 3국 사람들이 와서 갈화성(竭火城: 울산)을 공격하니 왕이 군사를 거느리고 나가 구원하여 3국의 군사를 크게 무너뜨렸다.

(勿稽子 奈解尼師今時人也. 家世平微 爲人倜儻 少有壯志. 時 八浦上國同謀伐阿羅國 阿羅使來請救. 尼師今使王孫捺音 率近郡及六部軍往救 遂敗八國兵…後三年 骨浦·柒浦·古史浦三國人來攻竭火城. 王率兵出救 大敗三國之師)

◈『삼국사기』 권제34 잡지 제3 지리1(『三國史記』 卷34 雜志 第3 地理1)

함안군은 법흥왕이 많은 병사를 동원하여 아시량국〈아나가야라고 한다.〉를 멸망시키고, 그 땅을 군으로 삼았다. 경덕왕이 이름을 고쳤는데, 지금도 그대로 따른다. 영현이 둘이다.

(咸安郡 法興王以大兵 滅阿尸良國 一云阿那加耶 以其地爲郡 景德王改名 今因之 領縣二.)

◈『삼국유사』 권1 기이2 오가야(『三國遺事』 卷1 紀異2 五伽耶)

오가야〈가락기찬에 이르기를 보랏빛 줄 하나가 내려오니 그 아래에 6개의 둥근 알이 있었다. 다섯은 각각 마을로 돌아갔다. 하나가 이 성에 남았는데, 즉 수로왕이 되었고 나머지 다섯은 각각 5가야의 주인이 되었다. 금관(金官)은 다섯에 들어가지 않음이 당연하다. 그러나 본조사략(本朝史略)에 금관을 함께 꼽고, 창녕(昌寧)을 함부로 기록한 것은 잘못이다.〉 아라(阿羅)〈야(耶)라고도 한다〉가야(伽耶)〈지금의 함안이다〉, 고녕가야(古寧伽耶)〈지금의 함녕(咸寧)이다〉, 대가야(大伽耶)〈지금의 고령(高靈)이다, 성산가야(星山伽耶)〈지금의 경산(京山)이니 또는 벽진(碧珍)이라고도 한다〉, 소가야(小伽耶)〈지금의 고성(固城)이다〉. 또 본조사략에서 말하기를 태조(太祖) 천복(天福) 5년 경자(庚子)에 5가야(五伽耶)의 이름을 고쳐 첫째, 금관(金官)〈김해부가 된다〉 둘째, 고녕(古寧)〈가리현(加利縣)이 된다) 셋째, 비화(非火)〈지금의 창녕이나 고령(高靈)의 와전일 수도 있다〉 나머지 둘은 아라(阿羅)·성산(星山)〈앞과 같이 성산(星山)은 혹은 벽진가야(碧珍伽耶)라 한다〉이라고 하였다.

(五伽耶〈駕洛記贊云 垂一紫纓 下六圓卵 五歸各邑 一在茲城 則一爲首露王 餘五各爲五伽耶之主. 金官不入五數 當矣. 而本朝史略 並數金官 而濫記昌寧 誤〉. 阿羅〈一作耶〉伽耶

〈今咸安〉, 古寧伽耶〈今咸寧〉, 大伽耶(今高靈), 星山伽耶〈今京山, 一云碧珍〉, 小伽耶〈今固城〉. 又本朝史略云 太祖 天福五年庚子 改五伽耶名 一金官(爲金海府) 二古寧(爲加利縣) 三非火(今昌寧, 恐高靈之訛) 餘二阿羅·星山〈同前 星山或作. 碧珍伽耶〉.)

2) 조선시대 이후

◈ 『삼국사절요』 권2(『三國史節要』 卷2)

〈임인년(42년) 한나라 건무 18년 신라 유리왕19년 고구려대 무신왕 25년 백제 다루왕 15년〉 봄 3월 16일에 가락국 시조 김수로가 즉위하였다. 처음에 가락(駕洛)에 구간(九干)이 있어 아도(我刀)·여도(汝刀)·피도(彼刀)·오도(五刀)·유수(留水)·유천(留天)·신천(神天)·신귀(神鬼) 등은 각각 그 무리들을 다스리며 추장(酋長)이 되었다. 무릇 호(戶)는 1백에 인구(人口)가 7만 5천이었다. 산과 들에 모여 살면서 우물을 파서 마셨는데 군신의 칭호가 없었다. 구간이 목욕제계의 행사를 벌이다 구봉(龜峯)을 바라보니 이상한 기운이 있었다. 또 공중에서 수백 명의 사람들이 구간들을 부르는 것처럼 말하기를 하늘(皇天)이 나에게 이곳에 나라를 세우게 명령하였으니 너희들은 구수곡(龜首曲)을 부르며 맞이하라고 하였다. 구간들이 그 말과 같이 하자 갑자기 하늘에서 금합(金合)이 내려왔다. 그것을 열어보니 여섯의 금알(金卵)이 있었다. 하루가 되지 않아 모두 남자로 변하였다. 매우 훌륭하고 장대하여 용모가 옛 성인과 닮았다. 무리가 모두 놀라 처음 태어난 자를 왕으로 추대하여 세웠다. 금알에서 태어난 까닭으로 성을 김씨(金氏)라 했으며 처음 나타났기 때문에 이름을 수로(首露)라 했다. 국호를 대가락(大駕洛)이라 칭하고 또한 가야(伽耶)로도 칭했다. 나머지 5인은 각각 5가야(五伽耶)의 임금이 되었으며, 아라가야(阿羅伽耶), 고녕가야(古寧伽耶), 대가야(大伽耶), 성산가야(星山伽耶), 소가야(小伽耶)라고 했다. 가락(駕洛)은 뒤에 금관국(金官國)으로 개칭하였다.

(〈壬寅 漢 建武十八年 新羅 儒理王十九年 高句麗 大武神王二十五年 百濟 多婁王十五年〉 春三月旣望 駕洛國始祖金首露立. 初駕洛有九干 曰我刀 曰汝刀 曰彼刀 曰五刀 曰留水 曰留天 曰神天 曰神鬼. 各總其衆 爲酋長. 凡戶百口七萬五千. 聚居山野 耕鑿食飮 無君臣之號. 九干修屬禊事 適見龜峯 有異氣. 且於空中 若有數百人呼九干語曰 皇天命我莅玆土建邦家 若等宜歌龜首之曲 迎之. 九干如其言 俄而天降金合. 開視之. 有六金卵. 不日

皆化爲男 寄偉長大. 貌類古聖人. 衆皆驚異 推立始生者爲王. 因金卵而生 故姓金氏 始現故名首露 國號大駕洛 又稱伽耶. 餘五人各爲五伽耶主. 曰阿羅伽耶 曰古寧伽耶 曰大伽耶 曰星山伽耶 曰小伽耶. 駕洛後改稱金官國.)

◈『삼국사절요』 권6 무오(『三國史節要』 卷6 戊午)

〈무오, 양나라 대동 4년(538), 신라 법흥왕 25년, 고구려 안원왕 8년, 백제 성왕 16년〉 신라가 아시량국(阿尸良國)을 멸망시키고 그 땅을 군(郡)으로 삼았다.

(戊午 梁大同四年 新羅法興王二十五年 高句麗安原王八年 百濟聖王十六年 新羅滅阿尸良國 以其地爲郡.)

◈『동국통감』 권2 삼국기 신라 · 고구려 · 백제(『東國通鑑』 卷2 三國紀 新羅 · 高句麗 · 百濟)

〈임인년(42) 한나라 건무 18년, 신라 유리왕 19년, 고구려대 무신왕 25년, 백제 다루왕 15년〉 봄 3월 16일에 가락국 시조 김수로가 즉위하였다. 처음에 가락(駕洛)에 구간(九干)이 있어 아도(我刀) · 여도(汝刀) · 피도(彼刀) · 오도(五刀) · 유수(留水) · 유천(留天) · 신천(神天) · 신귀(神鬼) · 오천간(五天) 등은 각각 그 무리들을 다스리며 추장(酋長)이 되었다. 산과 들에 모여 살면서 우물을 파서 마셨는데 군신의 칭호가 없었다. 구간이 목욕제계의 행사를 벌이다 구봉(龜峯)을 바라보니 이상한 기운이 있었다. 또 공중에서 말이 들려 나아가 금합을 얻어 그것을 열어보니 여섯의 금알(金卵)이 있었는데, 하루가 되지 않아 모두 남자로 변하였다. 매우 훌륭하고 장대하여 무리가 모두 놀라 처음 태어난 자를 왕으로 추대하여 세웠다. 금알에서 태어난 까닭으로 성을 김씨(金氏)라 했으며 처음 나타났기 때문에 이름을 수로(首露)라 했다. 국호를 대가락(大駕洛)이라 칭하고 또한 가야(伽耶)로도 칭했다. 나머지 5인은 각각 5가야(五伽耶)의 임금(主)이 되었으니, 아라가야(阿羅伽耶) · 고녕가야(古寧伽耶) · 대가야(大伽耶) · 성산가야(星山伽耶) · 소가야(小伽耶)라 했다. 가락(駕洛)은 뒤에 금관(金官)으로 개칭하였다.

(〈壬寅 漢 建武十八年 新羅 儒理王十九年 高句麗 大武神王二十五年 百濟 多婁王十五年〉 春三月 駕洛國始祖金首露立. 初駕洛有九干 曰我刀 曰汝刀 曰彼刀 曰五刀 曰留水 曰留天 曰神天 曰神鬼 曰五天 各總其衆 爲酋長. 聚居山野 無君臣位號. 九干修禊事 適見

龜峯 有異氣. 且聞空中語 就得金合 開視之 有六金卵 不日皆化爲男 寄偉長大. 衆皆驚異 推立始生者爲王. 因金卵 姓金氏 以始見 名首露. 國號大駕洛 又稱伽耶. 餘五人各爲五伽耶主. 曰阿羅伽耶 曰古寧伽耶 曰大伽耶 曰星山伽耶 曰小伽耶. 駕洛後改稱金官.)

◈『동국통감』 권5 삼국기 신라 무오(『東國通鑑』 卷5 三國紀 新羅 戊午)

〈무오, 양나라 대동 4년(538), 신라 법흥왕 25년, 고구려 안원왕 8년, 백제 성왕 16년〉 신라가 아시량국(阿尸良國)을 멸망시키고 그 땅을 군(郡)으로 삼았다.

(戊午 梁大同四年 新羅法興王二十五年 高句麗安原王八年 百濟聖王十六年 新羅滅阿尸良國 以其地爲郡.)

◈『동국사략』 권1 삼국(『東國史略』 卷1 三國)

가락국(駕洛國)〈곧 지금의 김해부(金海府)이다〉 시조는 김수로(金首露)이다.〈한나라 건무19년(42)〉. 처음에 구간(九干) 추장(酋長)〈가락에는 군신의 이름이 없었으며 구간이 각각 무리를 다스리며 추장이 되었다.〉이 구봉(龜峯)에서 금합을 얻어 열어 보니 여섯의 황금알이 있었다. 모두 남자로 변했는데 매우 훌륭하고 장대하였다. 무리가 처음 태어난 자를 임금으로 삼았는데 성이 김씨(金氏)였다〈금알을 성으로 삼았다〉. 처음 나타난 까닭에 이름을 수로(首露)라 했다. 국호를 대가락(大駕洛)〈또는 가야(伽倻)라 칭했다〉이라 했다. 나머지 5인은 각각 5가야의 임금이 되었다.〈아라가야(阿羅伽倻), 고녕가야(古寧伽倻), 대가야(大伽倻), 성산가야(星山伽倻), 소가야(小伽倻)라 했는데 가락(駕洛)은 후에 금관(金官)으로 고쳤다〉. 가락국왕 김구형(金仇衡)이 신라에 항복하였다. 가락이 멸망하였다〈시조로부터 망할 때까지 모두 10왕 520년이었다.〉

(駕洛國〈卽今金海府〉始祖金首露〈漢建武十九年〉. 初九干酋長〈駕洛無君臣位號 九干各總衆 爲酋長〉 得金盒於龜峯. 開視之 有六金卵. 皆化爲男 寄偉長大. 衆推始生者爲主. 姓金氏〈因金卵爲姓〉 以始見名首露. 國號大駕洛〈又稱伽倻〉. 餘五人各爲五伽耶主〈曰阿羅伽倻 曰古寧伽倻 曰大伽倻 曰星山伽倻 曰小伽倻. 駕洛後改金官〉. 駕洛國王金仇衡 降于新羅. 駕洛亡〈自始祖至亡 凡十王 總五百二十年〉)

◈ 『신증동국여지승람』 권32 김해도호부(『新增東國輿地勝覽』 卷32 金海都護府)

본래 아시량국〈또는 아나가야라고도 하였다.〉이었다. 신라 법흥왕이 멸망시키고 그 땅을 군으로 삼았다. 경덕왕이 지금[조선] 이름으로 고쳤다.

(本阿尸良國 一云阿那伽倻 新羅法興王滅之 以其地爲郡 景德王改今名.)

◈ 『함주지』 건치연혁(『咸州志』 建置沿革)

본래 아시량국이었으며, 일명 아나가야(阿那伽倻)라고도 하였다. 신라 법흥왕이 멸망시키고 그 땅을 군으로 삼았다. 경덕왕이 지금[조선] 이름으로 고쳤다.

(本阿尸良國 一名阿那伽倻 新羅法興王滅之 以其地爲郡 景德王改今名.)

◈ 『역대기년』 권 하 동방이십칠국도(『歷代紀年』 卷 下 東方二十七國都)

고령현〈본래 대가야국(大伽倻國)이다. 시조 이진아시왕(伊珍阿豉王)부터 도설지왕(道設智王)에 이르기까지 모두 16대 520년으로 신라가 멸하였다〉. 김해부〈본래 가락국(駕洛國) 또는 가야(伽倻)라 칭하였다. 뒤에 금관국(金官國)으로 고쳤다〉. 함창현〈본래 고녕가야국(古寧伽倻國)이다〉. 함안군〈본래 아시량국(阿尸良國)이다〉. 고성현〈본래 가야국(伽倻國)인데 모두 신라에 통합되었다〉. 이는 지금 모두 경상도에 속한다.

(高靈縣〈本大伽倻國 自始祖伊珍阿豉王 至道設智王 凡十六世 五百二十年. 新羅滅之〉 金海府〈本駕洛國 或稱伽倻 後改金官國〉 咸昌縣〈本古寧伽倻國〉 咸安郡〈本阿尸良國〉 固城縣〈本伽倻國 竝爲新羅所收〉 右今皆屬慶尙道.)

◈ 『제왕역년통고』 동방국도고(『帝王歷年通攷』 東方國都考)

신라 유리왕 18년(42년)〈한나라 광무제 건무 18년 임인〉 수로왕이 처음으로 가락국〈지금의 김해〉에 도읍을 정하였다. 모두 10대 491년이 되어 신라에 항복하였다. 처음에 금합 속의 6란이 하늘에서 내려 왔다. 그런 까닭에 김을 성으로 했다. 처음 나왔다 하여 수로라 불렀으며 나머지 다섯 사람은 각각 돌아가 오가야의 주가 되었다. 하나, 아라가야〈지금의 함안〉, 둘, 고녕가야〈지금의 함창〉, 셋, 대가야〈지금의 고령〉, 넷, 성산가야〈지금의 성주〉, 다섯, 소가야〈지금의 고성〉이다.

(新羅儒理王十八年〈卽漢光武建武十八年壬寅也〉 首露王始都于駕洛國〈今金海〉 凡十世 四百九十一年 降新羅. 初金榼中六卵 自天而降 故以金爲姓. 以其首出 故稱首露. 其餘五人 各歸爲五伽倻主. 一阿羅伽倻〈今咸安〉 二古寧伽倻〈今咸昌〉 三大伽倻〈今高靈〉 四星山伽倻〈今星州〉 五小伽倻〈今固城〉)

◈『기언』 권33 외편 동사2 신라세가 상 유리왕(『記言』 卷33 外篇 東事2 新羅世家 上 儒理王)

유리(儒理)가 즉위하였다.…가락(駕洛)의 시조는 김수로이니 세워서 부용국(附庸國)으로 삼았다. 이에 다섯 가야가 있었으니 아라가야(阿羅伽倻), 고령가야(古寧伽倻), 대가야(大伽倻), 가야(伽倻), 소가야(小伽倻)이다.

(儒理立…駕洛始祖金首露 立爲附庸之國. 於是有五伽倻 曰阿羅伽倻 曰古寧伽倻 曰大伽倻 曰伽倻 曰小伽倻.)

◈『기언』 권33 외편 동사2 신라세가 상 가락(『記言』 卷33 外篇 東事2 新羅世家 上 駕洛)

가락(駕洛), 가락은 신라의 남쪽 경계 바닷가에 따로 떨어진 나라이다. 처음에는 군장(君長)이 없었다. 시조가 (알에서 인간으로) 변화해 태어났으니 동한(東漢) 건무(建武) 18년(42년)이다. 아홉 마을의 아홉 명의 간[九干]이 신명(神明)하다고 여겨 처음 탄생한 자를 추대하여 세워 임금으로 삼았다. 이름을 수로(首露)라고 하고, 성을 김(金)이라고 하였으며, 나라를 세워 가락이라 불렀다. 또는 가야(伽倻)라고도 하는데, 이것이 이른바 가락가야(駕洛伽倻)라는 것이다. 그 다음 다섯 사람은 각각 5가야의 임금이 되었으니, 첫째는 아나가야(阿那伽倻)이니 지금의 함안군(咸安郡)이다. 둘째는 고녕가야(古寧伽倻)이니 지금의 함창현(咸昌縣)이다. 셋째는 대가야(大伽倻)이니 지금의 고령현(高靈縣)이다. 넷째는 벽진가야(碧珍伽倻)이니 지금의 성주목(星州牧)이다. 다섯째는 소가야(小伽倻)이니 지금의 고성현(固城縣)이다라 하였다.

(駕洛 駕洛者 新羅南境海上別國. 初無君長 始祖化生 當東漢建武十八年. 有九落九干神明之 推其始出者立爲君. 號曰首露 姓曰金 建國號曰駕洛. 亦曰 伽倻此所謂駕洛伽倻者也. 其次五人各爲五伽倻主. 一曰阿那伽倻 今咸安郡也. 二曰古寧伽倻 今咸昌縣也. 三曰

大伽倻 今高靈縣也. 四曰碧珍伽倻 今星州牧也. 五曰小伽倻 今固城縣也.)

◈『성호사설』 권19 경사문 가락가야(『星湖僿說』卷19 經史門 駕洛伽耶)

영남지역에 처음에 진한(辰韓)과 변한(弁韓)의 두 나라가 있었는데, 신라가 일어날 때까지도 이 두 나라는 아직 남아 있었다. 또 가락(駕洛)과 다섯 가야(伽耶)가 가장 강대할 때에는 신라와 병립(並立)하였으나, 그 뒷일은 헤아릴 수 없다.…동사(東史)에는 가락도 역시 가야라 했고 또 금관국(金官國)이라고도 하였으니, 지금 김해(金海) 지방이 바로 거기다. 그 나머지 다섯 가야는, 고령은 대가야(大伽耶), 고성은 소가야(小伽倻), 성주는 벽진가야(碧珍伽倻), 함안은 아나가야(阿那伽倻), 함창은 고령가야(高寧伽倻)라고 했는데, 가락과 더불어 모두 여섯 개의 알에서 나왔다는 것이다.

(嶺南之地 始有辰弁二韓 及新羅之興二國尚存. 又有駕洛及五伽耶最大與新羅並立 其終不可考.…東史 駕洛亦稱伽耶 又稱金官國 今金海地是也. 其餘為五伽耶 高靈為大伽耶 固城為小伽耶 星州為碧珎伽耶 咸安為阿那伽耶 咸昌為古靈伽耶 與駕洛 皆六夘所出矣.)

◈『동사강목』 제1 상 기자조선 마한(『東史綱目』第一 上 箕子朝鮮 馬韓)

무릇 50여 국이 있다. 큰 나라는 만여 가이고 작은 나라는 수천 가인데, 모두 합하여 10여만 호이다. 신지(臣智)는 신운견지보(臣雲遣支報)·안야축지(安邪踧支)·분신리아불례(濆臣離兒不例)·구야진지렴(拘邪秦支廉)이라는 칭호를 더하기도 한다. 그 벼슬에는 위솔선(魏率善)·읍군(邑君)·귀의후(歸義侯)·중랑장(中郎將)·도위(都尉)·백장(伯長)이 있다.

진변 두 나라에는 기저국·불사국·변미리미동국·변접도국·근기국·난미리미동국·변고자미동국·변고순시국·염해국·변반로국·변낙노국·군미국·변군미국·변미오야마국·여담국·변감로국·호로국·주선국·만연국·변구야국·변주조마국·변안야국·변독로국·사로국·우중국이 있는데, 합하여 24국이 된다. 대국은 4~5천 가이고 소국은 6~7백 가인데, 모두 합해 4~5만 호이다.〈여기에 25국으로 되어 있으니 아마도 군미국이 거듭 적힌 듯하다.〉

(凡五十餘國. 大國萬餘家 小國數千家 摠十餘萬戶. 臣智或加優呼臣雲遣支報·安邪踧支·濆臣離兒不例·拘邪秦支廉之號. 其官有魏率善·邑君·歸義侯·中郎將·都尉·伯長·

候. 辰弁二國 有已柢國 · 不斯國 · 弁彌離彌凍國 · 弁接塗國 · 勤耆國 · 難彌離彌凍國 · 弁古資彌凍國 · 弁古淳是國 · 冉奚國 · 弁半路國 · 弁樂奴國 · 軍彌國 · 弁軍彌國 · 弁彌烏邪馬國 · 如湛國 · 弁甘路國 · 戶路國 · 州鮮國 · 馬延國 · 弁狗邪國 · 弁走漕馬國 · 弁安邪國 · 弁瀆盧國 · 斯盧國 · 優中國 合爲二十四國. 大國四五千家 小國六七百家 摠四五萬戶. 此爲二十五國 恐軍彌國壘錄也.)

◈ 『동사강목』 제1 하 삼국(『東史綱目』 第一 下 三國)

〈한나라 광무 건무 18년(42) 임인년 신라 유리왕 19년, 고구려 대무신왕 25년, 백제 다루왕 15년, 가락국(駕洛國) 시조 김수로(金首露) 원년〉 이해 이후는 대국이 3, 소국이 1 모두 4국이며, 5가야(伽耶) 등 여러 소국의 상고할 수 없는 연대는 생략한다.〉 춘3월에 가락 사람이 김수로 형제 6인을 세워 임금으로 삼고, 가야(加耶)를 나누어 다스렸다. 가락은 옛날 변한(卞韓) 땅이다. 처음에는 군신의 위호(位號)가 없고 구간(九干)이 있었으니, 아도(我刀) · 여도(汝刀) · 피도(彼刀) · 오도(五刀) · 유수(留水) · 유천(留天) · 신천(神天) · 신귀(神鬼) · 오천(五天)이 그것으로 각각 추장(酋長)이 되었다. 그 무리는 총 7만 5천이었는데 산과 들에 모여 살았다. 이에 이르러 9간이 계사(禊事)를 하고 있었더니, 이때 어떤 사람인지는 알 수 없으나 김수로라는 이가 있어 구지봉에 올라〈지금 김해부(金海府)에 있다.〉 가락의 아홉 마을을 바라보고 그곳에 이르렀다. 9간이 수로 형제 여섯 사람의 용모가 모두 기위(奇偉)하고 장대한 것을 보고는 여럿이 모두 경이하여 이들을 세워 임금으로 삼았는데, 수로가 연장자였으므로 국호를 대가락(大駕洛)〈지금 김해부〉이라 하고, 또 가야라고도 하였다. 나머지 다섯 사람이 각각 5가야의 임금이 되니, 아라가야(阿羅伽耶)〈지금 함안군〉 · 고녕가야(古寧伽耶)〈지금 함창현〉 · 대가야(大伽耶)〈지금 고령현〉 · 성산가야(星山伽耶)〈지금 성주부, 일설에는 벽진가야(碧珍伽耶)〉 · 소가야(小伽耶)〈지금 고성현〉가 그것이다. 동쪽은 황산강(黃山江), 남쪽은 푸른 바다(滄海), 서북쪽은 지리산(地理山), 동북쪽은 가야산(伽耶山)으로 경계를 삼았는데, 가락은 뒤에 금관국(金官國)이라고 국호를 고쳤다.

(〈漢 建武 十八年 壬寅 新羅 儒理王十九年 高句麗 大武神王二十五年 百濟 多婁王十五年 駕洛國始祖 是歲以後 大國三 小國一 凡四國 若五伽耶等諸小國年代無考者 略之.〉春三月 駕洛人立金首露兄弟六人爲君 分治加耶. 駕洛古卞韓之地. 其始無君臣位號 有九

干 曰我刀 汝刀彼刀 五刀 留水 留天 神天 神鬼 五天. 各爲酋長. 其衆摠七萬五千 聚居山野. 至是 九干修禊事. 時有金首露者 不知何許人 登龜旨峯〈在今金海府〉 望駕洛九村 遂至其地. 九干見首露兄弟六人容貌 皆奇偉長大. 衆皆驚異 立以爲君. 而首露長 故國號大駕洛〈今金海府〉 又稱伽耶. 餘五人各 爲五伽耶君 曰阿羅伽耶〈今咸安郡〉 曰古寧伽耶〈今咸昌縣〉 大伽耶〈今高靈縣〉 曰星山伽耶〈今星州府 一云 碧珍伽耶〉 小伽耶〈今固城縣〉. 東以黃山江 南以滄海 西北以地理山 東北以伽耶山爲界. 駕洛後改號金官國.)

◈ 『동사강목』 제3 上1 삼국(『東史綱目』 第3 上1 三國)

〈동위(東魏) 원상(元象) 원년(538)〉 [무오] 〈신라 법흥왕 25년, 고구려 안원왕 8년, 백제 성왕 16년〉 신라가 아시량국〈지금[조선]의 함안군〉을 멸망시켰다.

(東魏元象元年[戊午]新羅法興王二十五年 高句麗安原王八年 百濟聖王十六年 新羅滅阿尸良國今咸安郡.)

◈ 『동사회강』 권1 상(『東史會綱』 卷1 上)

〈임인년(42) 신라 유리왕 19년 고구려 대무신왕 25년 백제 다루왕 15년〉 봄 2월에 가락인(駕洛人)들이 김수로(金首露)를 세워 임금으로 삼았다. 가락은 또한 진한의 땅이다. 그곳은 처음에는 군신의 칭호가 없었다. 구간〈아도간 · 여도간 · 피도간 · 오도간 · 유수간 · 유천간 · 신천간 · 신귀간 · 오천간〉이란 자가 있어 각각 추장(酋)이 되었다. 산과 들에 모여 살았다. 김수로는 그 출자를 알지 못한다. 구간들이 함께 추대하여 임금으로 삼았다. 나하를 대가락(大駕洛)〈뒤에 금관(金官)으로 고쳤다〉. 그 속국이 다섯이 있는데 모두 가야(伽倻)라 불렀다. 수로에게는 동생 다섯이 있어 5가야로 나누어 다스렸다. 그 땅은 동으로 황산강(黃山江)에 이르고 동북으로 가야산(伽倻山)에 이르렀으며 서남쪽은 큰 바다에 접했다. 서쪽은 지리산(智異山)을 경계로 하였다. 뒤에 모두 신라의 군현이 되었다.〈아라가야는 지금의 함안, 고녕가야는 지금의 함창, 대가야는 지금의 고령, 성산가야는 지금의 성주, 소가야는 지금의 고성이다〉.

(〈壬寅 新羅 儒理王十九年 高句麗 大武神王二十五年 百濟 多婁王十五年〉 春二月 駕洛人立金首露爲君. 駕洛亦辰韓之地. 其無始君臣位號 有九干〈我刀干 · 汝刀干 · 彼刀干 · 五刀干 · 留水干 · 留天干 · 神天干 · 神鬼干 · 五天干〉者 各爲酋長 聚居山野. 金首露 不知

其所自出 九干共推爲君. 國號大駕洛〈後改金官〉. 其屬國有五 皆號曰伽耶. 首露有弟五人 分長五伽耶. 其地 東至黃山江 東北至伽耶山 西南際大海 西界智異山. 後皆爲新羅郡縣〈阿羅伽倻今咸安 古寧伽倻今咸昌 大伽倻今高靈 星山伽倻今星州 小伽倻今固城〉)

◈『동국역대총목』 삼국 신라 법흥왕(『東國歷代總目』 三國 新羅 法興王)

〈무오(538)〉 아시량국〈지금[조선]의 함안(咸安)이다.〉을 쳐서 멸망시켰다.

(戊午 伐阿尸良國 今咸安 滅之)

◈『동국역대총목부』 지지(『東國歷代總目附』 地誌)

김해〈옛 가락국으로 혹은 가야(伽倻)라 칭했다. 후에 금관국(金官國)으로 고쳤다. 신라가 취해 금관군으로 삼았다. 고려에 이르러 김해부로 고쳤다.〉 고령〈옛날 대가야국인데 신라 진흥왕이 멸망시켜 그 땅을 대가야군으로 삼았다. 현의 남쪽에 궁궐터가 있고, 그 옆에 돌로 된 우물이 있어, 어정(御井)이라 전한다.〉 함창〈고녕가야국인데 신라가 취하여 군을 설치했다〉 함안〈옛 아나가야국인데 혹은 아시량국이라고도 한다. 신라법흥왕이 멸망시켜 군으로 삼았다.〉 고성〈옛 소가야국이다. 신라 지증왕왕이 취하여 군으로 삼았다.〉 성주〈옛 벽진가야국이다. 신라가 취하여 군으로 삼았다.〉

(金海〈古駕洛國 或稱伽倻 後改金官國 新羅取爲金官郡 至高麗 改爲金海府.〉 高靈〈古大伽倻國 新羅眞興王滅之 以其地爲大伽倻郡. 縣南有宮闕遺址 傍有石井 俗傳御井.〉 咸昌〈古古寧伽耶國 新羅取之置郡.〉 咸安〈古阿那伽倻國 或云阿尸良國. 新羅法興王滅之爲郡.〉 固城〈古小伽倻國. 新羅智證王取之爲郡.〉 星州〈古碧珍伽耶國. 新羅取之爲郡.〉)

◈『기년아람』 권5 삼국 아나가야국(『紀年兒覽』 卷5 三國 阿那伽倻國)

신라 법흥왕 25년(538) 무오년에 멸망시키고 아시량군[阿尸良國]을 설치하였다.

(新羅法興王二十五年戊午 滅之 置阿尸良國.)

◈『해동역사』 권3 세기3 삼한(『海東繹史』 卷3 世紀3 三韓)

진한은 옛날의 진국이다. 마한의 동쪽에 있으며, 처음에는 6개국이었다가 나뉘어 12개국이 되었고, 변진(弁辰) 역시 12개 나라이다. 이저국 · 불사국 · 변진미리미동국 · 변진접도국 · 근기국 · 난미리미동국 · 변진고자미동국 · 변진고순시국 · 염해국 · 변진반로국 · 변락노국 · 군미국 · 변군미국 · 변진미오야마국 · 여담국 · 변진감로국 · 호로국 · 주선국 · 마연국 · 변진구야국〈살피건대, 제국기(諸國紀)에 상세히 보인다.〉 · 변진주조마국 · 변진안야국 · 마연국 · 변진독로국 · 사로국 · 우유국이 있는 바, 변한과 진한을 합하여 모두 24국이다.〈삼가 살펴보건대, 군미국 아래에 또 변군미국이 있으며, 또 마연국이 두 곳에 있으니, 이는 반드시 베껴 쓰는 자가 잘못 적은 것이다. 이 두 나라를 삭제하면 24국이 된다. 또 살펴보건대, 변진 역시 진한이다. 그 지역이 서로 맞물려 있어서 백성들이 뒤섞여 살고 있는 탓에 어디에서 어디까지가 어디라고 분명하게 나눌 수가 없다. 그러므로 『위지』에서도 뒤섞어서 쓰면서 오로지 변진의 여러 나라에 대해서는 변진 두 자를 붙여 표시하였는 바, 그들이 뒤섞여 살았음을 알 수 있다.〉 대국은 4~5천 가이고, 소국은 6~7백 가로 총 4~5만 호이다. 이 12개국은 진왕(辰王)에게 속하였는데, 진왕은 항상 마한 사람을 왕으로 삼아 대대로 세습하였다. 진왕은 스스로 즉위해 왕이 될 수는 없었다.〈위략에 "그들은 떠돌아다니는 사람들이었으므로 마한에게 제압당한 것이 분명하다"고 하였다. 위와 같다.〉

(辰韓古之辰國也. 在馬韓之東. 始有六國 稍分爲十二國. 弁辰亦十二國. 有已柢國 · 不斯國 · 弁辰彌離彌凍國 · 弁辰接塗國 · 勤耆國 · 難彌離彌凍國 · 弁辰古資彌凍國 · 弁辰古淳是國 · 冉奚國 · 弁辰半路國 · 弁樂奴國 · 軍彌國 · 弁軍彌國 · 弁辰彌烏邪馬國 · 如湛國 · 弁辰甘路國 · 戶路國 · 州鮮國 · 馬延國 · 弁辰狗邪國〈按詳見諸國紀〉 · 弁辰走漕馬國 · 弁辰安邪國 · 馬延國 · 弁辰瀆盧國 · 斯盧國 · 優中國 弁辰韓合二十四國.〈謹按 軍彌國下 又有弁軍彌國 且馬延國有二 此必傳寫之誤也. 刪此二國則爲二十四國. 又按弁辰亦辰韓也. 其壤地相錯 人民雜居 不可以從某之某分而二之 故魏志亦錯雜書之. 唯於弁辰諸國 標以弁辰二字 其雜居可知也.〉 大國四五千家 小國六七百家 總四五萬戶. 其十二國屬辰王. 辰王常用馬韓人作之 世世相繼. 辰王不得自立爲王.〈魏略曰 明其爲流離之人 故爲馬韓所制. 同上.〉)

◈『해동역사』 권41 교빙지9 통일본시말(『海東繹史』 卷41 交聘志9 通日本始末)

대개 우리나라 역사서[東史]에서 칭한 여섯 가야는 모두 변진의 여러 나라이다. [『문헌비고』] 대가야는 지금 고령현이고, 소가야는 지금의 고성현이며, 고녕가야는 지금 함창이고, 아라가야는 지금의 함안군이며, 성산가야는 지금의 경산 또 는 벽진〈지금 성주(星州)〉이라고도 한다. 〈(한)진서〉가 삼가 살펴보건대, 우리 사서를 보면 수로왕이 가락국왕이 되었고 그의 동생 다섯 사람은 각각 다섯 가야의 주인이 되었다고 하였으니 이것이 이른바 여섯 가야이다. 변진구야국이 가락국이 되고, 변진미오야마국이 대가야가 되는 것에 대해서는 이미 명확한 증거가 있다. 그리고 위치를 보면 변진고자국이 있는데, 고자(古資)라는 것은 고성(固城)의 옛 이름이다.〈동사(東史)는 고자(古自)로 지었다.〉 고성이란 것은 소가야이다. 이로써 미루어 보면 여섯 가야가 변진의 여러 나라임은 다시 의심할 것이 있겠는가. 우리나라 역사에서 가야는 신라와 뒤섞여 살면서 후한시대에 시작되어 제·양나라 때 없어졌다고 했으나, 화사(華史)[중국사서]에서 변진은 진한과 뒤섞여 살면서 후한시대에 일어나 위진(魏晉) 시대에 번성했다고 했으니, 피차 기록한 바가 연대의 차이도 없고 강역이 모두 합치된다. 신라가 이미 진한이니 가야는 저절로 변진인 것이다. 구암[한백겸]의지지[『동국지리지』]를 보면 수로왕이 일어난 곳을 변진이라고 하였으니 어찌 탁월한 견해가 아니겠는가.

(蓋東史所稱六伽倻 皆弁辰諸國也. [文獻備考] 大伽倻今高靈縣 小伽倻今固城縣 古寧伽倻今咸昌 阿羅伽倻今咸安郡 星山伽倻今京山一云碧珍〈今星州〉〈鎭書〉謹按東史 首露王立爲駕洛國王. 其弟五人 各爲五伽倻主. 此所謂六伽倻也. 弁辰狗邪國爲駕洛國 弁辰彌烏邪馬國爲大伽倻 卽有明證. 且魏志有弁辰古資國 古資者固城之舊名也.〈東史作古自〉固城者小伽倻也. 以此推之 六伽倻之爲弁辰諸國 更何疑乎. 東史之伽倻與新羅雜居 始於後漢而終於齊·梁. 華史之弁辰與辰韓雜居 起於後漢 而於顯於魏晉. 彼此所記年代不差 疆理悉合. 新羅旣爲辰韓 則伽倻自爲弁辰. 久庵地志 以首露所起爲弁辰 豈非卓見乎.)

◈ 『해동역사』 권41 교빙지9 통일본시말(『海東繹史』 卷四十一 交聘志九 通日本始末)

신공 49년(369)에 신라가 오랫동안 조공을 바치지 않았다.〈백제는 사신을 보내어 교통하는 것을 빠뜨리지 않았다〉 아라타 와케[荒田別]와 카가 와케[鹿我別]를 장군으로 삼고 백제의 구저 등을 길잡이로 삼아 신라를 공격하여 탁순에 이르렀다. 백제왕은 목라근자와 사사노궤〈살펴보건대 두 사람이다.〉 등에게 명하여 정예 군사 수천을 더하여 공격하였다. 신라왕이 화해를 청했으나 장군은 응하지 않았다. 그로 인하여 비자발(比自炑), 남가라(南加羅), 탁국(喙國), 안라(安羅), 다라(多羅), 탁순(卓淳), 가라(加羅)의 일곱 나라를 평정했다.

(神功四十九年 依新羅久不朝〈百濟通使不闕〉 以荒田別及鹿香別爲 將軍 以百濟久氐等爲導 擊新羅至卓淳 百濟王命木羅斤資 沙沙奴跪〈按二人〉 加精兵數千 攻之 新羅王請和 將軍不聽 遂攻破之 因以 平定比自炑·南加羅·喙國·安羅·多 羅·卓淳·加羅 七國)

◈ 『해동역사』속집 권3 지리고3 삼한 하(『海東繹史』續集 卷3 地理考3 三韓 下)

변진 변진12국은 지금 경상우도의 연해지역이다. [『후한서』 한전] 변진은 진한과 뒤섞여 살았다. 성곽과 의복이 모두 같았으나, 언어와 풍속에는 차이가 있다. 그 나라는 왜에 가까워서 문신(文身)을 하는 자가 자못 많았다. [『삼국지』 한전] 변진12국은 변진미리미동국, 변진접도국, 변진고자미동국〈삼가 살펴보건대 지금의 고성군이다〉, 변진고순시국, 변진반로국, 변낙노국〈삼가 살펴보건대 진(辰) 자가 빠졌다〉, 변진미오야마국〈삼가 살펴보건대 지금의 고령현이다〉, 변진구야국〈삼가 살펴보건대 지금의 김해부이다〉, 변진주조마국, 변진안야국, 변진독로국이 있다. 그 독로국은 왜와 경계를 접했다. 12국에는 역시 왕이 있다. 〈(한)진서〉가 범사(범엽의 『후한서』)를 삼가 살펴보니, 변진은 진한의 남쪽과 마한의 동쪽에 있으며, 그 남쪽은 왜와 접하였으니, 지금 경상우도의 연해지역이 이곳이다.

(弁辰 弁辰十二國 今慶尙右道沿海地也. [後漢書 韓傳] 弁辰與辰韓雜居. 城郭衣服皆同. 言語風俗有異. 其國近倭 故頗有文身者. [三國志 三韓傳] 弁辰十二國 弁辰彌離彌凍國 弁辰接塗國 弁辰古資彌凍國〈謹按 今固城郡〉 弁辰古淳是國 弁辰半路國) 弁樂奴國〈謹按脫辰字〉 弁辰彌烏邪馬國〈謹按 今高靈縣〉 弁辰狗邪國〈謹按 今金海府〉 弁辰走漕馬國 弁辰安邪國 弁辰瀆盧國. 其瀆盧國與倭接界. 十二國亦有王. 〈(韓)鎭書〉 謹按范史 弁辰在辰韓之南 馬韓之東 其南與倭接 今慶尙右道沿海之地域 是也.)

◈ 『해동역사』속집 권3 지리고3 삼한 하 변진(海東繹史 續集 卷三 地理考三 三韓 下 弁辰)

[일본서기] 신공 49년(369) 〈위나라 정시 9년〉에 아라타 와케(荒田別)를 장군으로 삼고

백제의 구저 등을 길잡이로 삼아 신라를 공격하여 깨트렸다. 그로 인하여 비자발(比自炑), 남가라(南加羅), 탁국(㖨國), 안라(安羅), 다라(多羅), 탁순(卓淳), 가라(加羅)의 일곱 나라를 평정했다. 군사를 옮겨 고해진(古奚津)에 이르렀다. 백제왕 초고 등이 또한 와서 고해진에서 만났다. 이때 비리(比利)·벽중(辟中)·포미지(布彌支)·반고(半古) 4읍이 스스로 항복하였다.

([日本書紀] 神功四十九年〈魏 正始 九年〉 以荒田別爲將軍 以百濟久氏等爲導 擊新羅破之 因以平比自炑·南加羅·㖨國·安羅·多羅·卓淳·加羅 七國. 人回至古奚津 百濟王肖古等 來會將軍於古奚津 時比利·辟中·布彌支·半古 四邑 自然降服)

◈『동국여지지』권4 하 함안군(『東國輿地志』卷4 下 咸安郡)

옛 아시량국이다〈또는 아나가야(阿那伽倻)라고도 한다〉. 신라 법흥왕이 그 땅을 병합하고 군으로 삼았다.

(古阿尸良國 一云阿那伽倻 新羅法興王并其地爲郡.)

◈『강계고』제3 아라가야국(『疆界考』第3 阿羅伽倻國)

신라 법흥왕이 아량국(阿良國)을 멸망시키고 그 땅을 주(州)로 삼았다. 경덕왕(景德王)이 함안군(咸安郡)으로 고쳤다. [동국]여지지(東國輿地志)에는 다음과 같이 기록되어 있다.

함안군 북쪽의 백사리(白沙里)에 옛 나라 터가 있고, 우곡(牛谷) 동서의 언덕 위에는 옛 무덤이 있어서 높이가 다섯 길이 되는 것들이 40여 개인데, 모두 그 나라 임금들의 무덤이라고 노인들이 서로 전한다.

(新羅法興王 滅阿良國 以其地爲州 景德王改爲咸安郡 輿地志 咸安郡北白沙里 有古國墟 牛谷東西壠上 有古塚高五丈者 四十餘所 皆其國君之葬 古老相傳.)

◈『여지도서』경상도 함안(『輿地圖書』慶尙道 咸安)

본래 아시량국〈또는 아나가야(阿那伽倻)라고도 하였다.〉이었다. 신라 법흥왕이 멸망시키고 그 땅을 군으로 삼았다. 경덕왕이 지금[조선] 이름으로 고쳤다.

(本阿尸良國 一名阿那伽倻 新羅法興王滅之 以其地爲郡 景德王改今名.)

◈ 『강역고』 권2 변진별고(『疆域考』 卷2 弁辰別考)

동사략에서는 다음과 같이 기록하였다. "법흥왕 25년(538)〈양나라 무제 대동 4년〉에 아시량국(阿尸良國)을 쳐서 멸하였다."

(東史略云 法興王二十五年梁武帝大同四年 伐阿尸良國 滅之.)

◈ 『대동지지』 권10 경상도 함안(『大東地志』 卷10 慶尙道 咸安)

신라 지증왕 15년(514)에 빼앗고 아시촌(阿尸村)에 소경(小京)을 설치했다. 〈6부와 남쪽 지방 사람들을 옮겨 그곳을 채웠다.〉

(新羅智證王十五年取之 置小京於阿尸村. 徒六部及南地人戶宗之.)

◈ 『대동장고』 제1책 역대고 신라소속제국(『大東掌攷』 第一册 歷代攷 新羅所屬諸國)

아라가야국〈아나가야라고도 하고, 아시량국이라고도 하였다. 6가야의 하나이니 지금의 함안이다. 신라 법흥왕 25년(538년) 무오년에 멸망시키고, 아시량군(阿尸良郡)을 설치하였다.〉 다른 기록도 있다. 〈『(동국)여지승람(與地勝覽)』에서는 다음과 같이 기록하였다. 『지금의 함안군 북쪽 백사리에 옛 나라(古國)가 있다. 우곡(牛谷)의 동쪽과 서쪽 경계 위에는 높이가 다섯 되는 옛 무덤 40여 개가 있는데, 모두 그 나라 임금들의 무덤이라고 노인들은 전한다.〉

(阿羅伽倻國〈一作阿那伽倻. 一作阿尸良國. 六伽倻之一 今咸安. 新羅法興王二十午年戊午滅之 置阿尸良郡. 攷異〈與地勝覽曰 白沙里 有古國 牛谷東西境上 有古塚 高五 今咸安郡北丈者四十餘所 皆其國君之葬 古老相傳.〉)

◈ 『대동지지』 권10 경상도 함안(『大東地志』 卷10 慶尙道 咸安)

법흥왕 24년(537) 아시량군(阿尸良郡)을 두었다. 경덕왕 16년(757) 함안군(咸安郡)으로 고쳤다. 〈영현(領縣)이 둘인데, 현무(玄武)와 의령(宜寧)이다.〉

(法興王二十四年 置阿尸良郡 景德王十六年 改咸安郡 領縣二 玄武宜寧.)

◈『대동지지』권29 방여총지1 신라소병제국(『大東地志』卷29 方輿總志1 新羅所并諸國)

아나가야국 〈아시량국(阿尸梁國)이라고도 한다. 신라 법흥왕 25년(538) 멸망시켰다. 지금[조선] 함안군이다.〉

(阿那加耶國 一云阿尸良國 新羅法興王二十五年 滅之 今咸安郡.)

◈『증보문헌비고』권13 역대국계1(『增補文獻備考』卷13 歷代國界1)

변한국(卞韓國) 『후한서』에서 말하기를 변진(弁辰)은 변한(弁韓)의 남쪽에 있는데 역시 12국이 있다. 그 남쪽은 역시 왜와 접하였다. 변진은 진한은 섞여 사는데, 성곽과 의복은 모두 같으나 언어와 풍속은 차이가 있다. 12국은 변군미국(弁軍彌國), 변진미오야마국(弁辰彌烏邪馬國), 여담국(如湛國), 변진감로국(弁辰甘路國), 호로국(戸路國), 주선국(州鮮國), 마연국(馬延國), 변진구야국(弁辰狗邪國), 변진주조마국(弁辰走漕馬國), 변진안야국(弁辰安邪國), 변진독로국(弁辰瀆盧國), 사로국(斯盧國), 우중국(優中國)이다.

한백겸(韓百謙)이 말하기를 신라 유리왕 18년(서기 42년)에 수로왕이 가락에 처음 나라를 세웠고, 진한의 남쪽 땅을 자기 것으로 만들었으며, 그 뒤 신라에 들어갔다. 아마 이것이 곧 변한의 땅이 아닌가 한다고 하였다. 신(臣)이 삼가 살펴보건대, 변한과 마한은 그 남쪽이 모두 왜와 접해 있습니다. 변한은 마한 남쪽 경계의 동쪽에 있고 북쪽으로는 진한과 접해 있습니다. 그 사방의 경계는 정확히 가락(駕洛)의 터와 합치합니다. 가락은 곧 가야(伽倻)의 하나입니다. 『문헌통고(文獻通考)』에 가야금(伽倻琴)을 변한금(弁韓琴)이라고 하였으니, 이것이 그 증거입니다. 또 살펴보건대, 『한서』에 이르기를 진한은 12국이 있다고 하였으나, 여기는 13국이 되니 의아한 일입니다. 진한 12국을 나열한 마지막에 군미국(軍彌國)이 있는데, 변한 12국을 나열한 첫머리에는 변군미국(弁軍彌國)이 있습니다. 이것은 혹시 서로 이어지면서 중첩되게 기록된 것인지 모르겠습니다. 신라의 처음 이름이 사로(斯盧)인데 여기에도 사로가 있습니다. 혹 신라의 이름이 섞여 들어간 것인지도 모르겠습니다.

(弁韓國 後漢書日 弁辰在弁韓之南 亦十有二國. 其南亦與倭接. 弁辰與辰韓雜居 城郭

衣服皆同 言語風俗自異.十二國 弁軍彌國 弁辰彌烏邪馬國 如湛國 弁辰甘路國 戶路國 州鮮國 馬延國 弁辰狗邪國 弁辰走漕馬國 弁辰安邪國 弁辰瀆盧國 斯盧國 優中國.

韓百謙曰 新羅儒理王十八年 首露王肇國於駕洛 據有辰韓之南界. 其後入於新羅 疑此即爲弁韓之地也. 臣謹按弁韓·馬韓 其南皆與倭接 則弁韓在於馬韓南界之東 以北接辰韓 其四履正合 駕洛之墟 駕洛卽伽倻之一也. 文獻通考 以伽倻琴爲弁韓琴 此其證也. 又按 漢書云 辰韓有十二國 而此爲十三 可疑.辰韓十二國列錄之末 有軍彌國 弁韓十二國 列錄之首 有弁軍彌國 是或相連 而疊錄歟. 新羅初號斯盧 而此有斯盧. 或新羅之號混入歟.)

◈ 『증보문헌비고』 권14 여지고2 역대국계2(『增補文獻備考』 卷14 輿地考2 歷代國界2)

아라가야국(阿羅伽倻國)〈라(羅)는 또는 나(那)라고도 썼다. 또한 아시량(阿尸良)이라고도 하였다.〉 법흥왕이 아시량국을 멸망시키고 그 땅을 주(州)로 삼았다. 경덕왕이 함안군(咸安郡)으로 고쳤다. 『동국여지승람[輿地勝覽]』에 지금의 함안군 북쪽 백사리(白沙里)에 고국(古國)[터]가 있다. 우곡(牛谷)의 동쪽과 서쪽 경계 위에는 높이가 다섯 길[장(丈)]에 이르는 옛 무덤 40여 개소가 있는데, 모두 그 나라 임금의 무덤이라고 노인들 말로 전해 온다고 하였다. 〈[보(補)] 신이 삼가 원본에 실린 것을 살펴보건대, 비록 이런 백사리 고국이나 우곡 고총(高塚) 등의 이야기가 실려 있지는 않지만, 『동국여지승람[輿覽]』에 빠진 것이 있어서 그런 것 같습니다.〉 [속(續)] 신이 삼가 살펴보건대, 아라(阿羅)는 대개 가실왕(嘉悉王)의 나라이며 가야금(伽倻琴)이 나온 곳입니다. 『삼국사[기]』에 의하면, 신라왕이 가실[왕]의 신하 우륵이 만든 금(琴)의 음악을 수용하면서 가야왕이 음란해서 자멸한 것이다. 음악에 무슨 죄가 있겠는가라고 하였습니다. 이때, 대가야는 아직 망하지 않았고, 아라가 멸망한 것은 불과 10년 전으로 거슬러 올라갑니다. 이른바 가실이라는 자가 아라의 왕이 아니면 누구겠습니까.

(阿羅伽倻國〈羅一作那 一云阿尸良〉 法興王滅阿尸良國 以其地爲州. 景德王改爲咸安郡. 輿地勝覽曰 今咸安郡. 北白沙里 有古國. 牛谷東西境上有古塚 高五丈者 四十餘所. 皆其國君之葬 古老相傳.〈補臣謹按 原本所載 雖此白沙里古國 牛谷古塚等說 不載 輿覽欠考. 續臣謹按 阿羅 盖嘉悉王之國 而伽倻琴所出也. 據三國史 新羅王用嘉悉臣于勒所造琴樂曰 伽倻王淫亂自滅 樂何罪乎. 此時 大伽倻尚未亡 而上距阿羅之滅纔十餘年則 所謂嘉

悉者 非阿羅王而何.)

◈『증보문헌비고』 권27 여지고15 관방3(『增補文獻備考』 卷27 輿地考15 關防3)

경상도 함안 [보]가야(伽倻)의 옛 성이 있다. 『읍지』에 [군의] 북쪽 5리에 있다는데 그 터가 완연하다.

(慶尙道 咸安 [補]伽倻古城 邑誌在北五里 基址宛然.)

◈『대한강역고』 권2 변진별고(『大韓疆域考』 卷2 弁辰別考)

아나가야(阿那加耶)는 지금[조선]의 함안군이다. 신라 법흥왕이 멸망시켰다. 동사략에서는 다음과 같이 기록하였다. "법흥왕 25년(538)〈양나라 무제 대동 4년〉에 아시량국(阿尸良國)을 쳐서 멸하였다."

(阿那加耶者 今之咸安郡也 新羅法興王滅之 東史略云 法興王二十五年梁武帝大同四年伐阿尸良國 滅之.)

◈『역사집략』 권2 마한기(『歷史輯略』 卷2 馬韓紀)

변한(弁韓)12국은 변진미오야마(弁辰彌烏邪馬), 여담(如湛), 변진감로(弁辰甘路), 호로(戶路), 주선(州鮮), 마연(馬延), 변진구야(弁辰狗邪), 변진주조마(弁辰走漕馬), 변진안야(弁辰安邪), 변진독로(弁辰瀆盧), 사로(斯盧), 우중(優中) 등이다. 지금 삼국사를 고찰해 보면 백제(伯濟)와 사로(斯盧) 이외에는 하나도 비슷한 것이 없다. 대개 당시 주현(州縣)의 아주 작은 부락(部落)들이 잠시 일어났다가 곧 거품처럼 사라진 것이 아니겠는가? 빠질 만도 한 것이다. 또 살펴보건대 후한서(後漢書)에서 삼한 78국을 서술하면서 백제(伯濟)를 그 하나로 말하고 있다. 백제(伯濟)는 백제(百濟)이다. 대개 범엽(范曄)이 살던 당시에 삼한 여러 나라 중 오직 백제의 이름만이 중국에 대략 알려졌기 때문이니 이것이 백제만을 든 이유이다. 그러나 이미 백제를 거론하였다면 이른바 한(韓)이란 것은 당시 신라와 가락을 아울러 포함해 말하는 것이다. 그 아래 쓰인 풍토(風土)와 요속(謠俗) 또한 그러하다. 그러므로 지금 그 풍토와 요속을 기준(箕準) 이전의 삼한기(三韓紀)에 감히 싣지 못한다. 또 살펴보건대, 마한(馬韓)은 혹은 금마군(金馬郡)으로 인해서 그렇게 부른 것이라 하였다. 변한(弁韓)은 혹은 그 나라 사람들이 쓴 고깔모자[弁]로 인해서 그렇게 부른 것이라 하였다. 가락(駕洛)은 혹은 동쪽 풍속에 모자[冠幘]의 꼭대기가 위로 솟은 것을 통틀어서 고깔[弁]이라고 하는데, 그중 노란 것을 일컬어 금가나(金駕那)라고 한다. 가락(駕洛)과 가나(駕那)는 소리가 서로 비슷하다고 하였다. 금관(金官)은 혹은 관(官)은 모자 관(冠)이다. 또한 금가나(金駕那)의 변한 칭호이다라 하였다. 맞는지 여부는 알 수 없다. 『후한서』에는 변한은 진한의 남쪽에 있으며 남쪽으로 왜와 접하였다고 하였다.

(弁韓十二國 曰弁辰彌烏邪馬 曰如湛 曰弁辰甘路 曰戶路 曰州鮮 曰馬延 曰弁辰狗邪 曰弁辰走漕馬 曰弁辰安邪 曰弁辰瀆盧 曰斯盧 曰優中. 而今考三國史 自伯濟·斯盧 以外概無一彷彿者 豈皆當時州縣之小小部落 而暫起旋滅 如浮昫樞者耶. 闕之可也. 又按 後漢書 敍三韓七十八國 曰伯濟是其一. 伯濟者 百濟也. 盖當范曄 之時 三韓諸國 惟百濟之名 略達於中國 此所以獨擧百濟也. 然旣擧百濟則 其所謂韓者 并包當時新羅·駕洛而言也. 其下所書 風土謠俗 亦隨而然. 故今不敢 以其風土謠俗 載之于箕準以前 三韓之紀焉. 又按 馬卓韓 或曰 因金馬郡而名. 弁韓 或曰 因其人所載弁而名. 駕洛 或曰 東俗凡冠幘之尖頂者 通謂之弁 其黃者 謂之金駕那. 駕洛·駕那聲相近也. 金官 或曰 官者冠也 亦金駕那之變稱也. 未知是否. 後漢書曰 弁韓在辰. 韓之南 南與倭接.)

◈『역사집략』 권3 신라·고구려·백제기(『歷史輯略』 卷3 新羅·高句麗·百濟紀)

〈임인(壬寅) 신라 유리왕(儒理王) 18년, 고구려 대무신왕(大武神王) 24년, 백제 다루왕(多婁王) 14년, 동한(東漢) 광무(光武) 건무(建武) 18년(42년)〉 봄 3월에 가락국〈[가락은] 또는 가라(加羅)라고도 쓴다. 지금(대한제국)의 김해(金海) 등 지역이다.〉 시조 김수로(金首露)가 왕위에 올랐다. 이보다 앞서 가락에는 9간(九干)이 있었으니, 이름하여 아도(我刀), 피도(彼刀), 여도(汝刀), 오도(五刀), 유수(留水), 유천(留天), 신천(神天), 오천(五天), 신귀(神鬼) 등이었다. [9간은] 각각 그 무리를 거느리고 산과 들에 모여 살았으며 임금과 신하의 지위나 호칭은 없었다. 가야산(伽倻山)〈[가야는] 또는 가야(加耶)라고도 쓴다.〉에 정견모주(正見母主)가 있어서 뇌질주일(惱窒朱日)과 뇌질청예(惱窒靑裔) 두 사람을 낳았다. 뇌질청예는 특히 기이한 호걸이었으니[奇傑], 신장이 아홉 척이며 용의 얼굴에 겹눈동자를 지녔다. 무리가 추대하여 임금[君]으로 삼았으니, 이 사람이 수로왕이다.

국호는 가락(駕洛), 혹은 가야(加耶)라고도 칭하였으며 뒤에 금관(金官)으로 고쳤다. 혹은 수로가 스스로 소호(少昊) 금천씨(金天氏)의 후예라고 하여 김으로 성을 삼았다고도 한다. 뇌질주일은 따로 대가야(大加耶)를 개국하였으니, 혹은 임나(任羅)〈[라(羅)는] 또는 나(那)라고도 쓴다.〉라고도 칭하니, 이 사람이 이진아시왕(伊珍阿豉王)이다. 혹은 가락이 시작할 대 남자 여섯 명이 있었으니 모두 영특하고 위대하며 재주가 뛰어났다. 무리가 그 맏형을 추대하여 군주로 삼았으니 이 사람이 수로가 되었다. 나머지 다섯 명은 다섯 가야를 만들었으니, 대가야(大加耶)〈지금의 고령(高靈)〉, 소가야(小加耶)〈또는 고자(古自)라고 불렀다. 지금의 고성(固城)〉, 아라가야(阿羅加耶)〈또는 아시량(阿尸良)이라고 불렀다. 지금의 함안(咸安)〉, 고녕가야(古寧加耶)〈지금의 함창(咸昌)〉, 벽진가야(碧珍加耶)〈지금의 성주(星州)〉 등이다.

(〈壬寅 新羅儒理王十八年 高句麗大武神王二十四年 百濟多婁王十四年 東漢光武帝建武十八年〉 春三月 駕洛〈日作加羅 今金海等地〉 國始祖金首露立. 初駕洛有九干 曰我刀彼刀 汝刀 五刀 留水 留天 神鬼 五天 神天. 各統其衆 聚居山野 無君臣位號. 有伽倻〈一作加耶〉山正見母主者 生子惱窒朱日及惱窒青裔二人.而惱窒青裔特奇傑 身長九尺 龍顔重瞳. 衆推爲君 是爲首露王. 國號駕洛 或稱加耶 後改金官. 或曰 首露自以少昊金天氏之後以金爲姓. 惱窒朱日別開國 曰大加耶 或稱任羅〈一作任那〉 是爲伊珍阿豉王. 或曰 駕洛之始 有男子六人 皆英偉長大. 衆推其兄爲主 是爲首露. 餘五人分爲五加耶 一曰大加耶〈今高靈〉 一曰小加耶〈一名古自 今 固城〉 一曰阿羅加耶〈一名阿戸良 今咸安〉 一曰古寧加耶〈今 咸昌〉 一曰碧珍加耶〈今 星主〉.)

◈『역사집략』 권4 신라 · 고구려 · 백제기(『歷史輯略』卷4 新羅 · 高句麗 · 百濟紀)

〈무오년 신라 법흥왕 건원(健元) 3년, 고구려 안원왕 7년, 백제 성왕 16년, 양나라 무제 대동4년(538)〉 신라가 아라를 멸망시키고,〈아나가야(阿那加耶)라기도 하고, 아시량(阿尸良)이라고도 한다.〉 그 땅을 군(郡)으로 삼았다.

살펴보건대, 아나가야의 도읍은 지금[대한제국]의 함안군(咸安郡)에 있었다. 함안의 옛 이름이 아시량이다. 그러므로 아나를 또한 아시량국이라고 부른 것이니, 앞선 역사책들이 그런 이유로 이렇게 썼다. 지금 고쳐 써서 읽는 사람에게 편하도록 하였다. 또 신라 진흥왕 12년에 왕이 뭇 신하에게 말하기를, "가야왕은 음란하여 자멸하였다."라고

하였다. 이는 곧 아나를 지칭하여 말한 것이다. 그러나 [진흥왕] 12년이면 이때와 14년의 거리가 있다. 따라서 지금 부득불 나라 이름을 드러내어 상하가 서로 밝혀지도록 하였다.

(戊午 新羅法興王建元三年 高句麗安原王七年 百濟聖王十五年 梁武帝大同四年 新羅滅阿羅一曰阿那加耶一名阿尸良 以其地爲郡

按 阿那加耶國都 在今咸安郡 咸安古號爲阿尸良 故阿那亦名阿尸良國 而前史因而書之今改書之 使讀者便焉 又据新羅眞興王十二年 王謂群臣曰 加耶王淫亂自滅 此卽指阿那言者 而十二年之距此 爲一十四年 則今亦不得不表出國名而使上下相明也.)

2. 중국역사서

◈『삼국지』권30 위서30 오환선비동이전 제30(『三國志』卷30 魏書30 烏桓鮮卑東夷傳 第30)

변진(弁辰) 또한 12국이 있다는데 역시 여러 작은 별읍(別邑)이 다. 각각 거수가 있는데, 큰 자는 신지(臣智)라 이름하고, 그 다음에 험측(險側), 다음에 번예(樊濊), 다음에 살해(殺奚), 다음에 읍차(邑借)이다. 이저국, 불사국, 변진미리미동국, 변진미리미동국, 변진접도국, 근기국, 난미리미동국, 변진고자미동국, 변진고순시국, 염해국, 변진반로국, 변낙노국, 군미국, 변군미국, 변진미오야마국, 여담국, 변진감로국, 호로국, 주선국, 마연국, 변진구야국, 변진주조마국, 변진안야국, 마연국, 변진독로국, 사로국, 우유국이 있다. 변한과 진한을 합하여 모두 24국이다. 대국은 4~5천 가이고 소국은 6~7백 가로 모두 4~5만 호이다. 그(진한) 12국은 진왕(辰王)에 속해 있는데 진왕은 언제나 마한인으로 세워 대대로 계승하였는데 진왕은 스스로 왕이 되지 못하였다.〈「위략」에 말하기를 그들이 유이민이었던 까닭에 마한의 통제를 받았음이 분명하다고 하였다.〉

(弁辰亦十二國 又有諸小別邑. 各有渠帥 大者名臣智 其次有險側 次有樊濊 次有殺奚 次有邑借. 有已柢國 不斯國 弁辰彌離彌凍國 弁辰接塗國 勤耆國 難彌離彌凍國 弁辰古資彌凍國 弁辰古淳是國 冉奚國 弁辰半路國 弁樂奴國 軍彌國 弁軍彌國 弁辰彌烏邪馬國 如湛國 弁辰甘路國 戶路國 州鮮國 馬延國 弁辰狗邪國 弁辰走漕馬國 弁辰安邪國 馬延國

弁辰瀆盧國 斯盧國 優由國 弁辰韓合二十四國. 大國四五千家 小國六七百家 總四五萬戶. 其十二國屬辰王 辰王常用馬韓人作之, 世世相繼. 辰王不得自立爲王.〈魏略曰 明其爲流移之民 故爲馬韓所制〉)

◈『삼국지』권30 위서30 오환선비동이전 제30(『三國志』卷30 魏書30 烏桓鮮卑東夷傳 第30)

한은 대방의 남쪽에 있다. 동서가 바다로 한정되었는데 남쪽은 왜(倭)와 접하였다. 4천 리가 된다. 세 종족이 있는데, 하나는 마한이라 하고, 둘은 진한이라 하며, 셋은 변한이라 한다. 진한이란 것은 옛 진국이다. 마한은 서쪽에 있는데, 그 사람들은 땅에 의지해 씨 뿌리고 심었으며 뽕과 누에 기르기를 알아 비단포를 만들었다. 각각 장수가 있는데 큰 자는 스스로 신지를 이름하고 그 다음은 읍차가 되었다.…모두 50여 국이다. 대국은 만여 가이고 소국은 수천 가로 모두 10여만 호가 된다. 진왕은 월지국을 다스린다. 신지는 좋은 호칭을 더하기를 신운견지보 · 안야축지 · 분신리아불례 · 구야진지렴의 호를 더해 부른다. 그 관작은 위솔선 · 읍군 · 귀의후 · 중랑장 · 도위 · 백장이었다.

(韓在帶方之南 東西以海爲限 南與倭接 方可四千里. 有三種 一曰馬韓 二曰辰韓 三曰弁韓. 辰韓者 古之辰國也. 馬韓在西. 其民土着種植 知蠶桑作綿布. 各有長帥 大者自名爲臣智 其次爲邑借.…凡五十餘國. 大國萬餘家 小國數千家 總十餘萬戶. 辰王治月支國. 臣智或加優呼臣雲遣支報安邪踧支濆臣離兒不例拘邪秦支廉之號. 其官有魏率善 · 邑君 · 歸義侯 · 中郎將 · 都尉 · 伯長.)

◈『양직공도』백제국사 도경(『梁職貢圖』百濟國使 圖經)

백제는 옛 [동]이(夷)로서 마한에 속한다. 진나라 말기에 고구려가 요동을 침략하여 차지하자, 낙랑 역시 요서 진평현을 차지하였다. 진나라 이래로 항시 제후국으로 공물을 바쳤다. 의희 연간(405~418)에 그 왕 여전(餘腆)이, 송나라 원가 연간(424~453)에는 그 왕 여비(餘毗), 제 나라 영명 연간(483~493)에 그 왕 여태(餘太)가 모두 중국의 관작을 받았다. 양 나라 초에 여태가 정동장군에 제수되었다. [백제는] 얼마 뒤에 고구려에게 격파 당하였다. 보통 2년(521년)에 그 왕 여융(餘隆)이 사신을 보내 표문을 올려 아뢰기를, "자주 고구려를 격파하였습니다."라고 하였다.

백제는 도성을 고마라고 하며, 읍을 담로라 하는데, 중국의 군현과 같은 말이다. 22담로가 있는데, [왕의] 자제와 종족들을 [담로]로 삼았다. 주변의 소국으로는 반파, 탁, 다라, 전라, 신라, 지미, 마련, 상기문, 하침라 등이 있었는데, 백제에 부속하였다.

(百濟舊來夷 馬韓之屬, 晉末駒驪旣略有遼東, 樂浪亦有遼西晉平縣 自晋已來常修蕃貢, 義熙中, 其王餘腆, 宋元嘉中其王餘毗, 齊永明中其王餘太, 皆受中國官爵, 梁初以太 除征東將軍, 尋爲高句驪所破, 普通二年, 其王餘隆遣使奉表云, 累破高麗, 所治城日固麻, 謂邑檐魯 於中國郡縣 有二十二檐魯, 分子弟宗族爲之. 旁小國 有叛波 卓 多羅 前羅 新羅 止迷 麻連 上己文 下枕羅 等附之.)

3. 일본역사서

◈『일본서기』권9 신공황후섭정 49년(『日本書紀』卷9 神功皇后攝政 49年)

49년(369) 봄 3월에 아라타 와케(荒田別), 카가 와케(鹿我別)를 장군으로 삼아 구저 등과 함께 군사를 이끌고 건너가 탁순국에 이르러 신라를 습격하려고 하였다. 그때 누군가가 말하였다. “군사의 수가 적어서 신라를 깨뜨릴 수 없습니다. 그러니 다시 사백과 개로를 보내 군사를 충원해 달라고 요청하십시오.” 이에 곧 목라근자와 사사노궤〈이 두 사람의 성은 알 수 없다. 다만 목라근자는 백제의 장군이다.〉에게 명령하여 정예병사를 이끌고 사백과 개로와 함께 가도록 하였다. 그 후 모두 탁순에 모여 신라를 쳐서 깨부수고 이로서 비자발(比自炑), 남가라(南加羅), 탁국(㖨國), 안라(安羅), 다라(多羅), 탁순(卓淳), 가라(加羅)의 일곱 나라를 평정했다.

(卌九年春三月 以荒田別 · 鹿我別爲將軍 則與久氐等 共勒兵而度之 至卓淳國 將襲新羅 時或曰 兵衆少之 不可破新羅 更復奉上沙白 · 蓋盧 請增軍士 卽命木羅斤資 沙沙奴跪 [是二人 不知其姓人也 但木羅斤資者 百濟將也] 領精兵與沙白 · 蓋盧共遣之 俱集于卓 淳 擊新羅而破之 因以 平定比自炑 · 南加羅 · 㖨國 · 安羅 · 多羅 · 卓淳 · 加羅 七國)

◈『일본서기』 권17 계체 7년 11월(『日本書紀』卷17 繼體 7年 11月)

겨울 11월 신해 초하루 을묘에 조정에서 백제의 저미문귀 장군과 사라(斯羅)의 문득지(汶得至), 안라의 신이해(辛已奚), 분파위좌(賁巴委佐), 반파의 기전해(旣殿奚)와 죽문지(竹汶至) 등을 불러놓고 은칙을 선포하여 기문과 대사를 백제국에 주었다. 이달 반파국이 즙지(戢支)를 보내어 진기한 보물을 바치고 기문의 땅을 요구했으나 끝내 주지 않았다.

(冬十一月辛亥朔乙卯 於朝庭 引列百濟姐彌文貴將軍 斯羅汶得至 安羅辛已奚及賁巴委佐 伴跛旣殿奚及竹汶至等 奉宣恩勅 以己汶・滯沙 賜百濟國 是月 伴跛國遣戢支獻珍寶乞己汶之地 而終不賜)

◈『일본서기』 계체 23년 3월(『日本書紀』繼體 23年 3月)

이달 아후미노 게나노 오미[近江毛野臣]를 안라(安羅)에 사신으로 보내어 명령을 내려 신라에게 남가라와 탁기탄을 다시 세우도록 하였다. 백제는 장군군(將軍君) 윤귀(尹貴)와 마나갑배(麻那甲背)・마노(麻鹵) 등을 보내어 안라에 가서 조칙을 받게 했다. 신라는 번국의 관가를 없앤 것이 두려워서 대인을 보내지 않고 부지나마례(夫智奈麻禮)와 해나마례(奚奈麻禮) 등을 보내어 안라에 가서 조칙을 듣게 했다. 이에 안라는 새로이 높은 건물[高堂]을 세워서 칙사를 오르게 하고 국주는 그 뒤를 따라 계단을 올라갔다. 국내의 대인으로서 당(堂)에 올랐던 사람은 한둘 정도였다. 백제의 사신 장군 군 등은 당 아래에 있었는데 몇 달간 여러 번 당 위에 오르고자 하였다. 장군 군 등은 뜰에 있는 것을 한스럽게 여겼다.

(是月 遣近江毛野臣 使于安羅 勅勸新羅 更建南加羅㖨己呑 百濟遣將軍君尹貴・麻那甲背麻鹵等 往赴安羅 式聽詔勅 新羅 恐破蕃國官家 不遣大人 而遣夫智奈麻禮奚奈麻禮等往赴安羅 式聽詔勅 於是 安羅新起高堂 引昇勅使 國主隨後昇階 國內大人 預昇堂者一二 百濟使將軍君等 在於堂下 凡數月再三 謨謀乎堂上 將軍君等 恨在庭焉)

◈『일본서기』 권17 계체 25년 12월(『日本書紀』卷17 繼體 25年 12月)

겨울 12월 병신 초하루 경자에 (천황을) 아이노노 마사자키[藍野陵]에 장사지냈다.〈어떤 책에는 천황이 28년 갑인년(534)에 죽었다고 하였다. 여기에서 25년 신해년에 죽었다고 한 것은 『백제본기』를 취하여 쓴 것이다. 거기에 "신해년 3월에 군대가 나아가서 안라에 이르러 걸탁성을 쌓았다. 이달에 고려[고구려]는 그 왕 안(安)을 죽였다. 또한 일본의 천황과 태자 · 황자가 함께 죽었다고 들었다"라고 하였다. 이에 따라 말한다면 신해년은 25년에 해당한다. 뒤에 교감하는 자가 이를 알았다.〉

(冬十二月 丙申朔庚子 葬于藍野陵或本云 天皇 廿八年歲次甲寅崩 而此云 廿五年歲次辛亥崩者 取百濟本記爲文 其文云 太歲辛亥三月 軍進至于安羅 營乞乇城 是月 高麗弑其王安 又聞 日本天皇及太子皇子 俱崩薨 由此而言 辛亥之歲 當廿五年矣 後勘校者 知之也)

◈『일본서기』 권19 흠명 2년 4월(『日本書紀』 卷19 欽明 2年 4月)

여름 4월 안라의 차한기 이탄해 · 대불손 · 구취유리 등과 가라의 상수위 고전해, 졸마의 한기, 산반해 한기의 아들, 다라의 하한기 이타, 사이기 한기의 아들, 자타의 한기 등이 임나의 야마토노 미코토모치[日本府]의 기비노 오미[吉備臣]〈이름자를 잃었다.〉과 더불어 백제에 가서 함께 조칙을 들었다. 백제의 성명왕이 임나의 한기들에게, "일본의 천황이 명령한 바는 오로지 임나를 재건하라는 것이다. 지금 어떤 계책으로 임나를 다시 일으키겠는가. 어찌 각기 충성을 다하여 천황의 마음을 받들어 펼치지 않겠는가"라고 말하였다. 임나의 한기 등이, "전에 두세 번 신라와 더불어 의논하였으나 대답이 없었습니다. 도모하려는 뜻을 다시 신라에 이른다 하여도 여전히 대답하는 바가 없을 것입니다. 이제 마땅히 함께 사신을 보내어 천황에게 아뢰어야 합니다. 임나를 재건하는 일은 대왕의 뜻에 달려 있습니다. 공경하게 (왕의) 교지를 받들려 하는데 누가 감히 다른 말을 하겠습니까. 그러나 임나의 경계는 신라와 접해 있어서 탁순(卓淳) 등과 같은 화를 입을까 두렵습니다"라고 말하였다.〈등(等)이라 함은 탁기탄(㖨己呑), 가라(加羅)를 말한다. 탁순 등의 나라가 패망의 화를 당한 것을 말한다.〉

성명왕이, "옛적에 우리 선조 속고왕, 귀수왕의 때에, 안라 · 가라 · 탁순의 한기 등이 처음으로 사신을 보내 서로 통교하여 친교를 두터이 맺어, 자제로 삼아 더불어 융성하기를 바랐다. 그런데 지금 신라에게 속임을 당하여 천황을 노하게 하고 임나를 원한에 사무치게 한 것은 과인의 잘못이다. 나는 깊이 뉘우쳐 하부 중좌평 마로, 성방갑배 매노 등을 보내어 가라에 나아가 임나의 야마토노 미코토모치에 모여 서로 맹세하게 하였다. 그 후에도 계속 마음을 두고 임나를 재건하려고 하는 일을 아침 저녁으로 잊은 적이 없었다. 지금 천황이 명령을 내려, '속히 임나를 재건하라'고 말씀하셨다. 이로 말미암아 그대들과 함께 계책을 모의하여 임나 등의 나라를 세우려고 하니, 잘 생각하여야 한다. 또 임나의 경계에서 신라를 불러, (조칙을) 받들 것인가의 여부를 물어야겠다. 함께 사신을 보내어 천황에 아뢰고 삼가 교시를 받들자. 만일 사자가 돌아오지 않았을 때 신라가 틈을 엿보아 임나를 침략해 오면 나는 마땅히 가서 구원할 것이니 근심할 바가 아니다. 그러나 잘 방비하고 삼가 경계하기를 잊지 말라. 또한 그대들은 탁순 등과 같은 화를 입을까 두렵다고 하였으나, 신라가 스스로 강했기 때문에 그럴 수 있었던 것은 아니다. 탁기탄은은 가라와 신라의 경계에 있어 해마다 공격을 받아 패하였는데, 임나도 구원할 수가 없었고, 이로 말미암아 망하게 되었다. 남가라(南加羅)는 땅이 협소하여 불의의 습격에 방비할 수 없었고 의지할 바도 알지 못하여, 이로 인하여 망하였다. 탁순은 상하가 서로 생각이 달라, 군주가 혼자 종속되기를 원하여 신라에 내응하였기 때문에 망하게 되었다. 이로 볼 때 삼국의 패망은 진실로 까닭이 있는 것이다. 옛적에 신라가 고려에 구원을 청하여 임나와 백제를 쳤으나 오히려 이기지 못하였는데, 신라가 어찌 혼자서 임나를 멸망시키겠는가. 지금 과인이 그대들과 더불어 힘을 다하고 마음을 같이 하여 천황에게 의지하면 임나는 반드시 일어날 것이다"라고 말하였다. 그리고 물건을 주었는데, 각각 차등이 있었다. 기뻐하며 돌아갔다.

(夏四月 安羅次旱岐夷呑奚・大不孫・久取柔利 加羅上首位古殿奚卒麻旱岐散半奚旱岐兒 多羅下旱岐夷他斯二岐旱岐兒 子他旱岐等 與任那日本府吉備臣厥名字 往赴百濟 俱聽詔書 百濟聖明王謂任那旱岐等言 日本天皇所詔者 全以復建任那 今用何策 起建任那 盍各盡忠 奉展聖懷 任那旱岐等對曰 前再三廻 與新羅議 而無答報 所圖之旨 更告新羅 尙無所報 今宜俱遣使 往奏天皇 夫建任那者 爰在大王之意 祗承敎旨 誰敢間言 然任那境接新羅 恐致卓淳等禍等謂喙己呑加羅 言卓淳等國 有敗亡之禍

聖明王曰 昔我先祖速古王貴首王之世 安羅加羅卓淳旱岐等 初遣使相通 厚結親好 以爲子弟 冀可恒隆 而今被誑新羅 使天皇忿怒 而任那憤恨 寡人之過也 我深懲悔 而遣下部中佐平麻鹵・城方甲背昧奴等 赴加羅 會于任那日本府相盟 以後 繫念相續 圖建任那 旦夕無忘 今天皇詔稱 速建任那 由是 欲共爾曹謨計 樹立任那等國 宜善圖之 又於任那境 徵召新

羅 問聽與不 乃俱遣使 奏聞天皇 恭承示教 儻如使人未還之際 新羅候隙 侵逼任那 我當往救 不足爲憂 然善守備 謹警無忘 別汝所導 恐致卓淳等禍 非新羅自强故 所能爲也 其㖨己呑 居加羅與新羅境際 而被連年攻敗 任那無能救援 由是見亡 其南加羅 蕞爾狹小 不能卒備 不知所託 由是見亡 其卓淳 上下携貳 主欲自附 內應新羅 由是見亡 因斯而觀 三國之敗 良有以也 昔新羅請援於高麗 而攻擊任那與百濟 尙不剋之 新羅安獨滅任那乎 今寡人與汝戮力并心 翳賴天皇 任那必起 因贈物各有差 忻忻而還)

◈『일본서기』 권19 흠명 2년 7월(『日本書紀』 卷19 欽明 2年 7月)

가을 7월 백제는 안라의 야마토노 미코토모치가 신라와 더불어 계책을 공모한다는 말을 듣고, 전부(前部) 나솔(奈率) 비리막고(鼻利莫古), 나솔 선문(宣文), 중부(中部) 나솔 목례미순(木刕眯淳), 기노 오미[紀臣] 나솔 미마사(彌麻沙)〈기노 오미 나솔이라는 사람은 아마도 기노 오미가 한국의 여자에게 장가를 들어 얻어 낳은 사람으로서, 백제에 머물러 나솔이 된 사람일 것이다. 그의 아버지는 알 수 없다. 다른 사람도 모두 이와 비슷하다〉 등을 안라에 보내어 신라로 가 있던 임나의 집사를 불러 임나를 세울 것을 도모하게 하였다. 따로 안라의 야마토노 미코치의 가후치노 아타히[河內直]가 신라와 공모한 것을 심하게 꾸짖었다.〈『백제본기』에는 '가부지비직(加不至費直) · 아현이나사(阿賢移那斯) · 좌로마도(佐魯麻都) 등'이라고 하였으나 잘 알 수 없다.〉

(秋七月 百濟聞安羅日本府與新羅通計 遣前部奈率鼻利莫古 奈率宣文 中部奈率木刕眯淳紀臣奈率彌麻沙等紀臣奈率者 蓋是紀臣娶韓婦所生 因留百濟 爲奈率者也 未詳其父 他皆效此也 使于安羅 召到新羅任那執事 謨建任那 別以安羅日本府河內直 通計新羅 深責罵之百濟本記云 加不至費直阿賢移那斯佐魯麻都等 未詳也)

◈『일본서기』 권19 흠명 4년 12월(『日本書紀』 卷19 欽明 4年 12月)

12월 백제 성명왕이 다시 이전의 조서를 여러 신하들에게 널리 보이며, "천황의 조칙이 이와 같으니, 어떻게 해야 하는가"라고 말하였다. 상좌평 사택기루, 중좌평 목례마나, 하좌평 목윤귀, 덕솔 비리막고, 덕솔 동성도천, 덕솔 목례미순, 덕솔 국수다, 나솔 연비선나 등이 함께 의논하여, "신들은 품성이 아둔하여 지략이 없습니다. 그러나 임나를 세우라고 명령하셨으니, 빨리 칙명을 받들어야 합니다. 이제 임나의 집사와 각국의 한기들을 소집하여 함께 계책을 모의하고 표를 올려 뜻을 말해야 합니다. 또 가후치노 아타히[河內直]·이나사(移那斯)·마도(麻都) 등이 여전히 안라에 있게 되면 아마도 임나는 세우기 어려울 것입니다. 그러므로 아울러 표를 올려 본처로 옮겨달라고 요청하십시오" 라고 대답하였다. 성명왕이, "군신들이 의논한 바가 심히 과인의 마음에 맞다"고 말하였다.…이달에 (백제가) 시덕 고분을 보내어 임나의 집사와 야마토노 미코토모치의 집사를 불렀다. 다함께, "정월 초하루를 지내고 가서 듣겠다"라고 대답하였다.

(十二月 百濟聖明王 復以前詔 普示群臣曰 天皇詔勅如是 當復何如 上佐平沙宅己婁中佐平木劦麻那·下佐平木尹貴德率鼻利莫古德率東城道天·德率木劦眯淳德率國雖多奈率燕比善那等 同議曰 臣等稟性愚闇 都無智略 詔建任那 早須奉勅 今宜召任那執事·國國旱岐等 俱謀同計 抗表述志 又河內直移那斯麻都等 猶住安羅 任那恐難建之 故亦并表 乞移本處也 聖明王曰 群臣所議 甚稱寡人之心…是月 乃遣施德高分 召任那執事與日本府執事俱答言 過正旦而往聽焉)

◈ 『일본서기』 권19 흠명 5년 3월(『日本書紀』卷19 欽明 5年 3月)

3월 백제에서 나솔 아탁득문·고세[許勢]의 나솔 가마[奇麻], 모노노베[物部]의 나솔 가히[奇非] 등을 보내어 표를 올려 말하였다. "나솔 미마사·나솔 기련 등이 신의 나라에 이르러 조서를 받들어 '너희들은 저 아마토노 미코토모치와 함께 좋은 계책을 꾀하여 빨리 임나를 세우는 것이 마땅하니, 너희는 경계하여 남에게 속지 말라'고 하였습니다. 또 쓰모리노 무라지[津守連] 등이 신의 나라에 이르러 칙서를 받들어 임나를 세우는 일을 물었습니다. 삼가 조칙에 따라 감히 시간을 지체하지 못하고 함께 도모하려고 하였다. 그리하여 사신을 보내어,〈『백제본기』에는 오호파신[烏胡跛臣]을 보내었다고 하였는데 아마도 이쿠하노 오미[的臣]인 듯하다〉 야마토노 미코토모치와 임나를 불렀으나 모두 대답하기를 '새해가 이미 왔으니 지나간 다음에 가려고 한다'라고 말하였습니다. 오랫동안 오지 않았으므로 다시 사신을 보내어 부르니 모두 대답하기를 '이미 제사지낼 때가 되었으니 지나간 다음에 가려고 한다'라고 말하였으나, 오랫동안 오지 않았습니다. 다시 사신을 보내어 불렀는데, 미천한 자를 보낸 까닭으로 함께 도모하지 못하였습니다.

무릇 임나가 부름에 나아오지 않은 것은 본심이 아니라, 아현 이나사·좌로 마도〈두 사람의 이름이다. 이미 위의 문장에 보인다〉가 간교하게 속여서 그렇게 된 것입니다.

무릇 임나는 안라를 형으로 삼아 오직 그 뜻을 좇고, 안라인들은 야마토노 미코토모치를 하늘로 삼아 오직 그 뜻을 따르므로〈『백제본기』에는 안라를 아버지로 삼고 야마토노 미코토모치로써 근본을 삼았다고 하였다.〉 이제 이쿠하노 오미[的臣]·기비노 오미[吉備臣]·가후치노 아타히[河內直] 등은 모두 이나사·마도의 지휘를 따를 뿐입니다. 이나사·마도는 비록 작은 가문의 미천한 자이지만 야마토노 미코토모치의 정사를 오로지 제멋대로 하며 또한 임나를 제압하여 막고 보내지 않았습니다. 이로 말미암아 함께 계획을 세워 천황에게 답변을 아뢸 수 없었습니다. 그래서 기마노궤〈아마도 쓰리모노무라지[津守連]인 듯하다〉가 머무르게 하고 특별히 나는 새와 같이 빠른 사신을 보내어 천황에게 아뢰기를, '만일 두 사람〈두 사람은 이나사와 마도이다〉이 안라에 있어 간특하고 아첨하는 일을 많이 행하면 임나도 세우기 힘들 것이며, 바다 서쪽의 여러 나라도 반드시 섬길 수 없을 것입니다. 엎드려 바라옵건대 이 두 사람을 옮겨 그 본래 있었던 곳으로 돌아가도록 하고 야마토노 미코토모치와 임나에게 칙을 내려 임나 건설을 도모하도록 하십시오. 그러므로 신이 나솔 미마사·나솔 기련 등을 기마노궤에게 딸려 보내어 표를 올립니다.'라고 하였습니다.

이에 조를 내려, '이쿠하노 오미[的臣] 등〈등(等)이라 한 것은 기비노 오토키미노 오미[吉備弟君臣]·가후치노 아타히[河內直] 등을 말한다.〉이 신라를 왕래하는 것은 짐의 뜻이 아니다. 옛날 이키미[印支彌]〈자세하지 않다〉와 아로 한기가 있을 때 신라의 핍박을 받아 논밭을 갈고 씨를 뿌리지 못하였는데, 백제는 길이 멀어 그 위급함을 구하지 못하였다. 이쿠하노 오미 등이 신라를 왕래함으로 말미암아 바야흐로 논밭을 갈고 씨를 뿌릴 수 있게 되었다는 것을 짐은 일찍이 들었다. 만일 임나를 이미 세웠다면 이나사·마도는 자연히 물러났을 것이니 어찌 말할 필요가 있겠는가'라고 하였습니다. 엎드려 이 조를 받자오니 기쁨과 두려움이 교차하며, 신라가 천조를 속이고 칙명을 따르지 않음을 알았습니다. 신라는 봄에 탁순을 취하고 이어 우리의 구례산 수비병을 내쫓고 드디어 점유하였습니다. 안라에 가까운 곳은 안라가 논밭을 일구어 씨를 뿌렸고, 구례산에 가까운 곳은 사라(斯羅)가 논밭을 일구고 씨를 뿌렸는데, 각각 경작하여 서로 침탈하지 아니하였습니다. 그런데 이나사·마도가 남의 경계를 넘어 경작하다가 6월에 도망하였습니다. 이키미[印支彌]의 뒤에 온 고세노 오미[許勢臣]의 때에는〈『백제본기』에는 "우리가 이키미를 머무르게 한 뒤에 온 기쇄신[旣灑臣]의 때에 이르러"라고 하였으나 모두 자세하지 않다.〉 신라가 다시 남의 경계를 침범하지 못하였습니다. 안라는 신라의 핍박을 받아 경작할 수 없다는 말을 하지 않았습니다.

신이 일찍이 듣건대 신라는 매년 봄과 가을에 군사와 무기를 많이 모아놓고 안라와 하산(荷山)을 습격하려 한다 하며, 또는 가라를 습격하려 한다고 들었습니다. 최근에 서신을 받고서 바로 군대를 보내어 임나를 굳게 지키는 데 게으르지 않았으며 자주 날랜 군사를 보내어 필요할 때마다 가서 구하였습니다. 이로써 임나가 때에 따라 농사를 짓고 신라가 감히 침범하여 핍박하지 못하였습니다. 그런데 '백제는 길이 멀어 능히 위급함을 구하지 못하였는데, 이쿠하노 오미[的臣] 등이 신라를 왕래하면서부터 바야흐로 농사를 지을 수 있게 되었습니다'라고 아뢰었으니, 이는 위로는 천조를 속이는 것으로서 매우 간특한 일입니다. 사실의 명확함이 이와 같은데도 오히려 천조를 속이니 그 밖에도 거짓됨이 필시 많을 것입니다. 이쿠하노 오미 등이 여전히 안라에 거주하고 있다면 임나의 나라를 건립하기는 어려울 것이니, 마땅히 일찍 물러나게 해야 할 것입니다. 신이 매우 두려워하는 것은 좌로 마도가 비록 한(韓)의 출신으로서 지위가 오호무라지[大連]에 이르러 야마토[日本]의 집사의 사이에 섞여 명예롭고 권세있는 자리에 들어섰지만, 이제는 오히려 신라 나마례(奈麻禮)의 관(冠)을 쓰고 있으니 곧 몸과 마음으로 귀부하여 다른 사람에게 쉽게 드러나는 바입니다. 행한 바를 자세히 보면 도무지 두려워함이 없습니다. 그러므로 전에 악행을 아뢰어 모두 낱낱이 적어 알렸던 것입니다. 아직도 다른 나라의 관복을 입고 날마다 신라의 땅에 나아가 공·사의 일로 왕래하면서 도대체가 꺼려하지 않습니다. 무릇 탁국(㖨國)의 멸망은 다른 까닭이 아니라, 탁국의 함파 한기가 가라국에 두 마음을 품어 신라에 내응하고 가라는 밖에서 싸움으로써 이로 말미암아 망한 것입니다. 만일 함파한기로 하여금 내응하지 못하게 하였다면 탁국이 비록 작다 하더라도 반드시 망하지는 않았을 것입니다. 탁순의 경우에도 역시 마찬가지입니다. 만일 탁순국의 왕이 신라에 내응하여 적들을 불러들이지 않았다면 어찌 멸망에 이르렀겠습니까. 여러 나라가 패망하게 된 화근을 살펴보면 모두 안에서 응하여 두 마음을 품은 자 때문이었습니다. 이제 마도 등이 신라에 마음을 두어 드디어는 그 나라의 옷을 입고 아침 저녁으로 내왕하면서 속으로 간악한 마음을 굳혀왔습니다. 이에 임나가 이로 말미암아 영원히 멸망할까 두렵습니다. 임나가 만일 멸망한다면 신의 나라가 고립되어 위태할 것이니, 조회하려고 하나 어찌 다시 할 수 있겠습니까. 엎드려 바라옵건대 천황

께서는 깊이 살피시고 멀리 헤아리시어, 속히 본래 있었던 곳으로 옮기셔서 임나를 안정시키십시오."

(三月 百濟遣奈率阿乇得文許勢奈率奇麻物部奈率奇非等 上表曰 奈率彌麻沙奈率己連等 至詔蕃 奉詔書曰 爾等宜共在彼日本府 同謀善計 早建任那 爾其戒之 勿被他誑 又津守連等 至臣蕃奉勅書 問建任那 恭承來勅 不敢停時 爲欲共謀 乃遣使召日本府 百濟本記云遣召烏胡跛臣 蓋是的臣也 與任那 俱對言 新年旣至 願過而往 久而不就 復遣使召 俱對言祭時旣至 願過而往 久而不就 復遣使召 而由遣微者 不得同計

夫任那之 不赴召者 非其意焉 是阿賢移那斯·佐魯麻都二人名也 已見上文 姦佞之所作也 夫任那者 以安羅爲兄 唯從其意 安羅人者 以日本府爲天 唯從其意 百濟本記云 以安羅爲父 以日本府爲本也 今的臣吉備臣河內直等 咸從移那斯麻都指撝而已 移那斯麻都 雖是小家微者 專擅日本府之政 又制任那 障而勿遣 由是 不得同計 奏答天皇 故留己麻奴跪蓋是津守連也 別遣疾使迅如飛鳥 奉奏天皇 假使二人二人者 移那斯與麻都也 在於安羅 多行姦佞 任那難建 海西諸國 必不獲事 伏請 移此二人 還其本處 勅喻日本府與任那 而圖建任那 故臣遣奈率彌麻沙·奈率己連等 副己麻奴跪 上表以聞

於是 詔曰 的臣等等者 謂吉備弟君臣 河內直等也 往來新羅 非朕心也 曩者 印支彌未詳與阿鹵旱岐在時 爲新羅所逼 而不得耕種 百濟路迴 不能救急 由的臣等往來新羅 方得耕種 朕所曾聞 若已建任那 移那斯·麻都 自然却退 豈足云乎 伏承此詔 喜懼兼懷 而新羅誑朝 知匪天勅 新羅春取㖨淳 仍擯出我久禮山戍 而遂有之 近安羅處 安羅耕種 近久禮山處斯羅耕種 各自耕之 不相侵奪 而移那斯麻都 過耕他界 六月逃去 於印支彌後來 許勢臣時百濟本記云 我留印支彌之後 至旣洒臣時 皆未詳 新羅無復侵逼他境 安羅不言爲新羅逼不得耕種

臣嘗聞 新羅每春秋 多聚兵甲 欲襲安羅與荷山 或聞 當襲加羅 頃得書信 便遣將士 擁守任那 無懈息也 頻發銳兵 應時往救 是以 任那隨序耕種 新羅不敢侵逼 而奏百濟路迴 不能救急 由的臣等 往來新羅 方得耕種 是上欺天朝 轉成姦佞也 曉然若是 尙欺天朝 自餘虛妄必多有之 的臣等 猶住安羅 任那之國 恐難建立 宜早退却 臣深懼之 佐魯麻都 雖是韓腹位居大連 廁日本執事之間 入榮班貴盛之例 而今反着新羅奈麻禮冠 卽身心歸附 於他易照熟觀所作 都無怖畏 故前奏惡行 具錄聞訖 今猶着他服 日赴新羅域 公私往還 都無所憚 夫㖨國之滅 匪由他也 㖨國之函跛旱岐 貳心加羅國 而內應新羅 加羅自外合戰 由是滅焉 若

使函跛旱岐 不爲內應 喙國雖少 未必亡也 至於卓淳 亦復然之 假使卓淳國主 不爲內應新羅招寇 豈至滅乎 歷觀諸國敗亡之禍 皆由內應貳心人者 今麻都等 腹心新羅 遂着其服 往還旦夕 陰構姦心 乃恐 任那由玆永滅 任那若滅 臣國孤危 思欲朝之 豈復得耶 伏願天皇玄鑒遠察 速移本處 以安任那)

◈『일본서기』권19 흠명 5년 11월(日本書紀 卷19 欽明 5年 11月)

11월 백제가 사신을 보내어 야마토노 미코토모치[日本府] 신(臣)과 임나 집사를 불러, “천황에게 조알하기 위하여 보낸 나솔 득문 · 고세[許勢]의 나솔 가히[奇麻] · 모노노베[物部] · 나솔 가히[奇非] 등이 야마토로 부터 돌아왔다. 이제 야마토노 미코토모치 신과 임나국 집사는 마땅히 와서 칙을 듣고 함께 임나의 문제를 논의해야 할 것이다”라고 말하였다. 야마토의 기비노 오미, 안라의 하한기 대불손과 구취유리, 가라의 상수위 고전해, 졸마군, 사이기군, 산반해 군의 아이, 다라의 이수위 흘건지, 자타 한기, 구차 한기가 이에 백제로 나아갔다. 이 때 백제왕 성명왕이 대략 조서를 보이며, “내가 나솔 미마사[彌麻佐] · 나솔 기련 · 내솔 요우가타[用奇多] 등을 보내어 야마토에 조회하였는데, 조서를 내려 ‘조속히 임나를 건설하라’고 하였다. 또 쓰리모노 아타히[津守連]이 조칙을 받들어 임나를 건립하는 일을 물으므로 (사신을) 보내 부른 것이다. 마땅히 어떻게 해야 임나를 세울 수 있겠는가. 각각 자신의 계책을 말하여 주기를 바란다”고 말하였다. 기비노 오미[吉備臣] · 임나한기 등이 “무릇 임나국을 세우는 일은 오직 대왕에게 달려 있습니다. 왕을 따르고자 하니 모두 갖추어 아뢰어 조칙을 듣도록 합시다”라고 말하였다.

성명왕이 이들에게 일러, “임나라는 나라는 우리 백제와 예로부터 자제가 되기를 약속하였다. 이제 야마토노 미코토모치 이키미〈임나에 있던 야마토 신하의 이름이다〉가 이미 신라를 토벌하고 다시 장차 우리를 치려고 하며, 또 신라의 허망한 거짓말을 즐겨 듣는다. 무릇 이키미를 임나에 보낸 것은 본래 그 나라를 침탈하여 해롭게 하고자 하는 것이 아니었다〈자세하지 않다.〉 예로부터 지금까지 신라는 무도하며 약속을 어기고 신의를 거스려 탁순을 멸망시켰다. 팔다리 같은 나라를 속히 회복코자 하는데 (그렇지 않으면) 도리어 후회할 것이다. 그러므로 사신을 보내어 오게 하여 함께 은혜로운 조칙을 받들어, 임나의 나라를 일으켜 맥을 잇고 옛날처럼 길이 형제가 되기를 바랐다. 가만히 듣건대 신라 · 안라 두 나라 사이에는 큰 강이 있어 적을 방비하기 좋은 곳이라 한다. 내가 이를 차지하여 6성을 수축하려고, 삼가 천황에게 3천 병사를 청하여 매성마다 5백 명씩 배치하고 아울러 우리 병사들로 (신라인들이) 농사를 짓지 못하도록 괴롭히면, 구례산의 5성이 거의 무기를 버리고 항복할 것이다. 그러면 탁순의 나라 당연히 다시 일어나게 될 것이고, 청한 병사는 내가 옷과 식량을 지급할 것이다. 이것이 천황에게 말하려고 하는 첫 번째 계책이다.

오히려 남한에 군령 성주를 두는 것이 어찌 천황을 거스려 조공의 길을 차단하고자 하는 것이겠는가. 다만 바라는 바는 많은 어려움을 이기고 강적[고구려]을 물리치는 것이니, 무릇 그 흉칙한 무리들이 누구인들 부용하려고 꾀하지 않겠는가. 북쪽의 적[고구려]은 강대하고 우리나라는 미약하니, 만일 남한에 군령·성주를 설치하여 방호시설을 수리하지 않는다면 이 강적을 방어할 수 없을 것이며, 또한 신라를 제어할 수 없을 것이다. 그러므로 오히려 이들을 두어 신라를 공격 핍박하여 임나를 위로하고 보존할 것이다. 만일 그렇지 아니하면 멸망을 당해 조빙할 수 없을까 두렵다. 이를 천황에게 주청하고자 하니 그 책략의 둘째이다. 또 기비노오미·가후치노 아타히·이나사·마도가 오히려 임나국에 있기 때문에, 천황이 비록 조를 내려 임나를 세우라 하였으나 이를 시행할 수 없었다. 이 4명을 옮겨 각각 그 본읍에 돌려보낼 것을 천황에게 아뢰어 청하는 것이 그 계책의 셋째이다. 마땅히 야마토 신(臣)·임나 한기 등과 더불어 모두 받들어 사신을 보내어 함께 천황에게 아뢰고 은혜로운 조칙을 들을 수 있기를 바란다"라고 말하였다. 이에 기비노 오미와 한기 등이, "대왕이 말한 세 가지 책략은 또한 우리의 뜻과 같을 뿐입니다. 이제 돌아가 야마토 대신(大臣)〈임나에 있는 야마토노 미코토모치의 대신을 일컫는다〉, 안라왕·가라왕에게 공경히 아뢰고 모두 사신을 보내어 함께 천황에게 주청하기를 원합니다. 이는 진실로 천 년에 한 번 올 정도의 기회로, 깊이 생각하고 자세히 계획하지 않을 수 있겠습니까"라고 말하였다.

(十一月 百濟遣使 召日本府臣·任那執事曰 遣朝天皇 奈率得文·許勢奈率奇麻物部奈率奇非等 還自日本 今日本府臣及任那國執事 宜來聽勅 同議任那 日本吉備臣 安羅下旱岐大不孫久取柔利 加羅上首位古殿奚卒麻君斯二岐君散半奚君兒 多羅二首位訖乾智子他旱岐久嵯旱岐 仍赴百濟 於是 百濟王聖明 略以詔書示曰 吾遣奈率彌麻佐奈率己連奈率用奇多等 朝於日本 詔曰 早建任那 又津守連奉勅 問成任那 故遣召之 當復何如 能建任那 請各陳謀 吉備臣·任那旱岐等曰 夫建任那國 唯在大王 欲冀遵王 俱奏聽勅

聖明王謂之曰 任那之國 與吾百濟 自古以來 約爲子弟 今日本府印岐彌謂在任那日本臣名也 旣討新羅 更將伐我 又樂聽新羅虛誕謾語也 夫遣印岐彌於任那者 本非侵害其國未詳往古來今 新羅無道 食言違信 而滅卓淳 股肱之國 欲快返悔 故遣召到 俱承恩詔 欲冀 興繼任那之國 猶如舊日 永爲兄弟 竊聞 新羅安羅 兩國之境 有大江水 要害之地也 吾欲據此修繕六城 謹請天皇三千兵士 每城充以五百 并我兵士 勿使作田 而逼惱者 久禮山之五城庶自投兵降首 卓淳之國 亦復當興 所請兵士 五給衣糧 欲奏天皇 其策一也

猶於南韓 置郡令·城主者 豈欲違背天皇 遮斷貢調之路 唯庶 剋濟多難 殲撲强敵 凡厥凶黨 誰不謀附 北敵强大 我國微弱 若不置南韓 郡領城主 修理防護 不可以禦此强敵 亦不可以制新羅 故猶置之 攻逼新羅 撫存任那 若不爾者 恐見滅亡 不得朝聘 欲奏天皇 其策二也 又吉備臣河內直移那斯麻都 猶在任那國者 天皇雖詔建成任那 不可得也 請 移此四人各遣還其本邑 奏於天皇 其策三也 宜與日本臣任那旱岐等 俱奉遣使 同奏天皇 乞聽恩詔於是 吉備臣 旱岐等曰 大王所述三策 亦協愚情而已 今願 歸以敬諮日本大臣謂在任那日本府之大臣也 安羅王加羅王 俱遣使同奏天皇 此誠千載一會之期 可不深思而熟計歟)

◈『일본서기』 권19 흠명 9년 4월(『日本書紀』卷19 欽明 9年 4月)

여름 4월 임술 초하루 갑자에 백제가 중부 간솔 약엽례 등을 보내어 “덕솔 선문 등이 칙을 받고 신의 나라에 이르러 ‘청하는 구원병을 때에 맞춰 보내겠다’는 말을 전하였습니다. 삼가 은혜로운 조를 받고 기쁘고 즐겁기 한이 없습니다. 그러나 마진성(馬津城)의 전투에서〈정월 신축에 고려가 군대를 이끌고 마진성을 포위하였다〉 사로잡은 포로가 ‘(고려가 마진성을 공격한 것은) 안라국과 야마토노 미코토모치[日本府]가 불러 들여 벌줄 것을 권했기 때문이다’라고 말하였는데, 상황을 미루어보면 진실로 서로 비슷합니다. 그러나 그 말을 밝히고자 하여 세 번이나 사신을 보내 불렀으나 모두 오지 않으므로 깊이 생각해 보았습니다. 엎드려 바라건대 가외천황(可畏天皇)께서〈서번들은 야마토[日本]천황을 모두 가외천황이라 일컫는다〉 먼저 상황을 살피기 위해 청했던 구원병을 잠시 멈추시고 신의 보고를 기다려 주십시오”라고 아뢰었다. 이에 조를 내려 “법식에 따라 올린 글을 보고 근심하는 바를 살펴보았다. 야마토노 미코토모치와 안라가 이웃의 어려움을 구하지 않은 것은 짐이 또한 매우 싫어하는 바이다. 또 그들이 몰래 고려에 사신을 보냈다는 것은 믿을 수 없다. 짐이 명하였다면 스스로 보냈을 것이지만 명하지 아니하였는데 어떻게 갔겠는가. 원하건대 왕은 흉금을 터놓고 안심하여 편안하게 마음을 가라앉히고 너무 두려워하지 말라. 마땅히 임나와 함께 지난 번의 조칙에 따라 힘을 다하여 모두 북쪽의 적을 막고 각각 봉토를 지키라. 짐이 마땅히 약간의 사람을 보낼 것이니 안라가 도망한 빈 땅을 채우도록 하라"고 하였다.

(夏四月壬戌朔甲子 百濟遣中部杆率掠葉禮等奏日 德率宣文等 奉勅至臣蕃日 所乞救兵應時遣送 祇承恩詔 嘉慶無限 然馬津城之役正月辛丑 高麗率衆 圍馬津城 虜謂之日 由安羅國與日本府 招來勸罰 以事準況 寔當相似 然三廻欲審其言 遣召而竝不來 故深勞念 伏願 可畏天皇西蕃皆稱日本天皇 爲可畏天皇 先爲勘當 暫停所乞救兵 待臣遣報 詔日 式聞呈奏 爰覿所憂 日本府與安羅 不救隣難 亦朕所疾也 又復密使于高麗者 不可信也 朕命卽自遣之 不命何容可得 願王 開襟緩帶 恬然自安 勿深疑懼 宜共任那 依前勅 戮力俱防北敵 各守所封 朕當遣送若干人 充實安羅逃亡空地)

◈『일본서기』권19 흠명 22년 (『日本書紀』卷19 欽明 22년)

22년(561) 신라가 구례질급벌간을 보내어 조부를 바쳤다. 사신을 대접하는 연회를 베풀었는데 예우가 평상시보다 덜하였다. 급벌간이 분하고 한스럽게 여기며 돌아갔다.

이 해 다시 노저 대사를 보내어 지난번의 조부를 바쳤다. 나니하[難波]의 오호코호리[大郡]에서 여러 이웃나라들의 서열을 매겼는데, 장객(掌客) 누카타베노 무라지[額田部連]와 가즈라키노 아타히[葛城直] 등이 백제의 아래쪽 열에 서도록 인도했다. 대사가 화를 내고 돌아가 관사에 들지 않고 배를 타고 돌아가 아나토[穴門]에 이르렀다. 이때 아나토노 무로쓰미[穴門館]를 수리하고 있었다. 대사가 묻기를 "어떤 손님을 위하여 짓는가"라고 하자 공장(工匠) 가후치노 우마카히노 오비토 오시카쓰[河內馬飼首押勝]가 거짓으로 "서방의 무례한 짓을 문책하러 보낼 사자가 머물 숙소이다"라고 말하였다. 대사가 나라에 돌아가 그가 말한 것을 고하였다. 그래서 신라는 아라(阿羅)의 파사산(波斯山)에 성을 쌓고서 야마토에 대비하였다.

(廿二年 新羅遣久禮叱及伐干貢調賦 司賓饗遇禮數減常 及伐干忿恨而罷

是歲 復遣奴氐大舍 獻前調賦 於難波大郡 次序諸蕃 掌客額田部連·葛城直等 使列于百濟之下而引導 大舍怒還 不入館舍 乘船歸至穴門 於是 修治穴門館大舍問日 爲誰客造 工匠河內馬飼首押勝欺紿日 遣問西方無禮使者之所停宿處也 大舍還國 告其所言 故新羅築

城於阿羅波斯山 以備日本)

◈『일본서기』 권19 흠명 23년 1월(『日本書紀』 卷19 欽明 23年 1月)

23년(562) 봄 정월 신라가 임나 관가를 공격하여 멸망시켰다.〈어떤 책에서는 21년에 임나가 멸망하였다고 한다. 통틀어 말하면 임나이고, 개별로 말하면 가라국, 안라국, 사이기국, 다라국, 졸마국, 고차국, 자타국, 산반하국, 걸찬국, 임례국 등 모두 열 나라이다.〉

(廿三年 春正月 新羅打滅任那官家一本云 廿一年 任那滅焉 總言任那 別言加羅國安羅國斯二岐國多羅國卒麻國古嵳國子他國散半下國乞飡國稔禮國 合十國)

【참고문헌】

『가야사사료집성』, 한국고대사회연구소 사료총서4, 김태식 · 이익주 편, 가락국사적개발연구원, 1992.

『역주 가야사사료집성－제1권 고려시대이전편』, 한국고대사회연구소 사료총서5, 金泰植 · 李益柱 · 全德在 · 姜鐘薰, 駕洛國事蹟開發研究院, 2004.

『역주 가야사사료집성－제2권 조선시대편』, 한국고대사회연구소 사료총서6, 金泰植 · 李益柱 · 高慶錫 · 吳定燮편, 駕洛國事蹟開發研究院, 2004.

‘한국사데이터베이스’, 국사편찬위원회(www.history.go.kr/)

필자소개

남재우 | 창원대학교 사학과

윤호필 | 상주박물관

김양훈 | 김해시사편찬위원회

최경규 | 동아세아문화재연구원

이정근 | 국립진주박물관

강동석 | 국립가야문화재연구소

이은석 | 국립해양문화재연구소

웨이정(韦正) | 베이징대학 고고문박학원

시게미 야스시(重見泰) | 나라현립 카시하라고고학연구소 부속 박물관